"十三五"高职院校财经精品系列教材

税法实务

主　编◎李瑞祯　闫金秋　吴亚丽

西南财经大学出版社
Southwestern University of Finance & Economics Press
中国·成都

总序

ZONGXU

为全面贯彻习近平新时代中国特色社会主义思想和党的十九大精神，落实《教育部2018年工作要点》《职业教育与继续教育2018年工作要点》，推进高等职业教育高质量发展，完善职业教育和培训体系，深化产教融合、校企合作，2018年高等职业教育创新发展行动计划工作会在北京召开。会议指出：改革开放40年是我国职业教育从曾经的筚路蓝缕到内涵式发展、与经济建设和社会发展同频共振的40年，特别是党的十八大以来，以习近平同志为核心的党中央把职业教育摆在了突出位置。习近平总书记对职业教育做出一系列重要指示和批示，明确了“高度重视、加快发展”的要求，科学回答了职业教育怎么看、谁来办、怎么办、为谁办等一系列重大问题，为职业教育创新发展指明了方向。李克强总理多次对办好职业教育做出重要批示，指出加快发展现代职业教育，对于发挥我国人力和人才资源巨大优势、提升实体经济综合竞争力具有重要意义。在党和政府的高度重视下，我国职业教育和继续教育快速发展、不断壮大，实现了新跨越，站上了新起点。

对于高等职业教育来说，教材建设历来是高职院校重要的基本建设任务之一。高质量的教材是专业教学实施方案最主要的载体，是培养高质量的职业人才的基本保证，更是实现高等职业教育培养目标的重要手段。大力发展高等职业教育，培养和造就适应社会生产、建设、管理、服务和技术一线的高技术、应用型人才，需要我们高度重视高等职业教育的教材改革和建设，编写和出版体现高等职业教育特色的优秀教材。

“十三五”高职院校财经精品系列教材编写的指导思想是：在适度的基础知识与理论体系覆盖下，针对高职院校学生的特点，夯实基础，强化训练。本系列规划教材在编写时，一是注重教材的科学性和前沿性，二是注重教材的基础性，三是注重教材的实践性，力争使本系列规划教材做到“教师易教，学生乐学，技能实用”。

在“十三五”高职院校财经精品系列教材编委会的组织协调下，本系列规划教材由各院校具有丰富教学经验并有高级职称的教师担任主编，由各书主编拟定大纲，经编委会审核后组织编写。同时，每种教材均吸收多所院校的教师参与编写，以集众家之长。本系列规划教材首批规划了《基础会计》《会计实训》《出纳实务》《税务会计》《财务会计》《成本会计》《管理会计》《金融企业会计》《财务管理》《EXCEL在财务中的应用》《税法实务》《个人理财》《资产评估》《金融学基础》《经济学基础》《物流基础》《供应链管理实务》《新编统计基础》《新编统计基础同步训练》《经济数学基础》《商务秘书实务》等教材，下一步将根据各院校的教学需要，组织规划第二批教材，以补充、完善本系列规划教材。我们希望把每种教材都打造成精品教材，力争让多种教材能成为省级精品课程教材，部分教材成为国家级精品课程教材及规划教材。

我们希望通过编委会、参与编写的教师以及使用教材的师生的共同努力，将本系列规划教材打造成适应新时期普通高职院校发展需求的高水平、高质量的系列精品规划教材。在此，我们对各高职院校领导的大力支持、各位作者的辛勤奉献以及西南财经大学出版社、广东新华发行集团的鼎力相助表示衷心的感谢！

“十三五”高职院校财经精品系列教材编委会

2018年6月

前言

QIANYAN

税法是我国高等院校财经类专业的主要课程之一。近年来，我国的税收法治建设、税制改革和征管变革开展得如火如荼，“落实税收法定原则”写入了党的十八届三中全会决定，税收立法进程明显加快，《中华人民共和国环境保护税法》也落地实施。2017年10月30日，国务院常务会议通过《国务院关于废止〈中华人民共和国营业税暂行条例〉和修改〈中华人民共和国增值税暂行条例〉的决定（草案）》，增值税制度将更加规范。自2013年12月20日起，国家财政部、税务总局根据党中央、国务院决策部署，就“全面推进资源税改革”推出了一系列的政策，资源税制度也日益完善。2018年2月28日，中国共产党第十九届中央委员会第三次全体会议通过了《深化党和国家机构改革方案》，并明确指出将省级和省级以下国地税合并，实行以国家税务总局为主与省（区、市）人民政府双重领导管理体制。税务机构改革将税收征管由繁化简。这些立法的变化和改革的新举措，是本教材编写时关注的重点内容。本教材编写截稿日为2018年6月30日，此前已颁布实施的税收法律制度均作为编写依据，甚至对于2018年6月底第十三届全国人大常委会第三次会议审议的《中华人民共和国个人所得税法修正案（草案）》，在本教材中也有细致的讲解。

本教材由广东农工商职业技术学院闫金秋教授与李瑞祯副教授共同确定教材结构，由李瑞祯副教授主笔，广东新安职业技术学院会计系吴亚丽主任完成审稿和电子资源的建设。本教材主要具有以下特点：

第一，教材章节以思维导图为开篇，使读者可以一目了然，快速认知章节内容与知识体系。

第二，教材章节学习目标以成果导向为依据，运用布鲁姆动词词汇，使读者明确所要求掌握的程度。

第三，教材章节例题与课后练习题多采用初级会计师职称考试的历年真题与模拟题，也有一小部分练习题拔高到注册会计师考试的水平。目的是让读者可以一边研读一边练习，通过学以致用加深认知，同时检验自己的专业水平等级。

第四，教材章节配有能力拓展阅读，打破相近学科的人为壁垒，融入更多的实例，使知识体系更加完整，应用能力得以提高。

第五，教材章节结构除了第一章为税法基础理论和第十章为税收征收管理法律制度以外，实体税部分主要按征税对象设定，其中第二章增值税、第三章消费税和第四章关税属于商品（货物）和劳务税类；第五章企业所得税、第六章个人所得税属于所得税类；第七章为财产与行为税类；第八章为资源税类；第九章为特定目的税类。这种结构更有利于读者掌握我国现行税法体系。

由于教材编写需要将近年税收法治建设、税制改革和征管变革考虑进来，需一一查阅近30年的税收法律制度，工作量巨大。短短半年时间逐字逐句编写成文30多万字，制图十余幅，虽有审校，但仍难免有所疏漏。不足之处，只能于再版时进一步改正与完善，在此向各位读者致以歉意。

编者

2018年8月1日

目录

MULU

第一章　税法基础理论

（本章思维导图）

学习目标

1. 能够表述税收的概念并列举税收的特征
2. 能够表述税法的概念并阐述税法的特点
3. 能够表述税收法律关系的构成并列举其产生、变更与消灭的条件
4. 能够解释税收法律关系的保护的概念
5. 能够灵活运用税法基本原则与税法适用原则
6. 能够说明我国税法与其他法律的关系
7. 能够解释纳税人与扣缴义务人的概念
8. 能够说明征税对象、税目二者的关系
9. 能够应用计税依据和税率进行应纳税额的计算
10. 能够描述我国税收管理体制与我国现行税法体系

第一节　税收与税法概述

一、税收的概念与特征

（一）税收的概念

税收是指以国家为主体，为实现国家职能，凭借政治权力，按照法定标准，无偿取得财政收入的一种特定分配形式。税收体现了国家与纳税人在征税、纳税的利益分配上的一种特定分配关系。理解税收的内涵需要从税收的分配关系本质、国家税权和税收目的三个方面来把握。

1. 税收是国家取得财政收入的一种重要工具，其本质是一种分配关系

国家要行使职能必须有一定的财政收入作为保障。取得财政收入的手段多种多样，如征税、发行货币、发行国债、收费、罚没等，其中税收是大部分国家取得财政收入的主要形式。我国自 1994 年税制改革以来，税收收入占财政收入的比重大多数年份都维持在 90%左右，近几年随着非税收入（如土地拍卖收入等）的增加，税收收入占财政收入总额

的比重有所下降。在社会再生产过程中，分配是连接生产与消费的必要环节，在市场经济条件下，分配主要是对社会产品价值的分割。税收解决的是分配问题，是国家参与社会产品价值分配的法定形式，处于社会再生产的分配环节，因此从本质上它体现的是一种分配关系。

2. 国家征税的依据是政治权力，它有别于按生产要素进行的分配

国家通过征税，将一部分社会产品由纳税人所有转变为国家所有，因此征税的过程实际上是国家参与社会产品的分配过程。国家与纳税人之间形成的这种分配关系与社会再生产中的一般分配关系不同。分配问题涉及两个基本问题：一是分配的主体；二是分配的依据。税收分配是以国家为主体进行的分配，而一般分配则是以各生产要素的所有者为主体进行的分配；税收分配是国家凭借政治权力进行的分配，而一般分配则是基于生产要素进行的分配。

税收是凭政治权力进行的分配，是马克思主义经典作家的基本观点，也是我国税收理论界长期以来的主流认识。关于国家征税的依据，即国家为什么可以对公民征税这个问题，从税收思想史来看有多种观点，如公需说、保险说、交换说、社会政策说等。随着市场经济的发展，我国税收理论界也有一些学者认为用交换说更能说明政府和纳税人之间的关系。国家依据符合宪法的税收法律对公民和法人行使一种请求权，体现的关系为类似公法上的债权债务关系，即政府依据税法拥有公民和法人某些财产或收入的债权，公民或法人则对政府承担了债务，这种债务便是税收。公民或法人缴纳税收，即偿还了债务以后便拥有了享受政府提供的公共产品的权利。此时税收相当于一种价格，公民和法人与政府应该具有某种等价交换的关系，即国家行使请求权的同时，负有向纳税人提供优质有效的公共产品的义务。从纳税人方面来讲，其在享受政府提供的公共产品的同时，也依法负有纳税的义务。在这种等价交换中，税收体现了一种平等性，即国家和纳税人之间的对等和平等。

3. 国家课征税款的目的是满足社会公共需要

国家在履行其公共职能的过程中必然要有一定的公共支出。公共产品提供的特殊性决定了公共支出一般情况下不可能由公民个人、企业采取自愿出价的方式，而只能采用由国家（政府）强制征税的方式，由经济组织、单位和个人来负担。国家征税的目的是满足提供社会公共产品的需要以及弥补市场失灵、促进公平分配等的需要。同时，国家征税也要受到所提供的公共产品的规模和质量的制约。

（二）税收的产生与作用

税收是政府收入的最重要来源，是人类社会经济发展到一定历史阶段的产物。社会剩余产品和国家的存在是税收产生的基本前提。

在社会主义市场经济运行中，税收主要具有资源配置、收入再分配、稳定经济和维护国家政权的作用。

（三）税收的特征

税收与其他财政收入形式相比，具有强制性、无偿性和固定性的特征。

1. 税收的强制性

税收的强制性是指税收是国家以社会管理者的身份，凭借政权力量，依据政治权力，通过颁布法律或政令来进行强制征收。强制性是国家权力在税收上的法律体现，是国家取得税收收入的根本前提。

2. 税收的无偿性

税收的无偿性是指通过征税，社会集团和社会成员的一部分收入转归国家所有，国家不向纳税人支付任何报酬或代价。无偿性是税收的本质属性，体现了财政分配的本质。

3. 税收的固定性

税收的固定性是指税收是按照国家法令规定的标准征收的，即纳税人、课税对象、税目、税率、计价办法和期限等，都是税法预先规定了的，非经国家法令修订或调整，征纳双方都不得违背或改变这个固定的比例、数额以及其他制度规定。这些标准在一定时期内，具有相对的稳定性，也体现了税法的严肃性，固定性是税收强制性的必然结果。

税收的概念与特征如图 1-1 所示。

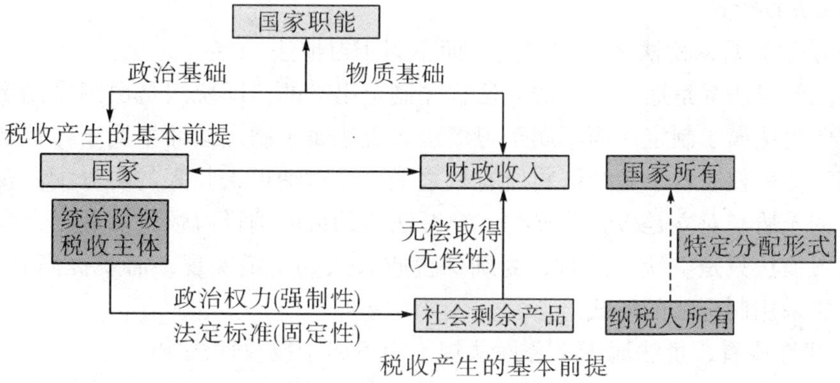

图 1-1　税收的概念与特征

二、税法的概念与特点

（一）税法的概念

税法，即税收法律制度，是调整税收关系的法律规范的总称，是国家法律的重要组成部分。税法是以宪法为依据，调整国家与社会成员在征纳税上的权利与义务关系，维护社会经济秩序和纳税秩序，保障国家利益和纳税人合法权益的法律规范，是国家税务机关及一切纳税单位和个人依法征税、依法纳税的行为规则。

税收是经济学概念，侧重于解决分配关系问题。税法是法学概念，侧重于解决权利与义务关系问题。对税法的理解应当把握住以下几方面：

1. 税收立法机关——有权的国家机关

所谓有权的国家机关，是指国家的最高权力机关，在我国即为全国人民代表大会及其常务委员会、拥有一定的立法权的地方立法机关和获得授权制定某些税法的行政机关。

2. 税法调整对象——税收分配过程中形成的权利与义务关系

从经济角度讲，税收分配关系是国家参与社会剩余产品分配形成的一种经济利益关系，包括国家与纳税人之间的税收分配关系和各级政府间的税收利益分配关系两个方面。这种经济利益关系是借助于法的形式来规定国家与纳税人可以怎样做、应当怎样做和不应当怎样做，即通过设定征纳税权利与义务来实现。如果说实现税收分配是目标，从法律上设定在征纳税上的权利与义务则是实现目标的手段。所以说税法调整的是征纳税权利与义务关系而不是直接调整分配关系。

3. 税法的广义与狭义之分

广义的税法是指各种税收法律规范的总和，即由国家立法机关、政府以及有关部门制定的税收法律、法规、规章、制度等。狭义的税法指的是经国家最高权力机关正式立法的税收法律，如我国的《中华人民共和国税收征收管理法》《中华人民共和国个人所得税法》等。

（二）税法的特点

1. 从立法过程看，税法属于制定法，而不属于习惯法

现代国家的税法都是通过一定的立法程序制定出来的，即税法是由国家制定而不是认可的，这表明税法属于制定法而不属于习惯法。税法属于制定法而不属于习惯法，其根本原因在于国家征税权凌驾于生产资料所有权之上，是对纳税人收入的再分配。税法征纳双方在利益上的矛盾与对立是极其明显的，离开法律约束的纳税习惯其实并不存在，由纳税习惯演化成习惯法只是空谈。同时，为确保税收收入的稳定实现，需要提高其可预测性，这也促使税法采用制定法的形式。

2. 从法律性质看，税法属于义务性法规，而不属于授权性法规

义务性法规是相对于授权性法规而言的，即直接规定人们某种义务的法规。义务性法规的一个显著特点是具有强制性。税法属于义务性法规的道理在于：税收是纳税人的经济利益向国家无偿让渡；权利与义务对等是一个基本的法律原则，但从税法的角度看，纳税人以尽义务为主；纳税人的权利是建立在其纳税义务基础上的，是从属性的，这些权利从总体上看不是纳税人的实体权利，而是纳税人的程序性权利。

3. 从内容看，税法属于综合法，而不属于单一法

税法是由实体法、程序法、争讼法等构成的综合法律体系，其内容涉及面极其广泛，包括课税的基本原则、征纳双方的权利与义务、税收管理规则、法律责任、解决税务争议的法律规范等，也包括税收立法、税收行政执法、税收司法等各方面。税法的综合性是保证国家正确行使课税权力、有效实施税务管理、保障纳税人合法权利、建立良好的税收征纳关系的需要，也表明了税法在国家法律体系中的重要地位。

三、税收法律关系

税收法律关系体现为国家征税与纳税人纳税的利益分配关系。税收法律关系包括三方面内容：税收法律关系的构成，税收法律关系的产生、变更与消灭，税收法律关系的保护。

（一）税收法律关系的构成

在总体上税收法律关系与其他法律关系一样也是由主体、客体和内容三个方面构成。

1. 主体

主体是指税收法律关系中享有权利和承担义务的当事人。

在我国税收法律关系中，主体一方是代表国家行使征税职责的国家税务机关，包括国家各级税务机关和海关；另一方是履行纳税义务的人，包括法人、自然人和其他组织。

对这种权利主体的确定我国采取属地兼属人原则，即在华的外国企业、组织、外籍人、无国籍人等凡在中国境内有所得来源的，都是我国税收法律关系的主体。

2. 客体

客体是指主体的权利、义务共同指向的对象，即征税对象，主要包括货币、实物和行为。例如，企业所得税法律关系客体是生产经营所得和其他所得；财产税法律关系的客体是财产；流转税法律关系客体是货物、劳务、服务、无形资产、不动产的销售额。

税收法律关系客体也是国家利用税收杠杆调整和控制的对象，国家在一定时期根据客观经济形势发展的需要，通过扩大或缩小征税范围调整征税对象等方式，达到限制或鼓励国民经济中某些产业、行业发展的目的。

3. 内容

内容是指主体享受的权利和应承担的义务，主要包括纳税人的权利与义务和征税机关的权利与义务。这是税收法律关系中最实质的东西，也是税法的灵魂。

（二）税收法律关系的产生、变更与消灭

税法是引起税收法律关系的前提条件，但税法本身并不能产生具体的税收法律关系。税收法律关系的产生、变更和消灭必须有能够引起税收法律关系产生、变更或消灭的客观情况，也就是由税收法律事实来决定。

税收法律事实可以分为税收法律事件和税收法律行为，税收法律事件是指不以税收法律关系权力主体的意志为转移的客观事件。例如，自然灾害可以导致税收减免，从而改变税收法律关系内容的变化。税收法律行为是指税收法律关系主体在正常意志支配下做出的活动。例如，纳税人开业经营便产生税收法律关系，纳税人转业或停业就造成税收法律关系的变更或消灭。

1. 税收法律关系的产生

税收法律关系的产生以引起纳税义务成立的法律事实为基础和标志。

2. 税收法律关系的变更

引起税收法律关系变更的原因如下：

（1）由于纳税人自身的组织状况发生变化。

（2）由于纳税人的经营或财产情况发生变化。

（3）由于税务机关组织结构或管理方式的变化。

（4）由于税法的修订或调整。

（5）因不可抗拒力造成的破坏。

3. 税收法律关系的消灭

税收法律关系消灭的原因如下：

（1）纳税人履行纳税义务。

（2）纳税义务因超过期限而消灭。

（3）纳税义务的免除。

（4）某些税法的废止。

（5）纳税主体的消失。

【例 1-1】下列事项中，能引起税收法律关系变更的是（　　）。

A. 纳税人履行纳税义务　　B. 纳税义务因超过期限而消灭

C. 税法的修订或调整　　D. 税法的废止

【解析】答案：C。ABD 都是引起税收法律关系消灭的原因。

（三）税收法律关系的保护

税收法律关系是同国家利益及企业和个人的权益相联系的。保护税收法律关系，实质上就是保护国家正常的经济秩序，保障国家财政收入，维护纳税人的合法权益。

税收法律关系的保护对权利主体双方是平等的，不能只对一方进行保护，而对另一方不予保护。同时，对其享有权利的保护，就是对其承担义务的制约。

税收法律关系的保护形式和方法很多，如税法中关于限期纳税、征收滞纳金和罚款的规定，《中华人民共和国刑法》（以下简称《刑法》）对构成逃税、抗税罪给予刑罚的规定以及税法中对纳税人不服税务机关征税处理决定，可以申请复议或提出诉讼的规定等都是对税收法律关系的直接保护。

四、税法原则

税法原则反映税收活动的根本属性，是税收法律制度建立的基础。税法原则包括税法基本原则和税法适用原则。

（一）税法基本原则

税法基本原则是统领所有税收规范的根本准则，为包括税收立法、执法、司法在内的一切税收活动必需遵守。

1. 税收法定原则

税收法定原则是税法基本原则的核心。

税收法定原则是指税法主体的权利和义务必须由法律加以规定，税法的各类构成要素皆必须且只能由法律予以明确。如果没有相应法律作为前提，国家则不能征税，公民也没有纳税的义务。

税收法定原则贯穿税收立法和执法的全部领域，其内容包括税收要件法定原则和税务合法性原则。

（1）税收要件法定原则是指有关纳税人、课税对象、课税标准等税收要件必须以法律形式作出规定，并且有关课税要素的规定必须尽量明确。其具体要求如下：

①国家开征的任何税种都必须由法律对其进行专门确定才能实施。

②国家对任何税种征税要素的变动都应当按相关法律的规定进行。

③征税的各个要素不仅应当由法律作出专门的规定，这种规定还应当尽量明确，如果规定不明确则定会产生漏洞或歧义。在税收的立法过程中对税收的各要素加以规定之后还应当采用恰当准确的用语，使之明确化，尽量避免使用模糊性的文字。

（2）税务合法性原则是指税务机关按法定程序依法征税，不得随意减征、停征或免征。其具体要求如下：

①立法者在立法的过程中要对各个税种征收的法定程序加以明确规定，既可以使纳税得以程序化，提高工作效率，节约社会成本，又尊重并保护了税收债务人的程序性权利，促使其提高纳税的意识。

②征税机关及其工作人员在征税过程中必须按照税收程序法律和税收实体法律的规定来行使自己的职权，履行自己的职责，充分尊重纳税人的各项权利。

2. 税收公平原则

一般认为税收公平原则包括税收横向公平和纵向公平，即税收负担必须根据纳税人的负担能力分配，负担能力相等，税负相同；负担能力不等，税负不同。

税收公平原则源于法律上的平等性原则，因此许多国家的税法在贯彻税收公平原则时，都特别强调“禁止不平等对待”的法理，禁止对特定纳税人给予歧视性对待，也禁止在没有正当理由的情况下对特定纳税人给予特别优惠。

3. 税收效率原则

税收效率原则包含两方面：一是经济效率，二是行政效率。前者要求税法的制定要有利于资源的有效配置和经济体制的有效运行，后者要求提高税收行政效率，节约税收征管成本。

4. 实质课税原则

实质课税原则是指应根据客观事实确定是否符合课税要件，并根据纳税人的真实负担能力决定纳税人的税负，而不能仅考虑相关外观和形式。

（二）税法适用原则

税法适用原则是指税务行政机关和司法机关运用税收法律规范解决具体问题而必须遵

循的准则。

税法适用原则并不违背税法基本原则，而且在一定程度上体现着税法基本原则。但是与税法基本原则相比，税法适用原则含有更多的法律技术性准则，更为具体化。

1. 法律优位原则

法律优位原则的基本含义为法律的效力高于行政立法的效力。法律优位原则在税法中的作用主要体现在处理不同等级税法的关系上。法律优位原则明确了税收法律的效力高于税收行政法规的效力，对此还可以进一步推论为税收行政法规的效力优于税收行政规章的效力。效力低的税法与效力高的税法发生冲突，效力低的税法即是无效的。

2. 法律不溯及既往原则

法律不溯及既往原则是绝大多数国家遵循的法律程序技术原则。其基本含义为一部新法实施后，对新法实施之前人们的行为不得适用新法，而只能沿用旧法。在税法领域内坚持这一原则，目的在于维护税法的稳定性和可预测性，使纳税人能在知道纳税结果的前提下作出相应的经济决策，税收的调节作用才会较为有效。

3. 新法优于旧法原则

新法优于旧法原则也称后法优于先法原则，其含义为新法、旧法对同一事项有不同规定时，新法的效力优于旧法的效力。其作用在于避免因法律修订带来新法、旧法对同一事项有不同的规定而引起法律适用的混乱，为法律的更新与完善提供法律适用上的保障。新法优于旧法原则在税法中普遍适用，但是当新税法与旧税法处于普通法与特别法的关系时以及某些程序性税法引用“实体从旧、程序从新原则”时，可以例外。

4. 特别法优于普通法原则

特别法优于普通法原则的其含义为对同一事项两部法律分别规定有一般规定和特别规定时，特别规定的效力高于一般规定的效力。特别法优于普通法原则打破了税法效力等级的限制，即居于特别法地位的级别较低的税法，其效力可以高于作为普通法地位的级别较高的税法。

5. 实体从旧、程序从新原则

实体从旧、程序从新原则的含义包括两个方面：一是实体税法不具备溯及力，即在纳税义务的确定上，以纳税义务发生时的税法规定为准，实体性的税法规则不具有向前的溯及力。二是程序性税法在特定条件下具备一定的溯及力，即对于新税法公布实施之前发生却在新税法公布实施之后进入税款征收程序的纳税义务，原则上新税法具有约束力。

6. 程序优于实体原则

程序优于实体原则是关于税收争讼法的原则，其基本含义为在诉讼发生时税收程序法优于税收实体法。适用这一原则，是为了确保国家课税权的实现，不因争议的发生而影响税款的及时、足额入库。

五、我国税法与其他法律的关系

（一）税法的法律地位

税法的地位由税收的重要地位决定。税法属于国家法律体系中一个重要的部门法。

（二）我国税法与其他法律的关系

（1）税法与宪法的关系：税法依据《中华人民共和国宪法》的原则制定。

《中华人民共和国宪法》第五十六条规定："中华人民共和国公民有依照法律纳税的义务。"这不仅明确了国家可以向公民征税，还明确了向公民征税要有法律依据。

（2）税法与民法的关系：民法调整方法的主要特点是平等、等价、有偿，税法调整方法要采用命令、服从的方法。民法与税法不发生冲突时，税法不再另行规定；出现不一致时，按税法规定纳税。

（3）税法与刑法的关系：调整范围不同，违反了税法，并不一定就是犯罪，但违反税法情节严重触及刑律者，将受刑事处罚。

（4）税法与行政法的关系：税法与行政法有着十分密切的联系，这种联系主要表现在税法具有行政法的一般特征，但又与一般行政法有所不同——税法具有经济分配的性质，并且是经济利益由纳税人向国家的无偿单向转移，这是一般行政法所不具备的。

第二节 税法要素

税法要素是指各种单行税法共同具有的基本要素。第一，税法要素既包括实体性的，也包括程序性的；第二，税法要素是所有完善的单行税法都共同具备的，仅为某一税法所单独具有而非普遍性的内容，不构成税法要素，如扣缴义务人。税法要素一般包括纳税义务人、征税对象、税目、计税依据、税率、纳税环节、纳税期限、纳税地点、税收优惠、法律责任等。

一、纳税义务人

纳税义务人简称纳税人，即纳税主体，是税法规定的直接负有纳税义务的单位和个人。

任何一个税种首先要解决的就是国家对谁征税的问题，如《中华人民共和国个人所得税法》《中华人民共和国增值税暂行条例》《中华人民共和国消费税暂行条例》《中华人民共和国资源税暂行条例》以及《中华人民共和国印花税暂行条例》等第一条规定的都是该税种的纳税义务人。

与纳税人紧密联系的两个概念是代扣代缴义务人和代收代缴义务人。代扣代缴义务人是指虽不承担纳税义务，但依照有关税法的规定，其经营活动中的向纳税人支付的环节负有代扣代缴其应纳税款并向国库缴纳义务的单位和个人。例如，出版社代扣作者稿酬所得的个人所得税等。如果代扣代缴义务人按规定履行了代扣代缴义务，税务机关将支付一定的手续费。反之，如果代扣代缴义务人未按规定代扣代缴税款，造成应纳税款流失或将已扣缴的税款私自截留挪用、不按时缴入国库，一经税务机关发现，将要承担相应的法律责任。代收代缴义务人是指虽不承担纳税义务，但依照有关税法的规定，在向纳税人收取商品或劳务收入时，有义务代收代缴其应纳税款的单位和个人。例如，《中华人民共和国消费税暂行条例》规定，委托加工的应税消费品，由受托方在向委托方交货时代收代缴委托方应该缴纳的消费税。

二、征税对象

征税对象又称课税对象，是征税与纳税的客体。征税对象是指税收法律关系中权利和义务共同指向的客体或标的物，是区别不同税种的重要标志。例如，消费税的征税对象是《中华人民共和国消费税暂行条例》列举的应税消费品，房产税的征税对象是房屋等。

征税对象是税法最基本的要素，因为它体现着征税的最基本的界限，也决定着某一种税的基本征税范围。同时，征税对象也决定了各个不同税种的名称，如消费税、土地增值税、个人所得税等。征税对象按其性质的不同，通常可以划分为流转额、所得额、财产、资源、特定行为等五大类，通常也因此将税收分为相应的五大类，即流转税（又称商品和劳务税）、所得税、财产税、资源税和特定行为税。

与征税对象相关的两个基本概念：税目和计税依据。前者是对征税对象的质的界定，后者是对征税对象量的规定，它们都是重要的税法要素，下面将分别进行介绍。

三、税目

税目是在税法中对征税对象分类规定的具体的征税项目，反映具体的征税范围，是对征税对象的质的界定。规定税目的目的有二：一是为了明确征税的具体范围，凡列入税目的即为应税项目，未列入税目的则不属于应税项目。二是为了贯彻国家税收调节政策的需要对不同的征税项目加以区分，便于国家根据不同项目的利润水平及国家经济政策等制定高低不同的税率，以体现不同的税收政策。

并非所有税种都需规定税目，有些税种不分征税对象的具体项目，一律按照征税对象的应税数额采用统一税率计征税款，因此一般无须设置税目，如企业所得税。有些税种具体征税对象比较复杂，需要规定税目，如消费税。

四、计税依据

计税依据又称税基，是指计算应纳税额的依据或标准，即据以计算征税对象应纳税额的直接数量依据。计税依据是在计税时对征税对象的量的规定。

计税依据按照计量单位的性质划分，有两种基本形态：价值形态和物理形态。对应的应纳税额的计算方法也有两种：一是从价计征，二是从量计征。从价计征是以价值形态为计税依据，价值形态包括应纳税所得额、销售收入等。例如，生产销售化妆品应纳消费税税额是由化妆品的销售收入乘以适用税率计算而来，其计税依据为销售收入，销售收入是化妆品数量与单价的乘积。又如，企业所得税税额是由应纳税所得额乘以适用税率计算得出，其计税依据为应纳税所得额，应纳税所得额是收入总额与不征税收入、免税收入、各项扣除、以前年度亏损的差额。从量计征是以征税对象的重量、体积、数量等物理形态的自然单位为计税依据。例如，城镇土地使用税应纳税额是由占用土地面积乘以每单位面积年应纳税额计算得出，其计税依据为占用土地面积，自然单位为平方米。

五、税率

税率是指应征税额与计税金额（或数量单位）之间的比例，是计算税额的尺度。税率的高低直接体现国家的政策要求，直接关系到国家财政收入和纳税人的负担程度，是税收法律制度中的核心要素。

（一）比例税率

比例税率是指对同一征税对象，不论其数额大小，均按同一个比例征税的税率。税率本身是应征税额与计税金额之间的比例。这里所说的比例税率是相对累进税率、定额税率而言的。在比例税率中，根据不同的情况又可以划分为不同的征税比例：有行业比例税率、产品比例税率、地区差别比例税率、有免征额的比例税率、分档比例税率和幅度比例税率等。

目前，我国的增值税；部分消费税；企业所得税；个人所得税中的稿酬所得，特许权使用费所得，利息、股息、红利所得，财产租赁所得，财产转让所得，偶然所得和其他所得；房产税；契税；印花税（除权利、许可证照以外）；部分资源税；城市维护建设税；关税；车辆购置税和烟叶税都是通过比例税率进行计算应纳税额的。

（二）累进税率

累进税率是根据征税对象数额的逐渐增大，按不同等级逐步提高的税率，即征税对象数额越大，税率越高。累进税率一般在所得课税中使用，可以充分体现对纳税人收入多的多征、收入少的少征、无收入的不征的税收原则，从而有效调节纳税人的收入，正确处理税收负担的纵向公平问题。累进税率可分为全额累进税率、超额累进税率和超率累进税率三种。

1. 全额累进税率

全额累进税率是按征税对象数额的逐步递增划分若干等级，并按等级规定逐步提高的税率。征税对象的金额达到哪一个等级，全部按相应的税率征税。表 1-1 假定为某个人所得税适用的三级全额累进税率表。

表 1-1　　　　某三级全额累进税率表

级数	全月应纳税所得额	税率（%）
1	5 000元（含）以下	10
2	5 000~20 000元（含）	20
3	20 000元以上	30

例如，某纳税人某月应纳税所得额为5 000元，按表1-1查找的适用税率为10%，其月应纳税额=5 000×10%=500（元）。若该纳税人某月应纳税所得额为5 001元，按表1-1查找的适用税率为20%，其月应纳税额=5 001×20%=1 000.2（元）。显然，因增加1元的应纳税所得额而要多缴纳500.2元的税，这并不合理。

如上所示，全额累进税率计算方法简便，但税收负担不合理，特别是在划分级距的临界点附近，税负呈跳跃式递增，甚至会出现税额增加超过征税对象数额增加的不合理现象，不利于鼓励纳税人增加收入。

目前，我国的税收法律制度中已不采用这种税率。

2. 超额累进税率

超额累进税率是将征税对象数额的逐步递增划分为若干等级，按等级规定相应递增税率，对每个等级分别计算税额。表1-2假定为某个人所得税适用的三级超额累进税率表。

表 1-2　　　　某三级超额累进税率表

级数	全月应纳税所得额	税率（%）	速算扣除数
1	5 000元（含）以下	10	0
2	5 000~20 000元（含）	20	500
3	20 000元以上	30	2 500

仍以某纳税人某月应纳税所得额分别为5 000元和5 001元为例。当该纳税人某月应纳税所得额为5 000元时，按表1-2查找的适用税率为10%，其月应纳税额=5 000×10%=500（元）。若该纳税人某月应纳税所得额为5 001元，5 000元的部分按表1-2查找的适用税率为10%，超出5 000元的1元按表1-2查找的适用税率为20%，其月应纳税额=5 000×10%+1×20%=500.2（元）。显然，超额累进税率比全额累进税率要合理得多。

目前，我国的个人所得税中的工资薪金所得，个体工商户的生产、经营所得，对企事业单位的承包经营、承租经营所得，劳务报酬所得就是采用超额累进税率进行计算的。

在级数较多的情况下，分级计算然后相加的方法比较繁琐。为了简化计算，也可以采用速算法。速算法的原理是基于比较简单的全额累进税率的计算方法，可将超额累进计算方法转化为全额累进计算方法。

对于同样的课税对象数量，按全额累进方法计算出的税额比按超额累进方法计算出的税额多，即有重复计算的部分，这个多征的常数叫速算扣除数。其用公式表示为：

速算扣除数=按全额累进方法计算的税额-按超额累进方法计算的税额

公式移项得：

按超额累进方法计算的税额=按全额累进方法计算的税额-速算扣除数

某纳税人某月应纳税所得额为5 001元，如果直接用5 001乘以所对应级次的税率20%，则对于第一级次的5 000元应纳税所得额就出现了5 000×（20%-10%）的重复计算部分。因为这5 000元仅适用10%的税率，而现在全部用了20%的税率来计算，因此多算了10%，这就是应该扣除的所谓速算扣除数。如果用速算法计算，5 001元按表1-2查找的适用税率为20%，速算扣除数为500元，则月应纳税额=5 001×20%-500=500.2（元）。

在超额累进税率的实际运用中，速算扣除数会在税率表中直接给出。

能力拓展阅读：

（个人所得税的速算扣除数是怎么计算的?）

3. 超率累进税率

超率累进税率是按征税对象的某种递增比例划分若干等级，按等级规定相应递增税率，对每个等级分别计算税额。我国的土地增值税采用这种税率。

（三）定额税率

定额税率又称固定税额，是指按征税对象的一定单位直接规定固定的税额，而不采取百分比的形式。目前，我国采用定额税率的税种有部分消费税（黄酒、啤酒、成品油），权利、许可证照的印花税，部分资源税，城镇土地使用税，环境保护税，耕地占用税，船舶吨税和车船税。

从价计征适用比例税率或累进税率，从量计征适用定额税率。消费税中的卷烟和白酒比较特殊，它们在税率表里既有从价计征的比例税率，又有从量计征的定额税率。因此，比例税率与定额税率的同时存在决定了卷烟和白酒的消费税适用的是从价计征和从量计征并存的复合计征方法。由此可见，计税依据与税率的关系密不可分。

【例1-2】下列各项中，属于我国税法规定的税率形式有（　　）。

A. 全额累进税率　　　　B. 定额税率

C. 比例税率　　　　D. 超率累进税率

【解析】答案：BCD。我国现行税收法律制度中，已不采用全额累进税率。

六、纳税环节

纳税环节主要是指税法规定的征税对象在从生产到消费的流转过程中应当缴纳税款的环节。例如，流转税在生产和流通环节纳税，所得税在分配环节纳税等。

七、纳税期限

纳税期限是指纳税人的纳税义务发生后应依法缴纳税款的期限。纳税期限包括纳税义务发生时间、纳税期限和缴库期限三个相关概念。

(一) 纳税义务发生时间

纳税义务发生时间是指应税行为发生的时间。例如,《中华人民共和国增值税暂行条例》规定,预收货款方式销售货物的,其纳税义务发生时间为货物发出的当天。

规定纳税义务发生时间,一是为了明确纳税人承担纳税义务的具体日期;二是有利于税务机关实施税务管理,合理规定申报期限和纳税期限,监督纳税人依法履行纳税义务,保证国家财政收入。

(二) 具体纳税期限

纳税人每次发生纳税义务后,不可能马上去缴纳税款。税法规定了每种税的纳税期限,即每隔固定时间汇总一次纳税义务的时间。例如,根据《中华人民共和国增值税暂行条例》及其实施细则和《营业税改征增值税试点实施办法》的规定,增值税的纳税期限分别为1日、3日、5日、10日、15日、1个月或1个季度。纳税人的具体纳税期限,由主管税务机关根据纳税人应纳税额的大小分别核定;不能按照固定期限纳税的,可以按次纳税。

(三) 缴库期限

缴库期限,即税法规定的纳税期满后,纳税人将应纳税款缴入国库的期限。例如,根据《中华人民共和国增值税暂行条例》及其实施细则和《营业税改征增值税试点实施办法》的规定,纳税人以1个月或1个季度为1个纳税期的,自期满之日起15日内申报纳税;以1日、3日、5日、10日或15日为1个纳税期的,自期满之日起5日内预缴税款,于次月1日起15日内申报纳税并结清上月应纳税款。扣缴义务人解缴税款的期限,依照上述规定执行。纳税人进口货物,应当自海关填发进口增值税专用缴款书之日起15日内缴纳税款。

规定纳税期限是为了及时保证国家财政收入的实现,也是税收强制性和固定性的体现。在税法中,根据不同的情况规定不同的纳税期限,纳税人必须在规定的纳税期限内缴纳税款。

八、纳税地点

纳税地点是指根据各税种的纳税环节和有利于对税款的源泉控制而规定的纳税人(包括代征、代扣、代缴义务人)的具体申报缴纳税收的地方。

九、税收优惠

税收优惠是指国家对某些纳税人和征税对象给予鼓励和照顾的一种特殊规定。制定这种特殊规定，一方面是为了鼓励和支持某些行业或项目的发展，另一方面是为了照顾某些纳税人的特殊困难。

（一）减税和免税

减税是指对应征税款减少征收部分税款。免税是对按规定应征收的税款给予免除。减税和免税具体又分两种情况：一种是税法直接规定的长期减免税项目，另一种是依法给予的一定期限内的减免税措施，期满之后仍依规定纳税。

（二）起征点

起征点也称征税起点，是指对征税对象开始征税的数额界限。征税对象的数额没有达到规定起征点的不征税；达到或超过起征点的，就其全部数额征税。

（三）免征额

免征额是指对征税对象总额中免予征税的数额，即对纳税对象中的部分给予减免，只就减除后的剩余部分计征税款。

十、法律责任

法律责任是指对违反国家税法规定的行为人采取的处罚措施。一般包括违法行为和因违法而应承担的法律责任两部分内容。这里讲的违法行为是指违反税法规定的行为，包括作为和不作为。税法中的法律责任包括行政责任和刑事责任。纳税人和税务人员违反税法规定，都将依法承担法律责任。

第三节 税收管理体制与我国现行税法体系

一、税收管理体制

税收管理体制是在各级国家机构之间划分税权的制度。税权，即税收管理权限，包括税收立法权、税收法律法规的解释权、税种的开征或停征权、税目和税率的调整权、税收的加成和减免权等。如果按大类划分可以简单地将税收管理权限分为税收立法权和税收执法权两类。

税权的划分有纵向划分和横向划分的区别。纵向划分是指税权在中央与地方国家机构之间的划分；横向划分是指税权在同级立法、司法、行政等国家机构之间的划分。

我国的税收管理体制是税收制度的重要组成部分，也是财政管理体制的重要内容。

（一）税收立法权

税收立法权是制定、修改、解释或废止税收法律、法规、规章和规范性文件的权力。税收立法权包括两方面的内容：一是什么机关有税收立法权，二是各级机关的税收立法权是如何划分的。

1. 税收立法机关

我国的立法体制是全国人民代表大会及其常务委员会行使立法权，制定法律；国务院及其所属各部委，有权根据宪法和法律制定行政法规和规章；地方人民代表大会及其常务委员会，在不与宪法、法律、行政法规抵触的前提下，有权制定地方性法规，但要报全国人大常委会和国务院备案；民族自治地方的人民代表大会有权依照当地民族政治、经济和文化的特点，制定自治条例和单行条例。

各有权机关根据国家立法体制规定所制定的一系列税收法律、法规、规章和规范性文件，构成了我国的税收法律体系。由于立法机关不同，法律级次不同，因此法律效力也不同。

（1）全国人大和全国人大常委会——税收法律（××法）。在国家税收中，凡是基本的、全局性的问题，如国家税收的性质，税收法律关系中征纳双方权利与义务的确定，税种的设置，税目、税率的确定等，都需要由全国人大及其常委会以税收法律的形式制定实施，并且在全国范围内，无论对国内纳税人，还是非居民纳税人都普遍适用。

除《中华人民共和国宪法》外，在税法体系中，税收法律具有最高的法律效力，是其他有权机关制定税收法规、规章的法律依据，其他各级有权机关制定的税收法规、规章，都不得与《中华人民共和国宪法》和税收法律相抵触。

在现行税法中，如《中华人民共和国企业所得税法》《中华人民共和国个人所得税法》《中华人民共和国税收征收管理法》等都是税收法律。

（2）全国人大或人大常委会授权国务院——税收法律（××暂行条例）。授权立法是指全国人大及其常委会根据需要授权国务院制定某些具有法律效力的暂行规定或者条例。授权立法与制定行政法规不同。国务院经授权立法所制定的规定或条例等，具有国家法律的性质和地位，其法律效力高于行政法规，在立法程序上还需报全国人大常委会备案。

1984 年 9 月 1 日，全国人大常委会授权国务院改革工商税制和发布有关税收条例。1985 年，全国人大授权国务院在经济体制改革和对外开放方面可以制定暂行的规定或条例，都是授权国务院立法的依据。按照这两次授权立法，国务院在 1994 年 1 月 1 日起实施的工商税制改革中，制定实施了增值税、营业税、消费税、资源税、土地增值税、企业所得税等 6 个暂行条例。税收暂行条例的制定和公布施行，为全国人大及其常委会立法工作提供了有益的经验和条件，将这些条例在条件成熟时上升为法律做好了准备。

（3）国务院——税收行政法规（××实施条例、××实施细则等）。国务院作为最高国家权力机关的执行机关，是最高国家行政机关，拥有广泛的行政立法权。行政法规作为一种法律形式，在中国法律形式中处于低于宪法法律和高于地方法规、部门规章、地方规章的地位，也是在全国范围内普遍适用的。

国务院发布的《中华人民共和国企业所得税法实施条例》《中华人民共和国税收征收管理法实施细则》等，都是税收行政法规。

（4）地方人大及其常委会——税收地方性法规。省、自治区、直辖市的人民代表大会以及省、自治区的人民政府所在地的市和经国务院批准的较大的市的人民代表大会有制定地方性法规的权力，但要严格按照税收法律的授权行事。

目前，除了海南省、民族自治地区按照全国人大授权立法规定，在遵循宪法、法律和行政法规的原则基础上，可以制定有关税收的地方性法规外，其他省、市一般都无权自定税收地方性法规。

（5）国务院税务主管部门——税收部门规章。有权制定税收部门规章的税务主管机关是财政部、国家税务总局以及海关总署。其制定规章的范围包括对有关税收法律、法规的具体解释及税收征收管理的具体规定、办法等。税收部门规章在全国范围内具有普遍适用效力，但不得与税收法律、行政法规相抵触。

财政部出台的《中华人民共和国增值税暂行条例实施细则》、国家税务总局出台的《税务代理试行办法》等都属于税收部门规章。

（6）地方政府——税收地方规章。省、自治区、直辖市以及省、自治区的人民政府所在地的市和国务院批准的较大的市的人民政府，可以根据法律和国务院的行政法规，制定规章。上述地方政府制定税收规章都必须在税收法律、法规明确授权的前提下进行，并且不得与税收法律、行政法规相抵触；没有税收法律、法规的授权，地方政府是无权自定税收规章的，凡是越权自定的税收规章都没有法律效力。

国务院发布实施的城市维护建设税、房产税等地方性税种暂行条例，都规定了省、自治区、直辖市人民政府可以根据相应条例制定实施细则。

2. 我国税收立法权划分的现状

（1）中央税、中央与地方共享税以及全国统一实行的地方税的立法权集中在中央，以保中央政令统一，维护全国统一市场和企业平等竞争。其中，中央税是指维护国家权益、实施宏观调控所必需的税种，具体包括消费税、关税、车辆购置税等。中央与地方共享税是指同经济发展直接相关的主要税种，具体包括增值税、企业所得税、个人所得税。地方税具体包括资源税、土地增值税、印花税、城市维护建设税、城镇土地使用税、房产税、车船税等。

（2）依法赋予地方适当的地方税收立法权。我国地域辽阔，地区间经济发展水平很不平衡，经济资源包括税源都存在着较大差异，这种状况给全国统一制定税收法律带来一定的难度。因此，随着分税制改革的进行，有前提地、适当地给地方下放一些税收立法权，使地方可以实事求是地根据自己特有的税源开征新的税种，促进地方经济的发展。这样，既有利于地方因地制宜地发挥当地的经济优势，同时也便于同国际税收惯例对接。

（二）税收执法权

税收执法权是指税收机关依法征收税款，依法进行税收管理活动的权力。税收执法权是国家赋予税务机关的基本权力，是税务机关实施税收管理的法律手段。其具体包括税款征收管理权、税务检查权、税务稽查权、税务行政复议裁决权以及其他税务管理权。

由于税法具有多层次的特点，因此在税收执法过程中，对其适用性或法律效力的判断，一般按以下原则掌握：一是层次高的法律优于层次低的法律；二是同一层次的法律中，特别法优于普通法；三是国际法优于国内法；四是实体法从旧，程序法从新。

1. 税务机构设置

根据我国经济和社会发展及实行分税制财政管理体制的需要，现行税务机构设置是设立国家税务总局（正部级）和省及省以下税务机构，另由海关总署及下属机构负责关税征收管理和受托征收进出口增值税、消费税等税收。

2. 税款征收管理权限划分

根据国务院关于实行分税制财政管理体制的决定，按税种划分中央和地方的收入，将维护国家权益、实施宏观调控所必需的税种划为中央税；将同国民经济发展直接相关的主要税种划为中央与地方共享税；将适合地方征管的税种划为地方税，并充实地方税税种，增加地方税收收入。

3. 税收收入划分

根据国务院关于实行分税制财政管理体制的规定，我国的税收收入分为中央政府固定收入、地方政府固定收入和中央政府与地方政府共享收入。

（1）中央政府固定收入包括消费税（含进口环节海关代征的部分）、车辆购置税、证券交易印花税、关税、海关代征的进口环节增值税等。

（2）地方政府固定收入包括城镇土地使用税、耕地占用税、土地增值税、房产税、车船税、契税和印花税（除证券交易印花税以外）。

（3）中央政府与地方政府共享收入主要包括：

①增值税（不含进口环节由海关代征的部分）：中央政府分享 50%，地方政府分享 50%。

②企业所得税：中国铁路总公司（原铁道部）、各银行总行以及海洋石油企业缴纳的部分归中央政府，其余部分中央与地方政府按 60%与 40%的比例分享。

③个人所得税：除储蓄存款利息所得的个人所得税外，其余部分的分享比例与企业所得税相同。

④资源税：海洋石油企业缴纳的部分归中央政府，其余部分归地方政府。

⑤城市维护建设税：中国铁路总公司、各银行总行、各保险总公司集中缴纳的部分归中央政府，其余部分归地方政府。

4. 税务检查权与税务稽查权

税务检查是税务机关以国家的税收法律、法规为依据，对纳税人、扣缴义务人履行纳税义务和扣缴义务情况进行的税务检查和处理工作的总称。税务稽查是税务检查的一种，其主体只能是税务稽查局，而税务检查的主体既包括稽查局，也包括各级税务局、税务分局、税务所。

税务检查的对象主要是在税收征管活动中有特定义务或需要，或者在某一环节出现问题的纳税人、扣缴义务人，既具有检查的性质，又具有调查和审查的性质，目的是为了加强征管，维护正常的征管秩序，及时发现和防止重大、特大案件的发生。稽查局专司偷税、逃避缴纳欠税、骗税、抗税案件的查处，目的是查处税收违法案件。

综上所述，广义的税务检查主要有以下两类：

（1）税务机关为取得确定税额所需资料，证实纳税人纳税申报的真实性与准确性而进行的经常性检查，其依据是税法赋予税务机关的强制行政检查权。

（2）为打击税收违法犯罪而进行的特别调查，可以分为行政性调查和刑事调查两个阶段。行政性调查属于税务检查权范围之内，从原则上讲，纳税人有违反税法的刑事犯罪嫌疑的情况下，即调查的刑事性质确定后，案件应开始适用刑事调查程序。

5. 税务行政复议裁决权

税务行政复议裁决权的行使是税收执法权的有机组成部分。根据《中华人民共和国行政复议法》《中华人民共和国税收征收管理法》和其他有关规定，为了防止和纠正税务机关违法或者不当的具体行政行为，保护纳税人及其他当事人的合法权益，保障和监督税务机关依法行使职权，纳税人及其他当事人认为税务机关的具体行政行为侵犯其合法权益，可依法向税务行政复议机关申请行政复议；税务行政复议机关受理行政复议申请，作出行政复议决定。

税务行政复议裁决权的行使过程中，税务行政复议机关中负责税收法制工作的机构具体办理行政复议事项，履行下列职责：

（1）受理行政复议申请。

（2）向有关组织和人员调查取证，查阅文件和资料。

（3）审查申请行政复议的具体行政行为是否合法与适当，拟定行政复议决定。

（4）处理或者转送对有关规定的审查申请。

（5）对被申请人违反行政复议法及规定的行为，依照规定的权限和程序提出处理建议。

（6）办理因不服行政复议决定提起行政诉讼的应诉事项。

（7）对下级税务机关的行政复议工作进行检查和监督。

（8）办理行政复议案件的赔偿事项。

（9）办理行政复议、诉讼、赔偿等案件的统计、报告和归档工作。

行政复议活动应当遵循合法、公正、公开、及时、便民的原则。纳税人及其他当事人对行政复议决定不服的，可以依照《中华人民共和国行政诉讼法》的规定向人民法院提起行政诉讼。

6. 税务行政处罚权

税务行政处罚权是指税务机关依法对纳税主体违反税法尚未构成犯罪，但应承担相应法律责任的行为实施制裁措施的权力。税务行政处罚是行政处罚的基本组成部分，税务行政处罚权的行使对于保证国家税收利益、督促纳税人依法纳税有重要作用。税务行政处罚权的法律依据是《中华人民共和国行政处罚法》和《中华人民共和国税收征收管理法》

等法律法规。根据《中华人民共和国税收征收管理法》的相关规定，税务行政处罚的种类应当有警告（责令限期改正）、罚款、停止出口退税权、没收违法所得、收缴发票或停止发售发票、提请吊销营业执照、通知出境管理机关阻止出境等。

二、我国现行税法体系

（一）税法体系概述

1. 税法体系的概念

税法的内容十分丰富，涉及范围也极为广泛，各单行税收法律法规结合起来，形成了完整配套的税法体系，共同规范和制约税收分配的全过程，是实现依法治税的前提和保证。

从法律角度来讲，一个国家在一定时期内、一定体制下以法定形式规定的各种税收法律、法规的总和，被称为税法体系。但从税收工作的角度来讲，税法体系往往被称为税收制度。一个国家的税收制度是指在既定的管理体制下设置的税种以及与这些税种的征收、管理有关的，具有法律效力的各级成文法律、行政法规、部门规章等的总和。换句话说，税法体系就是通常所说的税收制度（以下简称税制）。

2. 税法体系的内容

一个国家的税收制度可以按照构成方法和形式分为简单型税制与复合型税制。简单型税制主要是指税种单一、结构简单的税收制度；复合型税制主要是指由多个税种构成的税收制度。在现代社会中，世界各国一般都采用多种税并存的复合型税制。一个国家为了有效取得财政收入或调节社会经济活动，必须设置一定数量的税种，并规定每种税的征收和缴纳办法，包括对什么征税、向谁征税、征多少税以及何时纳税、何地纳税、按什么手续纳税和不纳税如何处理等。

因此，税收制度的内容主要有三个层次：一是不同的要素构成税种。构成税种的要素主要包括纳税人、征税对象、税目、税率、纳税环节、纳税期限、减税免税等。二是不同的税种构成税收制度。构成税收制度的具体税种，国与国之间差异较大，但一般都包括所得税（直接税），如企业（法人）所得税、个人所得税；商品课税（间接税），如增值税、消费税；其他一些税种，如财产税（房地产税、车船税）、关税、社会保障税等。三是规范税款征收程序的法律法规，如税收征收管理法等。

税种的设置及每种税的征税办法，一般是以法律形式确定的，这些法律就是税法。一个国家的税法一般包括税法通则、各税税法（条例）、实施细则、具体规定四个层次。其中，税法通则规定一个国家的税种设置和每个税种的立法精神，各税税法（条例）分别规定每种税的征税办法，实施细则是对各税税法（条例）的详细说明和解释，具体规定是根据不同地区、不同时期的具体情况制定的补充性法规。目前，世界上只有少数国家单独制定税法通则，大多数国家都把税法通则的有关内容包含在宪法和各税税法（条例）之中，我国的税法就属于这种情况。

（二）我国现行税法体系

税法体系中各税法按基本内容和效力、职能作用、税收管辖权的不同，税法可分为不同类型：

1. 按照税法的基本内容和效力的不同，税法可分为税收基本法和税收普通法

税收基本法也称税收通则，是税法体系的主体和核心，在税法体系中起着税收母法的作用。其基本内容一般包括税收制度的性质、税务管理机构、税收立法与管理权限、纳税人的基本权利与义务、征税机关的权利和义务、税种设置等。我国目前还没有制定统一的税收基本法，随着我国税收法制建设的发展和完善，将研究制定税收基本法。

税收普通法是根据税收基本法的原则，对税收基本法规定的事项分别立法实施的法律，如个人所得税法、税收征收管理法等。

2. 按照税法的职能作用的不同，税法可分为税收实体法和税收程序法

税收实体法主要是指确定税种立法，具体规定各税种的征收对象、征收范围、税目、税率、纳税地点等。例如，《中华人民共和国企业所得税法》《中华人民共和国个人所得税法》就属于税收实体法。

税收程序法是指税务管理方面的法律，主要包括税收管理法、纳税程序法、发票管理法、税务机关组织法、税务争议处理法等。例如，《中华人民共和国税收征收管理法》就属于税收程序法。

（1）税收实体法体系。我国的现行税制就其实体法而言，是新中国成立后经过几次较大的改革逐步演变而来的，主要是经 1994 年税制改革后形成的，按征税对象大致分为以下五类：

①商品（货物）和劳务税类，包括增值税、消费税和关税，主要在生产、流通或服务业中发挥调节作用。

②所得税类，包括企业所得税、个人所得税，主要是在国民收入形成后，对生产经营者的利润和个人的纯收入发挥调节作用。

③财产和行为税类，包括房产税、车船税、印花税、契税，主要是对某些财产和行为发挥调节作用。

（4）资源税类，包括资源税、土地增值税和城镇土地使用税，主要是对因开发和利用自然资源差异而形成的级差收入发挥调节作用。

（5）特定目的税类，包括城市维护建设税、车辆购置税、耕地占用税、环境保护税、船舶吨税和烟叶税，主要是为了达到特定目的，对特定对象和特定行为发挥调节作用。

上述税种一共有 18 个，其中的关税和船舶吨税由海关负责征收管理，其他税种由税务机关负责征收管理。

现行税种中，除企业所得税、个人所得税、车船税、环境保护税是以国家法律的形式发布实施外，其他各税种都是经全国人民代表大会授权立法，由国务院以暂行条例的形式发布实施的。这些法律法规共同组成了我国的税收实体法体系。

（2）税收程序法体系。除税收实体法外，我国对税收征收管理适用的法律制度，是按照税收管理机关的不同而分别规定的。

①由税务机关负责征收的税种的征收管理，按照全国人大常委会发布实施的《中华人民共和国税收征收管理法》及各实体税法中的征管规定执行。

②由海关机关负责征收的税种的征收管理，按照《中华人民共和国海关法》及《中华人民共和国进出口关税条例》等有关规定执行。

上述税收实体法和税收征收管理的程序法共同构成了我国现行税法体系。

3. 按照主权国家行使税收管辖权的不同，税法可分为国内税法、国际税法、外国税法等

国内税法一般是按照属人或属地原则，规定一个国家的内部税收制度。

国际税法是指国家间形成的税收制度，主要包括双边或多边国家间的税收协定、条约和国际惯例等，一般而言，其效力高于国内税法。

外国税法是指外国各个国家制定的税收制度。

综上所述，我国目前税制基本上是以间接税和直接税为双主体的税制结构，间接税（增值税、消费税、关税）占全部税收收入比例的70%左右，直接税（企业所得税、个人所得税）占全部税收收入比例的25%左右，其他辅助税种数量较多，但收入比重不大。

本章练习题

一、单项选择题

1. 下列对税收概念的理解不正确的是（　　）。

A. 税收的本质是一种分配关系

B. 税收的征税依据是财产权力

C. 税收的目的是满足社会公共需要

D. 税收“三性”是区别税与非税的外在尺度和标志

2. 在税收分配活动中，税法调整对象是（　　）。

A. 税收分配关系　　B. 税收权利与义务关系

C. 税收征纳关系　　D. 经济利益关系

3. 下列税收法律中，属于税收程序法的是（　　）。

A.《中华人民共和国企业所得税法》

B.《中华人民共和国税收征收管理法》

C.《中华人民共和国增值税暂行条例实施细则》

D.《中华人民共和国房产税暂行条例》

4. 下列各项中，表述正确的是（　　）。

A. 税目是区分不同税种的主要标志

B. 税率是衡量税负轻重的重要标志

C. 纳税人就是履行纳税义务的法人和自然人

D. 征税对象就是税收法律关系中征纳双方的权利义务所指的物品

5.《中华人民共和国增值税暂行条例实施细则》的法律级次属于（　　）。

A. 财政部门制定的部门规章　　B. 全国人大授权国务院立法

C. 国务院制定的税收行政法规　　D. 全国人大制定的税收法律

二、多项选择题

1. 下列各项中，可以成为税收法律关系主体的有（　　）。

A. 税务部门　　B. 在我国境内有所得的外国企业

C. 海关部门　　D. 在我国境内有所得的外籍个人

2. 下列关于税收实体法要素的说法中，正确的是（　　）。

A. 纳税人就是负税人

B. 计税依据是从量的方面对征税所做的规定，是课税对象量的表现

C. 税目是课税对象的具体化，反映征税的范围，代表征税的广度

D. 国家开证的每一种税都有纳税期限的规定

3. 下列各项中，属于税务机关的税收管理权限的有（　　）。

A. 税务行政处罚权　　B. 税务行政复议裁决权

C. 税务检查权与税务稽查权　　D. 税务立法权

4. 中国现行税制中采用的税率有（　　）。

A. 全额累进税率　　B. 超率累进税率

C. 超额累进税率　　D. 幅度定额税率

5. 税收征管法属于我国税法体系中的（　　）。

A. 税收基本法　　B. 税收实体法

C. 税收程序法　　D. 国内税法

三、思考题

1. 如何理解税收的内涵与特点。
2. 如何理解税法的特点。
3. 如何理解税收法律关系。
4. 如何理解税法的基本原则与适用原则。
5. 如何理解纳税人与负税人、扣缴义务人的定义。
6. 如何理解税收立法与税收执法。

第二章 增值税

(本章思维导图)

学习目标

1. 能够解释增值税的概念并描述增值税的特点
2. 能够应用增值税纳税人的分类与登记制度判断纳税人的类型
3. 能够说明增值税的征税范围、适用税率与征收率
4. 能够灵活运用增值税一般计算方法、简易计算方法和进口货物的应纳税额计算方法
5. 能够应用增值税征收管理与增值税专用发票使用的相关规定

第一节 增值税概述

一、增值税与增值税法的概念

(一) 增值税的概念

增值税是以销售货物、提供劳务或发生应税行为过程中产生的增值额为征税对象而征收的一种税。按照我国的增值税法的规定，增值税是对在我国境内销售货物，提供加工、修理修配劳务，销售服务、无形资产、不动产以及进口货物的单位和个人，就其销售货物，提供加工、修理修配劳务，销售服务、无形资产、不动产的增值额和货物进口金额为计税依据而课征的一种流转税。

(二) 增值税法的概念

增值税法是指国家制定的用以调整增值税征收与缴纳之间权利与义务关系的法律规范。

二、增值税的特点

增值税是我国现阶段税收收入规模最大的税种。增值税之所以能够在世界上众多国家推广，是因为其可以有效防止商品在流转过程中的重复征税问题，具备保持税收中性、普遍征收、税收负担由最终消费者承担、实行税款抵扣制度、实行比例税率、实行价外税制度等特点。

三、我国增值税的改革历程

我国从 1979 年开始在部分城市试行生产型增值税。2008 年，国务院决定全面实施增值税改革，即将生产型增值税转为消费型增值税。2011 年年底，国家决定在上海试点营业税改征增值税（简称营改增）工作，并逐步将试点地区已扩展到全国。2016 年 3 月 23 日，经国务院批准，财政部和国家税务总局发布了《关于全面推开营业税改征增值税试点的通知》（财税〔2016〕36 号），决定自 2016 年 5 月 1 日起，在全国范围内全面推开营改增试点，将建筑业、房地产业、金融业、生活服务业等全部营业税纳税人，纳入试点范围，由缴纳营业税改为缴纳增值税。

四、我国增值税法律制度的主要内容

我国现行增值税的基本规范是 1993 年 12 月 13 日国务院令第 134 号发布、2008 年 11 月 10 日国务院令第 538 号修订的《中华人民共和国增值税暂行条例》（以下简称《增值税暂行条例》），2008 年 12 月 15 日财政部、国家税务总局令第 50 号发布，2011 年 10 月 28 日财政部、国家税务总局令第 65 号修订的《中华人民共和国增值税暂行条例实施细则》（以下简称《增值税暂行条例实施细则》）以及 2016 年 3 月 24 日财政部、国家税务总局印发的《营业税改征增值税试点实施办法》。

第二节 纳税义务人与征税范围

一、增值税纳税人和扣缴义务人

（一）纳税人的基本规定

根据《增值税暂行条例》及《营业税改征增值税试点实施办法》的规定，在中华人民共和国境内销售货物，提供加工、修理修配劳务，销售服务、无形资产、不动产以及进口货物的单位和个人，为增值税的纳税人。单位是指企业、行政单位、事业单位、军事单位、社会团体及其他单位。个人是指个体工商户和其他个人。

单位以承包、承租、挂靠方式经营的，承包人、承租人、挂靠人（以下统称承包人）以发包人、出租人、被挂靠人（以下统称发包人）名义对外经营并由发包人承担相关法律责任的，以该发包人为纳税人；否则，以承包人为纳税人。

资管产品运营过程中发生的增值税应税行为，以资管产品管理人为增值税纳税人。

（二）纳税人的分类

根据纳税人的经营规模与会计核算健全程度的不同，增值税的纳税人可以划分为小规模纳税人和一般纳税人。其中，会计核算健全是指能够按照国家统一的会计制度规定设置

账簿，根据合法、有效凭证核算。

1. 小规模纳税人

根据《增值税暂行条例实施细则》和《营业税改征增值税试点实施办法》的规定，小规模纳税人标准如下：

（1）从事货物生产或提供应税劳务的纳税人以及以从事货物生产或提供应税劳务为主，并兼营货物批发或零售的纳税人，年应征增值税销售额（以下简称应税销售额）在50万元以下（含本数，下同）的。以从事货物生产或提供应税劳务为主是指纳税人的年货物生产或提供应税劳务的销售额占年应税销售额的比重在50%以上。

（2）其他纳税人，年应税销售额在80万元以下的。

（3）营改增应税行为的年应征增值税销售额未超过500万元的纳税人。

小规模纳税人实行简易征税办法，并且一般不使用增值税专用发票，但基于增值税征收管理中一般纳税人与小规模纳税人之间客观存在的经济往来的实情，小规模纳税人可以到税务机关代开增值税专用发票。

住宿业、建筑业和鉴证咨询业等行业小规模纳税人试点自行开具增值税专用发票（销售其取得的不动产除外），税务机关不再为其代开。

2. 一般纳税人

一般纳税人是指年应税销售额超过《增值税暂行条例实施细则》或《营业税改征增值税试点实施办法》规定的小规模纳税人标准的企业和企业性单位（以下简称企业）。

除财政部、国家税务总局另有规定外，纳税人自其选择的一般纳税人资格生效之日起，按照增值税一般计税方法计算应纳税额，并按照规定领用增值税专用发票。

（三）纳税人资格登记制度

增值税一般纳税人资格实行登记制，登记事项由增值税纳税人向其主管税务机关办理。纳税人年应税销售额超过财政部、国家税务总局规定标准，并且符合有关政策规定选择按小规模纳税人纳税的，应当向主管税务机关提交书面说明。

下列纳税人不办理一般纳税人资格登记：

（1）个体工商户以外的其他个人。

（2）选择按照小规模纳税人纳税的非企业性单位。

（3）选择按照小规模纳税人纳税的不经常发生应税行为的企业。

个体工商户以外的其他个人年应税销售额超过规定标准的，不需要向主管税务机关提交书面说明。

小规模纳税人会计核算健全，能够提供准确税务资料的，可以向主管税务机关申请登记为一般纳税人，不再作为小规模纳税人。

除国家税务总局另有规定外，纳税人一经登记为一般纳税人后，不得转为小规模纳税人。

（四）扣缴义务人

中华人民共和国境外单位或个人在境内发生应税行为，在境内未设有经营机构的以购买方为增值税扣缴义务人。财政部和国家税务总局另有规定的除外。

二、增值税征税范围

根据《增值税暂行条例》及其实施细则和《营业税改征增值税试点实施办法》以及相关规定的要求，增值税的征税范围包括在中国境内销售货物，提供加工、修理修配劳务，进口货物以及销售应税服务，销售无形资产和销售不动产。

（一）销售货物

在中国境内销售货物是指销售货物的起运地或所在地在境内。销售货物是有偿转让货物的所有权。货物是指有形动产，包括电力、热力、气体在内。有偿是指从购买方取得货币、货物或其他经济利益。

（二）提供应税劳务

在中国境内提供加工、修理修配劳务是指提供的应税劳务发生地在境内。

提供应税劳务是指有偿提供加工、修理修配劳务。单位或个体工商户聘用的员工为本单位或雇主提供加工、修理修配劳务不包括在内。

加工是指受托加工货物，即委托方提供原料及主要材料，受托方按照委托方的要求，制造货物并收取加工费的业务；修理修配是指受托对损伤和丧失功能的货物进行修复，使其恢复原状和功能的业务。

（三）进口货物

进口货物是指申报进入中国海关境内的货物。根据我国增值税法规的规定，只要是报关进口的应税货物，都属于增值税的征税范围，除享受免税政策外，在进口环节缴纳增值税。

（四）销售服务

销售服务是指提供交通运输服务、邮政服务、电信服务、建筑服务、金融服务、现代服务、生活服务。

1. 交通运输服务

交通运输服务是指利用运输工具将货物或旅客送达目的地，使其空间位置得到转移的业务活动。其包括陆路运输服务、水路运输服务、航空运输服务和管道运输服务。

（1）陆路运输服务是指通过陆路（地上或地下）运送货物或旅客的运输业务活动，包括铁路运输服务和其他陆路运输服务。

出租车公司向使用本公司自有出租车的出租车司机收取的管理费用，按照陆路运输服务缴纳增值税。

（2）水路运输服务是指通过江、河、湖、川等天然、人工水道或海洋航道运送货物或旅客的运输业务活动。水路运输的程租、期租业务，属于水路运输服务（注意与现代服务之经营租赁服务中的水路运输光租业务的区别）。

（3）航空运输服务是指通过空中航线运送货物或旅客的运输业务活动。航空运输的湿租业务属于航空运输服务（注意与现代服务之经营租赁服务中的航空运输干租业务的区别）。

航天运输服务按照航空运输服务缴纳增值税。航天运输服务是指利用火箭等载体将卫星、空间探测器等空间飞行器发射到空间轨道的业务活动。

（4）管道运输服务是指通过管道设施输送气体、液体、固体物质的运输业务活动。无运输工具承运业务，按照交通运输服务缴纳增值税。

无运输工具承运业务是指经营者以承运人身份与托运人签订运输服务合同，收取运费并承担承运人责任，然后委托实际承运人完成运输服务的经营活动（注意与现代服务之商务辅助服务中的货物运输代理服务的区别）。

2. 邮政服务

邮政服务是指中国邮政集团公司及其所属邮政企业提供邮件寄递、邮政汇兑和机要通信等邮政基本服务的业务活动。其包括邮政普遍服务、邮政特殊服务和其他邮政服务。

（1）邮政普遍服务是指函件、包裹等邮件寄递以及邮票发行、报刊发行和邮政汇兑等业务活动。

（2）邮政特殊服务是指义务兵平常信函、机要通信、盲人读物和革命烈士遗物的寄递等业务活动。

（3）其他邮政服务是指邮册等邮品销售、邮政代理等业务活动。

3. 电信服务

电信服务是指利用有线、无线的电磁系统或光电系统等各种通信网络资源，提供语音通话服务，传送、发射、接收或应用图像、短信等电子数据和信息的业务活动。其包括基础电信服务和增值电信服务。

（1）基础电信服务是指利用固网、移动网、卫星、互联网，提供语音通话服务的业务活动以及出租或出售带宽、波长等网络元素的业务活动。

（2）增值电信服务是指利用固网、移动网、卫星、互联网、有线电视网络，提供短信和彩信服务、电子数据和信息的传输及应用服务、互联网接入服务等业务活动。

卫星电视信号落地转接服务，按照增值电信服务缴纳增值税。

4. 建筑服务

建筑服务是指各类建筑物、构筑物及其附属设施的建造、修缮、装饰，线路、管道、设备、设施等的安装以及其他工程作业的业务活动。其包括工程服务、安装服务、修缮服务、装饰服务和其他建筑服务。

（1）工程服务是指新建、改建各种建筑物、构筑物的工程作业，包括与建筑物相连的各种设备或支柱、操作平台的安装或装设工程作业以及各种窑炉和金属结构工程作业。

（2）安装服务是指生产设备、动力设备、起重设备、运输设备、传动设备、医疗实验设备以及其他各种设备、设施的装配、安置工程作业，包括与被安装设备相连的工作台、梯子、栏杆的装设工程作业以及被安装设备的绝缘、防腐、保温、油漆等工程作业。

固定电话、有线电视、宽带、水、电、燃气、暖气等经营者向用户收取的安装费、初装费、开户费、扩容费以及类似收费，按照安装服务缴纳增值税。

（3）修缮服务是指对建筑物、构筑物进行修补、加固、养护、改善，使之恢复原来的使用价值或延长其使用期限的工程作业。

（4）装饰服务是指对建筑物、构筑物进行修饰装修，使之美观或具有特定用途工程作业。

（5）其他建筑服务是指上列工程作业之外的各种工程作业服务，如钻井（打井）、拆除建筑物或构筑物、平整土地、园林绿化、疏浚（不包括航道疏浚）、建筑物平移、搭脚手架、爆破、矿山穿孔、表面附着物（包括岩层、土层、沙层等）剥离和清理等工程作业。

5. 金融服务

金融服务是指经营金融保险的业务活动。其包括贷款服务、直接收费金融服务、保险服务和金融商品转让。

（1）贷款服务。贷款是指将资金贷与他人使用而取得利息收入的业务活动。

各种占用、拆借资金取得的收入，包括金融商品持有期间（含到期）利息（保本收益、报酬、资金占用费、补偿金等）收入、信用卡透支利息收入、买入返售金融商品利息收入、融资融券收取的利息收入以及融资性售后回租、押汇、罚息、票据贴现、转贷等业务取得的利息及利息性质的收入，按照贷款服务缴纳增值税。

融资性售后回租是指承租方以融资为目的，将资产出售给从事融资性售后回租业务的企业后，从事融资性售后回租业务的企业将该资产出租给承租方的业务活动。

以货币资金投资收取的固定利润或保底利润，按照贷款服务缴纳增值税。

（2）直接收费金融服务是指为货币资金融通及其他金融业务提供相关服务并且收取费用的业务活动。其包括提供货币兑换、账户管理、电子银行、信用卡、信用证、财务担保、资产管理、信托管理、基金管理、金融交易场所（平台）管理、资金结算、资金清算、金融支付等服务。

（3）保险服务是指投保人根据合同约定，向保险人支付保险费，保险人对于合同约定的可能发生的事故因其发生所造成的财产损失承担赔偿保险金责任，或者当被保险人死亡、伤残、疾病，或者达到合同约定的年龄、期限等条件时承担给付保险金责任的商业保险行为。其包括人身保险服务和财产保险服务。

（4）金融商品转让是指转让外汇、有价证券、非货物期货和其他金融商品所有权的业务活动。

其他金融商品转让包括基金、信托、理财产品等各类资产管理产品和各种金融衍生品的转让。

6. 现代服务

现代服务是指围绕制造业、文化产业、现代物流产业等提供技术性、知识性服务的业务活动。其包括研发和技术服务、信息技术服务、文化创意服务、物流辅助服务、租赁服务、鉴证咨询服务、广播影视服务、商务辅助服务和其他现代服务。

（1）研发和技术服务包括研发服务、合同能源管理服务、工程勘察勘探服务、专业技术服务。

（2）信息技术服务是指利用计算机、通信网络等技术对信息进行生产、收集、处理、加工、存储、运输、检索和利用，并提供信息服务的业务活动。其包括软件服务、电路设计及测试服务、信息系统服务、业务流程管理服务和信息系统增值服务。

（3）文化创意服务包括设计服务、知识产权服务、广告服务和会议展览服务。

（4）物流辅助服务包括航空服务、港口码头服务、货运客运场站服务、打捞救助服务、装卸搬运服务、仓储服务和收派服务。

（5）租赁服务包括融资租赁服务和经营租赁服务。

融资性售后回租不按照本税目缴纳增值税。

将建筑物、构筑物等不动产或飞机、车辆等有形动产的广告位出租给其他单位或个人用于发布广告，按照经营租赁服务缴纳增值税。

车辆停放服务、道路通行服务（包括过路费、过桥费、过闸费等）等按照不动产经营租赁服务缴纳增值税。

水路运输的光租业务、航空运输的干租业务属于经营租赁。其中，光租业务是指运输企业将船舶在约定的时间内出租给他人使用，不配备操作人员，不承担运输过程中发生的各项费用，只收取固定租赁费的业务活动（注意与交通运输服务中水路运输程租、期租业务的区别）。干租业务是指航空运输企业将飞机在约定的时间内出租给他人使用，不配备机组人员，不承担运输过程中发生的各项费用，只收取固定租赁费的业务活动（注意与交通运输服务中航空运输湿租业务的区别）。

（6）鉴证咨询服务包括认证服务、鉴证服务和咨询服务。翻译服务和市场调查服务按照咨询服务缴纳增值税。

（7）广播影视服务包括广播影视节目（作品）的制作服务、发行服务和播映（含放映）服务。

（8）商务辅助服务包括企业管理服务、经纪代理服务、人力资源服务、安全保护服务。

（9）其他现代服务是指除研发和技术服务、信息技术服务、文化创意服务、物流辅助服务、租赁服务、鉴证咨询服务、广播影视服务和商务辅助服务以外的现代服务。

7. 生活服务

生活服务是指为满足城乡居民日常生活需求提供的各类服务活动。其包括文化体育服务、教育医疗服务、旅游娱乐服务、餐饮住宿服务、居民日常服务和其他生活服务。

（1）文化体育服务包括文化服务和体育服务。

（2）教育医疗服务包括教育服务和医疗服务。

（3）旅游娱乐服务包括旅游服务和娱乐服务。

（4）餐饮住宿服务包括餐饮服务和住宿服务。

（5）居民日常服务是指主要为满足居民个人及其家庭日常生活需求提供的服务。其包括市容市政管理、家政、婚庆、养老、殡葬、照料和护理、救助救济、美容美发、按摩、桑拿、氧吧、足疗、沐浴、洗染、摄影扩印等服务。

（6）其他生活服务是指除文化体育服务、教育医疗服务、旅游娱乐服务、餐饮住宿服务和居民日常服务之外的生活服务。

（五）销售无形资产

销售无形资产是指转让无形资产所有权或使用权的业务活动。无形资产是指不具实物形态，但能带来经济利益的资产，包括技术、商标、著作权、商誉、自然资源使用权和其他权益性无形资产。

技术包括专利技术和非专利技术。

自然资源使用权包括土地使用权、海域使用权、探矿权、采矿权、取水权和其他自然资源使用权。

其他权益性无形资产包括基础设施资产经营权、公共事业特许权、配额、经营权（包括特许经营权、连锁经营权、其他经营权）、经销权、分销权、代理权、会员权、席位权以及网络游戏虚拟道具、域名、名称权、肖像权、冠名权、转会费等。

（六）销售不动产

销售不动产是指转让不动产所有权的业务活动。不动产是指不能移动或移动后会引起性质、形状改变的财产，包括建筑物、构筑物等。

建筑物包括住宅、商业营业用房、办公楼等可供居住、工作或进行其他活动的建造物。

构筑物包括道路、桥梁、隧道、水坝等建造物。

转让建筑物有限产权或永久使用权的，转让在建的建筑物或构筑物所有权的，以及在转让建筑物或构筑物时一并转让其所占土地的使用权的，按照销售不动产缴纳增值税。

（七）非经营活动的界定

（1）销售服务、无形资产或不动产是指有偿提供服务、有偿转让无形资产或不动产，但属于下列非经营活动的情形除外：

①行政单位收取的同时满足以下条件的政府性基金或行政事业性收费。

一是由国务院或财政部批准设立的政府性基金，由国务院或省级人民政府及其财政、价格主管部门批准设立的行政事业性收费。

二是收取时开具省级以上（含省级）财政部门监（印）制的财政票据。

三是所收款项全额上缴财政。

②单位或个体工商户聘用的员工为本单位或雇主提供取得工资的服务。

③单位或个体工商户为聘用的员工提供服务。

④财政部和国家税务总局规定的其他情形。

（2）在境内销售服务、无形资产或不动产是指：

①服务（租赁不动产除外）或无形资产（自然资源使用权除外）的销售方或购买方在境内。

②所销售或租赁的不动产在境内。

③所销售自然资源使用权的自然资源在境内。

④财政部和国家税务总局规定的其他情形。

（3）下列情形不属于在境内销售服务或者无形资产：

①境外单位或个人向境内单位或个人销售完全在境外发生的服务。

②境外单位或个人向境内单位或个人销售完全在境外使用的无形资产。

③境外单位或个人向境内单位或个人出租完全在境外使用的有形动产。

④财政部和国家税务总局规定的其他情形。

（八）视同销售货物行为

（1）根据《增值税暂行条例实施细则》的规定，单位或个体工商户的下列行为，视同销售货物，征收增值税：

①将货物交付其他单位或个人代销。

②销售代销货物。

③设有两个以上机构并实行统一核算的纳税人，将货物从一个机构移送至其他机构用于销售，但相关机构设在同一县（市）的除外。

④将自产、委托加工的货物用于集体福利或个人消费。

⑤将自产、委托加工或购进的货物作为投资，提供给其他单位或个体工商户。

⑥将自产、委托加工或购进的货物分配给股东或投资者。

⑦将自产、委托加工或购进的货物无偿赠送其他单位或个人。

【例 2-1】下列行为中，应视同销售货物征收增值税的有（　　）。

A. 将外购货物分配给股东　　B. 将外购货物用于个人消费

C. 将自产货物无偿赠送他人　　D. 将自产货物用于集体福利

【解析】答案：ACD。根据增值税法律制度的规定，将外购货物用于个人消费，其购进货物的进项税额不允许抵扣，不属于增值税视同销售货物的情形，而选项 ACD 三种情形属于增值税视同销售货物的情形。

能力拓展阅读：

（为什么要有视同销售货物行为的规定?）

（2）根据《营业税改征增值税试点实施办法》的规定，单位或个人的下列情形视同销售服务、无形资产或不动产，征收增值税：

①单位或个体工商户向其他单位或个人无偿提供服务，但用于公益事业或以社会公众为对象的除外。

②单位或个人向其他单位或个人无偿转让无形资产或不动产，但用于公益事业或以社会公众为对象的除外。

③财政部和国家税务总局规定的其他情形。

（九）混合销售

一项销售行为如果既涉及货物又涉及服务，为混合销售。从事货物的生产、批发或者零售的单位和个体工商户的混合销售行为，按照销售货物缴纳增值税；其他单位和个体工商户的混合销售行为，按照销售服务缴纳增值税。

上述从事货物的生产、批发或零售的单位和个体工商户，包括以从事货物的生产批发或零售为主，并兼营销售服务的单位和个体工商户在内。

自2017年5月起，纳税人销售活动板房、机器设备、钢结构件等自产货物的同时提供建筑、安装服务，不属于混合销售，应分别核算货物和建筑服务的销售额，分别适用不同的税率或征收率。

【例2-2】下列各项中，属于增值税混合销售行为的有（　　）。

A. 百货商店对销售的商品同时提供送货服务的行为

B. 餐饮公司提供餐饮服务的同时又销售烟酒的行为

C. 建材商店在销售木质地板的同时提供安装服务的行为

D. 歌舞厅在提供娱乐服务的同时销售食品的行为

【解析】答案：ABCD。根据增值税法律制度的规定，选项ABCD都属于增值税混合销售行为。

（十）兼营

兼营是指纳税人的经营中包括销售货物，加工、修理修配劳务以及销售服务、无形资产和不动产的行为。

纳税人发生兼营行为，应当分别核算适用不同税率或征收率的销售额，未分别核算销售额的，按照以下办法适用税率或征收率：

（1）兼有不同税率的销售货物，加工、修理修配劳务，服务，无形资产或不动产，从高适用税率。

（2）兼有不同征收率的销售货物，加工、修理修配劳务，服务，无形资产或不动产，从高适用征收率。

（3）兼有不同税率和征收率的销售货物，加工、修理修配劳务，服务，无形资产或不动产，从高适用税率。

能力拓展阅读：

（《国家税务总局关于进一步明确营改增有关征管问题的公告》——第一条的重点解读）

（十一）征税范围的特殊规定

（1）货物期货（包括商品期货和贵金属期货），应当征收增值税，在期货的实物交割环节纳税。其中，交割时采取由期货交易所开具发票的，以期货交易所为纳税人。期货交易所增值税按次计算，其进项税额为该货物交割时供货会员单位开具的增值税专用发票上注明的销项税额，期货交易所本身发生的各种进项税额不得抵扣。交割时采取由供货的会员单位直接将发票开给购货会员单位的，以供货会员单位为纳税人。

（2）银行销售金银的业务，应当征收增值税。

（3）典当业的死当物品销售业务和寄售业代委托人销售寄售物品的业务，均应征收增值税。

（4）缝纫业务，应征收增值税。

（5）基本建设单位和从事建筑安装业务的企业附设的工厂、车间生产的水泥预制构件、其他构件或建筑材料，用于本单位或本企业建筑工程的，在移送使用时，征收增值税。

（6）电力公司向发电企业收取的过网费，应当征收增值税。

（7）旅店业和饮食业纳税人销售非现场消费的食品应当缴纳增值税。

（8）纳税人提供的矿产资源开采、挖掘、切割、破碎、分拣、洗选等劳务，属于增值税应税劳务，应当缴纳增值税。

（9）不征收增值税项目如下：

①根据国家指令无偿提供的铁路运输服务、航空运输服务，属于《营业税改征增值税试点实施办法》规定的用于公益事业的服务。

②存款利息。

③被保险人获得的保险赔付。

④房地产主管部门或其指定机构、公积金管理中心、开发企业以及物业管理单位代收

的住宅专项维修资金。

⑤在资产重组过程中，通过合并、分立、出售、置换等方式，将全部或部分实物资产以及与其相关联的债权、负债和劳动力一并转让给其他单位和个人，其中涉及的不动产、土地使用权转让行为。

⑥纳税人在资产重组过程中，通过合并、分立、出售、置换等方式，将全部或部分实物资产以及与其相关联的债权、负债和劳动力一并转让给其他单位和个人，不属于增值税的征税范围，其中涉及的货物转让，不征收增值税。

第三节　增值税税率和征收率

增值税一般纳税人采用比例税率，分为基本税率、低税率和零税率三档。小规模纳税人采用征收率。

一、税率

（一）基本税率

自 2018 年 5 月 1 日起，增值税的基本税率为 16%，适用范围为：

（1）一般纳税人销售或进口货物，除《增值税暂行条例》列举的以外，税率均为 16%。

（2）一般纳税人提供加工、修理修配劳务，税率为 16%。

（3）一般纳税人提供有形动产租赁服务，税率为 16%。

（二）低税率

（1）自 2018 年 5 月 1 日起，一般纳税人销售或进口下列货物（绝大部分属于关乎民生的货物），税率为 16%。

①农产品。农产品是指种植业、养殖业、林业、牧业、水产业生产的各种植物、动物的初级产品。具体征税范围暂继续按照《财政部、国家税务总局关于印发〈农业产品征税范围注释〉的通知》（财税字〔1995〕52 号）及现行相关规定执行，并包括挂面、干姜、姜黄、玉米胚芽、动物骨粒、按照《食品安全国家标准-巴氏杀菌乳》（GB19645-2010）生产的巴氏杀菌乳、按照《食品安全国家标准-灭菌乳》（GB25190-2010）生产的灭菌乳。

②食用植物油、自来水、暖气、冷气、热水、煤气、石油液化气、天然气、沼气、居民用煤炭制品、图书、报纸、杂志、化肥、农药、农机、农膜。

上述货物的具体征税范围暂继续按照《国家税务总局关于印发〈增值税部分货物征税范围注释〉的通知〉（国税发〔1993〕151 号）及现行相关规定执行，并包括棕榈油、棉籽油、茴油、毛椰子油、核桃油、橄榄油、花椒油、杏仁油、葡萄籽油、牡丹籽油、由石油伴生气加工压缩而成的石油液化气、西气东输项目、上游中外合作开采天然气、中小学课本配套产品（包括各种纸制品或图片）、国内印刷企业承印的经新闻出版主管部门批准印刷且采用国际标准书号编序的境外图书、农用水泵、农用柴油机、不带动力的手扶拖拉机、三轮农用运输车、密集型烤房设备、频振式杀虫灯、自动虫情测报灯、粘虫板、卷帘机、农用挖掘机、养鸡设备系列、养猪设备系列产品、动物尸体降解处理机、蔬果清洗机。

③饲料。饲料是指用于动物饲养的产品或其加工品。具体征税范围按照《国家税务总局关于修订"饲料"注释及加强饲料征免增值税管理问题的通知》（国税发〔1999〕39号）执行，并包括豆粕、宠物饲料、饲用鱼油、矿物质微量元素舔砖、饲料级磷酸二氢钙产品。

④音像制品。音像制品是指正式出版的录有内容的录音带、录像带、唱片、激光唱盘和激光视盘。

⑤电子出版物。电子出版物是指以数字代码方式，使用计算机应用程序，将图文声像等内容信息编辑加工后存储在具有确定的物理形态的磁、光、电等介质上，通过内嵌在计算机、手机、电子阅读设备、电子显示设备、数字音或视频播放设备、电子游戏机、导航仪以及其他具有类似功能的设备上读取使用，具有交互功能，用以表达思想、普及知识和积累文化的大众传播媒体。

⑥二甲醚。二甲醚是指化学分子式为 CH3OCH3，常温常压下为具有轻微醚香味，易燃、无毒、无腐蚀性的气体。

⑦食用盐。食用盐是指符合《食用盐》（GB/T5461－2016）和《食用盐卫生标准》（GB2721－2003）两项国家标准的食用盐。

（2）一般纳税人提供交通运输、邮政、基础电信、建筑、不动产租赁服务，销售不动产，转让土地使用权，税率为 10%。

（3）一般纳税人提供增值电信、金融、现代服务（除有形动产租赁服务和不动产租赁服务外）、生活服务，销售无形资产（除转让土地使用权外），税率为 6%。

（三）零税率

（1）纳税人出口货物，适用零税率，但是国务院另有规定的除外。

（2）中华人民共和国境内的单位和个人销售的下列服务和无形资产，适用零税率。

①国际运输服务。

②航天运输服务。

③向境外单位提供的完全在境外消费的下列服务：第一，研发服务。第二，合同能源管理服务。第三，设计服务。第四，广播影视节目（作品）的制作和发行服务。第五，软件服务。第六，电路设计及测试服务。第七，信息系统服务。第八，业务流程管理服务。第九，离岸服务外包业务。第十，转让技术。

④财政部和国家税务总局规定的其他服务。

二、征收率

（一）征收率的一般规定

小规模纳税人采用简易办法征收增值税，征收率为 3%。具体规定为：

（1）一般纳税人销售自己使用过的属于《增值税暂行条例》第十条规定，不得抵扣且未抵扣进项税额的固定资产，按简易办法依 3%征收率减按 2%征收增值税。

（2）一般纳税人销售自己使用过的其他固定资产（以下简称已使用过的固定资产）应区分不同情形征收增值税。

①销售自己使用过的 2009 年 1 月 1 日以后购进或自制的固定资产，按照适用税率征收增值税。

②2008 年 12 月 31 日以前未纳入扩大增值税抵扣范围试点的纳税人，销售自己使用过的 2008 年 12 月 31 日以前购进或自制的固定资产，按照简易办法依照 3%征收率减按 2%征收增值税。

③2008 年 12 月 31 日以前已纳入扩大增值税抵扣范围试点的纳税人，销售自己使用过的在本地区扩大增值税抵扣范围试点以前购进或自制的固定资产，按照简易办法依照 3%征收率减按 2%征收增值税；销售自己使用过的在本地区扩大增值税抵扣范围试点以后购进或自制的固定资产，按照适用税率征收增值税。

（3）一般纳税人销售自己使用过的除固定资产以外的物品，应当按照适用税率征收增值税。

（4）小规模纳税人（除其他个人外，下同）销售自己使用过的固定资产，减按 2%征收率征收增值税。小规模纳税人销售自己使用过的除固定资产以外的物品，应按 3%的征收率征收增值税。

（5）纳税人销售旧货，按照简易办法依照 3%征收率减按 2%征收增值税。

旧货是指进入二次流通的具有部分使用价值的货物（含旧汽车、旧摩托车和旧游艇），但不包括自己使用过的物品。

以上（1）~（5）点可以用表 2-1 进行概括和总结。

（6）一般纳税人销售自产的下列货物，可选择按照简易办法依照 3%征收率计算缴纳增值税，选择简易办法计算缴纳增值税后，36 个月内不得变更。具体适用范围为：

①县级及县级以下小型水力发电单位生产的电力。小型水力发电单位是指各类投资主体建设的装机容量为 5 万千瓦以下（含 5 万千瓦）的小型水力发电单位。

②建筑用和生产建筑材料所用的砂、土、石料。

③以自己采掘的砂、土、石料或其他矿物连续生产的砖、瓦、石灰（不含黏土实心砖、瓦）。

④用微生物、微生物代谢产物、动物毒素、人或动物的血液或组织制成的生物制品。

⑤自来水（对属于一般纳税人的自来水公司销售自来水按简易办法依照 3%征收率征收增值税，不得抵扣其购进自来水取得增值税扣税凭证上注明的增值税税款）。

表 2-1　　纳税人销售自用过的物品及旧货的使用税率与征收率

<table>
<tr><th>纳税人类别</th><th>货物类别</th><th>具体规定</th><th>税率或征收率</th><th>说明</th></tr>
<tr><td rowspan="5">一般纳税人</td><td rowspan="4">销售自己使用过的固定资产</td><td>不得抵扣且未抵扣进项税额的固定资产</td><td rowspan="3">3%征收率减按 2%</td><td rowspan="3">未抵扣过进项税额的固定资产，按简易办法征税(有优惠)</td></tr>
<tr><td>2008 年 12 月 31 日以前未纳入扩大增值税抵扣范围试点的纳税人，销售自己使用过的 2008 年 12 月 31 日以前购进或者自制的固定资产</td></tr>
<tr><td>2008 年 12 月 31 日以前已纳入扩大增值税抵扣范围试点的纳税人，销售自己使用过的在本地区扩大增值税抵扣范围试点以前购进或者自制的固定资产</td></tr>
<tr><td>销售自己使用过的 2009 年 1 月 1 日以后购进或者自制的固定资产</td><td>16%或 10%</td><td>抵扣过进项税额的固定资产，按适用税率征税</td></tr>
<tr><td colspan="2">销售自己使用过的其他物品（除固定资产之外）</td><td>16%或 10%</td><td>按适用税率征税</td></tr>
<tr><td rowspan="2">小规模纳税人</td><td colspan="2">销售自己使用过的固定资产</td><td>3%征收率减按 2%</td><td>对标一般纳税人（有优惠）</td></tr>
<tr><td colspan="2">销售自己使用过的其他物品（除固定资产之外）</td><td>3%</td><td>按征收率征税</td></tr>
<tr><td>纳税人</td><td colspan="2">销售旧货（别人使用过的物品）</td><td>3%征收率减按 2%</td><td>鼓励物尽其用（有优惠）</td></tr>
</table>

⑥商品混凝土（仅限于以水泥为原料生产的水泥混凝土）。

（7）一般纳税人销售货物属于下列情形之一的，暂按简易办法依照 3%征收率计算增值税：

①寄售商店代销寄售物品（包括居民个人寄售的物品在内）。

②典当业销售死当物品。

（8）建筑企业一般纳税人提供建筑服务属于老项目的，可以选择简易办法依照 3%的征收率征收增值税。

（二）征收率的特殊规定

（1）小规模纳税人转让其取得的不动产，按照 5%的征收率征收增值税。

（2）一般纳税人转让其 2016 年 4 月 30 日前取得的不动产，选择简易计税方法计税按照 5%的征收率征收增值税。

（3）小规模纳税人出租其取得的不动产（不含个人出租住房），按照 5%的征收率征收增值税。

（4）一般纳税人出租其 2016 年 4 月 30 日前取得的不动产，选择简易计税方法计税的，按照5%的征收率征收增值税。

（5）房地产开发企业（一般纳税人）销售自行开发的房地产老项目，选择简易计税方法计税的，按照5%的征收率征收增值税。

（6）房地产开发企业（小规模纳税人）销售自行开发的房地产项目，按照5%的征收率征收增值税。

（7）纳税人提供劳务派遣服务，选择差额纳税的，按照5%的征收率征收增值税。

以上税率和征收率可总结为以下两张思维导图，详见图2-1和图2-2。其中，图2-1是以增值税征税范围为标志的税率与征收率对比图；图2-2是在税率和征收率分类的基础上确定其余征收范围的对应关系图。

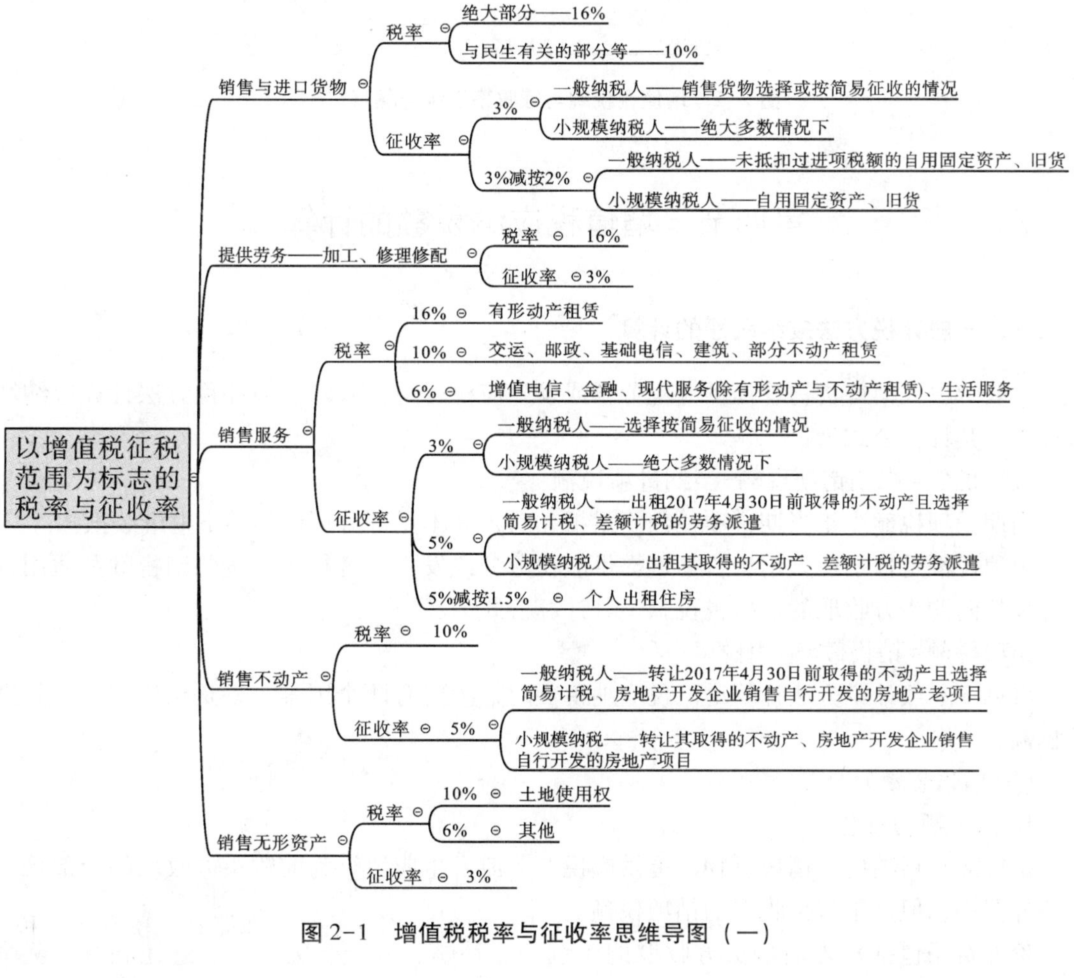

图2-1　增值税税率与征收率思维导图（一）

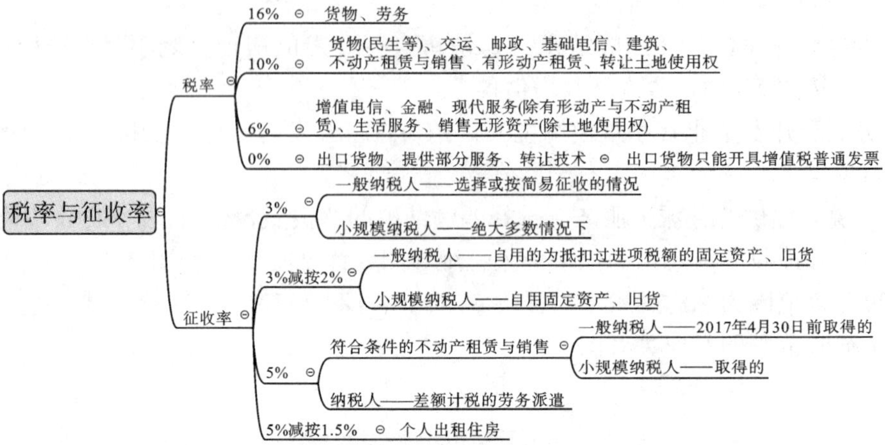

图 2-2　增值税税率与征收率思维导图（二）

第四节　增值税应纳税额的计算

一、一般计税方法应纳税额的计算

一般纳税人销售货物、提供应税劳务或发生应税行为，采取一般计税方法计算应纳增值税额。其计算公式为：

应纳税额＝当期销项税额－当期进项税额

当期销项税额小于当期进项税额不足抵扣时，其不足部分可以结转下期继续抵扣。

销项税额是指纳税人销售货物、提供应税劳务或发生应税行为，按照销售额和适用税率计算并向购买方收取的增值税税款。其计算公式为：

销项税额＝销售额×适用税率

可见，一般计税方法计算增值税应纳税额时，主要有两个因素：一是销售额，二是进项税额。

（一）销售额的确定

1. 销售额的概念

销售额是指纳税人销售货物、提供应税劳务或发生应税行为向购买方收取的全部价款和价外费用，但是不包括收取的销项税额。

价外费用包括价外向购买方收取的手续费、补贴、基金、集资费、返还利润、奖励费、违约金、滞纳金、延期付款利息、赔偿金、代收款项、代垫款项、包装费、包装物租金、储备费、优质费、运输装卸费以及其他各种性质的价外收费。上述价外费用无论其会计制度如何核算，均应并入销售额计算销项税额。但下列项目不包括在销售额内：

（1）受托加工应征消费税的消费品所代收代缴的消费税。

（2）同时符合以下条件代为收取的政府性基金或行政事业性收费：

①由国务院或财政部批准设立的政府性基金，由国务院或省级人民政府及其财政、价格主管部门批准设立的行政事业性收费。

②收取时开具省级以上财政部门印制的财政票据。

③所收款项全额上缴财政。

（3）销售货物的同时代办保险等而向购买方收取的保险费以及向购买方收取的代购买方缴纳的车辆购置税、车辆牌照费。

（4）以委托方名义开具发票代委托方收取的款项。

2. 含税销售额的换算

增值税实行价外税，计算销项税额时，销售额中不应含有增值税款。如果销售额中包含了增值税款，即销项税额，则应将含税销售额换算成不含税销售额。其计算公式为：

不含税销售额=含税销售额÷(1+增值税税率)

3. 视同销售货物的销售额的确定

（1）《增值税暂行条例实施细则》规定了7种视同销售货物行为，这7种视同销售行为一般不以资金的形式反映出来，因而会出现无销售额的情况。在此情况下，主管税务机关有权按照下列顺序核定其销售额：

①按纳税人最近时期同类货物的平均销售价格确定。

②按其他纳税人最近时期同类货物的平均销售价格确定。

③按组成计税价格确定。其计算公式为：

组成计税价格=成本×(1+成本利润率)

征收增值税的货物，同时又征收消费税的，其组成计税价格中应包含消费税税额（消费税是价内税）。其计算公式为：

组成计税价格=成本×(1+成本利润率)+消费税税额

或：组成计税价格=成本×(1+成本利润率)÷(1-消费税税率)

公式中的成本分两种情况：一是销售自产货物的为实际生产成本，二是销售外购货物的为实际采购成本。公式中的成本利润率为10%。但属于应从价定率征收消费税的货物，其组成计税价格公式中的成本利润率为《消费税若干具体问题的规定》（国税发〔1993〕156号）中规定的成本利润率。

纳税人销售货物或提供应税劳务的价格明显偏低并无正当理由的，由主管税务机关按照上述方法核定其销售额。

（2）《营业税改征增值税试点实施办法》规定，纳税人发生应税行为价格明显偏低或偏高且不具有合理商业目的的，或者发生无销售额的，主管税务机关有权按照下列顺序确定销售额：

①按纳税人最近时期销售同类服务、无形资产或不动产的平均价格确定。

②按其他纳税人最近时期销售同类服务、无形资产或不动产的平均价格确定。

③按组成计税价格确定。组成计税价格的公式为：

组成计税价格=成本×(1+成本利润率)

成本利润率由国家税务总局确定。

不具有合理商业目的是指以牟取税收利益为主要目的，通过人为安排，减少、免除、推迟缴纳增值税税款，或者增加退还增值税税款。

4. 混合销售的销售额的确定

依照《营业税改征增值税试点实施办法》及相关规定，混合销售的销售额为货物的销售额与服务销售额的合计。

5. 兼营的销售额的确定

依照《营业税改征增值税试点实施办法》及相关规定，纳税人兼营不同税率的货物、劳务、服务、无形资产或不动产，应当分别核算不同税率或征收率的销售额；未分别核算销售额的，从高适用税率。

6. 特殊销售方式下销售额的确定

（1）折扣方式销售。

①折扣销售。折扣销售是指销货方在销售货物、应税劳务或发生应税行为时因购货方购货数量较大等原因而给予购货方的价格优惠。

纳税人采取折扣方式销售货物，如果销售额和折扣额在同一张发票上分别注明，可以按折扣后的销售额征收增值税；如果将折扣额另开发票，不论其在财务上如何处理，均不得从销售额中减除折扣额。

②销售折扣。销售折扣，顾名思义，是在实现销售后再给予的折扣，即现金折扣。销售折扣不同于折扣销售的促销目的，其目的是为了加速应收账款的周转，快速收回资金。销售折扣在会计处理上也不同于折扣销售（在同一张发票上分别注明）的按折后价确认收入，而是按无折扣价确认收入，给予的现金折扣计入财务费用。因此，销售折扣不得从销售额中减除，即按无销售折扣的销售额计税。

（2）以旧换新方式销售。以旧换新销售是指纳税人在销售货物时，折价收回同类旧货物，并以折价款部分冲减新货物价款的一种销售方式。

纳税人采取以旧换新方式销售货物的，应按新货物的同期销售价格确定销售额，不得扣减旧货物的收购价格。但是对金银首饰以旧换新业务，可以按销售方实际收取的不含增值税的全部价款征收增值税。

（3）还本销售方式销售。还本销售是指纳税人在销售货物后，到一定期限将货款一次或分次退还给购货方全部或部分价款的一种销售方式。

这种方式实际上是一种筹资，是以货物换取资金的使用价值，到期还本不付息的方法。纳税人采取还本销售方式销售货物，其销售额就是货物的销售价格，不得从销售额中减除还本支出。

（4）以物易物方式销售。以物易物是指购销双方不是以货币结算，而是以同等价款的货物相互结算，实现货物购销的一种方式。以物易物双方都应作购销处理，以各自发出的货物核算销售额并计算销项税额，以各自收到的货物按规定核算购货额并计算进项税额。

在以物易物活动中，双方应分别开具合法的票据，如收到的货物不能取得相应的增值税专用发票或其他合法票据的，不能抵扣进项税额。

（5）直销方式销售。直销企业先将货物销售给直销员，直销员再将货物销售给消费者的，直销企业的销售额为其向直销员收取的全部价款和价外费用。直销员将货物销售给消费者时，应按照现行规定缴纳增值税（两个销售环节均要征税）。

直销企业通过直销员向消费者销售货物，直接向消费者收取货款，直销企业的销售额为其向消费者收取的全部价款和价外费用（只有一个销售环节要征税）。

7. 包装物押金

包装物是指纳税人包装本单位货物的各种物品。一般情况下，销货方向购货方收取包装物押金，购货方在规定时间内返还包装物，销货方再将收取的包装物押金返还。

纳税人为销售货物而出租、出借包装物收取的押金，单独记账核算的，并且时间在1年以内又未过期的，不并入销售额征税。但是对因逾期未收回包装物不再退还的押金，应按所包装货物的适用税率计算增值税款。

实践中，应注意以下具体规定：

（1）逾期是指按合同约定实际逾期或以1年为期限，对收取1年以上的押金，无论是否退还均并入销售额征税。

（2）包装物押金是含税收入，在并入销售额征税时，需要先将该押金换算为不含税收入，再计算应纳增值税款。

（3）包装物押金不同于包装物租金，包装物租金属于价外费用，在销售货物时随同货款一并计算增值税款。

（4）从1995年6月1日起，对销售除啤酒、黄酒外的其他酒类产品而收取的包装物押金，无论是否返还以及会计上如何核算，均应并入当期销售额征收增值税。

8. 营改增行业销售额的规定

（1）贷款服务以提供贷款服务取得的全部利息及利息性质的收入为销售额。

（2）直接收费金融服务以提供直接收费金融服务收取的手续费、佣金、酬金、管理费、服务费、经手费、开户费、过户费、结算费、转托管费等各类费用为销售额。

（3）金融商品转让按照卖出价扣除买入价后的余额为销售额。

转让金融商品出现的正负差，按盈亏相抵后的余额为销售额。若相抵后出现负差，可结转下一纳税期与下期转让金融商品销售额相抵，但年末时仍出现负差的，不得转入下一个会计年度。

金融商品的买入价可以选择按照加权平均法或移动加权平均法进行核算，选择后36个月内不得变更。

金融商品转让不得开具增值税专用发票。

（4）经纪代理服务以取得的全部价款和价外费用扣除向委托方收取并代为支付的政府性基金或行政事业性收费后的余额为销售额。向委托方收取的政府性基金或行政事业性收费，不得开具增值税专用发票。

（5）航空运输企业的销售额，不包括代收的机场建设费和代售其他航空运输企业客票而代收转付的价款。

（6）试点纳税人中的一般纳税人提供客运场站服务，以其取得的全部价款和价外费用，扣除支付给承运方运费后的余额为销售额。

（7）试点纳税人提供旅游服务，可以选择以取得的全部价款和价外费用，扣除向旅游服务购买方收取并支付给其他单位或个人的住宿费、餐饮费、交通费、签证费、门票费和支付给其他接团旅游企业的旅游费用后的余额为销售额。

选择上述办法计算销售额的试点纳税人，向旅游服务购买方收取并支付的上述费用，不得开具增值税专用发票，可以开具增值税普通发票。

（8）试点纳税人提供建筑服务适用简易计税方法的，以取得的全部价款和价外费用扣除支付的分包款后的余额为销售额。

（9）房地产开发企业中的一般纳税人销售其开发的房地产项目（选择简易计税方法的房地产老项目除外），以取得的全部价款和价外费用，扣除受让土地时向政府部门支付的土地价款后的余额为销售额。

房地产老项目是指建筑工程施工许可证注明的合同开工日期在 2016 年 4 月 30 日前的房地产项目。

9. 销售额确定的特殊规定

（1）纳税人兼营免税、减税项目的，应当分别核算免税、减税项目的销售额；未分别核算的，不得免税、减税。

（2）纳税人适用一般计税方法计税的，因销售折让、中止或退回而退还给购买方的增值税额，应当从当期的销项税额中扣减。

纳税人销售货物、提供应税劳务或发生应税行为，开具增值税专用发票后，发生开票有误或销售折让、中止、退回等情形的，应当按照国家税务总局的规定开具红字增值税专用发票；未按照规定开具红字增值税专用发票的，不得扣减销项税额或销售额。

10. 外币销售额的折算

纳税人按人民币以外的货币结算销售额的，其销售额的人民币折合率可以选择销售额发生的当天或当月 1 日的人民币外汇中间价。

纳税人应在事先确定采用何种折合率确定后在 1 年内不得变更。

（二）进项税额的确定

进项税额是指纳税人购进货物，加工、修理修配劳务，服务，无形资产或不动产，支付或负担的增值税额。

1. 准于从销项税额中抵扣的进项税额

准于从销项税额中抵扣的进项税额的前提条件之一是具有合法的增值税扣税凭证。纳税人取得的增值税扣税凭证不符合法律、行政法规或国家税务总局有关规定的其进项税额不得从销项税额中抵扣增值税。

增值税扣税凭证是指增值税专用发票、海关进口增值税专用缴款书、农产品收购发票、农产品销售发票和完税凭证。

进项税额的计税依据按增值税扣税凭证分类表述，具体如下：

（1）从销售方取得的增值税专用发票（含税控机动车销售统一发票，下同）上注明的增值税额。

（2）从海关取得的海关进口增值税专用缴款书上注明的增值税额。

（3）购进农产品，按照以下办法扣除：

①取得一般纳税人开具的增值税专用发票或海关进口增值税专用缴款书的，以增值税专用发票或海关进口增值税专用缴款书上注明的增值税额为进项税额。

②从按照简易计税方法依照3%征收率计算缴纳增值税的小规模纳税人取得增值税专用发票的，以增值税专用发票上注明的金额和10%的扣除率计算进项税额。

③取得（开具）农产品销售发票或收购发票的，以农产品销售发票或收购发票上注明的农产品买价和10%的扣除率计算进项税额。

若纳税人购进农产品是用于生产销售或委托加工16%税率货物的，②和③的适用的扣除率是12%。

纳税人购进农产品既用于生产销售或委托受托加工16%税率货物又用于生产销售其他货物服务的，应当分别核算用于生产销售或委托受托加工16%税率货物和其他货物服务的农产品进项税额。未分别核算的，统一以增值税专用发票或海关进口增值税专用缴款书上注明的增值税额为进项税额，或者以农产品收购发票或销售发票上注明的农产品买价和10%的扣除率计算进项税额。

④纳税人从批发、零售环节购进适用免征增值税政策的蔬菜、部分鲜活肉蛋而取得的普通发票，不得作为计算抵扣进项税额的凭证。

⑤购进农产品增值税进项税额核定扣除的，按照《农产品增值税进项税额核定扣除试点实施办法》等规定执行。

（4）从境外单位或个人购进服务、无形资产、不动产，自税务机关或扣缴义务人取得的解缴税款的完税凭证上注明的增值税额为进项税额。

纳税人凭完税凭证抵扣进项税额的，应当具备书面合同、付款证明和境外单位的对账单或发票。资料不全的，其进项税额不得从销项税额中抵扣。

2. 不得从销项税额中抵扣的进项税额

（1）用于简易计税方法计税项目，免征增值税项目，集体福利或个人消费的购进货物，加工、修理修配劳务，服务，无形资产和不动产。其中，涉及的固定资产、无形资产、不动产，仅指专用于上述项目的固定资产、无形资产（不包括其他权益性无形资产）、不动产。纳税人的交际应酬消费属于个人消费。

（2）非正常损失的购进货物及相关的加工、修理修配劳务和交通运输服务。

（3）非正常损失的在产品、产成品耗用的购进货物（不包括固定资产），加工、修理修配劳务和交通运输服务。

（4）非正常损失的不动产及该不动产耗用的购进货物、设计服务和建筑服务。

（5）非正常损失的不动产在建工程耗用的购进货物、设计服务和建筑服务。

纳税人新建、改建、扩建、修缮、装饰不动产，均属于不动产在建工程。

（6）购进的旅客运输服务、贷款服务、餐饮服务、居民日常服务和娱乐服务。

（7）纳税人接受贷款服务向贷款方支付的与该笔贷款直接相关的投融资顾问费、手续费、咨询费等费用，其进项税额不得从销项税额中抵扣。

（8）财政部和国家税务总局规定的其他情形。

上述第(4)项、第(5)项所称货物，是指构成不动产实体的材料和设备，包括建筑装饰材料和给排水、采暖、卫生、通风、照明、通信、煤气、消防、中央空调、电梯、电气、智能化楼宇设备及配套设施。

不动产、无形资产的具体范围，按照《销售服务、无形资产或者不动产注释》执行。

固定资产是指使用期限超过 12 个月的机器、机械、运输工具以及其他与生产经营有关的设备、工具、器具等有形动产。

非正常损失是指因管理不善造成货物被盗、丢失、霉烂变质以及因违反法律法规造成货物或不动产被依法没收、销毁、拆除的情形。

【例 2-3】下列各项中，不得从销项税额中抵扣进项税额的有（　　）。

A. 购进原材料属于合理损耗部分所支付的增值税款

B. 不合格产品耗用材料所支付的增值税款

C. 因管理不善被盗材料所支付的增值税款

D. 购进不动产耗用装修材料所支付的增值税款

【解析】答案：C。根据增值税法律制度的规定，因管理不善造成被盗、丢失、霉烂变质的损失以及被执法部门依没收或强令自行销毁的货物的增值税款不允许从销项税额中抵扣。

3. 兼营简易计税方法计税项目、免征增值税项目而无法划分不得抵扣的进项税额

适用一般计税方法的纳税人，兼营简易计税方法计税项目、免征增值税项目而无法划分不得抵扣的进项税额，按照下列公式计算不得抵扣的进项税额：

不得抵扣的进项税额＝当期无法划分的全部进项税额×（当期简易计税方法计税项目销售额+免征增值税项目销售额）÷当期全部销售额

主管税务机关可以按照上述公式依据年度数据对不得抵扣的进项税额进行清算。

4. 抵扣后又需转出的进项税额

（1）根据《增值税暂行条例实施细则》的规定，一般纳税人当期购进的货物或应税劳务用于生产经营，其进项税额在当期销项税额中予以抵扣。但已抵扣进项税额的购进货物或应税劳务，如果事后改变用途，用于集体福利或个人消费、购进货物发生非正常损失、在产品或产成品发生非正常损失等，应当将该项购进货物或应税劳务的进项税额从当期的进项税额中扣减；无法确定该项进项税额的，按当期外购项目的实际成本计算应扣减的进项税额。

（2）已抵扣进项税额的购进服务，发生《营业税改征增值税试点实施办法》规定的不得从销项税额中抵扣情形（简易计税方法计税项目、免征增值税项目除外）的，应当将该进项税额从当期进项税额中扣减；无法确定该进项税额的，按照当期实际成本计算应扣减的进项税额。

（3）已抵扣进项税额的无形资产或不动产，发生《营业税改征增值税试点实施办法》规定的不得从销项税额中抵扣情形的，按照下列公式计算不得抵扣的进项税额：

不得抵扣的进项税额=无形资产或者不动产净值×适用税率

无形资产或不动产净值是指纳税人根据财务会计制度计提折旧或摊销后的余额。

（4）因销售折让、中止或退回而收回的增值税额，应当从当期的进项税额中扣减。

5. 其他规定

（1）适用一般计税方法的试点纳税人，2016 年 5 月 1 日后取得并在会计制度上按固定资产核算的不动产或 2016 年 5 月 1 日后取得的不动产在建工程，其进项税额应自取得之日起分 2 年从销项税额中抵扣，第一年抵扣比例为 60%，第二年抵扣比例为 40%。

取得不动产包括以直接购买、接受捐赠、接受投资入股、自建以及抵债等各种形式取得不动产，不包括房地产开发企业自行开发的房地产项目。

融资租入的不动产及在施工现场修建的临时建筑物、构筑物，其进项税额不适用上述分 2 年抵扣的规定。

（2）一般纳税人发生下列应税行为可以选择适用简易计税方法计税，不允许抵扣进项税额。

①公共交通运输服务，包括轮客渡、公交客运、地铁、城市轻轨、出租车、长途客运、班车。

②经认定的动漫企业为开发动漫产品，提供的动漫脚本编撰、形象设计、背景设计、动画设计、分镜、动画制作、摄制、描线、上色、画面合成、配音、配乐、音效合成、剪辑、字幕制作、压缩转码（面向网络动漫、手机动漫格式适配）服务以及在境内转让动漫版权（包括动漫品牌、形象或内容的授权及再授权）。

③电影放映服务、仓储服务、装卸搬运服务、收派服务和文化体育服务。

④以纳入营改增试点之日前取得的有形动产为标的物提供的经营租赁服务。

⑤在纳入营改增试点之日前签订的尚未执行完毕的有形动产租赁合同。

（3）有下列情形之一者，应当按照销售额和增值税税率计算应纳税额，不得抵扣进项税额，也不得使用增值税专用发票：

①一般纳税人会计核算不健全，或者不能够提供准确税务资料的。

②应当办理一般纳税人资格登记而未办理的。

（4）按照《增值税暂行条例》和《营业税改征增值税试点实施办法》及相关规定，不得抵扣且未抵扣进项税额的固定资产、无形资产、不动产，发生用途改变，用于允许抵扣进项税额的应税项目，可以在用途改变的次月按照下列公式计算可以抵扣的进项税额：

可以抵扣的进项税额=固定资产、无形资产、不动产净值÷(1+适用税率)×适用税率

上述可以抵扣的进项税额应取得合法有效的增值税扣税凭证。

（三）进项税额抵扣期限的规定

（1）自2017年7月1日起，增值税一般纳税人取得的2017年7月1日及以后开具的增值税专用发票和机动车销售统一发票，应自开具之日起360日内认证或登录增值税发票选择确认平台进行确认，并在规定的纳税申报期内，向主管国税机关申报抵扣进项税额。

（2）增值税一般纳税人取得的2017年7月1日及以后开具的海关进口增值税专用缴款书，应自开具之日起360日内向主管国税机关报送海关完税凭证抵扣清单，申请稽核比对。

【例2-4】某银行为增值税一般纳税人，2018年第三季度发生的有关经济业务如下：

①购进3台自助存取款机，取得增值税专用发票注明的金额为40万元，增值税为6.4万元。

②租入一处底商作为营业部，租金总额为105万元，取得增值税专用发票注明的金额为100万元，增值税为5万元。

③办理公司业务，收取结算手续费（含税）31.8万元，收取账户管理费（含税）26.5万元。

④办理贷款业务，取得利息收入（含税）1.06亿元。

⑤吸收存款8亿元。

已知该银行取得增值税专用发票均符合规定，并已认证；提供金融服务适用的增值税税率为6%。计算该银行2018年第三季度应纳增值税税额。

【解析】根据《营业税改征增值税试点实施办法》及相关规定，第一，购进自助存取款机的进项税额允许抵扣；第二，租入办公用房的进项税额允许抵扣；第三，办理公司业务，收取的手续费和账户管理费属于直接收费金融服务，应缴纳增值税；第四，办理贷款业务收取利息收入，属于贷款服务，应缴纳增值税；第五，吸收存款不属于增值税征税范围。

计算过程如下：

①进项税额=6.4+5=11.4（万元）

②销项税额=31.8÷(1+6%)×6%+26.5÷(1+6%)×6%+1.06÷(1+6%)×6%×10 000=

1.8+1.5+600=603.3（万元）

③应纳增值税税额=603.3-11.4=591.9（万元）

【例 2-5】某小五金制造企业为增值税一般纳税人，2018 年 5 月发生经济业务如下：

①购进一批原材料，取得增值税专用发票注明的金额为 50 万元，增值税为 8 万元；支付运费，取得增值税普通发票注明的金额为 2 万元，增值税为 0.2 万元。

②接受其他企业投资转入材料一批，取得增值税专用发票注明的金额为 100 万元，增值税为 16 万元。

③购进低值易耗品，取得增值税专用发票注明的金额为 6 万元，增值税为 0.96 万元。

④向小规模纳税人销售产品一批，取得不含税销售额 200 万元，另外收取包装物租金 1.16 万元。

⑤采取以旧换新方式销售产品，新产品含税售价为 8.12 万元，旧产品作价 2 万元。

⑥因仓库管理不善，上月购进的一批工具被盗，该批工具的买价为 8 万元（购进工具的进项税额已抵扣）。

已知该企业取得增值税专用发票均符合规定，并已认证；购进和销售产品适用的增值税税率为 16%。计算该企业当月应纳增值税税额。

【解析】根据增值税法律制度的规定，第一，购进材料的进项税额允许抵扣，支付运费未取得增值税专用发票，进项税额不允许抵扣；第二，接受投资的材料的进项税额和购进低值易耗品的进项税额均可以抵扣；第三，包装物租金属于价外费用，应当按照含税价计算增值税销项税额；第四，以旧换新应当按照新产品的价格计算增值税销项税额；第五，购进工具因管理不善被盗，按照规定应将进项税额转出（自 2018 年 5 月 1 日起，原适用税率为 17%的改为 16%，此进项税额转出时适用税率应该是 17%）。

计算过程如下：

（1）进项税额=8+16+0.96=24.96（万元）

（2）销项税额=200×16%+1.16÷(1+16%)×16%+8.12÷(1+16%)×16%=33.28（万元）

（3）进项税额转出=8×17%=1.36（万元）

（4）应纳增值税税额=33.28-24.96+1.36=9.68（万元）

二、简易计税方法应纳税额的计算

小规模纳税人销售货物、提供应税劳务或发生应税行为采用简易计税方法计税，应按照销售额和征收率计算应纳增值税税额，不得抵扣进项税额。其计算公式为：

应纳税额=销售额×征收率

简易计税方法的销售额不包括其应纳税额，纳税人采用销售额和应纳税额合并定价方法的，按照下列公式计算销售额：

销售额=含税销售额÷（1+征收率）

纳税人适用简易计税方法计税的，因销售折让、中止或退回而退还给购买方的销售额，应当从当期销售额中扣减。扣减当期销售额后仍有余额造成多缴的税款，可以从以后的应纳税额中扣减。

一般纳税人发生财政部和国家税务总局规定的特定应税行为，可以选择适用简易计税方法计税，但一经选择，36个月内不得变更。

【例2-6】某企业为增值税小规模纳税人，专门从事商业咨询服务。2018年5月发生以下业务：

（1）5月15日，向某一般纳税人企业提供资讯信息服务，取得含增值税销售额3.09万元。

（2）5月20日，向某小规模纳税人提供注册信息服务，取得含增值税销售额1.03万元。

（3）5月25日，购进办公用品，支付价款2.32万元，并取得增值税普通发票。

已知增值税征收率为3%。计算该企业当月应纳增值税税额。

【解析】根据《营业税改征增值税试点实施办法》及相关规定，小规模纳税人提供应税服务，采用简易办法征税，销售额中含有增值税款的，应换算为不含税销售额，计算应纳税额，购进货物支付的增值税款不允许抵扣。

销售额=(3.09+1.03)÷(1+3%)=4（万元）

应纳增值税税额=4×3%=0.12（万元）

三、进口货物应纳税额的计算

纳税人进口货物，无论是一般纳税人还是小规模纳税人，均应按照组成计税价格和规定的税率计算应纳税额，不允许抵扣发生在境外的任何税金。其计算公式为：

应纳税额=组成计税价格×税率

组成计税价格的构成分两种情况：

第一种情况，如果进口货物不征收消费税，则上述公式中组成计税价格的计算公式为：

组成计税价格=关税完税价格+关税

第二种情况，如果进口货物征收消费税，则上述公式中组成计税价格的计算公式为：

组成计税价格=关税完税价格+关税+消费税

根据《中华人民共和国海关法》和《中华人民共和国进出口关税条例》的规定，一般贸易下进口货物的关税完税价格以海关审定的成交价格为基础的到岸价格作为完税价格。成交价格是一般贸易项下进口货物的买方为购买该项货物向卖方实际支付或应当支付的价格。到岸价格包括货价，加上货物运抵我国关境内输入地点起卸前的包装费、运费、保险费和其他劳务费等费用构成的一种价格。

特殊贸易下进口的货物，由于进口时没有“成交价格”可作为依据，为此《中华人民共和国进出口关税条例》对这些进口货物制定了确定其完税价格的具体办法。

【例 2-7】某外贸公司为增值税一般纳税人，2018 年 6 月从国外进口一批普通商品，海关核定的关税完税价格为 200 万元。已知进口关税税率为 10%，增值税税率为 16%。计算该公司进口环节应纳增值税税额。

【解析】根据增值税法律制度的规定，进口货物应纳增值税税额，按照组成计税价格和规定税率计算。

①进口环节应纳关税税额＝200×10%＝20（万元）

②进口环节应纳增值税税额＝（200+20）×16%＝35.2（万元）

【例 2-8】某公司为增值税一般纳税人，2018 年 8 月从国外进口一批高档化妆品，海关核定的关税完税价格为 300 万元，已纳关税 40 万元。已知消费税税率为 15%，增值税税率为 16%。计算该公司进口环节应纳增值税税额。

【解析】根据增值税法律制度的规定，进口货物如果缴纳消费税，则计算增值税应纳税额时，组成的计税价格中含有消费税税款。

①进口环节应纳消费税税额＝（300+40）÷（1-15%）×15%＝400×15%＝60（万元）

②组成计税价格＝300+40+60＝400（万元）

③进口环节应纳增值税税额＝400×16%＝64（万元）

四、扣缴计税方法

境外单位或个人在境内发生应税行为，在境内未设有经营机构的，扣缴义务人按照下列公式计算应扣缴税额：

应扣缴税额＝购买方支付的价款÷(1+税率)×税率

第五节 增值税税收优惠

一、《增值税暂行条例》及其实施细则规定的免税项目

《增值税暂行条例》及其实施细则规定的免税项目如下：

第一，农业生产者销售的自产农产品。

第二，避孕药品和用具。

第三，古旧图书。古旧图书是指向社会收购的古书和旧书。

第四，直接用于科学研究、科学试验和教学的进口仪器、设备。

第五，外国政府、国际组织无偿援助的进口物资和设备。

第六，由残疾人的组织直接进口供残疾人专用的物品。

第七，销售的自己使用过的物品。自己使用过的物品是指其他个人自己使用过的物品。

二、营改增试点过渡政策的免税规定

（一）免征增值税项目

（1）托儿所、幼儿园提供的保育和教育服务。托儿所、幼儿园是指经县级以上教育部门审批成立，取得办园许可证的实施0~6岁学前教育的机构，包括公办和民办的托儿所、幼儿园、学前班、幼儿班、保育院、幼儿园。

公办托儿所、幼儿园免征增值税的收入是指在省级财政部门和价格主管部门审核省级人民政府批准的收费标准以内收取的教育费、保育费。

民办托儿所、幼儿园免征增值税的收入是指在报经当地有关部门备案并公示的收费标准范围内收取的教育费、保育费。

超过规定收费标准的收费，以开办实验班、特色班和兴趣班等为由另外收取的费用以及与幼儿入园挂钩的赞助费、支教费等超过规定范围的收入，不属于免征增值税的收入。

（2）养老机构提供的养老服务。养老机构是指依照民政部《养老机构设立许可办法》（民政部令第48号）设立并依法办理登记的为老年人提供集中居住和照料服务的各类养老机构。养老服务是指上述养老机构按照民政部《养老机构管理办法》（民政部令第49号）的规定，为收住的老年人提供的生活照料、康复护理、精神慰藉、文化娱乐等服务。

（3）残疾人福利机构提供的育养服务。

（4）婚姻介绍服务。

（5）殡葬服务。

（6）残疾人员本人为社会提供的服务。

（7）医疗机构提供的医疗服务。医疗机构是指依据国务院《医疗机构管理条例》（国务院令第149号）及卫生部《医疗机构管理条例实施细则》（卫生部令第35号）的规定，经登记取得医疗机构执业许可证的机构以及军队、武警部队各级各类医疗机构。其具体包括各级各类医院、门诊部（所）、社区卫生服务中心（站）、急救中心（站）、城乡卫生院、护理院（所）、疗养院、临床检验中心，各级政府及有关部门举办的卫生防疫站（疾病控制中心）、各种专科疾病防治站（所），各级政府举办的妇幼保健所（站）、母婴保健机构、儿童保健机构，各级政府举办的血站（血液中心）等医疗机构。

这里所称的医疗服务是指医疗机构按照不高于地（市）级以上价格主管部门会同同级卫生主管部门及其他相关部门制定的医疗服务指导价格（包括政府指导价和按照规定由供需双方协商确定的价格等）为就医者提供《全国医疗服务价格项目规范》所列的各项服务以及医疗机构向社会提供卫生防疫、卫生检疫的服务。

（8）从事学历教育的学校提供的教育服务。

①学历教育是指受教育者经过国家教育考试或国家规定的其他入学方式，进入国家有关部门批准的学校或其他教育机构学习，获得国家承认的学历证书的教育形式。其具体包括：

第一，初等教育：普通小学、成人小学。

第二，初级中等教育：普通初中、职业初中、成人初中。

第三，高级中等教育：普通高中、成人高中和中等职业学校（包括普通中专、成人中专职业高中、技工学校）。

第四，高等教育：普通本专科、成人本专科、网络本专科、研究生（博士、硕士）、高等教育自学考试、高等教育学历文凭考试。

②从事学历教育的学校具体包括：

第一，普通学校。

第二，经地（市）级以上人民政府或者同级政府的教育行政部门批准成立、国家承认其学员学历的各类学校。

第三，经省级及以上人力资源和社会保障行政部门批准成立的技工学校、高级技工学校。

第四，经省级人民政府批准成立的技师学院。

上述学校均包括符合规定的从事学历教育的民办学校，但不包括职业培训机构等国家不承认学历的教育机构。

③提供教育服务免征增值税的收入是指对列入规定招生计划的在籍学生提供学历教育服务取得的收入。其具体包括经有关部门审核批准并按规定标准收取的学费、住宿费、课本费、作业本费、考试报名费收入以及学校食堂提供餐饮服务取得的伙食费收入。除此之外的收入，包括学校以各种名义收取的赞助费、择校费等，不属于免征增值税的范围。

学校食堂是指依照《学校食堂与学生集体用餐卫生管理规定》（教育部令第 14 号）管理的学校食堂。

（9）学生勤工俭学提供的服务。

（10）农业机耕、排灌、病虫害防治、植物保护、农牧保险以及相关技术培训业务，家禽、牲畜、水生动物的配种和疾病防治。

农业机耕是指在农业、林业、牧业中使用农业机械进行耕作（包括耕耘、种植收割、脱粒、植物保护等）的业务；排灌是指对农田进行灌溉或排涝的业务；病虫害防治是指从事农业、林业、牧业、渔业的病虫害测报和防治的业务；农牧保险是指为种植业、养殖业、牧业种植和饲养的动植物提供保险的业务；相关技术培训是指与农业机耕、排灌、病虫害防治、植物保护业务相关以及为使农民获得农牧保险知识的技术培训业务；家禽、牲畜、水生动物的配种和疾病防治业务的免税范围，包括与该项服务有关的提供药品和医疗用具的业务。

（11）纪念馆、博物馆、文化馆、文物保护单位管理机构、美术馆、展览馆、书画院、图书馆在自己的场所提供文化体育服务取得的第一道门票收入。

（12）寺院、宫观、清真寺和教堂举办文化、宗教活动的门票收入。

（13）行政单位之外的其他单位收取的符合《营业税改征增值税试点实施办法》第十

条规定条件的政府性基金和行政事业性收费。

（14）个人转让著作权。

（15）个人销售自建自用住房。

（16）2018 年 12 月 31 日前，公共租赁住房经营管理单位出租公共租赁住房。

（17）台湾航运公司、航空公司从事海峡两岸海上直航、空中直航业务在大陆取得运输收入。

（18）纳税人提供的直接或间接国际货物运输代理服务。

（19）符合规定条件的贷款、债券利息收入。

（20）被撤销金融机构以货物、不动产、无形资产、有价证券、票据等财产清偿。

（21）保险公司开办的一年期以上人身保险产品取得的保费收入。

（22）符合规定条件的金融商品转让收入。

（23）金融同业往来利息收入。

（24）同时符合规定条件的担保机构从事中小企业信用担保或再担保业务取得的收入（不含信用评级、咨询、培训等收入）3 年内免征增值税。

（25）国家商品储备管理单位及其直属企业承担商品储备任务，从中央或地方财政取得的利息补贴收入和价差补贴收入。

（26）纳税人提供技术转让、技术开发和与之相关的技术咨询、技术服务。

（27）同时符合规定条件的合同能源管理服务。

（28）2017 年 12 月 31 日前，科普单位的门票收入、县级及以上党政部门和科协开展科普活动的门票收入。

（29）政府举办的从事学历教育的高等、中等和初等学校（不含下属单位），举办进修班、培训班取得的全部归该学校所有的收入。

（30）政府举办的职业学校设立的主要为在校学生提供实习场所、由学校出资自办、由学校负责经营管理、经营收入归学校所有的企业，从事《销售服务、无形资产或者不动产注释》中“现代服务”（不含融资租赁服务、广告服务和其他现代服务）、“生活服务”（不含文化体育服务、其他生活服务和桑拿、氧吧）业务活动取得的收入。

（31）家政服务企业由员工制家政服务员提供家政服务取得的收入。

（32）福利彩票、体育彩票的发行收入。

（33）军队空余房产租赁收入。

（34）为了配合国家住房制度改革，企业和行政事业单位按房改成本价、标准价出售住房取得的收入。

（35）将土地使用权转让给农业生产者用于农业生产。

（36）涉及家庭财产分割的个人无偿转让不动产、土地使用权。

（37）土地所有者出让土地使用权和土地使用者将土地使用权归还给土地所有者。

（38）县级以上地方人民政府或自然资源行政主管部门出让、转让或收回自然资源使用权（不含土地使用权）。

（39）随军家属就业。

（40）军队转业干部就业。

（二）增值税即征即退

（1）一般纳税人提供管道运输服务，对其增值税实际税负超过3%的部分实行增值税即征即退政策。

（2）经人民银行、银监会或商务部批准从事融资租赁业务的试点纳税人中的一般纳税人，提供有形动产融资租赁服务和有形动产融资性售后回租服务，对其增值税实际税负超过3%的部分实行增值税即征即退政策。商务部授权的省级商务主管部门和国家经济技术开发区批准的从事融资租赁业务与融资性售后回租业务的试点纳税人中的一般纳税人，2016年5月1日后实收资本达到1.7亿元的，从达到标准的当月起按照上述规定执行；2016年5月1日后实收资本未达到1.7亿元但注册资本达到1.7亿元的，在2016年7月31日前仍可按照上述规定执行，2016年8月1日后开展的有形动产融资租赁业务和有形动产融资性售后回租业务不得按照上述规定执行。

（3）这里所称增值税实际税负，是指纳税人当期提供应税服务实际缴纳的增值税额占纳税人当期提供应税服务取得的全部价款和价外费用的比例。

（三）扣减增值税的规定

（1）退役士兵创业就业。

（2）重点群体创业就业。

（四）其他营改增试点过渡政策的免税规定

（1）金融企业发放贷款后，自结息日起90天内发生的应收未收利息按现行规定缴纳增值税，自结息日起90天后发生的应收未收利息暂不缴纳增值税，待实际收到利息时按规定缴纳增值税。

（2）个人将购买不足2年的住房对外销售的，按照5%的征收率全额缴纳增值税；个人将购买2年以上（含2年）的住房对外销售的，免征增值税。上述政策适用于北京市、上海市、广州市和深圳市之外的地区。

个人将购买不足2年的住房对外销售的，按照5%的征收率全额缴纳增值税；个人将购买2年以上（含2年）的非普通住房对外销售的，以销售收入减去购买住房价款后的差额按照5%的征收率缴纳增值税；个人将购买2年以上（含2年）的普通住房对外销售的，免征增值税。上述政策仅适用于北京市、上海市、广州市和深圳市。

上述增值税优惠政策除已规定期限的项目和个人住房对外销售的政策外，其他均在营改增试点期间执行。如果试点纳税人在纳入营改增试点之日前已经按照有关政策规定享受了营业税税收优惠，在剩余税收优惠政策期限内，按照规定享受有关增值税优惠。

三、跨境行为免征增值税的政策规定

境内的单位和个人销售的下列服务和无形资产免征增值税，但财政部和国家税务总局规定适用增值税零税率的除外：

第一，下列具体服务：

（1）工程项目在境外的建筑服务。

（2）工程项目在境外的工程监理服务。

（3）工程、矿产资源在境外的工程勘察勘探服务。

（4）会议展览地点在境外的会议展览服务。

（5）存储地点在境外的仓储服务。

（6）标的物在境外使用的有形动产租赁服务。

（7）在境外提供的广播影视节目（作品）的播映服务。

（8）在境外提供的文化体育服务、教育医疗服务、旅游服务。

第二，为出口货物提供的邮政服务、收派服务、保险服务。为出口货物提供的保险服务，包括出口货物保险和出口信用保险。

第三，向境外单位提供的完全在境外消费的下列服务和无形资产：

（1）电信服务。

（2）知识产权服务。

（3）物流辅助服务（仓储服务、收派服务除外）。

（4）鉴证咨询服务。

（5）专业技术服务。

（6）商务辅助服务。

（7）广告投放地在境外的广告服务。

（8）无形资产。

第四，以无运输工具承运方式提供的国际运输服务。

第五，为境外单位之间的货币资金融通及其他金融业务提供的直接收费金融服务，并且该服务与境内的货物、无形资产和不动产无关。

第六，财政部和国家税务总局规定的其他服务。

四、起征点

纳税人销售货物、提供应税劳务或发生应税行为的销售额未达到增值税起征点的免征增值税；达到起征点的，全额计算缴纳增值税。

增值税起征点的适用范围限于个人，并且不适用于登记为一般纳税人的个体工商户。

起征点的幅度规定如下：

第一，按期纳税的，为月销售额 5 000~20 000 元（含本数）。

第二，按次纳税的，为每次（日）销售额300~500元（含本数）。

起征点的调整由财政部和国家税务总局规定。省、自治区、直辖市财政厅（局）和国家税务局应当在规定的幅度内，根据实际情况确定本地区适用的起征点，并报财政部和国家税务总局备案。

五、小微企业免税规定

第一，增值税小规模纳税人，月销售额不超过3万元（含3万元，下同）的，免征增值税。其中，以1个季度为纳税期限的增值税小规模纳税人，季度销售额不超过9万元的免征增值税。

第二，增值税小规模纳税人月销售额不超过3万元（按季纳税9万元）的，当期因代开增值税专用发票已经缴纳的税款，在专用发票全部联次追回或按规定开具红字专用发票后，可以向主管税务机关申请退还。

第三，其他个人采取一次性收取租金形式出租不动产，取得的租金收入，可在租金对应的租赁期内平均分摊，分摊后的月租金收入不超过3万元的，可享受小微企业免征增值税的优惠政策。

六、其他减免税规定

第一，纳税人兼营免税、减税项目的，应当分别核算免税、减税项目的销售额；未分别核算销售额的，不得免税、减税。

第二，纳税人销售货物或应税劳务适用免税规定的，可以放弃免税，依照《增值税暂行条例》的规定缴纳增值税。放弃免税后，36个月内不得再申请免税。

第三，纳税人发生应税行为适用免税、减税规定的，可以放弃免税、减税，依照《营业税改征增值税试点实施办法》的规定缴纳增值税。放弃免税、减税后，36个月内不得再申请免税、减税。

第四，纳税人发生应税行为同时适用免税和零税率规定的，纳税人可以选择适用免税或零税率。

第六节 增值税征收管理

一、纳税义务发生时间

（一）纳税人销售货物或提供应税劳务的纳税义务发生时间

纳税人销售货物或应税劳务，其纳税义务发生时间为收讫销售款项或取得索取销售款项凭据的当天；先开具发票的，为开具发票的当天。按销售结算方式的不同，其具体分为：

（1）采取直接收款方式销售货物，不论货物是否发出，均为收到销售款或取得索取销售款凭据的当天，纳税人生产经营活动中采取直接收款方式销售货物，已将货物移送对方并暂估销售收入入账，但既未取得销售款或取得索取销售款凭据也未开具销售发票的，其纳税义务发生时间为取得销售款或取得索取销售款凭据的当天；先开具发票的，为开具发票的当天。

（2）采取托收承付和委托银行收款方式销售货物，为发出货物并办妥托收手续的。

（3）采取赊销和分期收款方式销售货物，为书面合同约定的收款日期的当天，无书面合同的或书面合同没有约定收款日期的，为货物发出的当天。

（4）采取预收货款方式销售货物，为货物发出的当天，但生产销售生产工期超过 12 个月的大型机械设备、船舶、飞机等货物，为收到预收款或书面合同约定的收款日期的当天。

（5）委托其他纳税人代销货物，为收到代销单位的代销清单，或者收到全部或部分货款的当天。未收到代销清单及货款的，为发出代销货物满 180 天的当天。

（6）销售应税劳务，为提供劳务同时收讫销售款或取得索取销售款的凭据的当天。

（7）纳税人发生相关视同销售货物行为，为货物移送的当天。

（8）纳税人进口货物，其纳税义务发生时间为报关进口的当天。

（二）纳税人发生应税行为的纳税义务发生时间

纳税人发生应税行为的纳税义务发生时间为纳税人发生应税行为并收讫销售款项或取得索取销售款项凭据的当天；先开具发票的，为开具发票的当天。

收讫销售款项是指纳税人销售服务、无形资产、不动产过程中或完成后收到款项。

取得索取销售款项凭据的当天，是指书面合同确定的付款日期；未签订书面合同或书面合同未确定付款日期的，为服务、无形资产转让完成的当天或不动产权属变更的当天。其具体分为：

（1）纳税人提供租赁服务采取预收款方式的，其纳税义务发生时间为收到预收款的当天。

（2）纳税人从事金融商品转让的，为金融商品所有权转移的当天。

（3）纳税人发生视同销售情形的，其纳税义务发生时间为服务、无形资产转让完成的当天或不动产权属变更的当天。

增值税扣缴义务发生时间为纳税人增值税纳税义务发生的当天。

二、纳税地点

第一，固定业户应当向其机构所在地或居住地主管税务机关申报纳税。总机构和分支机构不在同一县（市）的，应当分别向各自所在地的主管税务机关申报纳税；经财政部和国家税务总局或其授权的财政和税务机关批准，可以由总机构汇总向总机构所在地的主管税务机关申报纳税。

第二，非固定业户销售货物、应税劳务或发生应税行为，应当向销售地、劳务发生地或应税行为发生地的主管税务机关申报纳税；未向销售地、劳务发生地或应税行为发生地的主管税务机关申报纳税的，由其机构所在地或居住地的主管税务机关补征税款。

第三，进口货物，应当向报关地海关申报纳税

第四，其他个人提供建筑服务，销售或租赁不动产，转让自然资源使用权，应向建筑服务发生地、不动产所在地、自然资源所在地主管税务机关申报纳税。

第五，扣缴义务人应当向其机构所在地或居住地的主管税务机关申报缴纳其扣缴的税款。

三、纳税期限

根据《增值税暂行条例》及其实施细则和《营业税改征增值税试点实施办法》的规定，增值税的纳税期限分别为1日、3日、5日、10日、15日、1个月或1个季度。

纳税人的具体纳税期限，由主管税务机关根据纳税人应纳税额的大小分别核定；不能按照固定期限纳税的，可以按次纳税。以1个季度为纳税期限的规定适用于小规模纳税人、银行、财务公司、信托投资公司、信用社以及财政部和国家税务总局规定的其他纳税人。

纳税人以1个月或1个季度为1个纳税期的，自期满之日起15日内申报纳税；以1日、3日、5日、10日或15日为1个纳税期的，自期满之日起5日内预缴税款，于次月1日起15日内申报纳税并结清上月应纳税款。

扣缴义务人解缴税款的期限，依照上述规定执行。

纳税人进口货物，应当自海关填发进口增值税专用缴款书之日起15日内缴纳税款。

第七节　增值税专用发票使用规定

增值税专用发票是增值税一般纳税人销售货物、提供应税劳务或发生应税行为开具的发票，是购买方支付增值税额并可按照增值税有关规定据以抵扣增值税进项税额的凭证。

一般纳税人应通过增值税防伪税控系统使用专用发票。使用包括领购、开具、缴销、认证、稽核比对专用发票及其相应的数据电文。

一、专用发票的联次及用途

专用发票由基本联次或基本联次附加其他联次构成，基本联次为3联，分别如下：

（一）发票联

发票联作为购买方核算采购成本和增值税进项税额的记账凭证。

（二）抵扣联

抵扣联作为购买方报送主管税务机关认证和留存备查的扣税凭证。

（三）记账联

记账联作为销售方核算销售收入和增值税销项税额的记账凭证。

其他联次用途由一般纳税人自行确定。2014 年 8 月 1 日起启用的新版增值税专用发票如图 2-3 所示。

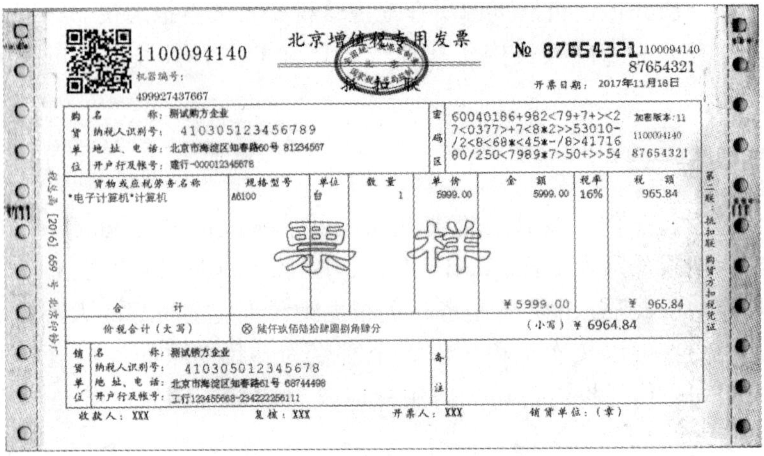

1100094140　北京增值税专用发票　№ 87654321　1100094140　87654321

抵扣联

机器编号：499927437667　开票日期：2017年11月18日

购货单位　名　　称：测试购方企业
纳税人识别号：410305123456789
地 址、电 话：北京市海淀区知春路60号 81234567
开户行及帐号：建行-000012345678

密码区　60040186+982<79+7+><2
7<0377>+7<8*2>>53010-
/2<8<68*<45*-/8>41716
80/250<7989*7>50+>>54
加密版本：11　1100094140　87654321

货物或应税劳务名称	规格型号	单位	数量	单价	金额	税率	税额
*电子计算机*计算机	A6100	台	1	5999.00	5999.00	16%	965.84
合　计					¥5999.00		¥ 965.84
价税合计（大写）	⊗陆仟玖佰陆拾肆圆捌角肆分				（小写）¥6964.84		

票样

销货单位　名　　称：测试销方企业
纳税人识别号：410305012345678
地 址、电 话：北京市海淀区知春路61号 68744498
开户行及帐号：工行123455668-234222256111

备注

收款人：XXX　复核：XXX　开票人：XXX　销货单位：（章）

税总函 [2016] 659 号 北京印钞厂

第二联：抵扣联 购货方扣税凭证

图 2-3　增值税专用发票票样

二、专用发票的领购

一般纳税人领购专用设备后，凭最高开票限额申请表、发票领购簿到主管税务机关办理初始发行。

初始发行是指主管税务机关将一般纳税人的企业名称、纳税人识别号、开票限额、购票限量、购票人员姓名、密码、开票机数量、国家税务总局规定的其他信息等载入空白金税盘和智能卡（IC 卡）的行为。

一般纳税人凭发票领购簿、金税盘（或 IC 卡）和经办人身份证明领购专用发票。

一般纳税人有下列情形之一的，不得领购开具专用发票：

（1）会计核算不健全，不能向税务机关准确提供增值税销项税额、进项税额、应纳税额数据及其他有关增值税税务资料的。

（2）有《中华人民共和国税收征收管理法》规定的税收违法行为，拒不接受税务机关处理的。

（3）有下列行为之一，经税务机关责令限期改正而仍未改正的：

①虚开增值税专用发票。

②私自印制专用发票。

③向税务机关以外的单位和个人买取专用发票。

④借用他人专用发票。

⑤未按规定开具专用发票。

⑥未按规定保管专用发票和专用设备。

⑦未按规定申请办理防伪税控系统变更发行。

⑧未按规定接受税务机关检查。

有上列情形的，如已领购专用发票，主管税务机关应暂扣其结存的专用发票和1C卡。

三、专用发票的使用管理

（一）专用发票开票限额

专用发票实行最高开票限额管理。最高开票限额是指单份专用发票开具的销售额合计数不得达到的上限额度。

最高开票限额由一般纳税人申请，税务机关依法审批。最高开票限额为10万元及以下的，由区（县）级税务机关审批；最高开票限额为100万元的，由地市级税务机关审批；最高开票限额为1 000万元及以上的，由省级税务机关审批。防伪税控系统的具体发行工作由区（县）级税务机关负责。

（二）专用发票开具范围

一般纳税人销售货物、提供应税劳务或发生应税行为，应向购买方开具专用发票。

属于下列情形之一的，不得开具增值税专用发票：

（1）商业企业一般纳税人零售烟、酒、食品、服装、鞋帽（不包括劳保专用部分）、化妆品等消费品的。

（2）销售货物、提供应税劳务或发生应税行为适用免税规定的（法律、法规及国家税务总局另有规定的除外）。

（3）向消费者个人销售货物、提供应税劳务或发生应税行为的。

（4）小规模纳税人销售货物、提供应税劳务或应税行为的（需要开具专用发票的，可向主管税务机关申请代开，国家税务总局另有规定的除外）。

（三）专用发票开具要求

专用发票应按下列要求开具：

（1）项目齐全，与实际交易相符。

（2）字迹清楚，不得压线、错格。

（3）发票联和抵扣联加盖财务专用章或发票专用章。

（4）按照增值税纳税义务的发生时间开具。

本章练习题

一、单项选择题

1. 提供建筑业服务适用的税率为（　　）。

A. 16%　　B. 12%

C. 10%　　D. 6%

2. 下列各项应税服务中，适用增值税零税率的是（　　）。

A. 提供基础电信服务

B. 邮政业服务

C. 提供有形动产租赁服务

D. 向境外单位提供的研发服务和设计服务

3. 某商场为增值税一般纳税人，2018 年 5 月售出甲产品 40 套，含税金额 9 744 元，另外为回馈老客户，当月无偿赠送乙商品 40 套（每套含税价格 34.8 元）。该商场当月的销项税额为（　　）元。

A. 288　　B. 630.34

C. 1 012.37　　D. 1 536

4. 根据增值税法律制度的规定，下列向购买方收取的费用，不构成销售额的是（　　）。

A. 增值税税额　　B. 优质费

C. 违约金　　D. 应税消费品的消费税税额

5. 根据现行增值税法律制度的规定，2017 年 7 月 1 日后，下列关于增值税一般纳税人取得的增值税专用发票进项税额抵扣时限的说法，正确的是（　　）。

A. 一般纳税人申请抵扣的防伪税控系统开具的增值税专用发票，在开具之日起 180 日内到税务机关认证，否则不予抵扣

B. 一般纳税人申请抵扣的防伪税控系统开具的增值税专用发票，在收到之日起 360 日内到税务机关认证，否则不予抵扣

C. 一般纳税人申请抵扣的防伪税控系统开具的增值税专用发票，在开具之日起 360 日内到税务机关认证，否则不予抵扣

D. 一般纳税人申请抵扣的防伪税控系统开具的增值税专用发票，在收到之日起 90 日内到税务机关认证，否则不予抵扣

6. 某运输公司为增值税一般纳税人，2018 年 7 月取得国内货运收入 277 500 元（含税），装卸收入 10 600 元（含税）。该运输公司当月支付给其他运输单位运费，取得增值税专用发票上注明的税款 12 000 元，购入办公用品一批，取得增值税专用发票注明税款1 700元。已知收入分开核算，发票均已通过认证。该运输公司 10 月应纳的增值税为（　　）。

A. 277 500÷(1+10%)×10%+10 600÷(1+10%)×10%−12 000−1 700＝12 490.91（元）

B. 277 500÷(1+10%)×10%+10 600÷(1+6%)×6%−12 000−1 700＝12 127.27（元）

C. 277 500÷(1+10%)×10%+10 600÷(1+16%)×16%−12 000−1 700＝12 989.34（元）

D. 277 500÷(1+10%)×10%+10 600÷(1+3%)×3%−12 000−1 700＝11 836.01（元）

7. 上海市某公司专门从事商业咨询服务（营改增后被认定为增值税一般纳税人）。2018 年 5 月 15 日，该公司向某增值税一般纳税人企业提供资讯信息服务，取得含增值税销售额 55 万元；5 月 20 日，该公司向某增值税小规模纳税人提供注册信息服务，取得含增值税销售额 31.8 万元；5 月 25 日，该公司购

进办公用品，支付含税价款2.32万元，并取得增值税专用发票。该公司当月应纳增值税税额为（　　）万元。

A. 4.91　　B. 4.84

C. 4.78　　D. 4.59

8. 某商业零售企业为增值税小规模纳税人，2017年9月购进货物（商品）取得普通发票，共计支付金额120 000元；该企业9月销售货物取得零售收入共计150 000元，另外取得包装费8 080元。该企业9月还销售自己使用过的旧车一辆，取得收入45 000元。该企业9月应缴纳的增值税为（　　）元。

A. 4 604.27　　B. 5 469.65

C. 5 478.06　　D. 5 914.95

9. 某从事商业咨询服务的公司为增值税小规模纳税人。2018年9月15日，该公司向某增值税一般纳税人企业提供资讯信息服务，取得含增值税销售额3.09万元；9月20日，该公司向某增值税小规模纳税人提供注册信息服务，取得含增值税销售额1.03万元；9月25日，该公司购进办公用品，支付价款2.06万元，并取得增值税普通发票。该公司当月应纳增值税税额为（　　）万元。

A. 0.06　　B. 0.117

C. 0.12　　D. 0.23

10. 某公司专门从事鉴证咨询服务，营改增后被认定为增值税小规模纳税人。2017年12月15日，该公司向某增值税一般纳税人企业提供鉴证服务，取得含增值税销售额5万元；12月25日，该公司向某增值税小规模纳税人提供咨询服务，取得含增值税收入3万元。该公司当月应纳增值税税额为（　　）。

A. $(5+3)\times3\%=0.24$（万元）

B. $5\div(1+3\%)\times3\%=0.15$（万元）

C. $(5+3)\div(1+3\%)\times3\%=0.23$（万元）

D. $(5+3)\div(1-3\%)\times3\%=0.25$（万元）

11. 某生产企业为增值税一般纳税人，2018年10月从国外进口一批原材料，海关核定的关税完税价格为200万元。已知进口关税税率为10%，增值税税率为16%。该公司进口环节应纳增值税税额的下列计算中，正确的是（　　）。

A. $200\times10\%\times16\%=3.2$（万元）

B. $(200\times10\%+200)\times16\%=35.2$（万元）

C. $200\times10\%\div(1+16\%)\times16\%=2.76$（万元）

D. $(200\times10\%+200)\div(1+16\%)\times16\%=30.34$（万元）

12. 某企业为增值税小规模纳税人，2017年10月进口一批高档化妆品，关税完税价格为40万元。已知高档化妆品关税税率为20%、消费税税率为15%。该企业进口高档化妆品应纳进口增值税税额为（　　）万元。

A. 1.69　　B. 6.80

C. 8.16　　D. 9.04

13. 下列项目可以免征增值税的是（　　）。

A. 残疾人组成的福利工厂为社会提供的加工、修理修配劳务

B. 商场销售农产品

C. 外国企业无偿援助的进口设备

D. 张某销售自己使用过的旧家具

14. 下列项目不免征增值税的是（　　）。

A. 纳税人提供物流辅助服务　　B. 残疾人个人提供应税服务

C. 个人转让著作权　　D. 航空公司提供飞机播洒农药服务

15. 根据增值税法律制度的规定，下列关于增值税纳税义务发生时间的表述中，不正确的是（　　）。

A. 委托其他纳税人代销货物，为代销货物移送给委托方的当天

B. 采取分期收款方式销售商品时，为书面合同约定的收款日期的当天

C. 采取托收承付和委托银行收款方式销售货物，为发出货物并办妥托收手续的当天

D. 采取直接收款方式销售货物，为收到销售款或者取得索取销售款凭据的当天

16. A 公司采取预收货款方式向 B 公司销售货物，双方于 2018 年 5 月 18 日签订了一份买卖合同，合同约定 B 公司于 6 月 28 日向 A 公司预付货款。A 公司在 6 月 10 日就收到 B 公司的预付货款，A 公司于 7 月 30 日发出货物。根据我国《增值税暂行条例》及其实施细则的规定，A 公司增值税纳税义务发生时间应当为（　　）。

A. 5 月 18 日　　B. 6 月 10 日

C. 6 月 28 日　　D. 7 月 30 日

17. 下列关于增值税纳税义务发生时间的表述中，不正确的是（　　）。

A. 纳税人提供应税服务并收讫销售款项或取得索取销售款项凭据的当天

B. 纳税人提供应税服务先开具发票的，为开具发票的当天

C. 纳税人提供有形动产租赁服务采取预收款方式的，其纳税义务发生时间为有形动产发出的当天

D. 纳税人发生视同提供应税服务的，其纳税义务发生时间为应税服务完成的当天

18. 根据增值税法律制度的规定，下列关于增值税纳税地点的表述中，不正确的是（　　）。

A. 进口货物，应当向报关地海关申报纳税

B. 非固定业户销售货物或应税劳务，应当向其机构所在地或居住地的主管税务机关申报税款

C. 固定业户应当向其机构所在地的主管税务机关申报纳税

D. 扣缴义务人应当向其机构所在地或居住地的主管税务机关申报缴纳其扣缴的税款

19. 下列选项中，可以开具增值税专用发票的是（　　）。

A. 房地产企业向消费者个人销售商品房　　B. 超市向企业销售生产用手套

C. 某公司销售免税产品　　D. 某餐厅向消费者个人提供餐饮服务

20. 增值税纳税人发生的下列业务中，应当开具增值税专用发票的是（　　）。

A. 商业企业一般纳税人零售食品　　B. 批发企业一般纳税人销售货物

C. 小规模纳税人销售货物　　D. 农民销售农产品

二、多项选择题

1. 下列适用税率的表述，不正确的有（　　）。

A. 单位和个人提供的国际运输服务，税率为 3%

B. 单位和个人提供的交通运输服务，税率为 6%

C. 单位和个人提供的现代服务，税率为 16%

D. 单位和个人提供有形动产租赁服务，税率为 6%

2. 一般纳税人销售下列货物，暂按简易办法依照 3% 的征收率计算缴纳增值税的有（　　）。

A. 寄售商店代销寄售物品　　B. 典当业销售死当物品

C. 农业生产者销售自产农产品　　D. 直接用于科学研究的进口仪器、设备

3. 一般纳税人销售自产的货物中，可选择按照简易办法依照 3% 征收率计算缴纳增值税的有（　　）。

A. 县及县级以下小型水力发电单位生产的电力

B. 建筑用和生产建筑材料所用的砂、土、石料
C. 以自己采掘的砂、土、石料或其他矿物连续生产的砖、瓦、石灰（不含黏土实心砖、瓦）
D. 涂料

4. 下列各项中，属于增值税价外费用的有（　　）。
A. 销项税额
B. 违约金
C. 包装物租金
D. 受托加工应征消费税的消费品所代收代缴的消费税

5. 增值税纳税人取得的下列经营收入，在并入销售额计算销项税额时需换算为不含税销售额的有（　　）。
A. 商业企业零售收入
B. 向购买方收取的各项价外收入
C. 逾期包装物押金收入
D. 小规模纳税人开具的普通发票

6. 一般纳税人发生的下列应税行为中，可以选择适用简易计税方法计缴增值税的有（　　）。
A. 电影放映服务
B. 文化体育服务
C. 收派服务
D. 公交客运服务

7. 下列行为中，涉及的进项税额不得从销项税额中抵扣的有（　　）。
A. 将一批购进的货物用于本单位集体福利
B. 外购货物因管理不善发生损失
C. 将外购的货物用于交换生产所需材料
D. 将上年委托加工收回的材料用于偿还债务

8. 下列属于法定的增值税扣税凭证的有（　　）。
A. 从小规模纳税人处取得的增值税专用发票
B. 从销售方取得的增值税专用发票
C. 从运输方取得的货物运输服务增值税专用发票
D. 从海关取得的完税凭证

9. 一般纳税人将原购的已抵扣进项税的货物用于下列用途时，应作为进项税额扣转出处理的有（　　）。
A. 用于免税项目
B. 用于个人消费
C. 属于非正常损失的购进货物
D. 用于生产专门销售给小规模纳税人的货物

10. 下列项目所包含的进项税额，不得从销项税额中抵扣的有（　　）。
A. 生产企业用于经营管理的办公用品
B. 因自然灾害发生损失的原材料
C. 外购用于集体福利的车辆
D. 为生产有机肥（免税产品）购入的原材料

11. 根据增值税法律制度的规定，进口消费税应税货物，其增值税的组成计税价格是（　　）。
A. 关税完税价格×(1+关税税率)÷(1−消费税税率)
B. 货物到岸价格+关税+消费税
C. 关税完税价格+关税+消费税
D. 成本×(1+成本利润率)

12. 下列各项中，免征增值税的有（　　）。
A. 报社发行报刊
B. 农业生产者销售自产农产品
C. 电力公司向发电企业收取过网费
D. 残疾人组织直接进口供残疾人专用的物品

13. 下列选项中，可以免征增值税的有（　　）。
A. 寺院、宫观、清真寺和教堂举办文化、宗教活动的门票收入
B. 土地所有者出让土地使用权和土地使用者将土地使用权归还给土地所有者
C. 纳税人提供技术转让、技术开发和与之相关的技术咨询、技术服务

D. 银行向企业发放贷款取得的利息收入

14. 关于增值税专用发票最高开票的规定，下列说法正确的有（　　）。

A. 最高开票限额由一般纳税人申请，税务机关依法审批

B. 最高开票限额为 10 万元及以下的，由区（县）级税务机关审批

C. 最高开票限额为 100 万元的，由地市级税务机关审批

D. 最高开票限额为 1 000 万元及以上的，由省级税务机关审批

15. 下列各项中，属于增值税专用发票基本联次的有（　　）。

A. 发票联　　B. 抵扣联

C. 存根联　　D. 记账联

三、判断题

1. 某增值税一般纳税人销售自己使用过的未抵扣过进项税额的机器一台，现行规定应按简易办法依照 3%征收率减按 2%征收增值税。（　　）

2. 纳税人出口货物，适用零税率，但是国务院另有规定的除外。（　　）

3. 包装物押金均属于价外费用，在销售货物时随同货款一并计算增值税税款。（　　）

4. 一般纳税人因销售货物退回或折让而退还给购买方的增值税额，应从发生销售货物退回或折让当期的销项税额中扣减。（　　）

5. 某企业将外购的货物（取得增税专用发票）赠送儿童福利院，其进项税额不得抵扣。（　　）

6. 个人销售额未达到起征点的，免征增值税；达到起征点的，全额计算缴纳增值税。（　　）

7. 增值税小规模纳税人，月销售额不超过 3 万元（含 3 万元）的，按照简易办法 3%的税率征收增值税。（　　）

8. 境内单位和个人向中华人民共和国境外单位提供电信服务，需缴纳增值税。（　　）

9. 营改增试点纳税人提供技术转让、技术开发和与之相关的技术咨询、技术服务，免征增值税。（　　）

10. 采取分期收款方式销售商品时，为书面合同约定的收款日期的当天。（　　）

11. 增值税纳税人以 1 个月或 1 个季度为 1 个纳税期的，自期满之日起 10 日内申报纳税。（　　）

12. 非固定业户应当向应税服务发生地主管税务机关申报纳税；未申报纳税的，由其机构所在地或居住地主管税务机关补征税款。（　　）

13. 营改增纳税人不能按照固定期限纳税的，可以按次纳税。（　　）

14. 根据营改增的规定，纳税人提供有形动产租赁服务采取预收款方式的，其纳税义务发生时间为收到预收款的当天。（　　）

15. 专用发票实行最低开票限额管理。（　　）

四、不定项选择题

1. 马某系某单位高级退休职工，2017 年下半年发生如下业务：

（1）为某房地产开发企业提供建筑设计，取得建筑设计费不含税收入 60 000 元。

（2）将一套闲置住房对外出租，一次性预收全年租金 30 000 元。

（3）销售其自建的住房，取得收入 150 000 元。

（4）将 2010 年购买的有价证券通过证券交易机构出售，取得收入 360 000 元，该证券的购买价为 260 000 元。

（5）将一项专利权转让给国内某企业，取得收入 15 000 元。

要求：根据上述资料，不考虑其他因素，分析回答下列小题。

（1）马某提供建筑设计劳务应缴纳增值税（　　）元。

A. 0　　B. 1 800

C. 3 600　　D. 10 200

（2）马某闲置住房对外出租应缴纳增值税（　　）元。

A. 428. 57　　B. 328. 57

C. 300　　D. 200

（3）马某销售自建自用住房应缴纳增值税（　　）元。

A. 0　　B. 4 500

C. 21 794. 87　　D. 25 500

（4）马某合计应缴纳增值税（　　）元。

A. 6 597. 5　　B. 6 728. 57

C. 8 400　　D. 25 823. 44

2. 某传媒有限责任公司主要经营电视剧、电影等广播影视节目的制作和发行业务，为增值税一般纳税人。2018 年 6 月该传媒公司企业发生如下业务：

（1）10 日，该传媒公司为某电视剧提供制作服务，取得不含税服务费 200 万元。

（2）同日，该传媒公司购入 10 张办公桌，用于办公，支付不含税价款 8 万元，取得增值税专用发票，当月通过认证。

（3）15 日，该传媒公司购入一台小汽车，取得机动车销售统一发票，支付不含税价款 15 万元。

（4）20 日，该传媒公司代理某小成本新电影的发行服务，共向制片方收取不含税价款 70 万元。

已知上述企业均为增值税一般纳税人，取得的专用发票当月认证当月抵扣。

要求：根据上述资料，不考虑其他因素，分析回答下列小题。

（1）该传媒公司 6 月的销项税额是（　　）。

A. 70×6%＝4. 2（万元）　　B. 200×6%＝12（万元）

C. 200×10%+70×10%＝27（万元）　　D. 200×6%+70×6%＝16. 2（万元）

（2）该传媒公司购入办公桌和小汽车可以抵扣的进项税额合计是（　　）。

A. 8×16%＝1. 28（万元）　　B. 15×16%＝2. 4（万元）

C. 8×16%+15×16%＝3. 68（万元）　　D. 0

（3）该传媒公司 6 月应缴纳的增值税额是（　　）。

A. 4. 2−1. 28＝2. 92（万元）　　B. 12−2. 4＝9. 6（万元）

C. 27−3. 68＝23. 32（万元）　　D. 16. 2−3. 68＝12. 52（万元）

（4）根据营改增相关规定，该传媒公司可以被认定为增值税一般纳税人的情形是（　　）。

A. 年应征增值税销售额超过 50 万元

B. 年应征增值税销售额超过 80 万元

C. 年应税服务销售额超过 500 万元

D. 年应税服务销售额未超过 500 万元，但符合一般纳税人认定的资格条件

3. 甲公司为增值税一般纳税人，主要从事货物运输服务，2018 年 8 月有关经济业务如下：

（1）购进办公用小轿车 1 部，取得增值税专用发票上注明的税额为 25 500 元；购进货车用柴油，取得增值税专用发票上注明的税额为 51 000 元。

（2）购进办公室装修用材料，取得增值税专用发票上注明的税额为 8 500 元。

（3）提供货物运输服务，取得含增值税价款 1 100 000 元，另收取保价费 2 200 元。

（4）提供货物装卸搬运服务，取得含增值税价款 31 800 元。

（5）提供货物仓储服务，取得含增值税价款 116 600 元，另收取货物逾期保管费21 200元。

已知甲公司上期留抵增值税税额为 6 800 元，取得的增值税专用发票已通过税务机关认证。

要求：根据上述资料，不考虑其他因素，分析回答下列小题。

（1）甲公司下列增值税进项税额中，准予抵扣的是（　　）。

A. 购进小轿车的进项税额 25 500 元　　B. 购进柴油的进项税额 51 000 元

C. 购进装修材料的进项税额 8 500 元　　D. 上期留抵的增值税额 6 800 元

（2）甲公司当月提供货物运输服务增值税销项税额的下列计算中，正确的是（　　）。

A.（1 100 000+2 200）×10%＝110 220（元）

B. 1 100 000×10%＝110 000（元）

C.（1 100 000+2 200）÷(1+10%)×10%＝100 200（元）

D. 1 100 000×(1+10%)×10%＝121 000（元）

（3）甲公司当月提供货物装卸搬运服务增值税销项税额的下列计算中，正确的是（　　）。

A. 31 800×16%＝5 088（元）

B. 31 800×6%＝1 908（元）

C. 31 800÷(1+6%)×6%＝1 800（元）

D. 31 800÷(1+16%)×16%＝4 386. 21（元）

（4）甲公司当月提供货物仓储服务增值税销项税额的下列计算中，正确的是（　　）。

A. 116 600×(1+6%)×6%＝7 415. 76（元）

B. 116 600×6%＝6 996（元）

C.（116 600+21 200）×6%＝8 268（元）

D.（116 600+21 200）÷(1+6%) ×6%＝7 800（元）

4. 某食品加工企业是增值税一般纳税人，2018 年 9 月发生下列业务：

（1）购入食品加工添加剂一批，取得增值税普通发票，价款 10 000 元，税款1 600元。

（2）从农民手中收购大豆一批，税务机关规定的收购凭证上注明收购款 15 000 元；支付运输费，取得货物运输企业开具的增值税专用发票注明的价款 500 元。

（3）从小规模纳税人处购买生产模具一批，取得税务机关代开的增值税专用发票注明价款 100 000元。

（4）销售以大豆为原料生产的食用植物油，取得含税收入 49 500 元；销售淀粉取得不含税收入 20 000元。

（5）购买建材一批用于修缮仓库，取得增值税专用发票注明的价款 20 000 元，税款3 200元。

已知有关发票均经过认证。

要求：根据上述资料，不考虑其他因素，分析回答下列小题。

（1）下列货物中，适用低税率的是（　　）。

A. 食用植物油　　B. 饲料

C. 淀粉　　D. 大米

（2）下列关于食品加工企业的业务处理中说法错误的是（　　）。

A. 购入食品加工添加剂，取得增值税普通发票，可以抵扣进项税

B. 从农民手中收购大豆，可以按照收购凭证上注明的收购款和 10%的扣除率计算进项税额

C. 购进生产模具的进项税额可以抵扣

D. 购买建材用于修缮仓库，取得增值税专用发票，可以抵扣进项税额

（3）该企业当期可以抵扣的进项税额为（　　）。

A. 15 000×12%+500×10%+100 000×3%＝4 850（元）

B. 15 000×12%+500×10%+100 000×3%+3 400×60%＝6 890（元）

C. 15 000×10%+500×10%+100 000×3%+3 400×60%＝6 590（元）

D. 15 000×10%+500×10%+100 000×3%＝4 550（元）

（4）该企业当期应缴纳的增值税税额为（　　）。

A. 49 500÷（1+12%）×12%+20 000×16%−4 850＝3 654（元）

B. 49 500÷（1+12%）×12%+20 000×16%−6 890＝1 614（元）

C. 49 500÷（1+10%）×10%+20 000×16%−6 590＝1 110（元）

D. 49 500÷（1+10%）×10%+20 000×16%−4 550＝3 150（元）

第三章　消费税

（本章思维导图）

学习目标

1. 能够解释消费税的概念并描述消费税的特点
2. 能够分析增值税纳税人与消费税纳税义务人的关系
3. 能够说明消费税的征税范围与纳税环节的关系
4. 能够列举消费税的税目与税率
5. 能够灵活运用消费税计税依据的确定进行相关计算
6. 能够灵活运用消费税应纳税额的计算方法计算消费税的应纳税额
7. 能够灵活运用已纳消费税的扣除计算消费税的应纳税额
8. 能够应用消费税征收管理的相关规定

第一节　消费税概述

一、消费税与消费税法的概念

（一）消费税的概念

消费税是对特定的某些消费品和消费行为征收的一种商品税。消费税主要以消费品为课税对象，属于间接税，税收随价格转嫁给消费者负担，消费者是税款的实际负担者。一般情况下，消费税的征税环节主要在生产销售和进口环节上征税，属于流转税。

（二）消费税法的概念

消费税法是指国家制定的用于调整消费税征收与缴纳相关权利和义务关系的法律规范。

二、我国现行消费税的特点

（一）征收范围具有选择性

通过观察消费税的十五项税目可知，我国消费税在征收范围上根据产业政策与消费政策仅选择部分消费品征税，而不是对所有消费品都征收消费税。

（二）征税环节具有单一性

一般情况下，消费税的征税环节具有单一性，主要在生产销售和进口环节上征税，即一次课征制。但有个别应税消费品的纳税环节并不单一。例如，卷烟在生产（进口）环节征收消费税基础上，还在批发环节加征消费税；对超豪华小汽车，在生产（进口）环节按现行税率征收消费税基础上，在零售环节加征消费税，即二次课征制。

（三）平均税率较高且差异大

消费税的平均税率水平比较高且不同征税项目的税负差异较大。

只有个别应税消费品的适用税率在10%以下，相当一部分的应税消费品的适用税率在20%以上，最高可高达56%，如香烟等，需要限制或控制的，其消费税税负较重。

（四）计税方法具有灵活性

消费税既采用对消费品确定单位税额，以消费品数量实行从量定额计税方法，也采用对消费品制定比例税率，以消费品的价格实行从价定率的计税方法。特别地，卷烟与白酒实行的是从量定额与从价定率并行的复合计税方法。

三、消费税的作用

消费税与增值税、营业税（2016年5月1日起改为增值税）、关税等相配合，构成我国流转税新体系。其中，消费税的征收具有较强的选择性，是国家贯彻消费政策、引导消费结构，从而引导产业结构的重要手段，在保证国家财政收入、体现国家经济政策等方面具有十分重要的意义。

四、我国消费税法律制度的主要内容

我国消费税法律制度主要包括1993年12月13日国务院令第135号发布、2008年11月10日国务院令第539号修订《中华人民共和国消费税暂行条例》（以下简称《消费税暂行条例》），2008年12月15日财政部、国家税务总局令第51号发布《中华人民共和国消费税暂行条例实施细则》（以下简称《消费税暂行条例实施细则》）。

为进一步完善消费税制，我国自2014年12月1日起，取消气缸容量250毫升（不含）以下的小排量摩托车消费税，取消汽车轮胎消费税，取消车用含铅汽油消费税，取消酒精消费税；分别在2014年11月、2014年12月和2015年1月先后三次提高成品油消费税单位税额；自2015年2月1日起，对电池、涂料征收消费税；自2015年5月10日起，将卷烟批发环节从价税率由5%提高至11%，并按0.005元/支加征从量税；自2016年10月1日起，取消对普通美容、修饰类化妆品征收消费税，将高档化妆品的税率调整为15%；自2016年12月1日起，对每辆零售价格120万元（不含增值税）及以上的超豪华小汽车，在零售环节加征消费税，税率为10%。

这些构成了我国消费税法律制度的主要内容。

第二节　纳税义务人与征税范围

一、纳税义务人

在中华人民共和国境内生产、委托加工和进口《消费税暂行条例》规定的消费品的单位和个人以及国务院确定的销售《消费税暂行条例》规定的消费品的其他单位和个人，为消费税的纳税人。

单位是指企业、行政单位、事业单位、军事单位、社会团体及其他单位。个人是指个体工商户及其他个人。

在中华人民共和国境内是指生产、委托加工和进口属于应当缴纳消费税的消费品的起运地或所在地在境内。

由于消费税是在对所有货物普遍征收增值税的基础上选择少量消费品征收的，因此消费税纳税人同时也是增值税纳税人。

二、征税范围

根据《消费税暂行条例》及其实施细则的规定，目前消费税的征收范围包括生产、委托加工、进口、零售的应税消费品和批发的卷烟。它们分别在相应五个的环节征税，简称“三个初始，一零一批”。

（一）对生产应税消费品在生产销售环节征税

生产应税消费品销售是消费税征收的主要环节。一般情况下，消费税具有单一环节征税的特点，对于大多数应税消费品而言，在生产销售环节征税以后，其他流通环节不用再缴纳消费税。

（1）纳税人生产的应税消费品，于纳税人销售时纳税。

（2）纳税人视为应税消费品的生产行为，于纳税人销售时纳税。

工业企业以外的单位和个人的下列行为视为应税消费品的生产行为，按规定征收消费税：

①将外购的消费税非应税产品以消费税应税产品对外销售的。

②将外购的消费税低税率应税产品以高税率应税产品对外销售的。

（3）纳税人生产的应税消费品，用于连续生产应税消费品的，不纳税。用于连续生产应税消费品是指纳税人将自产自用应税消费品作为直接材料生产最终应税消费品，自产自用应税消费品构成最终应税消费品的实体。

（4）纳税人生产的应税消费品用于其他方面的，于移送使用时纳税。用于其他方面是指纳税人将自产自用的应税消费品用于生产非应税消费品、在建工程、管理部门、非生产机构、提供劳务、馈赠、赞助、集资、广告、样品、职工福利、奖励等方面。

（二）对委托加工应税消费品在委托加工环节征税

1. 委托加工应税消费品的概念

委托加工的应税消费品是指由委托方提供原料和主要材料，受托方只收取加工费和代垫部分辅助材料加工的应税消费品。

对于由受托方提供原材料生产的应税消费品，或者受托方先将原材料卖给委托方，然后再接受加工的应税消费品以及由受托方以委托方名义购进原材料生产的应税消费品，不论在财务上是否作为销售处理，都不得作为委托加工应税消费品，而应当按照销售自制应税消费品缴纳消费税。

2. 委托加工环节征税的一般规定

（1）委托加工的应税消费品，除受托方为个人外，由受托方在向委托方交货时代收代缴消费税。

（2）委托个人加工的应税消费品，由委托方收回后缴纳消费税。

3. 委托加工环节的后续规定

（1）委托方将收回的应税消费品用于连续生产应税消费品的，所纳税款准予按规定抵扣。

（2）委托方将收回的应税消费品，用于销售的情况如下：

①委托方以不高于受托方的计税价格出售的，为直接出售，不再缴纳消费税。

②委托方以高于受托方的计税价格出售的，不属于直接出售，需按照规定申报缴纳消费税，在计税时准予扣除受托方已代收代缴的消费税。

（三）对进口应税消费品在进口环节征税

单位和个人进口应税消费品，于报关进口时缴纳消费税。为了减少征税成本，进口环节缴纳的消费税由海关代征。

（四）对零售应税消费品在零售环节征税

1. 商业零售金银首饰在零售环节征税

（1）自 1995 年 1 月 1 日起，金银首饰消费税由生产销售环节征收改为零售环节征收。改在零售环节征收消费税的金银首饰仅限于金基、银基合金首饰以及金、银和金基、银基合金的镶嵌首饰。

（2）自 2002 年 1 月 1 日起，对钻石及钻石饰品消费税的纳税环节由生产环节、进口环节后移至零售环节。

（3）自 2003 年 5 月 1 日起，铂金首饰消费税改为零售环节征税。

2. 视同零售业的业务在零售环节征税

（1）为经营单位以外的单位和个人加工金银首饰。加工包括带料加工、翻新改制、以旧换新等业务，不包括修理和清洗。

（2）经营单位将金银首饰用于馈赠、赞助、集资、广告样品、职工福利、奖励等方面。

（3）未经中国人民银行总行批准，经营金银首饰批发业务的单位将金银首饰销售给经营单位。

3. 零售超豪华小汽车（加征）

自2016年12月1日起，“小汽车”税目下增设“超豪华小汽车”子税目。征收范围为每辆零售价格130万元（不含增值税）及以上的乘用车和中轻型商用客车，即乘用车和中轻型商用客车子税目中的超豪华小汽车。对超豪华小汽车，在生产（进口）环节按现行税率征收消费税基础上，在零售环节加征消费税，税率为10%。

将超豪华小汽车销售给消费者的单位和个人为超豪华小汽车零售环节纳税人。国内汽车生产企业直接销售给消费者的超豪华小汽车，消费税税率按照生产环节税率和零售环节税率加总计算。

（五）对批发卷烟在卷烟的批发环节征税（加征）

自2015年5月10日起，卷烟批发环节从价税率由5%提高至11%，并按0.005元/支加征从量税。

烟草批发企业将卷烟销售给其他烟草批发企业的，不缴纳消费税。

卷烟消费税改为在生产（进口）和批发两个环节征收后，批发企业在计算应纳税额时不得扣除已含的生产（进口）环节的消费税税款，即二次课征制。

纳税人兼营卷烟批发和零售业务的，应当分别核算批发和零售环节的销售额、销售数量；未分别核算批发和零售环节销售额、销售数量的，按照全部销售额、销售数量计征批发环节消费税。

【例3-1】下列关于消费税征收范围的表述中，正确的有（　　）。

A. 纳税人自产的应税消费品，用于连续生产应税消费品的，不缴纳消费税

B. 纳税人将自产的应税消费品用于馈赠、赞助的，缴纳消费税

C. 委托加工的应税消费品，受托方在交货时已代收代缴消费税，委托方收回后直接销售的，不缴纳消费税

D. 超豪华小汽车在生产和批发两个环节均征收消费税

【解析】答案：ABCD。

第三节　税目与税率

一、消费税税目

根据《消费税暂行条例》的规定，消费税税目共有15个，部分税目还进一步划分了若干子税目。其具体内容如下：

（一）烟

凡是以烟叶为原料加工生产的产品，不论使用何种辅料，均属于本税目的征收范围。本税目具体包括3个子税目，即卷烟（包括进口卷烟、白包卷烟、手工卷烟和未经国务院批准纳入计划的企业及个人生产的卷烟）、雪茄烟和烟丝。

1. 卷烟

卷烟子税目按每标准条调拨价格下设甲类卷烟与乙类卷烟两个二级子税目和按征税环节增设批发环节一个二级子税目。

（1）甲类卷烟。甲类卷烟是指每标准条（200支）调拨价格在70元（不含增值税）以上（含70元）的卷烟。

（2）乙类卷烟。乙类卷烟是指每标准条（200支）调拨价格在70元（不含增值税）以下的卷烟。

特别注意的是：

①白包卷烟、手工卷烟和未经国务院批准纳入计划的企业及个人生产的卷烟按甲类卷烟标准计征消费税。

②残次品卷烟应当按照同牌号规格正品卷烟的征税类别计征消费税。

③卷烟由于接装过滤嘴、改变包装或其他原因提高销售价格后，应按照新的销售价格确定征税类别计征消费税。

④纳税人自产自用的卷烟应当按照纳税人生产的同牌号规格的卷烟销售价格确定征税类别计征消费税。

⑤委托加工的卷烟按照受托方同牌号规格卷烟的征税类别和适用税率征税。没有同牌号规格卷烟的，一律按甲类卷烟标准计征消费税。

2. 雪茄烟

雪茄烟的征收范围包括各种规格、型号的雪茄烟。

3. 烟丝

烟丝的征收范围包括以烟叶为原料加工生产的不经卷制的散装烟。

（二）酒

酒是酒精度在1度以上的各种酒类饮料，包括白酒、黄酒、啤酒和其他酒。

1. 白酒

白酒包括粮食白酒和薯类白酒。

（1）粮食白酒是指以高粱、玉米、大米、糯米、大麦、小麦、青稞等各种粮食为原料，经过糖化、发酵后，采用蒸馏方法酿制的白酒。

（2）薯类白酒是指以白薯（红薯、地瓜）、木薯、马铃薯、芋头、山药等各种干鲜薯类为原料，经过糖化、发酵后，采用蒸馏方法酿制的白酒。用甜菜酿制的白酒，比照薯类白酒征税。

2. 黄酒

黄酒是指以糯米、粳米、籼米、大米、黄米、玉米、小麦、薯类等为原料经加温、糖化、发酵、压榨酿制的酒。黄酒包括各种原料酿制的黄酒和酒精度超过 12 度（含 12 度）的土甜酒。

3. 啤酒

啤酒是指以大麦或其他粮食为原料，加入啤酒花，经糖化、发酵、过滤酿制的含有二氧化碳的酒，分为甲类啤酒和乙类啤酒。

（1）甲类啤酒。啤酒每吨出厂价（含包装物及包装物押金）在 3 000 元（含 3 000 元，不含增值税）以上的是甲类啤酒。

（2）乙类啤酒。啤酒每吨出厂价（含包装物及包装物押金）在 3 000 元（不含增值税）以下的是乙类啤酒。

特别注意的是，包装物押金不包括重复使用的塑料周转箱的押金。

对饮食业、商业、娱乐业举办的啤酒屋（啤酒坊）利用啤酒生产设备生产的啤酒，应当征收消费税。

4. 其他酒

其他酒是指除粮食白酒、薯类白酒、黄酒、啤酒以外的各种酒，包括糠麸白酒、其他原料白酒、土甜酒、复制酒、果木酒、汽酒、药酒、葡萄酒等。

对以黄酒为酒基生产的配制或泡制酒，按其他酒征收消费税。

调味料酒不征消费税。

特别注意的是，配制酒所属子税目类别的确定。配制酒（露酒）是指以发酵酒、蒸馏酒或食用酒精为酒基，加入可食用或药食两用的辅料或食品添加剂，进行调配、混合或再加工制成的并改变了其原酒基风格的饮料酒。其中蒸馏酒或食用酒精为酒基是指酒基中蒸馏酒或食用酒精的比重超过 80%（含）；发酵酒为酒基是指酒基中发酵酒的比重超过 80%（含）。

（1）以蒸馏酒或食用酒精为酒基，同时符合以下条件的配制酒按其他酒计征消费税：

①具有国家相关部门批准的国食健字或卫食健字文号。

②酒精度低于 38 度（含）。

（2）以发酵酒为酒基，酒精度低于 20 度（含）的配制酒，按其他酒计征消费税。

（3）其他配制酒，按白酒税率征收消费税。

（三）高档化妆品

本税目征收范围包括高档美容、修饰类化妆品，高档护肤类化妆品和成套化妆品。

高档美容、修饰类化妆品和高档护肤类化妆品是指生产（进口）环节销售（完税）价格（不含增值税）在 10 元/毫升（克）或 15 元/片（张）及以上的美容、修饰类化妆品和护肤类化妆品。

舞台、戏剧、影视演员化妆用的上妆油、卸妆油、油彩，不属于本税目的征收范围。

（四）贵重首饰及珠宝玉石

本税目的征税范围包括各种金银珠宝首饰和经采掘、打磨、加工的各种珠宝玉石。金银首饰的范围不包括镀金（银）、包金（银）首饰以及镀金（银）、包金（银）的镶嵌首饰。

（1）金银首饰、铂金首饰和钻石及钻石饰品主要包括凡以金、银、白金、宝石、珍珠、钻石、翡翠、珊瑚、玛瑙等高贵稀有物质以及其他金属、人造宝石等制作的各种纯金银首饰及镶嵌首饰（含人造金银、合成金银首饰）等。

（2）其他贵重首饰和珠宝玉石主要包括钻石、珍珠、松石、青金石、欧泊石、橄榄石、长石、玉、石英、玉髓、石榴石、锆石、尖晶石、黄玉、碧玺、金禄玉、绿柱石、刚玉、琥珀、珊瑚、煤玉、龟甲、合成刚玉、合成玉石、双合石以及玻璃仿制品等。

宝石坯是经采掘、打磨、初级加工的珠宝玉石半成品，对宝石坯应按规定征收消费税。

（五）鞭炮、焰火

本税目征收范围包括各种鞭炮、焰火，具体包括喷花类、旋转类、旋转升空类、火箭类、吐珠类、线香类、小礼花类、烟雾类、造型玩具类、爆竹类、摩擦炮类、组合烟花类、礼花弹类等。

体育上用的发令纸、鞭炮药引线，不按本税目征收。

（六）成品油

本税目包括汽油、柴油、石脑油、溶剂油、航空煤油、润滑油、燃料油 7 个子税目。

1. 汽油

汽油是指用原油或其他原料加工生产的辛烷值不小于 66 的可用作汽油发动机燃料的各种轻质油。

我国取消了车用含铅汽油消费税，汽油税目不再划分二级子税目，统一按照无铅汽油税率征收消费税。以汽油、汽油组分调和生产的甲醇汽油、乙醇汽油也属于本税目征收范围。

2. 柴油

柴油是指用原油或其他原料加工生产的凝点或倾点在-50℃～30℃的可用作柴油发动机燃料的各种轻质油和以柴油组分为主、经调和精制可用作柴油发动机燃料的非标油。

以柴油、柴油组分调和生产的生物柴油也属于本税目征收范围。

3. 石脑油

石脑油又叫化工轻油，是以石油加工生产的或二次加工汽油经加氢精制而得的用于化工原料的轻质油。

石脑油的征收范围包括除汽油、柴油、航空煤油、溶剂油以外的各种轻质油。

4. 溶剂油

溶剂油是以石油加工生产的用于涂料、油漆生产、食用油加工、印刷油墨、皮革、农药、橡胶、化妆品生产的轻质油。

5. 航空煤油

航空煤油也叫喷气燃料，是以石油加工生产的用于喷气发动机和喷气推进系统中作为能源的石油燃料。

6. 润滑油

润滑油是用于内燃机、机械加工过程的润滑产品。润滑油分为矿物性润滑油、植物性润滑油、动物性润滑油和化工原料合成润滑油。

润滑油的征收范围包括矿物性润滑油、矿物性润滑油基础油、植物性润滑油、动物性润滑油和化工原料合成润滑油。

另外，用原油或其他原料加工生产的用于内燃机、机械加工过程的润滑产品均属于润滑油征税范围。润滑脂是润滑产品，生产、加工润滑脂应当征收消费税。变压器油、导热类油等绝缘油类产品不属于润滑油，不征收消费税。

7. 燃料油

燃料油也称重油、渣油。燃料油征收范围包括用于电厂发电、船舶锅炉燃料、加热炉燃料、冶金和其他工业炉燃料的各类燃料油。

自 2012 年 11 月 1 日起，催化料、焦化料属于燃料油的征收范围，应当征收消费税。

（七）摩托车

本税目征税范围包括气缸容量为 250 毫升的摩托车和气缸容量在 250 毫升（不含）以上的摩托车两种。

对最大设计车速不超过 50 千米/小时，发动机气缸总工作容量不超过 50 毫升的三轮摩托车不征收消费税。

（八）小汽车

汽车是指由动力驱动，具有 4 个或 4 个以上车轮的非轨道承载的车辆。

本税目包括乘用车、中轻型商用客车和超豪华小汽车等 3 个子税目。

1. 乘用车

乘用车是在设计和技术特性上用于载运乘客和货物的汽车，包括含驾驶员座位在内最多不超过 9 个座位（含）。

用排气量小于 15 升（含）的乘用车底盘（车架）改装、改制的车辆属于乘用车征收范围。

2. 中轻型商用客车

中轻型商用客车是在设计和技术特性上用于载运乘客和货物的汽车，包括含驾驶员座位在内的座位数在 10~23 座（含 23 座）。

用排气量大于 15 升的乘用车底盘（车架）或用中轻型商用客车底盘（车架）改装、改制的车辆属于中轻型商用客车征收范围。

含驾驶员人数（额定载客）为区间值的（如 8~10 人、17~26 人）小汽车，按其区间值下限人数确定征收范围。

车身长度大于7米（含），并且座位在10~23座（含）以下的商用客车，不属于中轻型商用客车征税范围，不征收消费税。

3. 超豪华小汽车

超豪华小汽车是指每辆零售价格为130万元（不含增值税）及以上的乘用车和中轻型商用客车，即乘用车和中轻型商用客车子税目中的超豪华小汽车。

电动汽车不属于本税目征收范围。

沙滩车、雪地车、卡丁车、高尔夫车不属于消费税征收范围，不征收消费税。

对于企业购进货车或厢式货车改装生产的商务车、卫星通信车等专用汽车不属于消费税征收范围，不征收消费税。

对于购进乘用车和中轻型商用客车整车改装生产的汽车，应按规定征收消费税。

（九）高尔夫球及球具

本税目征税范围包括高尔夫球、高尔夫球杆以及高尔夫球包（袋）、高尔夫球杆的杆头、杆身和握把。

（十）高档手表

高档手表是指销售价格（不含增值税）每只在10 000元（含）以上的各类手表。

本税目征收范围包括符合以上标准的各类手表。

（十一）游艇

游艇是指长度大于8米小于90米，船体由玻璃钢、钢、铝合金、塑料等多种材料制作，可以在水上移动的水上浮载体。按照动力划分，游艇分为无动力艇、帆艇和机动艇。

本税目征收范围包括艇身长度大于8米（含）小于90米（含），内置发动机，可以在水上移动，一般为私人或团体购置，主要用于水上运动和休闲娱乐等非牟利活动的各类机动艇。

（十二）木制一次性筷子

木制一次性筷子又称卫生筷子，是指以木材为原料经过锯段、浸泡、旋切、刨切、烘干、筛选、打磨、倒角、包装等环节加工而成的各类一次性使用的筷子。

本税目征收范围包括各种规格的木制一次性筷子和未经打磨、倒角的木制一次性筷子。

（十三）实木地板

实木地板是指以木材为原料，经锯割、干燥、刨光、截断、开榫、涂漆等工序加工而成的块状或条状的地面装饰材料。实木地板按生产工艺不同，可分为独板（块）实木地板、实木指接地板和实木复合地板三类；按表面处理状态不同，可分为未涂饰地板（白坯板、素板）和漆饰地板两类。

本税目征收范围包括各类规格的实木地板、实木指接地板、实木复合地板以及用于装饰墙壁、天棚的侧端面为榫、槽的实木装饰板以及未经涂饰的素板。

（十四）电池

电池是一种将化学能、光能等直接转换为电能的装置，一般由电极、电解质、容器、极端，通常还有隔离层组成的基本功能单元以及用一个或多个基本功能单元装配成的电池组。其范围包括原电池、蓄电池、燃料电池、太阳能电池和其他电池。

对无汞原电池、金属氢化物镍蓄电池（又称氢镍蓄电池或镍氢蓄电池）、锂原电池、锂离子蓄电池、太阳能电池、燃料电池和全钒液流电池免征消费税。

自 2016 年 1 月 1 日起，对铅蓄电池按 4%税率征收消费税。

（十五）涂料

涂料是指涂于物体表面能形成具有保护、装饰或特殊性能的固态涂膜的一类液体或固体材料的总称。涂料由主要成膜物质、次要成膜物质等构成。按主要成膜物质不同，涂料可分为油脂类、天然树脂类、酚醛树脂类、沥青类、醇酸树脂类、氨基树脂类、硝基类、过滤乙烯树脂类、烯类树脂类、丙烯酸酯类树脂类、聚酯树脂类、环氧树脂类、聚氨酯树脂类、元素有机类、橡胶类、纤维素类、其他成膜物类等。

对施工状态下挥发性有机物（Volatile Organic Compounds，VOC）含量低于 420 克/升（含）的涂料免征消费税。

二、消费税税率

消费税税率采取比例税率和定额税率两种形式，以适应不同应税消费品的实际情况。

消费税根据不同的税目或子税目确定相应的税率或单位税额。一般情况下，对一种消费品只选择一种税率形式，但为了更好地、更有效地保全消费税税基，对卷烟和白酒则采取了比例税率和定额税率复合征收的形式。消费税税目税率如表 3-1 所示。

表 3-1　　消费税税目税率表

税目	税率
一、烟	
1. 卷烟	
（1）甲类卷烟	56%加 0.003 元/支
（2）乙类卷烟	36%加 0.003 元/支
（3）批发环节（加征）	11%加 0.005 元/支
2. 雪茄烟	36%
3. 烟丝	30%
二、酒	
1. 白酒	20%加 0.5 元/500 克（或 500 毫升）
2. 黄酒	240 元/吨
3. 啤酒	
（1）甲类啤酒	250 元/吨
（2）乙类啤酒	220 元/吨
4. 其他酒	10%

表3-1(续)

税目	税率
三、高档化妆品	15%
四、贵重首饰及珠宝玉石	
1. 金银首饰、铂金首饰和钻石及钻石饰品	5%
2. 其他贵重首饰和珠宝玉石	10%
五、鞭炮、焰火	15%
六、成品油	
1. 汽油	1.52 元/升
2. 柴油	1.20 元/升
3. 石脑油	1.20 元/升
4. 溶剂油	1.52 元/升
5. 航空煤油	1.52 元/升
6. 润滑油	1.52 元/升
7. 燃料油	1.20 元/升
七、摩托车	
1. 气缸容量（排气量，下同）250 毫升的	3%
2. 气缸容量在 250 毫升（不含）以上的	10%
八、小汽车	
1. 乘用车	
（1）气缸容量（排气量，下同）在 1.0 升（含 1.0 升）以下的	1%
（2）气缸容量在 1.0 升以上至 1.5 升（含 1.5 升）的	3%
（3）气缸容量在 1.5 升以上至 2.0 升（含 2.0 升）的	5%
（4）气缸容量在 2.0 升以上至 2.5 升（含 2.5 升）的	9%
（5）气缸容量在 2.5 升以上至 3.0 升（含 3.0 升）的	12%
（6）气缸容量在 3.0 升以上至 4.0 升（含 4.0 升）的	25%
（7）气缸容量在 4.0 升以上的	40%
2. 中轻型商用客车	5%
3. 超豪华小汽车（零售环节）（加征）	10%
九、高尔夫球及球具	10%
十、高档手表	20%
十一、游艇	10%
十二、木制一次性筷子	5%
十三、实木地板	5%
十四、电池	4%
十五、涂料	4%

消费税采取列举法按具体应税消费品设置税目税率，征税界限清楚，一般不易发生错用税率的情况。但是，存在纳税人兼营不同税率的应税消费品，应当分别核算不同税率应税消费品的销售额、销售数量。未分别核算销售额、销售数量，或者将不同税率的应税消费品组成成套消费品销售的，从高适用税率。

第四节　消费税应纳税额的计算

一、计税依据的确定

根据《消费税暂行条例》的规定，消费税应纳税额的计算分为从价计征、从量计征、从价从量复合计征三种方法。以下分三种情况介绍计税依据的确定。

（一）从价计征计税依据的确定

1. 销售额的基本规定

销售额的基本规定主要适用于生产销售、批发与零售三个销售纳税环节的一般情况。

（1）销售额的概念。销售额是指为纳税人销售（包括生产销售、批发与零售三个销售纳税环节）应税消费品向购买方收取的全部价款和价外费用，不包括应向购买方收取的增值税税款。

价外费用是指价外向购买方收取的手续费、补贴、基金、集资费、返还利润、奖励费、违约金、滞纳金、延期付款利息、赔偿金、代收款项、代垫款项、包装费、包装物租金、储备费、优质费、运输装卸费以及其他各种性质的价外收费。但下列项目不包括在销售额内：

①同时符合以下条件的代垫运输费用：承运部门的运输费用发票开具给购买方的；纳税人将该项发票转交给购买方的。

②同时符合以下条件代为收取的政府性基金或行政事业性收费：由国务院或财政部批准设立的政府性基金，由国务院或省级人民政府及其财政、价格主管部门批准设立的行政事业性收费；收取时开具省级以上财政部门印制的财政票据；所收款项全额上缴财政。

（2）含增值税销售额的换算。应税消费品在缴纳消费税的同时，与一般货物一样，还应缴纳增值税。按照《消费税暂行条例实施细则》的规定，应税消费品的销售额，不包括应向购货方收取的增值税税款。

如果纳税人应税消费品的销售额中未扣除增值税税款或因不得开具增值税专用发票而发生价款和增值税税款合并收取的，在计算消费税时，应将含增值税的销售额换算为不含增值税税款的销售额。其换算公式为：

应税消费品的销售额=含增值税的销售额 ÷（1+增值税税率或征收率）

在使用换算公式时，应根据纳税人的具体情况分别使用增值税税率或征收率。如果消费税的纳税人同时又是增值税一般纳税人的，应适用16%的增值税税率；如果消费税的纳税人是增值税小规模纳税人的，应适用3%的征收率。

2. 其他计税依据的基本规定

其他计税依据的基本规定主要适用于非销售环节或无销售额的一般情况，具体可以按照非销售的纳税环节分为以下三种情况：

（1）自产自用应税消费品的计税依据。纳税人自产自用的应税消费品，用于连续生产应税消费品的，不纳税。凡用于其他方面的，于移送使用时，按照纳税人生产的同类消费品的销售价格计算纳税；没有同类消费品销售价格的，按照组成计税价格计算纳税。组成计税价格的计算公式为：

组成计税价格=（成本+利润）÷（1-消费税比例税率）

上述公式中所说的"成本"，是指应税消费品的产品生产成本。

上述公式中所说的"利润"，是指根据应税消费品的全国平均成本利润率计算的利润。应税消费品全国平均成本利润率由国家税务总局确定，具体标准见表3-2。

表3-2　平均成本利润率

税目	利润率（%）	税目	利润率（%）
1. 甲类卷烟	10	11. 摩托车	6
2. 乙类卷烟	5	12. 高尔夫球及球具	10
3. 雪茄烟	5	13. 高档手表	20
4. 烟丝	5	14. 游艇	10
5. 粮食白酒	10	15. 木制一次性筷子	5
6. 薯类白酒	5	16. 实木地板	5
7. 其他酒	5	17. 乘用车	8
8. 高档化妆品	5	18. 中轻型商用客车	5
9. 鞭炮、焰火	5	19. 电池	4
10. 贵重首饰及珠宝玉石	6	20. 涂料	7

同类消费品的销售价格是指纳税人或代收代缴义务人当月销售的同类消费品的销售价格，如果当月同类消费品各期销售价格高低不同，应按销售数量加权平均计算。但销售的应税消费品有下列情况之一的，不得列入加权平均计算：

①销售价格明显偏低又无正当理由的。

②无销售价格的。

如果当月无销售或当月未完结，应按照同类消费品上月或最近月份的销售价格计算纳税。

（2）委托加工应税消费品的计税依据。委托加工应税消费品的计税依据，一般情况下是受托方的同类消费品的销售价格；没有同类消费品销售价格的，是组成计税价格。其计算公式为：

组成计税价格=（材料成本+加工费）÷（1-消费税比例税率）

材料成本是指委托方提供加工材料的实际成本。委托加工应税消费品的纳税人，必须在委托加工合同上如实注明（或以其他方式提供）材料成本，凡未提供材料成本的，受托方主管税务机关有权核定其材料成本。

加工费是指受托方加工应税消费品向委托方收取的全部费用（包括代垫辅助材料的实际成本），不包括增值税税款。

（3）进口环节应税消费品的计税依据。纳税人进口从价计征的应税消费品，其计税依据为组成计税价格。其计算公式为：

组成计税价格=(关税完税价格+关税)÷(1-消费税比例税率)

公式中所称“关税完税价格”，是指海关核定的关税计税价格。

（二）从量计征计税依据的确定

1. 销售数量的基本规定

销售数量，是指纳税人生产、加工和进口应税消费品的数量。其具体规定为：

（1）销售（包括批发与零售）应税消费品的，为应税消费品的销售数量。

（2）自产自用应税消费品的，为应税消费品的移送使用数量。

（3）委托加工应税消费品的，为纳税人收回的应税消费品数量。

（4）进口应税消费品的，为海关核定的应税消费品进口征税数量。

2. 从量定额的换算标准

为了规范不同产品的计量单位，以准确计算应纳税额，《消费税暂行条例实施细则》规定了吨与升两个计量单位的换算标准，具体标准见表3-3。

表3-3 计量单位换算表

序号	税目	换算标准
1	黄酒	1吨=962升
2	啤酒	1吨=988升
3	汽油	1吨=1 388升
4	柴油	1吨=1 176升
5	石脑油	1吨=1 246升
6	溶剂油	1吨=1 385升
7	航空煤油	1吨=1 282升
8	润滑油	1吨=1 126升
9	燃料油	1吨=1 015升

（三）复合计征销售额和销售数量的确定

根据消费税法律制度的规定，卷烟和白酒实行从价定率和从量定额相结合的复合计征办法征收消费税。

（1）销售额。销售额为纳税人生产销售卷烟、白酒向购买方收取的全部价款和价外费用。

（2）销售数量。销售数量为纳税人生产销售、进口、委托加工、自产自用卷烟或白酒的销售数量、海关核定数量、委托方收回数量和移送使用数量。

（3）组成计税价格（非销售环节或无销售额时适用）。组成计税价格按纳税环节主要分为以下三种情况：

①自产自用的卷烟和白酒的组成计税价格。

组成计税价格＝(成本＋利润＋自产自用数量×定额税率)÷(1－消费税比例税率)

②委托加工的卷烟和白酒的组成计税价格。

组成计税价格＝(材料成本＋加工费＋委托加工数量×定额税率)÷(1－消费税比例税率)

③进口的卷烟和白酒的组成计税价格。

组成计税价格＝(关税完税价格＋关税＋进口数量×定额税率)÷(1－消费税比例税率)

（四）特殊情形下销售额和销售数量的确定

（1）纳税人应税消费品的计税价格明显偏低并无正当理由的，由主管税务机关核定计税价格。其核定权限规定如下：

①卷烟、白酒和小汽车的计税价格由国家税务总局核定，送财政部备案。

②其他应税消费品的计税价格由省、自治区和直辖市国家税务局核定。

③进口的应税消费品的计税价格由海关核定。

（2）纳税人通过自设非独立核算门市部销售的自产应税消费品，应当按照门市部对外销售额或销售数量征收消费税。

（3）纳税人用于换取生产资料和消费资料、投资入股和抵偿债务等方面的应税消费品，应当以纳税人同类应税消费品的最高销售价格作为计税依据计算消费税。

（4）实行从价计征办法征收消费税的应税消费品连同包装销售的，无论包装物是否单独计价以及在会计上如何核算，均应并入应税消费品的销售额中缴纳消费税。

①如果包装物不作价随同产品销售，而是收取押金，此项押金则不应并入应税消费品的销售额中征税。但对因逾期未收回的包装物不再退还的或已收取的时间超过 12 个月的押金，应并入应税消费品的销售额，缴纳消费税。

②对包装物既作价随同应税消费品销售，又另外收取押金的包装物的押金，凡纳税人在规定的期限内没有退还的，均应并入应税消费品的销售额，按照应税消费品的适用税率缴纳消费税。

③对酒类生产企业销售酒类产品而收取的包装物押金，无论押金是否返还及会计上如何核算，均应并入酒类产品销售额，征收消费税。

（5）纳税人销售的应税消费品，以人民币以外的货币结算销售额的，其销售额的人民币折合率可以选择销售额发生的当天或当月 1 日的人民币汇率中间价。纳税人应在事先确定采取何种折合率，确定后 1 年内不得变更。

（6）白酒生产企业向商业销售单位收取的“品牌使用费”是随着应税白酒的销售而向购货方收取的，属于应税白酒销售价款的组成部分，因此不论企业采取何种方式或以何种名义收取价款，均应并入白酒的销售额中缴纳消费税。

（7）纳税人采用以旧换新（含翻新改制）方式销售的金银首饰，应按实际收取的不含增值税的全部价款确定计税依据征收消费税。

经营单位兼营生产、加工、批发、零售业务的，应分别核算销售额，未分别核算销售额或划分不清的，一律视同零售征收消费税。

金银首饰与其他产品组成成套消费品销售的，应按销售额全额征收消费税。

金银首饰连同包装物销售的，无论包装是否单独计价，也无论会计上如何核算，均应并入金银首饰的销售额计征消费税。

带料加工的金银首饰，应按受托方销售同类金银首饰的销售价格确定计税依据征收消费税。没有同类金银首饰销售价格的，按照组成计税价格计算纳税。

二、应纳税额的计算

（一）销售（包括生产销售、批发与零售）应纳消费税的计算

（1）实行从价定率计征消费税的，其计算公式为：

应纳税额=销售额×比例税率

（2）实行从量定额计征消费税的，其计算公式为：

应纳税额=销售数量×定额税率

（3）实行从价定率和从量定额复合方法计征消费税的，其计算公式为：

应纳税额=销售额×比例税率+销售数量×定额税率

现行消费税的征税范围中，只有卷烟、白酒采用复合计算方法。

【例 3-2】某木地板厂为增值税一般纳税人。2018 年 6 月 15 日，该厂向某建材商场销售实木地板一批，取得含增值税销售额 92.8 万元。已知实木地板适用的增值税税率为 16%，消费税税率为 5%。计算该厂当月应纳消费税税额。

【解析】根据消费税法律制度的规定，从价计征消费税的销售额中不包括向购货方收取的增值税款。因此，在计算消费税时，应将增值税款从计税依据中剔除。其计算过程如下：

①不含增值税销售额=92.8÷(1+16%)=80（万元）

②应纳消费税税额=80×5%=4（万元）

【例 3-3】某石化公司 2018 年 6 月销售汽油 1 000 吨，柴油 500 吨，另向本公司在建工程车辆提供汽油 5 吨。已知汽油 1 吨=1 388 升，柴油 1 吨=1 176 升；汽油的定额税率为 1.52 元/升，柴油的定额税率为 1.2 元/升。计算该公司当月应纳消费税税额。

【解析】根据消费税法律制度的规定，应税消费品用于在建工程应当征收消费税。因

此，该公司将汽油用于在建工程车辆使用也应计算缴纳消费税。

①销售汽油应纳税额=1 000×1 388×1.52÷10 000=210.976（万元）

②销售柴油应纳税额=500×1 176×1.2÷10 000=70.56（万元）

③在建工程车辆使用汽油应纳税额=5×1 388×1.52÷10 000=1.054 88（万元）

④应纳消费税税额合计=210.976+70.56+1.054 88=282.590 88（万元）

【例 3-4】某卷烟生产企业为增值税一般纳税人。2017 年 2 月，该企业销售乙类卷烟 1 500 标准条，取得含增值税销售额 87 000 元。已知乙类卷烟消费税比例税率为 36%，定额税率为 0.003 元/支，每标准条有 200 支；增值税税率为 16%。计算该企业当月应纳消费税税额。

【解析】根据消费税法律制度的规定，卷烟实行从价定率和从量定额复合方法计征消费税。其计算过程如下：

①不含增值税销售额=87 000÷(1+16%)= 75 000（元）

②从价定率应纳税额=75 000×36%=27 000（元）

③从量定额应纳税额=1 500×200×0.003=900（元）

④应纳消费税税额合计=27 000+900=27 900（元）

【例 3-5】某白酒生产企业为增值税一般纳税人。2018 年 8 月，该企业销售粮食白酒 30 吨，取得不含增值税销售额 180 万元；薯类白酒 50 吨，取得不含增值税销售额 150 万元。已知白酒消费税比例税率为 20%，定额税率为 0.5 元/500 克。计算该企业当月应纳消费税税额。

【解析】根据消费税法律制度的规定，白酒实行从价定率和从量定额复合方法计征消费税。其计算过程如下：

①从价定率应纳税额=(180+150)×20%=66（万元）

②从量定额应纳税额=(30+50)×2 000×0.5÷10 000=8（万元）

③应纳消费税税额合计=66+8=74（万元）

（二）自产自用应纳消费税的计算

（1）实行从价定率办法计征消费税的，其计算公式为：

应纳税额=销售额(或组成计税价格)×比例税率

（2）实行从量定额计征消费税的，其计算公式为：

应纳税额=自产自用数量×定额税率

（3）实行复合计税办法计征消费税的，其计算公式为：

应纳税额=销售额(或组成计税价格)×比例税率+自产自用数量×定额税率

特别值得注意和重申的是销售额或组成计税价格的选择问题。纳税人自产自用的应税消费品，用于连续生产应税消费品的，不纳税。凡用于其他方面的，于移送使用时，按照纳税人生产的同类消费品的销售价格计算纳税；没有同类消费品销售价格的，按照组成计税价格计算纳税。

【例 3-6】某白酒厂 2018 年端午节前将新研制的 1 吨薯类白酒作为过节福利发放给员工饮用，该薯类白酒无同类产品市场销售价格。已知该批薯类白酒生产成本 20 000 元，成本利润率为 5%，白酒消费税比例税率为 20%，定额税率为 0.5 元/500 克。计算该批薯类白酒应纳消费税税额。

【解析】根据消费税法律制度的规定，纳税人自产自用的应税消费品，用于企业员工福利的，应按照同类消费品的销售价格计算缴纳消费税；没有同类消费品销售价格的，按照组成计税价格计算纳税。其计算过程如下：

①组成计税价格＝[20 000×(1+5%)+(1×2 000×0.5)]÷(1-20%)
＝(21 000+1 000)÷(1-20%)＝27 500（元）

②应纳消费税税额＝27 500×20%+1×2 000×0.5＝6 500（元）

（三）委托加工应纳消费税的计算

（1）实行从价定率办法计征消费税的，其计算公式为：

应纳税额＝销售额(或组成计税价格)×比例税率

（2）实行从量定额计征消费税的，其计算公式为：

应纳税额＝委托加工数量×定额税率

（3）实行复合计税办法计征消费税的，其计算公式为：

应纳税额＝销售额(或组成计税价格)×比例税率+委托加工数量×定额税率

特别值得注意和重申的是销售额或组成计税价格的选择问题。委托加工的应税消费品，按照受托方的同类消费品的销售价格计算纳税，没有同类消费品销售价格的，按照组成计税价格计算纳税。

【例 3-7】某化妆品企业 2018 年 3 月受托为某商场加工一批高档化妆品，收取不含增值税的加工费 13 万元，商场提供的原材料金额为 72 万元。已知该化妆品企业无同类产品销售价格，消费税税率为 15%。计算该化妆品企业应代收代缴的消费税。

【解析】根据消费税法律制度的规定，委托加工的应税消费品，应按照受托方的同类消费品的销售价格计算缴纳消费税；没有同类消费品销售价格的，按照组成计税价格计算纳税。其计算过程如下：

①组成计税价格＝(72+13)+(1-15%)＝110（万元）

②应代收代缴消费税＝100×15%＝15（万元）

（四）进口环节应纳消费税的计算

（1）实行从价定率办法计征消费税的，其计算公式为：

应纳税额＝组成计税价格×比例税率

（2）实行从量定额计征消费税的，其计算公式为：

应纳税额＝进口数量×定额税率

（3）实行复合计税办法计征消费税的，其计算公式为：

应纳税额＝组成计税价格×比例税率+进口数量×定额税率

【例 3-8】某汽车贸易公司 2018 年 7 月从国外进口小汽车 50 辆，海关核定的每辆小汽车关税完税价为 28 万元。已知小汽车关税税率为 20%，消费税税率为 25%。计算该公司进口小汽车应纳消费税税额。

【解析】根据消费税法律制度的规定，纳税人进口应税消费品，按照组成计税价格和规定的税率计算应纳税额。其计算过程如下：

①应纳关税税额 = 50×28×20% = 280（万元）

②组成计税价格 = (50×28+280)÷(1−25%) = 2 240（万元）

③应纳消费税税额 = 2 240×25% = 560（万元）

【例 3-9】某烟草公司 2018 年 8 月进口甲类卷烟 100 标准箱，海关核定的每箱卷烟关税完税价格为 3 万元。已知卷烟关税税率为 25%，消费税比例税率为 56%，定额税率为 0.003 元/支；每标准箱有 250 条，每条 200 支。计算该公司进口卷烟应纳消费税税额（单位：万元，计算结果保留四位小数）。

【解析】根据消费税法律制度的规定，纳税人进口应税消费品，按照组成计税价格和规定的税率计征消费税，进口卷烟实行复合方法计算应纳税额。其计算过程如下：

①应纳关税税额 = 100×3×25% = 75（万元）

②组成计税价格 = (100×3+75+100×250×200×0.003÷10 000)÷(1−56%)
= 855.681 8（万元）

③应纳消费税税额 = 855.681 8×56%+100×250×200×0.003÷10 000
= 479.181 8+1.5 = 480.681 8（万元）

三、已纳消费税的扣除

为了避免重复征税，现行消费税法律制度规定，将外购应税消费品和委托加工收回的应税消费品继续生产应税消费品销售的，可以将外购应税消费品和委托加工收回应税消费品已缴纳的消费税给予扣除。

（一）外购应税消费品已纳税款的扣除

由于某些应税消费品是用外购已缴纳消费税的应税消费品连续生产出来的，在对这些连续生产出来的应税消费品计算征税时，税法规定应按当期生产领用数量计算准予扣除外购的应税消费品已纳的消费税税款。

1. 扣除范围

（1）外购已税烟丝生产的卷烟。

（2）外购已税高档化妆品原料生产的高档化妆品。

（3）外购已税珠宝、玉石原料生产的贵重首饰及珠宝、玉石。

（4）外购已税鞭炮、焰火原料生产的鞭炮、焰火。

（5）外购已税杆头、杆身和握把为原料生产的高尔夫球杆。

（6）外购已税木制一次性筷子原料生产的木制一次性筷子。

（7）外购已税实木地板原料生产的实木地板。

（8）外购已税石脑油、润滑油、燃料油为原料生产的成品油。

（9）外购已税汽油、柴油为原料生产的汽油、柴油。

2. 计算公式

上述当期准予扣除外购应税消费品已纳消费税税款的计算公式为：

当期准予扣除的外购应税消费品已纳税款=当期准予扣除的外购应税消费品买价×外购应税消费品适用税率

当期准予扣除的外购应税消费品买价=期初库存的外购应税消费品的买价+当期购进的应税消费品的买价-期末库存的外购应税消费品的买价

外购已税消费品的买价是指购货发票上注明的销售额（不包括增值税税款）。

3. 其他规定

（1）纳税人用外购的已税珠宝、玉石原料生产的改在零售环节征收消费税的金银首饰（镶嵌首饰），在计税时一律不得扣除外购珠宝、玉石的已纳税款。

（2）对自己不生产应税消费品，而只是购进后再销售应税消费品的工业企业，其销售的高档化妆品、鞭炮、焰火和珠宝、玉石，凡不能构成最终消费品直接进入消费品市场，而需进一步生产加工的，应当征收消费税，同时允许扣除上述外购应税消费品的已纳税款。

（3）允许扣除已纳税款的应税消费品只限于从工业企业购进的应税消费品和进口环节已缴纳消费税的应税消费品，对从境内商业企业购进应税消费品的已纳税款一律不得扣除。

（二）委托加工收回的应税消费品已纳税款的扣除

1. 扣除范围

委托加工的应税消费品因为已由受托方代收代缴消费税，因此委托方收回货物后用于连续生产应税消费品的，其已纳税款准予按照规定从连续生产的应税消费品应纳消费税税额中抵扣。按照消费税法律制度的规定，下列连续生产的应税消费品准予从应纳消费税税额中按当期生产领用数量计算扣除委托加工收回的应税消费品已纳消费税税款：

（1）以委托加工收回的已税烟丝为原料生产的卷烟。

（2）以委托加工收回的已税高档化妆品原料生产的高档化妆品。

（3）以委托加工收回的已税珠宝、玉石原料生产的贵重首饰及珠宝、玉石。

（4）以委托加工收回的已税鞭炮、焰火原料生产的鞭炮、焰火。

（5）以委托加工收回的已税杆头、杆身和握把为原料生产的高尔夫球杆。

（6）以委托加工收回的已税木制一次性筷子原料生产的木制一次性筷子。

（7）以委托加工收回的已税实木地板原料生产的实木地板。

（8）以委托加工收回的已税石脑油、润滑油、燃料油为原料生产的成品油。

（9）以委托加工收回的已税汽油、柴油为原料生产的汽油、柴油。

2. 计算公式

上述当期准予扣除委托加工收回的应税消费品已纳消费税税款的计算公式是：

当期准予扣除的委托加工应税消费品已纳税款=期初库存的委托加工应税消费品已纳税款+当期收回的委托加工应税消费品已纳税款-期末库存的委托加工应税消费品已纳税款

纳税人用委托加工收回的已税珠宝、玉石原料生产的改在零售环节征收消费税的金银首饰，在计税时一律不得扣除委托加工收回的珠宝、玉石原料的已纳消费税税款。

第五节　消费税征收管理

一、纳税义务发生时间

第一，纳税人销售应税消费品的，按不同的销售结算方式确定，分别为：

（1）采取赊销和分期收款结算方式的，为书面合同约定的收款日期的当天，书面合同没有约定收款日期或无书面合同的，为发出应税消费品的当天。

（2）采取预收货款结算方式的，为发出应税消费品的当天。

（3）采取托收承付和委托银行收款方式的，为发出应税消费品并办妥托收手续的当天。

（4）采取其他结算方式的，为收讫销售款或取得索取销售款凭据的当天。

第二，纳税人自产自用应税消费品的，为移送使用的当天。

第三，纳税人委托加工应税消费品的，为纳税人提货的当天。

第四，纳税人进口应税消费品的，为报关进口的当天。

二、纳税地点

第一，纳税人销售的应税消费品以及自产自用的应税消费品，除国务院财政、税务主管部门另有规定外，应当向纳税人机构所在地或居住地的主管税务机关申报纳税。

第二，委托加工的应税消费品，除受托方为个人外，由受托方向机构所在地或居住地的主管税务机关解缴消费税税款。受托方为个人的，由委托方向机构所在地的主管税务机关申报纳税。

第三，进口的应税消费品，由进口人或其代理人向报关地海关申报纳税。

第四，纳税人到外县（市）销售或委托外县（市）代销自产应税消费品的，于应税消费品销售后，向机构所在地或居住地主管税务机关申报纳税。

固定业户到外县（市）临时销售金银首饰，应当向其机构所在地主管税务局申请开具外出经营活动税收管理证明，回其机构所在地向主管税务局申报纳税。未持有其机构所在地主管税务局核发的外出经营活动税收管理证明的，销售地主管税务局一律按规定征收消费税。其在销售地发生的销售额，回机构所在地后仍应按规定申报纳税，在销售地缴纳的消费税款不得从应纳税额中扣减。

第五，纳税人的总机构与分支机构不在同一县（市）的，应当分别向各自机构所在地的管税务机关申报纳税。

纳税人的总机构与分支机构不在同一县（市），但在同一省（自治区、直辖市）范围内，经省（自治区、直辖市）财政厅（局）、国家税务局审批同意，可以由总机构汇总向总机构所在地的主管税务机关申报缴纳消费税。

省（自治区、直辖市）财政厅（局）、国家税务局应将审批同意的结果，上报财政部、国家税务总局备案。

第六，纳税人销售的应税消费品，如因质量等原因由购买者退回时，经机构所在地或居住地主管税务机关审核批准后，可退还已缴纳的消费税税款。

第七，出口的应税消费品办理退税后，发生退关，或者国外退货进口时予以免税的，报关出口者必须及时向其机构所在地或居住地主管税务机关申报补缴已退还的消费税税款。

纳税人直接出口的应税消费品办理免税后，发生退关或国外退货，进口时已予以免税的，经机构所在地或居住地主管税务机关批准，可暂不办理补税，待其转为国内销售时，再申报补缴消费税。

第八，个人携带或邮寄进境的应税消费品的消费税，连同关税一并计征，具体办法由国务院关税税则委员会会同有关部门制定。

三、纳税期限

消费税的纳税期限分别为 1 日、3 日、5 日、10 日、15 日、1 个月或 1 个季度；纳税人的具体纳税期限由主管税务机关根据纳税人应纳税额的大小分别核定；不能按照固定期限纳税的，可以按次纳税。

纳税人以 1 个月或 1 个季度为 1 个纳税期的，自期满之日起 15 日内申报纳税；以 1 日、3 日、5 日、10 日或 15 日为 1 个纳税期的，自期满之日起 5 日内预缴税款，于次月 1 日起至 15 日内申报纳税并结清上月应纳税款。

纳税人进口应税消费品，应当自海关填发海关进口消费税专用缴款书之日起 15 日内缴纳税款。

本章练习题

一、单项选择题

1. 根据消费税法律制度的规定，属于消费税纳税人的是（　　）。

A. 粮食批发企业　　B. 家电零售企业

C. 服装生产企业　　D. 卷烟进口企业

2. 下列货物销售征收消费税的是（　　）。

A. 汽车销售公司代销小汽车　　B. 手表厂生产销售高档手表

C. 首饰加工厂批发金银首饰　　D. 烟酒商店零售烟酒

3. 下列环节既征消费税又征增值税的是（　　）。

A. 卷烟的批发环节　　B. 金银首饰的生产环节

C. 高档化妆品的生产和零售环节　　D. 某商场销售粮食白酒

4. 下列各项中，属于消费税征收范围的有（　　）。

A. 汽车轮胎　　B. 车用含铅汽油

C. 电池、涂料　　D. 手表

5. 根据消费税法律制度的规定，下列各项中，不属于消费税应税项目的是（　　）。

A. 粮食白酒　　B. 调味料酒

C. 药酒　　D. 电池

6. 纳税人将应税消费品与非应税消费品以及适用税率不同的应税消费品组成成套消费品销售的，应按（　　）消费税。

A. 应税消费品的平均税率计征　　B. 应税消费品的最高税率计征

C. 应税消费品的不同税率，分别计征　　D. 应税消费品的最低税率计征

7. 某企业向高档手表制造商（增值税一般纳税人）订购高档手表 20 只，支付货款（含税）共计 232 000 元，同时支付设计费 58 000 元。高档手表制造商计缴消费税的销售额是（　　）元。

A. 214 359　　B. 250 000

C. 250 800　　D. 290 000

8. 下列关于自产自用或委托加工应税消费品的销售额的陈述，不正确的是（　　）。

A. 纳税人自产自用应税消费品，按纳税人生产的同类消费品的销售价格计算纳税

B. 纳税人自产自用应税消费品，没有同类消费品销售价格的，按照组成计税价格计算纳税

C. 组成计税价格计算公式：组成计税价格 =（成本+利润）÷（1+消费税税率）

D. 委托加工的应税消费品，按照受托方的同类消费品的销售价格计算纳税

9. 某商贸公司 2018 年 1 月从国外进口一批粮食白酒（合计 6 000 千克），已知该批白酒关税完税价格为 1 200 000 元，按规定应缴纳关税 1 800 000 元，粮食白酒的消费税税率为 20%，定额消费税为 0. 5 元/斤。该批白酒进口环节应缴纳的消费税税额为（　　）元。

A. 312 500　　B. 322 500

C. 332 500　　D. 352 500

10. 某酒厂于 2018 年 8 月将自产的 5 吨新型粮食白酒作为职工福利发放给本厂职工。已知该批白酒的成本为 100 000 元，无同类产品市场销售价格，成本利润率为 10%；白酒消费税税率，比例税率 20%，定额税率每 500 克 0. 5 元。根据消费税法律制度的规定，该批白酒应缴纳的消费税税额为（　　）元。

A. 27 000　　B. 27 500

C. 32 500　　D. 33 750

11. 某化妆品公司为增值税一般纳税人。2018 年 10 月，该公司销售给甲经销商高档化妆品（适用消费税税率 15%）100 箱，销售价为 10 000 元/箱（不含增值税），销售给乙经销商同类高档化妆品 80 箱，销售价为 11 000 元/箱（不含增值税）。当月，该公司还将 20 箱同类高档化妆品发给其原材料供应商以抵偿上月的应付货款。10 月，该公司应缴纳消费税为（　　）元。

A. 315 000　　B. 317 540

C. 325 600　　D. 334 000

12. 某烟草公司为增值税一般纳税人。2018 年 11 月，该公司销售自产卷烟 3 000 箱，取得不含增值税的价款 200 万元（适用消费税税率 36%，适用税额为每箱 150 元），销售自产雪茄烟 200 箱，取得不含增值税的价款 30 万元（适用消费税税率 36%）。该公司当月应纳消费税为（　　）万元。

A. 765　　B. 873

C. 1 020　　D. 1 023

13. 某酒业制造公司生产各种白酒，2018 年 9 月领用上月外购的白酒继续加工成高档白酒，销售给某外贸企业 5 000 斤，开具的增值税专用发票上注明的销售额为 500 万元。已知上月外购的白酒不含税价为 185 万元，取得专用发票，本月生产领用外购 80%的白酒；白酒消费税税率为 20%加 0. 5 元/斤。该公司应缴消费税为（　　）万元。

A. 100. 25　　B. 130. 80

C. 147. 48　　D. 154. 59

14. 根据消费税法律制度的规定，下列各项中，委托加工收回的应税消费品已纳税款不可以扣除的是（　　）。

A. 以委托加工收回的已税烟丝为原料生产的高档烟丝

B. 以委托加工收回的已税鞭炮为原料生产的鞭炮

C. 以委托加工收回的已税汽油为原料生产的汽油

D. 以委托加工收回的已税燃料油为原料生产的燃料油

15. 根据消费税法律制度的规定，进口应税消费品应当缴纳消费税的时间为（　　）。

A. 应税消费品报关进口的当天

B. 海关填发进口消费税专用缴款书之日起 15 日内

C. 海关填发进口消费税专用缴款书次日起 15 日内

D. 海关填发进口消费税专用目缴款书次日起 7 日内

16. 下列有关消费税纳税地点的说法中表述不正确的是（　　）。

A. 纳税人到外省市销售应税消费品的，应向销售地税务机关申报缴纳消费税

B. 纳税人销售的应税消费品及自产自用的应税消费品，除国务院、税务主管部门另有规定外，应向机构所在地或居住地的主管税务机关申报纳税

C. 委托非个人加工应税消费品的，由受托方向其所在地主管税务机关解缴消费税税款

D. 进口应税消费品，由进口人或其代理人向报关地海关申报纳税

二、多项选择题

1. 根据消费税法律制度的规定，下列选项中，属于消费税纳税人的有（　　）。

A. 小汽车进口企业　　B. 委托加工实木地板的企业

C. 生产销售珠宝首饰的个体工商户　　D. 零售金银首饰的商户

2. 根据消费税法律制度的规定，下列关于消费税纳税环节的表述中，正确的有（　　）。

A. 纳税人生产应税消费品对外销售的，在销售时纳税

B. 纳税人自产自用应税消费品，不用于连续生产应税消费品而用于其他方面的，在移送使用时纳税

C. 纳税人委托加工应税消费品，由受托方向委托方交货时代收代缴税款，但受托方为其他个人和个体工商户的除外

D. 纳税人委托加工应税消费品，收回后直接销售的，在销售时纳税

3. 下列各项中，应当征收消费税的有（　　）。

A. 将自产的烟丝用于连续生产卷烟
B. 汽车厂移送非独立核算门市部待销售的小汽车
C. 白酒生产企业向百货公司销售的试制药酒
D. 化妆品生产企业赠送给客户的高档化妆品

4. 下列各单位经营的应税消费品中，应缴纳消费税的有（　　）。
A. 某酒楼销售的外购啤酒
B. 某酒厂生产并销售给批发商的白酒
C. 某公司提供原料委托加工企业生产的红木
D. 某商场销售的黄金首饰

5. 下列项目中，属于成品油的征收范围的有（　　）。
A. 汽油　　B. 柴油
C. 溶剂油　　D. 航空煤油

6. 下列不属于消费税税目的有（　　）。
A. 工业酒精　　B. 电动汽车
C. 医用酒精　　D. 复合地板

7. 根据消费税法律制度的规定，对下列各项应税消费品，在计算应纳消费税额时采用定额税率从量计征的有（　　）。
A. 烟丝　　B. 酒精
C. 汽油　　D. 黄酒

8. 某汽车贸易公司 2018 年 10 月从国外进口小汽车 50 辆，海关核定的每辆小汽车关税完税价格为 28 万元。已知小汽车关税税率为 20%，消费税税率为 25%。下列正确有（　　）。
A. 应缴纳的进口关税为 280 万元
B. 应缴纳的进口消费税为 560 万元
C. 应缴纳的增值税税额为 358. 4 万元
D. 应缴纳的增值税税额为 380. 8 万元

三、判断题

1. 根据消费税法律制度的规定，在中华人民共和国境内是指生产、委托加工和进口属于应当缴纳消费税的消费品的起运地或所在地在境内。（　　）

2. 纳税人兼营卷烟批发和零售业务的，应当分别核算批发和零售环节的销售额、销售数量；未分别核算批发和零售环节销售额、销售数量的，按照全部销售额、销售数量计征零售环节消费税。（　　）

3. 纳税人自产自用的应税消费品，均应于移送使用时缴纳消费税。（　　）

4. 农用拖拉机、收割机、手扶拖拉机的专用轮胎，属于消费税的征收范围。（　　）

5. 体育上用的发令纸、鞭炮药引线，属于鞭炮、焰火税目征收消费税。（　　）

6. 纳税人自产自用的卷烟应当按照纳税人外购的同牌号规格的卷烟销售价格确定征税类别和适用税率。（　　）

7. 计算复合计税的应税消费品组成计税价格时，既要考虑从量的消费税税额，又要考虑从价的消费税税额。（　　）

8. 以应税消费品投资入股的，从量计征消费税计税依据为应税消费品移送使用数量。（　　）

9. 纳税人采取托收承付和委托银行收款方式销售的应税消费品，其纳税义务的发生时间为发出应税消费品并办妥托收手续的当天。（　　）

10. 委托加工的应税消费品，除受托方为个人外，由受托方向机构所在地或居住地的主管税务机关

解缴消费税税款。 （ ）

四、不定项选择题

1. 甲企业为增值税一般纳税人，主要从事小汽车的制造和销售业务。2018 年 7 月，甲企业有关业务如下：

（1）销售 1 辆定制小汽车取得含增值税价款 232 000 元，另收取手续费 34 800 元。

（2）将 20 辆小汽车对外投资，小汽车生产成本为 10 万元/辆。甲企业同类小汽车不含增值税最高销售价格为 16 万元/辆，平均销售价格 15 万元/辆，最低销售价格为 14 万元/辆。

（3）采取预收款方式销售给 4S 店一批小汽车，7 月 5 日签订合同，7 月 10 日收到预售款，7 月 15 日发出小汽车，7 月 20 日开具发票。

（4）生产中轻型商用客车 500 辆，其中 480 辆用于销售、10 辆用于广告、8 辆用于企业管理部门、2 辆用于赞助。

已知小汽车增值税税率为 16%，消费税税率为 5%。

要求：根据上述资料，不考虑其他因素，分析回答下列小题。

（1）甲企业销售定制小汽车应缴纳的消费税税额的下列计算中，正确的是（ ）。

A. 232 000×5% = 11 600（元）

B. （232 000+34 800）÷（1+16%）×5% = 11 500（元）

C. 232 000÷（1+16%）×5% = 10 000（元）

D. （232 000+34 800）×5% = 13 340（元）

（2）甲企业以小汽车投资应缴纳消费税税额的下列计算中，正确的是（ ）。

A. 20×16×5% = 16（万元）

B. 20×15×5% = 15（万元）

C. 20×10×5% = 10（万元）

D. 20×14×5% = 14（万元）

（3）甲企业采用预收款方式销售小汽车，消费税的纳税义务发生时间是（ ）。

A. 7 月 10 日

B. 7 月 5 日

C. 7 月 15 日

D. 7 月 20 日

（4）下列行为应缴纳消费税的是（ ）。

A. 480 辆用于销售

B. 10 辆用于广告

C. 8 辆用于企业管理部门

D. 2 辆用于赞助

2. 甲木业制造有限责任公司（以下简称甲公司）是增值税一般纳税人，从事实木地板的生产、销售，同时从事木质工艺品、筷子等的生产经营。2018 年 9 月，甲公司发生下列业务：

（1）购进油漆、修理零备件一批，取得增值税专用发票上注明的价款为 50 万元，税额为 8 万元；支付运费，取得运输企业开具的增值税专用发票上注明的价款为 1 万元。

（2）购入原木，取得增值税专用发票上注明的价款为 200 万元，税额为 20 万元。

（3）将橡木加工成 A 型实木地板，本月销售取得含税销售额 81.2 万元，将部分橡木做成工艺品进行销售，取得含税销售额 52.2 万元。

（4）销售自产 B 型实木地板 4.5 万平方米，不含税销售额为每平方米 280 元，开具增值税专用发票，同时收取包装费 11.6 万元。

（5）将自产 C 型实木地板 0.1 万平方米用于本公司办公室装修，成本为 5.43 万元，C 型实木地板没有同类销售价格；将自产的 D 型实木地板 0.2 万平方米无偿提供给某房地产公司用于装修该房地产公司的样板间供客户参观，D 型实木地板的成本为 18 万元，市场销售价为每平方米 160 元（不含增值税税额）。

已知实木地板消费税税率和成本利润率均为 5%，相关发票已经主管税务机关认证。

要求：根据上述资料，不考虑其他因素，分析回答下列小题。

（1）根据上述资料的描述，下列各项中，符合规定的表述是（　　）。

A. 将橡木加工成工艺品销售的需要缴纳消费税

B. 自产的 C 型实木地板用于办公室装修，需要视同销售计算销项税

C. 自产的 C 型实木地板和 D 型实木地板用于装修和赠送的需要缴纳消费税

D. 自产的 D 型实木地板赠送给房地产公司，需要视同销售计算销项税

（2）该企业当期的销项税应是（　　）万元。

A. 235.45　　B. 235.72

C. 240.89　　D. 241.91

（3）该企业当期的进项税额应是（　　）万元。

A. 28.1　　B. 34.6

C. 34.61　　D. 35

（4）该企业当期应该缴纳的消费税是（　　）万元。

A. 68.6　　B. 68.9

C. 69　　D. 70

第四章　关税

（本章思维导图）

学习目标

1. 能够描述关税的概念并分析关税的特点
2. 能够列举我国关税法律制度的主要内容
3. 能够举例说明我国关税的种类
4. 能够描述我国关税的征税范围与纳税义务人
5. 能够解释关税税则与关税税目、税率的关系
6. 能够灵活运用关税的计税方法计算关税应纳税额
7. 能够应用关税税收优惠政策判断是否享受优惠
8. 能够应用关税征收管理的相关规定进行涉税业务的处理

第一节　关税概述

一、关税的概念

关税是指由海关依法对进出境的货物、物品征收的一种税。

所谓“境”是指关境，是实施同一海关法规和关税制度的境域，即国家（地区）行使海关主权的执法空间，又称“海关境域”或“关税领域”。国境是指一个国家行使全部国界主权的国家空间，包括领陆、领海、领空。一般情况下，一国关境与国境是一致的。

第二次世界大战后，关税同盟和自由区、自由港大量出现，致使有些国家国境和关境有时不完全一致。几个国家结成关税同盟，组成一个共同关境，实施统一的海关法规和关税制度，其成员国的货物在彼此之间的国境进出不征收关税，此时关境大于其成员国的各自国境。自由港、自由区虽然在国境之内，但从征收关税看，它可以被视为在该国境之外，进出自由港（区）可以免征关税，此时关境小于国境。

我国现行关境是适用《中华人民共和国海关法》的中华人民共和国行政管辖区域，不包括我国香港、澳门和台澎金马 3 个单独关境地区。也就是说，我国的国境大于关境。

二、我国关税法律制度的历史进程和主要内容

1980 年，我国恢复关税职能，并继续以 1951 年由中央人民政府政务院公布实施的《海关进出口税则暂行实施条例》作为征收关税的法律依据文件。1985 年 3 月 7 日，国务院发布了修改后的《中华人民共和国海关进出口关税条例》。此后，我国分别于 1987 年、1992 年和 2003 年对该条例做了 3 次重大修改。尤其是 2003 年 11 月 23 日，国务院出台了修订后的条例，并将名称改为《中华人民共和国进出口关税条例》(以下简称《进出口关税条例》)。该条例自 2004 年 1 月 1 日起施行至今发挥着巨大的作用——中华人民共和国准许进出口的货物、进境物品，除法律、行政法规另有规定外，海关依照《进出口关税条例》的规定征收进出口关税。

除了《进出口关税条例》以外，我国关税的相关法律、法规还包括国务院颁布的《中华人民共和国海关进出口税则》（以下简称《海关进出口税则》）以及 1987 年 1 月 22 日第六届全国人民代表大会常务委员会第十九次会议通过，2000 年 7 月 8 日第九届全国人民代表大会常务委员会第十六次会议修正的《中华人民共和国海关法》（以下简称《海关法》）。

三、关税的特点

现代关税除具有强制性、无偿性和固定性的一般税收特点外，还具有自身的特点。

第一，关税是在国境或关境上的统一的、一次性征税，即在统一的国境或关境内，按照统一实施的关税税则对货物征收一次关税后，货物就可以在全国境内或整个关境内流通，不再另行征收关税。

第二，以进出口的货物或物品为征税范围。凡进出国境或关境的货物、物品才征收关税，不进出国境或关境的货物、物品不征收关税。

第三，以进出口货物的到岸价格或离岸价格为完税价格，以完税价格为计税依据。

第四，采用复式税则，即一个税目有两个以上税率，对原产地不同的进口商品，使用不同税率。各国复式税则不同，有二、三、四、五栏不等，我国设有普通税率、最惠国税率、协定税率、特惠税率等，一般是普通税率最高，特惠税率最低。

第五，关税具有涉外性，是执行对外经济政策的重要手段。

四、关税的种类

依据不同的标准，关税可以划分为不同的种类。

（一）按征税对象划分

1. 进口税

进口税（Import Duty/Tax）也称进口关税，是进口国海关对从外国进入本国的货物和物品征收的一种关税，是关税中最主要的一种。进口税在外国货物输入关境或国境时征

收，或者外国货物从自由港、自由贸易区或保税仓库中提出运往国内市场销售，办理通关手续时征收。

2. 出口税

出口税（Export Duty/Tax）也称出口关税，是对出口货物和物品的流转额征收的关税。为了降低出口货物的成本，提高本国货物在国际市场上的竞争能力，目前大多数国家已不再征收出口关税。我国只对少数商品征收出口关税。

3. 过境税

过境税（Transit Duty/Tax）是对通过本国国境或关境销往第三国的外国货物征收的关税。过境货物不影响过境国经济的发展，但征收过境税却会阻碍国际贸易往来。

我国现行关税包括进口关税和出口关税两部分。

（二）按征收目的划分

1. 财政关税

财政关税（Revenue Tariff）又称收入关税，是以增加国家财政收入为主要目的而课征的关税。财政关税的税率比保护关税的税率低，因为税率过高就会阻碍进出口贸易的发展，达不到增加财政收入的目的。

2. 保护关税

保护关税（Protective Tariff）是以保护本国国内经济发展为主要目的而课征的关税。保护关税主要是进口税，税率较高，但不宜过高，当税率高到了完全禁止进口的程度，就是禁止性关税。保护关税通过征收高额进口税，使进口商品成本较高，从而削弱其在进口国市场的竞争能力，甚至阻碍其进口，以达到保护本国经济发展的目的。

（三）按征收标准划分

1. 从量关税

从量关税（Specific Duty）是指按进出口货物数量的计量单位（如重量、件数、长度、容积等）作为征收标准，以每一计量单位应纳的关税金额作为税率的关税。目前除个别国家（如瑞士）仍全部使用从量关税外，其他国家都改用从价关税，或者以从价关税为主，以从量关税为辅。有些国家对个别税目使用从价从量混合关税或滑准关税。

2. 从价关税

从价关税（Advalorem Duty）是指按进出口货物的价格（称为海关完税价格、海关价格或海关估价）作为标准征收关税。从价税的税率表现为货物价格的百分比。税额随价格的上升而增加，随价格的下跌而减少。

3. 混合关税

混合关税（Mixed Duty）是指在税则的同一税目中订有从量税和从价税两种税率，征税时混合使用两种税率计征的关税。混合关税又可分为复合税和选择税两种。

（1）复合税。复合税（Compound Duty）是征税时同时使用从量、从价两种税率计征，以两种税额之和作为该种商品的关税税额。

（2）选择税。选择税（Alternative Duty）是指对某种商品同时订有从量和从价两种税率，征税时由海关选择其中一种征税，作为该种商品的应征关税额。一般是选择税额较高的一种税率征税，在物价上涨时使用从价税，在物价下跌时使用从量税。有时为了鼓励某种商品的进口或给某出口国以优惠待遇，也有选择税额较低的一种税率征收关税的。

目前世界上大多数国家和地区都使用混合税，如美国、欧盟、加拿大、澳大利亚、日本，印度、巴拿马等。我国实行的也是混合税。

4. 滑准关税

滑准关税（Sliding Duty）是一种关税税率随进口商品价格由高到低而由低至高设置计征关税的方法，可以使进口商品价格越高，其进口关税税率越低，进口商品的价格越低，其进口关税税率越高。其主要特点是可以保持滑准税商品的国内市场价格的相对稳定，尽可能减少国际市场价格波动的影响。

（四）按税法制定自主性划分

1. 自主关税

自主关税（Autonomous Tariff）又称“国定关税”，是一国不受贸易条约和协定的约束独立自主规定的关税，包括关税税率及有关关税的各种法规、条例。自主关税可以是只有一个税率的一栏税则，适用于来自任何国家和地区的商品，也可以是有两个以上税率的多栏税则，分别适用于来自不同国家和地区的商品。

2. 协定关税

协定关税（Agreement Tariff）是指一国通过与他国签订贸易条约和协定的方式共同制定的关税税则。协定关税是一种优惠关税，其税率低于自主关税，在条约有效期内，未经缔约国一致同意不能单独修改，协定关税制定后，自主地适用于与该国签订有最惠国待遇的条款条约（或协定）的国家的商品。协定关税一般是双边和多边的，具有互惠性，即缔约国相互减让关税。但也有单边的，如普遍优惠制中发达国家给予发展中国家的优惠关税的待遇。

（五）按差别待遇和特定实施情况划分

1. 进口附加税

进口附加税（Import Surtaxes）是对进口商品除征收正常进口税外，还因某种目的再加征的进口税，即进口附加税。进口附加税通常是一种特定的临时性措施。其目的主要有应付国际收支危机、维持进出口的平衡、防止外国商品的低价倾销。

2. 差价税

差价税（Variable Levy）又称差额税，是当某种本国生产的产品的国内价格高于同类进口商品的价格时，为了削弱进口商品的竞争力，保护国内生产和国内市场，按国内价格与进口价格的差价（额）对进口商品征收的关税，也称滑动关税。

3. 特惠税

特惠税（Preferential Duties）全称为特定优惠关税，是指对从特定国家或地区进口的全部商品或部分商品，给予特别优惠的低关税或零关税待遇，其税率低于最惠国税率。特惠税一般在签订有友好协定、贸易协定等国际协定或条约的国家之间实施，因此其不适用于从非优惠国家或地区进口的商品，同时任何第三国也不得根据最惠国待遇条款要求享受这一优惠待遇。

4. 普遍优惠制

普遍优惠制（Generalized System of Preference Tariff）简称普惠制，是发达国家承诺对从发展中国家或地区输入的商品，特别是制成品和半制成品，给予普遍的、非歧视的和非互惠的优惠关税待遇的一种制度。

第二节　征税对象、纳税义务人与税率

一、征税对象

关税的征税对象是进出境的货物、物品。

凡准许进出口的货物，除国家另有规定的以外，均应由海关征收进口关税或出口关税。对从境外采购进口的原产于中国境内的货物，也应按规定征收进口关税。

二、纳税义务人

按照关税的征税对象可以将关税的纳税义务人分为以下两大类：

（一）进出口的货物的关税纳税义务人

进出口的货物的关税纳税人是经营进出口货物的收货人、发货人。其具体包括：

（1）外贸进出口公司。

（2）工贸或农贸结合的进出口公司。

（3）其他经批准经营进出口商品的企业。

（二）物品的关税纳税义务人

物品的关税纳税人包括：

（1）入境旅客随身携带的行李、物品的持有人。

（2）各种运输工具上服务人员入境时携带自用物品的持有人。

（3）馈赠物品及其他方式入境个人物品的所有人；

（4）个人邮递物品的收件人。

接受纳税人委托办理货物报关等有关手续的代理人，可以代办纳税手续。

三、关税税则

关税税则又称海关税则，是指一国政府根据国家关税政策和经济政策，通过一定的国

家立法程序制定、公布、实施的，按照一定标准对进出口货物类别及其适用税率加以系统分类的一览表，是海关据以征收关税的依据。

关税的税目、税率都由《海关进出口税则》规定。其包括三个主要部分：归类总规则、进口税率表、出口税率表。其中，归类总规则是进出口货物分类的具有法律效力的原则和方法。

我国现行的关税税则是以《商品名称及编码协调制度》（Harmonized Commodity Description and Coding System）（简称 HS，是按照一定标准，将全部货物按其属性、用途或行业分为 21 大类。类以下为章，共有 97 章。各章之下再按品种规格、理化性质、制造方法、化学成分、原理结构等因素分为税目、子目）为基础，即采用 8 位编码，前 6 位等效采用 HS 编码，第七位和第八位为我国根据中国进出口商品的实际情况，在 HS 基础上延伸的两位编码，即增列税目。关税税则是一国关税政策的具体体现，不是一成不变的，是随着国家经济管理体制和经济政策的变化而相应调整的。事实上，我国的关税税则几乎每年都有不同程度的变化和调整。

进出口税则中的商品分类目录为关税税目。按照税则归类总规则及其归类方法，每种商品都能找到一个最适合的对应税目。

四、关税税率

（一）税率的种类

关税的税率分为进口税率和出口税率两种。

1. 进口税率

进口税率分为普通税率、最惠国税率、协定税率、特惠税率、关税配额税率和暂定税率。

进口货物适用何种关税税率是以进口货物的原产地为标准的。根据我国《进出口关税条例》的规定，确定原产地分两种情况：第一，全部产地生产标准，即对于完全在一个国家内生产或制造的进口货物，生产或制造国即为该货物的原产国。第二，实质加工标准，即经过几个国家加工、制造的进口货物，以最后一个对货物进行经济上可以视为实质性加工的国家作为有关货物的原产国。

进口关税一般采用比例税率，实行从价计征的办法，但对啤酒、原油等少数货物则实行从量计征的办法。对广播用录像机、放像机、摄像机等实行从价加从量的复合税率。

（1）普通税率。对原产于未与我国共同适用最惠国条款的世界贸易组织成员国或地区，未与我国订有相互给予最惠国待遇、关税优惠条款贸易协定和特殊关税优惠条款贸易协定的国家或地区的进口货物以及原产地不明的货物，按照普通税率征税。

（2）最惠国税率。对原产于与我国共同适用最惠国条款的世界贸易组织成员国或地区的进口货物，原产于与我国签订含有相互给予最惠国待遇的双边贸易协定的国家或地区的进口货物，以及原产于我国的进口货物，按照最惠国税率征税。

（3）协定税率。对原产于与我国签订含有关税优惠条款的区域性贸易协定的国家或地区的进口货物，按协定税率征税。

（4）特惠税率。对原产于与我国签订含有特殊关税优惠条款的贸易协定的国家或地区的进口货物，按特惠税率征收。

（5）关税配额税率。关税配额税率是指关税配额限度内的税率。关税配额是进口国限制进口货物数量的措施，把征收关税和进口配额相结合以限制进口。对于在配额内进口的货物可以适用较低的关税配额税率，对于配额之外的货物则适用较高的税率。

（6）暂定税率。暂定税率是在最惠国税率的基础上，对于一些国内需要降低进口关税的货物以及出于国际双边关系的考虑需要个别安排的进口货物，可以实行暂定税率。

2. 出口税率

我国出口税则为一栏税率，即出口税率。

我国仅对少数资源性产品及易于竞相杀价、盲目进口、需要规范出口秩序的半成品征收出口关税。因此，我国现行税则中对 36 种商品计征出口关税，主要是鳗鱼苗、部分有色金属矿砂及其精矿、生锑、磷、氟钽酸钾、苯、山羊板皮、部分铁合金、钢铁废碎料、铜和铝原料及其制品、镍锭、锌锭、锑锭。其中有 16 种商品实行零关税，6 种商品实行 10%及以下的暂定税率，适用出口税率的出口货物有暂定税率的，应当适用暂定税率。

总而言之，我国真正征收出口关税的商品只有 20 种，税率也较低。

（二）税率的确定

进出口货物应当依照《海关进出口税则》的规定归入合适的税号，按适用的税率征税。

（1）进出口货物应当按照收货人、发货人或其代理人申报进口或出口之日实施的税率征税。

（2）进口货物到达前，经海关核准先行申报的，应当按照装载此货物的运输工具申报进境之日实施的税率征税。

（3）进出口货物的补税和退税，适用该进出口货物原申报进口或出口之日实施的税率，但下列情况除外：

①按照特定减免税办法批准予以减免税的进口货物，后因情况改变经海关批准转让或出售需予补税的，应按其原进口之日实施的税率征税。

②加工贸易进口料、件等属于保税性质的进口货物，如经批准转为内销，应按向海关申报转为内销当日实施的税率征税；如未经批准擅自转为内销的，则按海关查获日期施行的税率征税。

③对经批准缓税进口的货物以后交税时，不论是分期交税还是一次交清税款，都应按货物原进口之日实施的税率计征税款。

④分期支付租金的租赁进口货物，分期付税时，应按该项货物原进口之日实施的税率征税。

⑤溢卸、误卸货物事后确定需予征税时，应按其原运输工具申报进口日期实施的税率征税。如原进口日期无法查明的，可按确定补税当天实施的税率征税。

⑥对由于《海关进出口税则》归类的改变、完税价格的审定或其他工作差错而需要补征税款的，应按原征税日期实施的税率征税。

⑦查获的走私进口货物需予补税时，应按查获日期实施的税率征税。

⑧暂时进口货物转为正式进口需予补税时，应按其转为正式进口之日实施的税率征税。

第三节 关税计税依据与应纳税额的计算

一、关税计税依据

我国对进出口货物征收关税，主要采取从价计征的办法，以商品价格为标准征收关税。因此，关税主要以进出口货物的完税价格为计税依据。

（一）进口货物的完税价格

1. 一般贸易项下进口货物的完税价格

一般贸易项下进口的货物以海关审定的成交价格为基础的到岸价格作为完税价格。

成交价格是一般贸易项下进口货物的买方为购买该项货物向卖方实际支付或应当支付的价格。在货物成交过程中，进口人在成交价格外另支付给卖方的佣金，应计入成交价格，而向境外采购代理人支付的买方佣金则不能列入，如已包括在成交价格中应予以扣除；卖方付给进口人的正常回扣，应从成交价格中扣除。卖方违反合同规定延期交货的罚款，卖方在货价中冲减时，罚款则不能从成交价格中扣除。

到岸价格是指包括货价以及货物运抵我国关境内输入地点起卸前的包装费、运费保险费和其他劳务费等费用构成的一种价格，其中还应包括为了在境内生产、制造、使用或出版、发行的目的而向境外支付的与该进口货物有关的专利、商标、著作权以及专有技术、计算机软件和资料等费用。

为避免低报、瞒报价格偷逃关税，进口货物的到岸价格不能确定时，本着公正、合理原则，海关应当按照规定估定完税价格。

2. 特殊贸易进口货物的完税价格

对于某些特殊、灵活的贸易方式（如寄售等）下进口的货物，在进口时没有“成交价格”可作为依据，为此《进出口关税条例》对这些进口货物制定了确定其完税价格的方法。其主要有：

（1）运往境外加工的货物的完税价格。出境时已向海关报明，并在海关规定期限内复运进境的，以加工后货物进境时的到岸价格与原出境货物价格的差额作为完税价格。如无法得到原出境货物的到岸价格，可以用原出境货物相同或类似货物的在进境时的到岸价格，或者用原出境货物申报出境时的离岸价格代替。如果两种方法都不行，则可用原出境货物在境外支付的工缴费加上运抵中国关境输入地点起卸前的包装费、运费、保险费和其他劳务费等作为完税价格。

（2）运往境外修理的机械器具、运输工具或其他货物的完税价格。出境时已向海关报明并在海关规定期限内复运进境的，以经海关审定的修理费和料件费作为完税价格。

（3）租借和租赁进口货物的完税价格。租借、租赁方式进境的货物，以海关审查确定的货物租金作为完税价格。

（4）国内单位留购的进口货样、展览品和广告陈列品的完税价格。对于国内单位留购的进口货样、展览品和广告陈列品，以留购价格作为完税价格。但对于留购货样、展览品和广告陈列品的买方，除按留购价格付款外，又直接或间接给卖方一定利益的，海关可以另行确定上述货物的完税价格。

（5）逾期未出境的暂进口货物的完税价格。对于经海关批准暂时进口的施工机械、工程车辆、供安装使用的仪器和工具、电视或电影摄制机械以及盛装货物的容器等，如入境超过半年仍留在国内使用的，应自第七个月起，按月征收进口关税，其完税价格按原货进口时的到岸价格确定。每月的税额计算公式为：

每月关税＝货物原到岸价格×关税税率×1/48

（6）转让出售进口减免税货物的完税价格。按照特定减免税办法批准予以减免税进口的货物，在转让或出售而需补税时，可以按这些货物原进口时的到岸价格来确定其完税价格。其计算公式为：

完税价格＝原入境到岸价格×［1－实际使用月份÷(管理年限×12)］

管理年限是指海关对减免税进口的货物监督管理的年限。

3. 进口货物完税价格中的运输及相关费用、保险费的计算

（1）进口货物的运输及其相关费用。进口货物的运输及其相关费用，应当按照由买方实际支付或应当支付的费用计算。

如果进口货物的运输及其相关费用无法确定，海关应当按照该货物进口同期的正常运输成本审查确定。

（2）运输工具作为进口货物利用自身动力进境的，海关在审查确定完税价格时，不再另行计入运输及其相关费用。

（3）进口货物的保险费。进口货物的保险费，应当按照实际支付的费用计算。如果进口货物的保险费无法确定或未实际发生，海关应当按照“货价加运费”两者总额的0.3%计算保险费。

（4）邮运进口的货物，应当以邮费作为运输及其相关费用、保险费。

（二）出口货物的完税价格

出口货物应当以海关审定的货物售予境外的离岸价格，扣除出口关税后作为完税价

格。其计算公式为：

出口货物完税价格＝离岸价格÷(1+出口税率)

离岸价格应以该项货物运离关境前的最后一个口岸的离岸价格为实际离岸价格。若该项货物从内地起运，则从内地口岸至最后出境口岸支付的国内段运输费用应予扣除离岸价格不包括装船以后发生的费用。出口货物在成交价格以外支付给国外的佣金应予扣除，未单独列明的则不予扣除。出口货物在成交价格以外，买方还另行支付的货物包装费，应计入成交价格。当离岸价格不能确定时，完税价格由海关估定。

（三）进出口货物完税价格的审定

对于进出口货物的收发货人或其代理人向海关申报进出口货物的成交价格明显偏低而又不能提供合法证据和正当理由的；申报价格明显低于海关掌握的相同或类似货物的国际市场上公开成交货物的价格，而又不能提供合法证据和正当理由的；申报价格经海关调查认定买卖双方之间有特殊经济关系或对货物的使用、转让互相订有特殊条件或特殊安排，影响成交价格的以及其他特殊成交情况，海关认为需要估价的，则按以下方法依次估定完税价格：

1. 相同货物成交价格法

相同货物成交价格法是以从同一出口国家或地区购进的相同货物的成交价格作为该被估货物完税价格的价格依据。

2. 类似货物成交价格法

类似货物成交价格法是以从同一出口国家或地区购进的类似货物的成交价格作为被估货物的完税价格的依据。

3. 国际市场价格法

国际市场价格法是以进口货物的相同或类似货物在国际市场上公开的成交价格为该进口货物的完税价格。

4. 国内市场价格倒扣法

国内市场价格倒扣法是以进口货物的相同或类似货物在国内市场上的批发价格，扣除合理的税、费、利润后的价格。

5. 合理方法估定的价格

如果按照上述几种方法顺序估价仍不能确定其完税价格时，则可由海关按照合理方法估定。

二、关税应纳税额的计算

（一）从价税计算方法

从价税是最普遍的关税计征方法，以进（出）口货物的完税价格作为计税依据。进（出）口货物应纳关税税额的计算公式为：

应纳税额＝应税进（出）口货物数量×单位完税价格×适用税率

【例 4-1】某公司（生产型企业）从美国进口一批材料，按购销合同和发票标明的到岸价总额为 100 000 美元，报关进口日市场汇率为 100 美元=620 元人民币，公司适用的增值税税率为 16%，进口关税税率为 6%。计算应纳进口关税、进口增值税税额，并以银行存款支付。

【解析】注意关税是价内税，而增值税属于价外税。

应纳进口关税税额=100 000×6.2×6%=37 200（元）

应纳进口增值税税额=(100 000×6.2+100 000×6.2×6%)×16%=105 152（元）

（二）从量税计算方法

从量税是以进口商品的数量为计税依据的一种关税计征方法。其应纳关税税额的计算公式为：

应纳税额=应税进口货物数量×关税单位税额

【例 4-2】某公司从美国进口啤酒 600 箱，每箱 24 瓶，每瓶容积为 500 毫升，成本加保险费加运费为 3 000 美元，报关进口日市场汇率为 100 美元=600 元人民币，适用优惠税率为 3 元/升。计算应纳进口关税税额。

【解析】应纳进口关税税额=600×24×500/1 000×3=21 600（元）

（三）复合税计算方法

复合税是对某种进口货物同时使用从价计征和从量计征的一种关税计征方法。其应纳关税税额的计算公式为：

应纳税额=应税进口货物数量×关税单位税额+应税进口货物数量×单位完税价格×适用税率

【例 4-3】某公司进口两台韩国产数码相机，成本加保险费加运费为 13 000 美元，报关进口日市场汇率为 100 美元=624 元人民币，适用优惠税率。每台完税价格高于 5 000 美元的，从量税为 13 280 元/台，再征从价税 3%。计算应纳进口关税税额。

【解析】应纳进口关税税额=2×13 280+13 000×6.24×3%=28 993.6（元）

（四）滑准税计算方法

滑准税是指关税的税率随着进口商品价格的变动而反方向变动的一种税率形式，即价格越高，税率越低，税率为比例税率。因此，对实行滑准税率的进口商品应纳关税税额的计算方法与从价税的计算方法相同。

第四节　关税税收优惠与关税征收管理

一、关税税收优惠

关税的减税和免税分为法定性减免税、特定性减免税和临时性减免税。

（一）法定性减免税

符合税法规定可予以减免税的进出口货物，纳税义务人无须提出申请，海关可以按规定直接予以减免税。

我国《海关法》和《进出口关税条例》明确规定，下列货物、物品予以减免关税：

（1）关税税额在人民币 50 元以下的一票货物，可免征关税。

（2）无商业价值的广告品和货样，可免征关税。

（3）外国政府、国际组织无偿赠送的物资，可免征关税。

（4）进出境运输工具装载的途中必需的燃料、物料和饮食用品，可予以免税。

（5）因故退还的中国出口货物，经海关审查属实，可予以免征进口关税，但已征收的出口关税不予退还。

（6）因故退还的境外进口货物，经海关审查属实，可予以免征出口关税，但已征收的进口关税不予退还。

（7）进口货物如有以下情形，经海关查明属实，可酌情减免进口关税：

①在境外运输途中或在起卸时，遭受损坏或损失的。

②起卸后海关放行前，因不可抗力遭受损坏或损失的。

③海关查验时已经破漏、损坏或腐烂，经证明不是保管不慎造成的。

（8）无代价抵偿货物，可以免税。但有残损或质量问题的原进口货物如未退运国外，其进口的无代价抵偿货物应照章征税。

（9）为境外厂商加工、装配成品和为制造外销产品而进口的原材料、辅料、零件、部件配套件和包装物料，海关按照实际加工出口的成品数量免征进口关税；或者对进口料件先征进口关税，再按照实际加工出口的成品数量予以退税。

（10）中国缔结或参加的国际条约规定减征、免征关税的货物、物品，海关应当按照规定减免关税。

（二）特定性减免税

特定性减免税也称政策性减免税。在法定性减免税之外，国家按照国际通行规则和我国实际情况，制定发布的有关进出口货物减免关税的政策，称为特定性减免税或政策性减免税。特定性减免税货物一般有地区、企业和用途的限制，海关需要进行后续管理，也需要进行减免税统计。其包括如下几类：

（1）科教用品。

（2）残疾人专用品。

（3）扶贫、慈善性捐赠物资。

（三）临时性减免税

临时性减免税是指以上法定性减免税和特定性减免税以外的其他减免税，即由国务院根据《海关法》对某个单位、某类商品、某个项目或某批进出口货物的特殊情况，给予特别照顾，一案一批，专文下达的减免税。一般有单位、品种、期限、金额或数量等限制。

二、关税征收管理

关税是在货物实际进出境时，即在纳税人按进出口货物通关规定向海关申报后、海关放行前一次性缴纳。进出口货物的收发货人或其代理人应当在海关签发税款缴款凭证次日起15日内（星期日和法定节假日除外），向指定银行缴纳税款。逾期不缴的除依法追缴外，由海关自到期次日起至缴清税款之日止，按日征收欠缴税额0.5‰的滞纳金。

自2016年6月1日起，旅客携运进出境的行李物品有下列情形之一的，海关暂不予放行：第一，旅客不能当场缴纳进境物品税款的；第二，进出境的物品属于许可证件管理的范围，但旅客不能当场提交的；第三，进出境的物品超出自用合理数量，按规定应当办理货物报关手续或其他海关手续，其尚未办理的；第四，对进出境物品的属性、内容存疑，需由有关主管部门进行认定、鉴定、验核的；第五，按规定暂不予以放行的其他行李物品。

对由于海关误征，多缴纳税款的；海关核准免验的进口货物在完税后，发现有短卸情况，经海关审查认可的；已征出口关税的货物，因故未装运出口申报退关，经海关查验属实的，纳税人可以从缴纳税款之日起的1年内，书面声明理由，连同纳税收据向海关申请退税，逾期不予受理。海关应当自受理退税申请之日起30日内作出书面答复，并通知退税申请人。进出口货物完税后，如发现少征或漏征税款，海关有权在1年内予以补征；如因收发货人或其代理人违反规定而造成少征或漏征税款的，海关在3年内可以追缴。

本章练习题

一、单项选择题

1. 根据关税法律制度的规定，下列不属于进境物品的纳税义务人的是（　　）。

A. 个人邮递物品的寄件人　　B. 外贸进出口公司

C. 携带物品进境的入境人员　　D. 馈赠物品入境的物品所有人

2. 根据关税法律制度的规定，对原产于与我国签订含有关税优惠条款的区域性贸易协定的国家或地区的进口货物，适用的税率是（　　）。

A. 最惠国税率　　B. 协定税率

C. 特惠税率　　D. 普通税率

3. 根据我国关税法律制度的规定，一般贸易项下进口货物的完税价格，是以海关审定的成交价格为基础的（　　）。

A. 公允价格　　B. 离岸价格

C. 到岸价格　　D. 货价

4. 甲公司从境外的乙公司进口一批木材，合同约定的商品价格为800万元，由乙公司负责运输，甲公司于2月15日前支付定金160万元，乙公司于3月8日前发货。后甲公司如约交付定金，但由于乙公司原因，导致该木材于3月20日才发出，后经双方协商，由乙公司向甲公司赔偿违约金50万元，由甲公司向乙公司支付剩余货款 590 万元。该批进口木材的关税完税价格为（　　）万元。

A. 800　　B. 750

C. 590　　D. 160

5. 某外贸进出口公司 2017 年 1 月份进口一批化妆品，成交价格为 20 万元，关税税率 40%，从起运地至输入地起卸前的运费为 3 万元。该公司进口该批化妆品应缴纳的关税为（　　）万元。

A. 1.2　　B. 7.2

C. 8　　D. 9.2

6. 某外贸公司进口一批货物，货价为 100 万元，货物运抵我国关境内输入地点起卸前的包装费和运费分别为 5 万元和 7 万元。已知关税税率 10%，该公司应缴纳的进口关税为（　　）万元。

A. 100×10% = 10　　B. (100+5)×10% = 10.5

C. (100+7)×10% = 10.7　　D. (100+5+7)×10% = 11.2

7. 根据关税法律制度的规定，一票货物关税税额在人民币一定金额以下的，可以免征关税。该金额是（　　）元。

A. 10　　B. 30

C. 50　　D. 100

8. 下列说法中正确的是（　　）。

A. 对从境外采购进口的原产于中国境内的货物，不征收进口关税

B. 进出口货物应当按照货物进出境之日实施的税率征税

C. 滑准税是指关税的税率随着进口商品价格的变动而反方向变动的一种税率形式，即价格越高，税率越低，税率为比例税率

D. 因故退还的我国出口货物，可以免征进口关税，已征收的出口关税，应予退还

二、多项选择题

1. 下列各项中，属于关税纳税人的有（　　）。

A. 外贸进出口公司

B. 工贸或农贸结合的进出口公司

C. 入境旅客随身携带的行李、物品的持有人

D. 进口个人邮件的收件人

2. 根据关税法律制度的规定，下列进口货物实行复合计征关税的有（　　）。

A. 原油　　B. 摄像机

C. 放像机　　D. 啤酒

3. 下列关于进口货物关税税率的表述，正确的有（　　）。

A. 按照特定减免税办法批准予以减免税的进口货物，后因情况改变需予补税的，应按其原进口之日实施的税率征税

B. 属于保税性质的进口货物，如未经批准擅自转为内销的，则按海关查获日期所施行的税率征税

C. 暂时进口货物转为正式进口需予补税时应按其申报暂时进口之日实施的税率征税

D. 溢卸、误卸货物事后确定需予征税时，如原进口日期无法查明的，可按确定补税当天实施的税率征税

4. 下列关于进口货物的完税价格表述中，正确的有（　　）。

A. 一般贸易项下进口的货物以海关审定的成交价格为基础的到岸价格作为完税价格

B. 运往境外加工的货物，出境时已向海关报明，并在海关规定期限内复运进境的，以加工后货

物进境时的到岸价格与原出境货物价格的差额作为完税价格

C. 运往境外修理的机械器具，出境时已向海关报明并在海关规定期限内复运进境的，以经海关审定的修理费和料件费作为完税价格

D. 租借、租赁方式进境的货物，以海关审查确定的货物租金作为完税价格

5. 根据我国关税法律制度的规定，下列费用中，可以计入进口货物完税价格的有（　　）。

A. 卖方付给进口人的正常回扣　　B. 货价

C. 包装费　　D. 保险费

6. 根据关税法律制度规定，下列各项货物中，经海关审查无误后可以免税的有（　　）。

A. 无商业价值的广告品及货样

B. 国际组织、外国政府无偿赠送的物资

C. 进出境运输工具装载的途中必需的燃料物料和饮食用品

D. 一票货物关税税额、进口环节增值税或消费税税额在人民币 100 元以下的

7. 根据我国关税法律制度的规定，下列关于关税征收管理的表述中，正确的有（　　）。

A. 关税是纳税人在向海关申报后、海关放行前分期缴纳

B. 由于海关误征，多缴纳税款的，纳税人可以从缴纳税款之日起的 2 年内申请退税

C. 进出口货物完税后，如发现少征或漏征税款，海关有权在 1 年内予以补征

D. 海关应当自受理退税申请之日起 30 日内作出书面答复，并通知退税申请人

8. 根据关税征收管理相关规定，下列旅客携运进出境行李物品中，海关暂不予放行的有（　　）。

A. 旅客不能当场缴纳进境货物税款的

B. 进出境物品属于许可证件管理的范围，但旅客不能当场提交的

C. 进出境物品超出自用合理数量，按规定应当办理货物报关手续或其他海关手续，尚未办理的

D. 对进出境物品的属性、内容存疑，需要由有关主管部门进行鉴定的

第五章　企业所得税

（本章思维导图）

学习目标

1. 能够解释企业所得税的概念并描述企业所得税的特点
2. 能够列举我国企业所得税法律制度并阐述企业所得税的作用
3. 能够说明纳税义务人、征税对象和税率以及三者的对应关系
4. 能够判断不征税收入与免税收入，并说明不征税收入与免税收入的区别
5. 能够列举税前扣除项目与不得税前扣除项目
6. 能够计算非居民企业的应纳税所得额
7. 能够灵活应用资产的税务处理
8. 计算居民企业的应纳税额
9. 能够结合企业所得税的特点总结抵免税额计算的规则并灵活应用抵免税额的计算方法
10. 能够依据企业所得税的纳税地点、纳税期限与纳税申报的相关规定做出涉税处理

第一节　企业所得税概述

一、企业所得税的概念与作用

企业所得税是对我国境内的企业和其他取得收入的组织的生产经营所得和其他所得征收的一种所得税。

企业所得税在不同的国家有不同的称谓，比如在日本称为法人所得税，在美国称为公司所得税，但其基本制度是一致的，都是针对具有法人性质的企业或其他组织在一定期间的应税所得征收的税。

那么，各国的企业所得税的作用也大致相同，主要有：第一，促进企业改善经营管理活动，提升企业的营利能力。第二，调解产业结构，促进经济发展。第三，为国家建设筹集财政资金。

二、我国企业所得税的特点

（一）企业所得为征税对象

企业所得税是以企业所得为征税对象，这仅仅是一般原则上的做法。实际上企业很多支出，扣除是有标准的，超过标准的支出是不能扣除的，当然还有一些支出是可以加计扣除的。另外，企业还有一些收入是不征税或免税的。因此，企业所得税的征税对象，与企业所得并不完全一致，用以计算企业所得税的计税依据是按照税法计算的应纳税所得额。

（二）企业所得税属于直接税

纳税人和实际负担人通常是一致的，即企业所得税属于直接税。纳税人缴纳税款一般不易转嫁，而是自己负担，在会计利润总额的基础上，扣除企业所得税后的余额为企业生产经营的净利润。

（三）原则上以纳税年度为计税期限

企业所得税原则上是以一个纳税年度为计算应纳税额的期限，实行按年计算，分月或分季预缴、年终汇算清缴的征税办法。

三、我国企业所得税法律制度的内容

2007 年 3 月 16 日第十届全国人大第五次会议通过、2017 年 2 月 24 日第十二届全国人民代表大会常务委员会第二十六次会议修正的《中华人民共和国企业所得税法》（以下简称《企业所得税法》），2017 年 12 月 6 日国务院发布的《中华人民共和国企业所得税法实施条例》（以下简称《企业所得税法实施条例》）以及国家财政、税务主管部门制定、发布的一系列部门规章和规范性文件，构成了我国企业所得税法律制度的主要内容。

第二节　纳税义务人、征税对象和税率

一、企业所得税纳税义务人

在中华人民共和国境内，企业和其他取得收入的组织（以下统称企业）为企业所得税的纳税人，依照《企业所得税法》的规定缴纳企业所得税。企业所得税纳税人包括各类企业、事业单位、社会团体、民办非企业单位和从事经营活动的其他组织。

依照中国法律、行政法规成立的个人独资企业、合伙企业，不属于企业所得税纳税义务人，不缴纳企业所得税。

企业所得税采取所得来源地管辖权和居民管辖权相结合的双重管辖权，把企业分为居民企业和非居民企业，分别确定不同的纳税义务。

（一）居民企业

居民企业是指依法在中国境内成立，或者依照外国（地区）法律成立但实际管理机构在中国境内的企业。

实际管理机构是指对企业的生产经营、人员、账务、财产等实施实质性全面管理和控制的机构。

（二）非居民企业

非居民企业是指依照外国（地区）法律成立且实际管理机构不在中国境内，但在中国境内设立机构、场所的，或者在中国境内未设立机构、场所，但有来源于中国境内所得的企业。

非居民企业委托营业代理人在中国境内从事生产经营活动的，包括委托单位或个人经常代其签订合同，或者储存、交付货物等，该营业代理人视为非居民企业在中国境内设立的机构、场所。

其中，机构、场所是指在中国境内从事生产经营活动的机构、场所，包括：

（1）管理机构、营业机构、办事机构。

（2）工厂、农场、开采自然资源的场所。

（3）提供劳务的场所。

（4）从事建筑、安装、装配、修理、勘探等工程作业的场所。

（5）其他从事生产经营活动的机构、场所。

在纳税人与非纳税人、居民企业与非居民企业的判定和划分中，是利用所得来源地管辖权和居民管辖权相结合的双重管辖权进行的，具体如表 5-1 所示。

由表 5-1 可以得知，满足居民管辖权的两大判定标准即可判定为居民企业，无需再进行所得来源地管辖权判定；不满足居民管辖权的两大判定标准但在中国境内设立机构场所的以及不满足居民管辖权但满足所得来源地管辖权的，可以判定为非居民企业；两个管辖权均不满足的则属于我国企业所得税纳税人。由此可以进一步分析出注册地标准先于管理机构所在地标准，居民管辖权先于所得来源地管辖权。

表 5-1　　纳税人的判定条件与类型

<table>
<tr><td rowspan="3">税收管辖权
纳税人</td><td colspan="3">居民管辖权</td><td>所得来源地管辖权</td></tr>
<tr><td>1. 是否在中国境内成立</td><td>2. 实际管理机构是否在中国境内</td><td rowspan="2">3. 在中国境内设立机构、场所</td><td>4. 是否有来源于中国境内所得</td></tr>
<tr><td>注册地标准（法律住所）</td><td>管理机构所在地标准（财政住所）</td><td>未在中国境内设立机构、场所</td></tr>
<tr><td rowspan="2">居民企业</td><td>√</td><td>—</td><td>—</td><td rowspan="2">—</td></tr>
<tr><td>×</td><td>√</td><td>—</td></tr>
<tr><td>非居民企业</td><td rowspan="2" colspan="2">×</td><td>√</td><td>√</td></tr>
<tr><td>非纳税义务人</td><td>×</td><td>×</td></tr>
</table>

注：“√”表示满足条件；“×”表示不满足条件；“—”表示可以忽略，不做判定条件。

【例 5-1】根据企业所得税法律制度的规定，下列关于非居民企业的表述中，正确的是（　　）。

A. 在境外成立的企业均属于非居民企业

B. 在境内成立但有来源于境外所得的企业属于非居民企业

C. 依照外国法律成立，实际管理机构在中国境内的企业属于非居民企业

D. 依照外国法律成立，实际管理机构不在中国境内，但在中国境内设立机构、场所的企业属于非居民企业

【解析】答案：D。A 选项在境外成立的企业，如果其实际管理机构在境内仍然属于居民企业，但如果其实际管理机构不在境内，并且没有来源于中国境内所得，无论其在中国境内是否设立机构场所，都不是我国企业所得税纳税人。B 选项满足注册地标准，受居民管辖权管辖，属于居民企业。C 选项满足管理机构所在地标准，受居民管辖权管辖，属于居民企业。非居民企业是指依照外国（地区）法律成立且实际管理机构不在中国境内，但在中国境内设立机构、场所的，或者在中国境内未设立机构、场所，但有来源于中国境内所得的企业。

二、企业所得税征税对象

（一）居民企业的征税对象

居民企业应当就其来源于中国境内、境外的所得缴纳企业所得税。其所得包括销售货物所得、提供劳务所得、转让财产所得、股息红利等权益性投资所得、利息所得、租金所得、特许权使用费所得、接受捐赠所得和其他所得。

（二）非居民企业的征税对象

非居民企业在中国境内设立机构、场所的，应当就其所设机构、场所取得的来源于中国境内的所得以及发生在中国境外但与其所设机构、场所有实际联系的所得缴纳企业所得税。

非居民企业在中国境内未设立机构、场所的，或者虽设立机构、场所但取得的所得与其所设机构、场所没有实际联系的，应当就其来源于中国境内的所得缴纳企业所得税。

实际联系是指非居民企业在中国境内设立的机构、场所拥有据以取得所得的股权、债权以及拥有、管理、控制据以取得所得的财产等。

（三）来源于中国境内、境外所得的确定原则

来源于中国境内、境外的所得，按照以下原则确定：

（1）销售货物所得，按照交易活动发生地确定。

（2）提供劳务所得，按照劳务发生地确定。

（3）转让财产所得分为以下情况：

①不动产转让所得按照不动产所在地确定。

②动产转让所得按照转让动产企业或机构、场所所在地确定。

③权益性投资资产转让所得按照被投资企业所在地确定。

（4）股息、红利等权益性投资所得，按照分配所得的企业所在地确定。

（5）利息所得、租金所得、特许权使用费所得，按照负担、支付所得的企业或机构、场所所在地确定，或者按照负担、支付所得的个人的住所地确定。

（6）其他所得，由国务院财政、税务主管部门确定。

三、企业所得税税率

（一）税率的一般规定

企业所得税实行比例税率。

居民企业以及在中国境内设立机构、场所且取得的所得与其所设机构、场所有实际联系的非居民企业，应当就其来源于中国境内、境外的所得缴纳企业所得税，适用税率为25%。

非居民企业在中国境内未设立机构、场所的，或者虽设立机构、场所但取得的所得与其所设机构、场所没有实际联系的，应当就其来源于中国境内的所得缴纳企业所得税，适用税率为20%，实际减按10%的税率征收企业所得税。

企业所得税的纳税人、征税对象与税率存在着一定的对应关系，具体如图5-1所示。

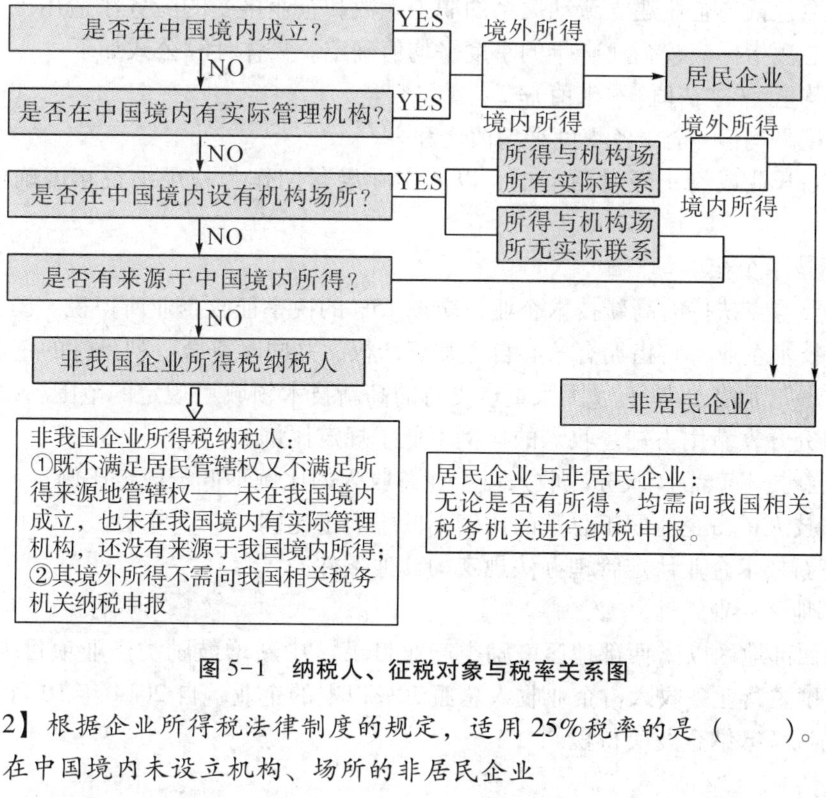

图5-1　纳税人、征税对象与税率关系图

【例5-2】根据企业所得税法律制度的规定，适用25%税率的是（　　）。

A. 在中国境内未设立机构、场所的非居民企业

B. 在中国境内虽设立机构、场所但取得所得与其机构、场所没有实际联系的非居民企业

C. 在中国境内设立机构、场所且取得所得与其机构、场所有实际联系的非居民企业

D. 所有的居民企业

【解析】答案：CD。居民企业以及在中国境内设立机构、场所且取得的所得与其所设机构、场所有实际联系的非居民企业，应当就其来源于中国境内、境外的所得缴纳企业所得税，适用税率为25%。

（二）税率的优惠规定

1. 小型微利企业

符合条件的小型微利企业，减按20%的税率征收企业所得税。符合条件的小型微利企业是指从事国家非限制和禁止行业，并符合下列条件的企业：

（1）工业企业，年度应纳税所得额不超过50万元，从业人数不超过100人，资产总额不超过3 000万元。

（2）其他企业，年度应纳税所得额不超过50万元，从业人数不超过80人，资产总额不超过1 000万元。

从业人数包括与企业建立劳动关系的职工人数和企业接受的劳务派遣用工人数。从业人数和资产总额指标应按企业全年的季度平均值确定。具体计算公式如下：

季度平均值=（季初值+季末值）÷2

全年季度平均值=全年各季度平均值之和÷4

年度中间开业或终止经营活动的，以其实际经营期作为一个纳税年度确定上述相关指标。

2. 高新技术企业

国家需要重点扶持的高新技术企业，减按15%的税率征收企业所得税。国家需要重点扶持的高新技术企业，是指拥有核心自主知识产权，并同时符合下列条件的企业：

（1）产品（服务）属于《国家重点支持的高新技术领域》规定的范围。

（2）研究开发费用占销售收入的比例不低于规定比例。

（3）高新技术产品（服务）收入占企业总收入的比例不低于规定比例。

（4）科技人员占企业职工总数的比例不低于规定比例。

（5）高新技术企业认定管理办法规定的其他条件。

3. 西部地区企业

对设在西部地区以《西部地区鼓励类产业目录》中新增鼓励类产业项目为主营业务，并且其当年度主营业务收入占企业收入总额70%以上的企业，自2014年10月1日起可以减按15%的税率缴纳企业所得税。

4. 非居民企业

非居民企业在中国境内未设立机构、场所的，或者虽设立机构、场所但取得的所得与其所设机构、场所没有实际联系的，应当就其来源于中国境内的所得减按10%的税率征收企业所得税。

第三节　应纳税所得额的计算

企业所得税的计税依据是应纳税所得额，即企业每一纳税年度的收入总额，减除不征税收入、免税收入、各项扣除以及允许弥补的以前年度亏损后的余额。

应纳税所得额=收入总额-不征税收入-免税收入-各项扣除-以前年度亏损

企业应纳税所得额的计算，以权责发生制为原则，属于当期的收入和费用，不论款项是否收付，均作为当期的收入和费用；不属于当期的收入和费用，即使款项已经在当期收付，均不作为当期的收入和费用。

在计算应纳税所得额时，企业财务、会计处理办法与税收法律法规的规定不一致的，应当依照税收法律法规的规定计算。

一、收入总额

企业收入总额是指以货币形式和非货币形式从各种来源取得的收入。收入总额包括销售货物收入，提供劳务收入，转让财产收入，股息、红利等权益性投资收益，利息收入，租金收入，特许权使用费收入，接受捐赠收入以及其他收入。

企业取得收入的货币形式包括现金、存款、应收账款、应收票据、准备持有至到期的债券投资以及债务的豁免等。

企业取得收入的非货币形式包括固定资产、生物资产、无形资产、股权投资、存货、不准备持有至到期的债券投资、劳务以及有关权益等。非货币形式收入应当按照公允价值确定收入额。

（一）销售货物收入

销售货物收入是指企业销售商品、产品、原材料、包装物、低值易耗品以及其他存货取得的收入。

除法律法规另有规定外，企业销售货物收入的确认，必须遵循权责发生制原则和实质重于形式原则。

(1) 符合收入确认条件，采取下列商品销售方式的，应按以下规定确认收入实现时间：

①销售商品采用托收承付方式的，在办妥托收手续时确认收入。

②销售商品采用预收款方式的，在发出商品时确认收入。

③销售商品需要安装和检验的，在购买方接受商品以及安装和检验完毕时确认收入。如果安装程序比较简单，可以在发出商品时确认收入。

④销售商品采用支付手续费方式委托代销的，在收到代销清单时确认收入。

（2）采用售后回购方式销售商品的，销售的商品按售价确认收入，回购的商品作为购进商品处理。有证据表明不符合销售收入确认条件的，如以销售商品方式进行融资，收到的款项应确认为负债，回购价格大于原售价的，差额应在回购期间确认为利息费用。

（3）销售商品以旧换新的，销售商品应当按照销售商品收入确认条件确认收入，回购商品作为购进商品处理。

（4）企业为促进商品销售而在商品价格上给予的价格扣除属于商业折扣，商品销售涉及商业折扣的，应当按照扣除商业折扣后的金额确定销售商品收入金额。

（5）债权人为鼓励债务人在规定的期限内付款而向债务人提供的债务扣除属于现金折扣，销售商品涉及现金折扣的，应当按扣除现金折扣前的金额确定销售商品收入金额，现金折扣在实际发生时作为财务费用扣除。

（6）企业因售出商品的质量不合格等原因而在售价上给予的减让属于销售折让；企业因售出商品质量、品种不符合要求等原因而发生的退货属于销售退回。企业已经确认销售收入的售出商品发生销售折让和销售退回，应当在发生当期冲减当期销售商品收入。

（二）提供劳务收入

提供劳务收入是指企业从事建筑安装、修理修配、交通运输、仓储租赁、金融保险、邮电通信、咨询经纪、文化体育、科学研究、技术服务、教育培训、餐饮住宿、中介代理、卫生保健、社区服务、旅游、娱乐、加工以及其他劳务服务活动取得的收入。

企业在各个纳税期末，提供劳务交易的结果能够可靠估计的，应采用完工进度（百分比）法确认提供劳务收入。

企业应按照从接受劳务方已收或应收的合同或协议价款确定劳务收入总额，根据纳税期末提供劳务收入总额乘以完工进度扣除以前纳税年度累计已确认提供劳务收入后的金额，确认为当期劳务收入；同时，按照提供劳务估计总成本乘以完工进度扣除以前纳税期间累计已确认劳务成本后的金额，结转为当期劳务成本。

（三）转让财产收入

转让财产收入是指企业转让固定资产、生物资产、无形资产、股权、债权等财产取得的收入。转让财产收入应当按照从财产受让方已收或应收的合同或协议价款确认。

（四）股息、红利等权益性投资收益

股息、红利等权益性投资收益是指企业因权益性投资从被投资方取得的收入。股息、红利等权益性投资收益，除国务院财政、税务主管部门另有规定外，按照被投资方作出利润分配决定的日期确认收入的实现。

（五）利息收入

利息收入是指企业将资金提供他人使用但不构成权益性投资，或者因他人占用本企业资金取得的收入，包括存款利息、贷款利息、债券利息、欠款利息等收入。利息收入按照合同约定的债务人应付利息的日期确认收入的实现。

（六）租金收入

租金收入是指企业提供固定资产、包装物或其他有形资产的使用权取得的收入。租金收入按照合同约定的承租人应付租金的日期确认收入的实现。如果交易合同或协议中规定租赁期限跨年度，并且租金提前一次性支付的，出租人可对上述已确认的收入，在租赁期内，分期均匀计入相关年度收入。

（七）特许权使用费收入

特许权使用费收入是指企业提供专利权、非专利技术、商标权、著作权以及其他特许权的使用权取得的收入。特许权使用费收入按照合同约定的特许权使用人应付特许权使用费的日期确认收入的实现。

（八）接受捐赠收入

接受捐赠收入是指企业接受的来自其他企业、组织或个人无偿给予的货币性资产、非货币性资产。接受捐赠收入按照实际收到捐赠资产的日期确认收入的实现。企业以买一赠一等方式组合销售本企业商品的，不属于捐赠，应将总的销售金额按各项商品的公允价值的比例来分摊确认各项的销售收入。

（九）其他收入

其他收入是指企业取得《企业所得税法》具体列举的收入外的其他收入，包括企业资产溢余收入、逾期未退包装物押金收入、确实无法偿付的应付款项、已作坏账损失处理后又收回的应收款项、债务重组收入、补贴收入、违约金收入、汇兑收益等。

（十）特殊收入的确认

（1）以分期收款方式销售货物的，按照合同约定的收款日期确认收入的实现。

（2）企业受托加工制造大型机械设备、船舶、飞机以及从事建筑、安装、装配工程业务或提供其他劳务等，持续时间超过 12 个月的，按照纳税年度内完工进度或完成的工作量确认收入的实现。

（3）采取产品分成方式取得收入的，按照企业分得产品的日期确认收入的实现，其收入额按照产品的公允价值确定。

（4）企业发生非货币性资产交换以及将货物、财产、劳务用于捐赠、偿债、赞助、集资、广告、样品、职工福利或利润分配等用途的，应当视同销售货物、转让财产或提供劳务，但国务院财政、税务主管部门另有规定的除外。

二、不征税收入

不征税收入是指从性质和根源上不属于企业营利性活动带来的经济利益、不作为应纳税所得额组成部分的收入。下列收入为不征税收入：

（一）财政拨款

财政拨款是指各级人民政府对纳入预算管理的事业单位、社会团体等组织拨付的财政资金，但国务院和国务院财政、税务主管部门另有规定的除外。

县级以上人民政府将国有资产无偿划入企业，凡指定专门用途并按规定进行管理的企业可以作为不征税收入进了企业所得税处理。其中，该项资产属于非货币性资产的，应按政府确定的接收价值计算不征税收入。

（二）行政事业性收费、政府性基金

行政事业性收费是指依照法律法规等有关规定，按照国务院规定程序批准，在实施社会公共管理以及在向公民、法人或其他组织提供特定公共服务过程中，向特定对象收取并纳入财政管理的费用。

政府性基金是指企业依照法律、行政法规等有关规定，代政府收取的具有专项用途的财政资金。

（三）国务院规定的其他不征税收入

国务院规定的其他不征税收入是指企业取得的，由国务院财政、税务主管部门规定专项用途并经国务院批准的财政性资金。

财政性资金是指企业取得的来源于政府及其有关部门的财政补助、补贴、贷款贴息以及其他各类财政专项资金，包括直接减免的增值税和即征即退、先征后退、先征后返的各种税收，但不包括企业按规定取得的出口退税款。

三、免税收入

（一）国债利息收入

为鼓励企业积极购买国债，支援国家建设，税法规定，企业因购买国债所得的利息收入，免征企业所得税。

1. 国债利息收入时间确认

（1）企业投资国债从国务院财政部门（以下简称发行者）取得的国债利息收入，应以国债发行时约定应付利息的日期，确认利息收入的实现。

（2）企业转让国债，应在国债转让收入确认时确认利息收入的实现。

2. 国债利息收入计算

企业到期前转让国债，或者从非发行者投资购买的国债，其持有期间尚未兑付的国债利息收入，按以下公式计算确定：

国债利息收入=国债金额×(适用年利率÷365)×持有天数

上式中的国债金额按国债发行面值或发行价格确定，适用年利率按国债票面年利率或折合年收益率确定，如企业不同时间多次购买同一品种国债的，持有天数可按平均持有天数计算确定。

特别注意的是，企业转让国债，应作为转让财产，其取得的收益（损失）应作为企业应纳税所得额计算纳税。通过支付现金方式取得的国债，以买入价和支付的相关税费为成本。通过支付现金以外的方式取得的国债，以该资产的公允价值和支付的相关税费为成本。企业在不同时间购买同一品种国债的，其转让时的成本计算方法，可在先进先出法、加权平均法、个别计价法中选用一种。计价方法一经选用，不得随意改变。

（二）符合条件的股息、红利等权益性收益

（1）居民企业直接投资于其他居民企业取得的股息、红利等权益性收益。

（2）在中国境内设立机构、场所的非居民企业从居民企业取得与该机构、场所有实际联系的股息、红利等权益性投资收益。该收益不包括连续持有居民企业公开发行并上市流通的股票不足 12 个月取得的投资收益。

（三）符合条件的非营利组织的收入

1. 符合条件的非营利组织

（1）依法履行非营利组织登记手续。

（2）从事公益性或非营利性活动。

（3）取得的收入除用于与该组织有关的、合理的支出外，全部用于登记核定或章程规定的公益性或非营利性事业。

（4）财产及其孳生息不用于分配。

（5）按照登记核定或章程规定，该组织注销后的剩余财产用于公益性或非营利性目的，或者由登记管理机关转赠给与该组织性质、宗旨相同的组织，并向社会公告。

（6）投入人对投入该组织的财产不保留或享有任何财产权利。

（7）工作人员工资福利开支控制在规定的比例内，不变相分配该组织的财产。

（8）国务院财政、税务主管部门规定的其他条件。

2. 符合条件的非营利组织的收入

符合条件的非营利组织的收入不包括非营利组织从事营利性活动取得的收入，但国务院财政、税务主管部门另有规定的除外。

3. 非营利组织的免税收入

（1）接受其他单位或个人捐赠的收入。

（2）除《企业所得税法》第七条规定的财政拨款以外的其他政府补助收入，但不包括因政府购买服务取得的收入。

（3）按照省级以上民政、财政部门规定收取的会费。

（4）不征税收入和免税收入孳生的银行存款利息收入。

（5）财政部、国家税务总局规定的其他收入。

能力拓展阅读：

（免税收入与不征税收入区别）

【例 5-3】根据企业所得税法律制度的规定，企业的下列收入中，属于不征税收入的是（　　）。

A. 依法收取并纳入财政管理的行政事业性收费

B. 财政拨款

C. 接受捐赠收入

D. 国债利息收入

【解析】答案：AB。C 选项属于应税收入，D 选项属于免税收入。

四、税前扣除项目

（一）扣除项目的原则

企业申报的扣除项目和金额要真实、合法。所谓真实，是指能提供证明有关支出确属已经实际发生；合法是指符合国家税法的规定，若其他法规规定与税收法规规定不一致，应以税收法规的规定为标准。除税收法规另有规定外，税前扣除一般应遵循以下原则：

1. 权责发生制原则

权责发生制原则是指企业费用应在发生的所属期扣除，而不在实际支付时确认扣除。

2. 配比原则

配比原则是指企业发生的费用应当与收入配比扣除。除特殊规定外，企业发生的费用不得提前或滞后申报扣除。

3. 相关性原则

相关性原则是指企业可扣除的费用从性质上和根源上必须与取得应税收入直接相关。

4. 确定性原则

确定性原则是指企业可扣除的费用不论何时支付，其金额必须是确定的。

5. 合理性原则

合理性原则是指符合生产经营活动常规，应当计入当期损益或有关资产成本的必要和正常的支出。

（二）扣除项目的范围

《企业所得税法》规定，企业实际发生的与取得收入有关的、合理的支出，包括成本、费用、税金、损失和其他支出，准予在计算应纳税所得额时扣除。

在实际中，计算应纳税所得额时还应注意以下三方面的内容：

第一，企业发生的支出应当区分收益性支出和资本性支出。收益性支出在发生当期直接扣除；资本性支出应当分期扣除或计入有关资产成本，不得在发生当期直接扣除。

第二，企业的不征税收入用于支出所形成的费用或财产，不得扣除或计算对应的折旧、摊销扣除。

第三，除《企业所得税法》和《企业所得税法实施条例》另有规定外，企业实际发生的成本、费用、税金、损失和其他支出，不得重复扣除。

1. 成本

成本是指企业在生产经营活动中发生的销售成本、销货成本、业务支出以及其他耗费，即企业销售商品（产品、材料、下脚料、废料、废旧物资等）、提供劳务、转让固定资产、无形资产（包括技术转让）的成本。

企业必须将经营活动中发生的成本合理划分为直接成本和间接成本。直接成本是可以直接计入有关成本计算对象或劳务的经营成本中的直接材料、直接人工等。直接成本可以根据有关会计凭证、记录直接计入有关成本计算对象或劳务的经营成本中。

间接成本是指多个部门为同一成本对象提供服务的共同成本，或者同一种投入可以制造、提供两种或两种以上的产品或劳务的联合成本。间接成本必须根据与成本计算对象之间的因果关系、成本计算对象的产量等，以合理的方法计入有关成本计算对象中。

2. 费用

费用是指企业在生产经营活动中发生的销售费用、管理费用和财务费用，已经计入成本的有关费用除外。

销售费用是指应由企业负担的为销售商品而发生的费用，包括广告费、运输费、装卸费、包装费、展览费、保险费、销售佣金（能直接认定的进口佣金调整商品进价成本）、代销手续费、经营性租赁费以及销售部门发生的差旅费、工资、福利费等费用。

管理费用是指企业的行政管理部门为管理组织经营活动提供各项支援性服务而发生的费用。

财务费用是指企业筹集经营性资金而发生的费用，包括利息净支出、汇兑净损失、金融机构手续费以及其他非资本化支出。

3. 税金

税金是指企业发生的除企业所得税和允许抵扣的增值税以外的各项税金及其附加，即纳税人按照规定缴纳的消费税、资源税、土地增值税、关税、城市维护建设税、教育费附加以及房产税、车船税、城镇土地使用税、印花税等。企业缴纳的增值税属于价外税，因此不在扣除之列。允许扣除的税金有两种方式，一是在发生当期扣除，二是在发生当期计入相关资产的成本在以后各其分摊扣除。

4. 损失

损失是指企业在生产经营活动中发生的固定资产和存货的盘亏、毁损、报废损失，转让财产损失，呆账损失，坏账损失，自然灾害等不可抗力因素造成的损失以及其他损失。

企业发生的损失，减除责任人赔偿和保险赔款后的余额，依照国务院财政、税务主管部门的规定扣除。企业已经作为损失处理的资产，在以后纳税年度又全部收回或部分收回时，应当计入当期收入。

5. 扣除的其他支出

扣除的其他支出是指除成本、费用、税金、损失外，企业在生产经营活动中发生的与生产经营活动有关的、合理的支出。

（三）扣除标准

1. 工资、薪金支出

企业发生的合理的工资薪金支出，准予扣除。工资薪金是指企业每一纳税年度支付给在本企业任职或受雇的员工的所有现金形式或非现金形式的劳动报酬，包括基本工资、奖金、津贴、补贴、年终加薪、加班工资以及与员工任职或受雇有关的其他支出。

2. 职工福利费、工会经费、职工教育经费

企业发生的职工福利费、工会经费、职工教育经费按标准扣除。未超过标准的按实际发生数额扣除，超过扣除标准的只能按标准扣除。

（1）职工福利费。企业发生的职工福利费支出，不超过工资薪金总额14%的部分，准予扣除。列入企业员工工资薪金制度、固定与工资薪金一起发放的福利性补贴，符合国家税务总局相关规定的，可作为企业发生的工资薪金支出，按规定在税前扣除。不能同时符合上述条件的福利性补贴，应按规定计算限额税前扣除。

企业的职工福利费，包括以下内容：

①尚未实行分离办社会职能的企业，其内设福利部门所发生的设备、设施和人员费用，包括职工食堂、职工浴室、理发室、医务所、托儿所、疗养院等集体福利部门的设备、设施及维修保养费用和福利部门工作人员的工资薪金、社会保险费、住房公积金、劳务费等。

②为职工卫生保健、生活、住房、交通等发放的各项补贴和非货币性福利，包括企业向职工发放的因公外地就医费用、未实行医疗统筹企业职工医疗费用、职工供养直系亲属医疗补贴、供暖费补贴、职工防暑降温费、职工困难补贴、救济费、职工食堂经费补贴、职工交通补贴等。

③按照其他规定发生的其他职工福利费，包括丧葬补助费、抚恤费、安家费、探亲假路费等。

企业发生的职工福利费，应该单独设置账册，进行准确核算。没有单独设置账册准确核算的，税务机关应责令企业在规定的期限内进行改正。逾期仍未改正的，税务机关可对企业发生的职工福利费进行合理的核定。

（2）工会经费。企业拨缴的工会经费，不超过工资薪金总额2%的部分，准予扣除。

（3）职工教育经费。除国务院财政、税务主管部门另有规定外，企业发生的职工教育经费支出，不超过工资薪金总额2.5%的部分，准予扣除；超过部分，准予在以后纳税年度结转扣除。

【例 5-4】某居民企业 2017 年计入成本费用的实发工资总额为 400 万元，拨缴职工工会经费 10 万元，支付职工福利费 60 万元（不包括列入企业员工工资薪金制度、固定与工资薪金一起发放的福利性补贴），职工教育经费 12 万元。该企业 2017 年计算应纳税所得额时准予在税前扣除的工资和三项经费合计为多少？

【解析】企业发生的合理工资、薪金支出准予据实扣除。

福利费扣除限额 = 400×14% = 56（万元），实际发生 60 万元，准予扣除 56 万元。

工会经费扣除限额 = 400×2% = 8（万元），实际发生 10 万元，准予扣除 8 万元。

职工教育经费扣除限额 = 400×2.5% = 10（万元），实际发生 12 万元，准予扣除 10 万元。

税前扣除的工资和三项经费合计 = 400+56+8+10 = 474（万元）

3. 社会保险费

（1）企业依照国务院有关主管部门或省级人民政府规定的范围和标准为职工缴纳的基本养老保险费、基本医疗保险费、失业保险费、工伤保险费、生育保险费等基本社会保险费和住房公积金，准予扣除。

（2）自 2018 年 1 月 1 日起，企业根据国家有关政策规定，为在本企业任职或受雇全体员工支付的补充养老保险费、补充医疗保险费，分别在不超过职工工资总额 5%标准内的部分，在计算应纳税所得额时准予扣除；超过的部分，不予扣除。

企业职工因公出差乘坐交通工具发生的人身意外保险费支出，准予企业在计算应纳税所得额时扣除。除企业依照国家有关规定为特殊工种职工支付的人身安全保险费和国务院财政、税务主管部门规定可以扣除的其他商业保险费外，企业为投资者或职工支付的商业保险费，不得扣除。

4. 借款费用

（1）企业在生产经营活动中发生的合理的不需要资本化的借款费用，准予扣除。

（2）企业为购置、建造固定资产、无形资产和经过 12 个月以上的建造才能达到预定可销售状态的存货发生借款的，在有关资产购置、建造期间发生的合理的借款费用，应当作为资本性支出计入有关资产的成本，并依照《企业所得税法实施条例》的有关规定扣除。

5. 利息费用

企业在生产经营活动中发生的下列利息支出，准予扣除：

（1）非金融企业向金融企业借款的利息支出、金融企业的各项存款利息支出和同业拆借利息支出、企业经批准发行债券的利息支出可据实扣除。

（2）非金融企业向非金融企业借款的利息支出，不超过按照金融企业同期同类贷款利率计算的数额的部分可据实扣除，超过部分不许扣除。

金融企业是指各类银行、保险公司以及经中国人民银行批准从事金融业务的非银行金融机构。

（3）凡企业投资者在规定期限内未缴足其应缴资本额的，该企业对外借款所发生的利息，相当于投资者实缴资本额与在规定期限内应缴资本额的差额应计付的利息，其不属于企业合理的支出，应由企业投资者负担，不得在计算企业应纳税所得额时扣除。

（4）企业向股东或其他与企业有关联关系的自然人借款的利息支出，应根据《企业所得税法》及《财政部 国家税务总局关于企业关联方利息支出税前扣除标准有关税收政策问题的通知》规定的条件，计算企业所得税扣除额。

企业向除股东或其他与企业有关联关系的自然人以外的内部职工或其他人员借款利息支出，其借款情况同时符合以下条件的，其利息支出在不超过按照金融企业同期同类贷款利率计算的数额的部分，准予扣除。

①企业与个人之间的借贷是真实、合法、有效的，并且不具有非法集资目的或其他反法律、法规的行为。

②企业与个人之间签订了借款合同。

【例 5-5】某生产企业 2017 年度发生财务费用 125 万元用于原材料采购，其中支付银行借款利息 54 万元，支付因向某商场借款 1 000 万元而发生的利息 71 万元，同期银行贷款年利率为 6.1%。允许扣除的利息费用为多少万元?

【解析】非金融企业向金融企业借款的利息支出可据实扣除；向非金融企业借款的利息支出，不超过按照金融企业同期同类贷款利率计算的数额的部分可据实扣除，超过部分不许扣除。

银行借款利息 54 万元，可以据实扣除。

利息费用扣除限额=1 000×6.1%=61（万元），实际利息支出为 71 万元，71 万元>61 万元，允许扣除 61 万元，超出限额的 10 万元不允许扣除。

允许扣除的利息费用合计=54+61=115（万元）

6. 汇兑损失

企业在货币交易中以及纳税年度终了时将人民币以外的货币性资产、负债按照期末即期人民币汇率中间价折算为人民币时产生的汇兑损失，除已经计入有关资产成本以及与向所有者进行利润分配相关的部分外，准予扣除。

7. 公益性捐赠

企业发生的公益性捐赠支出，在年度利润总额 12%以内的部分，准予在计算应纳税所得额时扣除；超过年度利润总额 12%的部分，准予结转以后三年内在计算应纳税所得额时扣除。

年度利润总额是指企业依照国家统一会计制度的规定计算的年度会计利润。公益性捐赠是指企业通过公益性社会团体或县级以上人民政府及其部门，用于《中华人民共和国公益事业捐赠法》规定的公益事业的捐赠。具体范围包括：

（1）救助灾害、救济贫困、扶助残疾人等困难的社会群体和个人的活动。

（2）教育、科学、文化、卫生、体育事业。

（3）环境保护、社会公共设施建设。

（4）促进社会发展和进步的其他社会公共和福利事业。

【例 5-6】某企业 2016 年度实现利润总额 100 万元，在营业外支出账户列支了通过公益性社会团体向贫困地区的捐款 15 万元、直接向某小学捐款 8 万元。在计算该企业 2016 年度应纳税所得额时，允许扣除的捐款数额为多少万元?

【解析】企业发生的公益性捐赠支出，在年度利润总额 12%以内的部分准予在计算应纳税所得额时扣除；超过年度利润总额 12%的部分，准予结转以后三年内在计算应纳税所得额时扣除。

公益性捐赠支出扣除限额＝100×12%＝12（万元）

直接捐款 8 万元不允许扣除，15 万元>12 万元，允许扣除 12 万元，超出限额的 3 万元结转到下一年继续抵扣。

8. 业务招待费

企业发生的与生产经营活动有关的业务招待费支出，按照发生额的 60%扣除，但最高不得超过当年销售（营业）收入的 5‰。

企业在筹建期间，发生的与筹办活动有关的业务招待费支出，可按实际发生额的 60%计入企业筹办费，并按有关规定在税前扣除。

对从事股权投资业务的企业（包括集团公司总部、创业投资企业等），其从被投资企业所分配的股息、红利以及股权转让收入，可以按规定的比例计算业务招待费扣除限额。

【例 5-7】某居民企业 2017 年度实现销售收入 4 000 万元，发生业务招待费支出 40 万元。在计算该企业 2017 年度应纳税所得额时，允许扣除的业务招待费支出为多少万元?

【解析】企业发生的与生产经营活动有关的业务招待费支出，按照发生额的 60%扣除，但最高不得超过当年销售（营业）收入的 5‰。

业务招待费扣除限额 1＝4 000×5‰＝20（万元）

业务招待费扣除限额 2＝40×60%＝24（万元）

20 万元<24 万元，允许扣除 20 万元。

9. 广告费和业务宣传费

企业发生的符合条件的广告费和业务宣传费支出，除国务院财政、税务主管部门另有规定外，不超过当年销售（营业）收入 15%的部分，准予扣除；超过部分，准予在以后纳税年度结转扣除。企业在筹建期间，发生的广告费和业务宣传费，可按实际发生额计入企业筹办费，并按有关规定在税前扣除。

自 2016 年 1 月 1 日起至 2020 年 12 月 31 日，对化妆品制造或销售、医药制造和饮料制造（不含酒类制造）企业发生的广告费和业务宣传费支出，不超过当年销售（营业）收入 30%的部分，准予扣除；超过部分，准予在以后纳税年度结转扣除。

烟草企业的烟草广告费和业务宣传费支出，一律不得在计算应纳税所得额时扣除。

【例 5-8】某居民企业 2017 年度实现销售收入 4 000 万元，发生符合条件的广告费和业务宣传费支出400万元，上年度未在税前扣除完的符合条件的广告费和业务宣传费支出80万元。在计算该企业2017年度应纳税所得额时，允许扣除的广告费和业务宣传费支出为多少万元？

【解析】企业发生的符合条件的广告费和业务宣传费支出，除国务院财政、税务主管部门另有规定外，不超过当年销售（营业）收入15%的部分，准予扣除；超过部分，准予在以后纳税年度结转扣除。

广告费和业务宣传费扣除限额＝4 000×15%＝600（万元）

广告费和业务宣传费实际累计发生额＝400+80＝480（万元）

480万元<600万元，允许扣除480万元。

10. 环境保护专项资金

企业依照法律、行政法规有关规定提取的用于环境保护、生态恢复等方面的专项资金，准予扣除。上述专项资金提取后改变用途的，不得扣除。

11. 保险费

企业参加财产保险，按照规定缴纳的保险费，准予扣除。

12. 租赁费

企业根据生产经营活动的需要租入固定资产支付的租赁费，按照以下方法扣除：

（1）以经营租赁方式租入固定资产发生的租赁费支出，按照租赁期限均匀扣除。经营性租赁是指所有权不转移的租赁。

（2）以融资租赁方式租入固定资产发生的租赁费支出，按照规定构成融资租入固定资产价值的部分应当提取折旧费用分期扣除。融资租赁是指在实质上转移与一项资产所有权有关的全部风险和报酬的一种租赁。

13. 劳动保护费

企业发生的合理的劳动保护支出，准予扣除。

14. 有关资产的费用

企业转让各类固定资产发生的费用，允许扣除。企业按规定计算的固定资产折旧费、无形资产和递延资产的摊销费，准予扣除。

15. 总机构分摊的费用

非居民企业在中国境内设立的机构、场所，就其中国境外总机构发生的与该机构、场所生产经营有关的费用，能够提供总机构出具的费用汇集范围、定额、分配依据和方法等证明文件，并合理分摊的，准予扣除。

16. 手续费及佣金支出

（1）企业发生的与生产经营有关的手续费及佣金支出，不超过以下规定计算限额以内的部分，准予扣除；超过部分，不得扣除。

①保险企业。财产保险企业按照当年全部保费收入扣除退保金等后余额的15%计算限额；人身保险企业按当年全部保费收入扣除退保金等后余额的10%计算限额。

②其他企业。按与具有合法经营资格中介服务机构或个人（不含交易双方及其雇员代理人和代表人等）所签订服务协议或合同确认的收入金额的5%计算限额。

（2）从事代理服务、主营业务收入为手续费、佣金的企业（如证券、期货、保险代理等企业），其为取得该类收入而实际发生的营业成本（包括手续费及佣金支出），准予在企业所得税前据实扣除。

（3）企业应与具有合法经营资格的中介服务企业或个人签订代办协议或合同，并按规定支付手续费及佣金。

（4）除委托个人代理外，企业以现金等非转账方式支付的手续费及佣金不得在税前扣除。

（5）企业为发行权益性证券支付给有关证券承销机构的手续费及佣金不得在税前扣除。

（6）企业不得将手续费及佣金支出计入回扣、业务提成、返利、进场费等费用。

（7）企业已计入固定资产、无形资产等相关资产的手续费及佣金支出，应当通过折旧、摊销等方式分期扣除，不得在发生当期直接扣除。

（8）企业支付的手续费及佣金不得直接冲减服务协议或合同金额，并如实入账。企业应当如实向当地主管税务机关提供当年手续费及佣金计算分配表和其他相关资料，并依法取得合法真实凭证。

17. 其他项目

依照有关法律、行政法规和国家有关税法规定准予扣除的其他项目，如会员费、合理的会议费、差旅费、违约金、诉讼费用等。

（四）不得扣除项目

在计算应纳税所得额时，下列支出不得扣除：

（1）向投资者支付的股息、红利等权益性投资收益款项。

（2）企业所得税税款。

（3）税收滞纳金，即纳税人违反税收法规，被税务机关处以的滞纳金。

（4）罚金、罚款和被没收财物的损失，即纳税人违反国家有关法律、法规规定有关部门处以的罚款以及被司法机关处以的罚金和被没收的财物。

（5）超过规定标准的捐赠支出。

（6）赞助支出，即企业发生的与生产经营活动无关的各种非广告性质支出。

（7）未经核定的准备金支出，即不符合国务院财政、税务主管部门规定的各项资产减值准备、风险准备等准备金支出。

（8）企业之间支付的管理费、企业内营业机构之间支付的租金和特许权使用费以及非银行企业内营业机构之间支付的利息，不得扣除。

（9）与取得收入无关的其他支出。

（五）亏损弥补

亏损是指企业将每一纳税年度的收入总额减除不征税收入、免税收入和各项扣除后小于零的数额。税法规定，企业某一纳税年度发生的亏损可以用下一年度的所得弥补，下一年度的所得不足以弥补的，可以逐年延续弥补，但最长不得超过 5 年。企业在汇总计算缴纳企业所得税时，其境外营业机构的亏损不得抵减境内营业机构的盈利。

【例 5-9】某居民企业按税法规定可以利用 2017 年度所得 800 万元，弥补以前年度亏损。该企业 2011 年以前均实现盈利，2 011—2016 年未弥补以前年度亏损的应纳税所得额如表 5-2 所示。该企业 2017 年可以弥补的亏损为多少万元？

表 5-2　　某企业 2011—2016 年的应纳税所得额

年度（年）	2011	2012	2013	2014	2015	2016
应纳税所得额（万元）	-90	-490	250	-340	170	300

【解析】企业某一纳税年度发生的亏损可以用下一年度的所得弥补，下一年度的所得不足以弥补的，可以逐年延续弥补，但最长不得超过 5 年。

2011 年的亏损可以在 2012—2016 年 5 年内弥补，并且在 2013 年全部弥补，2013 年剩余的 160 万元用以弥补 2012 年的部分亏损。2012 年的亏损可以在 2013—2017 年 5 年内弥补，并且在 2013 年弥补 160 万元，2015 年弥补 170 万元，2016 年弥补 160 万元，全部弥补完毕。2014 年的亏损可以在 2015—2019 年 5 年内弥补，由 2016 年剩余的 140 万元弥补一部分，剩余的 200 万元均由 2017 年弥补，因此 2017 年的弥补亏损额为 200 万元。

五、非居民企业的应纳税所得额

在中国境内未设立机构、场所的，或者虽设立机构、场所但取得的所得与其所设机构、场所没有实际联系的非居民企业，其取得的来源于中国境内的所得，按照下列方法计算其应纳税所得额：

第一，股息、红利等权益性投资收益和利息、租金、特许权使用费所得，以收入全额为应纳税所得额。

第二，转让财产所得，以收入全额减除财产净值后的余额为应纳税所得额。财产净值是指有关资产、财产的计税基础减除已经按照规定扣除的折旧、折耗、摊销、准备金等后的余额。

第三，其他所得，参照前两项规定的方法计算应纳税所得额。非居民企业在中国境内设立的机构、场所，就其中国境外总机构发生的与该机构、场所生产经营有关的费用，能够提供总机构出具的费用汇集范围、定额、分配依据和方法等证明文件并合理分摊的，准予扣除。

第四节 资产的税务处理

企业资产是指企业拥有或控制的、用于经营管理活动且与取得应税收入有关的资产。企业的各项资产，包括固定资产、生产性生物资产、无形资产、长期待摊费用、投资资产、存货等，以历史成本为计税基础。历史成本是指企业取得该项资产时实际发生的支出。企业持有各项资产期间资产增值或减值，除国务院财政、税务主管部门规定可以确认损益外，不得调整该资产的计税基础。

企业转让资产，该项资产的净值，准予在计算应纳税所得额时扣除。资产的净值是指有关资产、财产的计税基础减除已经按照规定扣除的折旧、折耗、摊销、准备金等后的余额。除另有规定外，企业在重组过程中，应当在交易发生时确认有关资产的转让所得或者损失，相关资产应当按照交易价格重新确定计税基础。

一、固定资产

固定资产是指企业为生产产品、提供劳务、出租或经营管理而持有的、使用时间超过12个月的非货币性资产，包括房屋、建筑物、机器、机械、运输工具以及其他与生产经营活动有关的设备、器具、工具等。在计算应纳税所得额时，企业按照规定计算的固定资产折旧，准予扣除。

（一）不得计算折旧扣除的固定资产

（1）房屋、建筑物以外未投入使用的固定资产。

（2）以经营租赁方式租入的固定资产。

（3）以融资租赁方式租出的固定资产。

（4）已足额提取折旧仍继续使用的固定资产。

（5）与经营活动无关的固定资产。

（6）单独估价作为固定资产入账的土地。

（7）其他不得计算折旧扣除的固定资产。

（二）固定资产确定计税基础的方法

1. 外购的固定资产

外购的固定资产以购买价款和支付的相关税费以及直接归属于使该资产达到预定用途发生的其他支出为计税基础。

2. 自行建造的固定资产

自行建造的固定资产以竣工结算前发生的支出为计税基础。

3. 融资租入的固定资产

融资租入的固定资产以租赁合同约定的付款总额和承租人在签订租赁合同过程中发生

的相关费用为计税基础，租赁合同未约定付款总额的，以该资产的公允价值和承租人在签订租赁合同过程中发生的相关费用为计税基础。

4. 盘盈的固定资产

盘盈的固定资产以同类固定资产的重置完全价值为计税基础。

5. 通过捐赠等方式取得的固定资产

通过捐赠、投资、非货币性资产交换、债务重组等方式取得的固定资产以该资产的公允价值和支付的相关税费为计税基础。

6. 改建的固定资产

改建的固定资产除法定的支出外以改建过程中发生的改建支出增加计税基础。

（三）固定资产折旧扣除的一般规定

固定资产按照直线法计算的折旧，准予扣除。

企业应当自固定资产投入使用月份的次月起计算折旧；停止使用的固定资产，应当自停止使用月份的次月起停止计算折旧。

企业应当根据固定资产的性质和使用情况，合理确定固定资产的预计净残值。固定资产的预计净残值一经确定，不得变更。

（四）固定资产计算折旧的最低年限

除国务院财政、税务主管部门另有规定外，固定资产计算折旧的最低年限如下：

（1）房屋、建筑物，为 20 年。

（2）飞机、火车、轮船、机器、机械和其他生产设备，为 10 年。

（3）与生产经营活动有关的器具、工具、家具等，为 5 年。

（4）飞机、火车、轮船以外的运输工具，为 4 年。

（5）电子设备，为 3 年。

【例 5-10】根据企业所得税法律制度的规定，企业的下列资产或支出项目中，按规定应计提折旧的是（　　）。

A. 已足额提取折旧仍继续使用的固定资产

B. 单独估价作为固定资产入账的土地

C. 以融资租赁方式租入的固定资产

D. 未投入使用的机器设备

【解析】答案：C。企业所得税法律制度规定，已足额提取折旧仍继续使用的固定资产不计提折旧，单独估价作为固定资产的土地不计提折旧，未投入使用的机器设备不计提折旧。

二、生产性生物资产

生产性生物资产是指企业为生产农产品、提供劳务或出租等而持有的生物资产，包括经济林、薪炭林、产畜和役畜等。

（一）生产性生物资产确定计税基础的方法

1. 外购的生产性生物资产

外购的生产性生物资产以购买价款和支付的相关税费为计税基础。

2. 通过捐赠等方式取得的生产性生物资产

通过捐赠、投资、非货币性资产交换、债务重组等方式取得的生产性生物资产，以该资产的公允价值和支付的相关税费为计税基础。

（二）生产性生物资产折旧扣除的一般规定

生产性生物资产按照直线法计算的折旧，准予扣除。

企业应当自生产性生物资产投入使用月份的次月起计算折旧；停止使用的生产性生物资产，应当自停止使用月份的次月起停止计算折旧。

企业应当根据生产性生物资产的性质和使用情况，合理确定生产性生物资产的预计净残值。生产性生物资产的预计净残值一经确定，不得变更。

（三）生产性生物资产计算折旧的最低年限

（1）林木类生产性生物资产，为10年；

（2）畜类生产性生物资产，为3年。

三、无形资产

无形资产是指企业为生产产品、提供劳务、出租或经营管理而持有的，没有实物形态的非货币性长期资产，包括专利权、商标权、著作权、土地使用权、非专利技术、商誉等。在计算应纳税所得额时，企业按照规定计算的无形资产摊销费用，准予扣除。

（一）不得计算摊销费用扣除的无形资产

（1）自行开发的支出已在计算应纳税所得额时扣除的无形资产。

（2）自创商誉。

（3）与经营活动无关的无形资产。

（4）其他不得计算摊销费用扣除的无形资产。

（二）无形资产确定计税基础的方法

1. 外购的无形资产

外购的无形资产以购买价款和支付的相关税费以及直接归属于使该资产达到预定用途发生的其他支出为计税基础。

2. 自行开发的无形资产

自行开发的无形资产以开发过程中该资产符合资本化条件后至达到预定用途前发生的支出为计税基础。

3. 通过捐赠等方式取得的无形资产

通过捐赠、投资、非货币性资产交换、债务重组等方式取得的无形资产，以该资产的公允价值和支付的相关税费为计税基础。

（三）无形资产折旧扣除的一般规定

无形资产按照直线法计算的摊销费用，准予扣除。无形资产的摊销年限不得低于10年。

作为投资或受让的无形资产，有关法律规定或合同约定了使用年限的，可以按照规定或约定的使用年限分期摊销。外购商誉的支出，在企业整体转让或清算时，推予扣除。

四、长期待摊费用

长期待摊费用是指企业发生的应在1个年度以上或几个年度进行摊销的费用。在计算应纳税所得额时，企业发生的下列支出作为长期待摊费用，按照规定摊销的，准予扣除：

（1）已足额提取折旧的固定资产的改建支出，按照固定资产预计尚可使用年限分期摊销。

（2）租入固定资产的改建支出，按照合同约定的剩余租赁期限分期摊销。所谓固定资产的改建支出，是指改变房屋或建筑物结构、延长使用年限等发生的支出。改建的固定资产延长使用年限的，除前述规定外，应当适当延长折旧年限。

（3）固定资产的大修理支出，按照固定资产尚可使用年限分期摊销，是指同时符合下列条件的支出：

①修理支出达到取得固定资产时的计税基础50%以上。

②修理后固定资产的使用年限延长2年以上。

（4）其他应当作为长期待摊费用的支出，自支出发生月份的次月起，分期摊销，摊销年限不得低于3年。

五、投资资产

投资资产是指企业对外进行权益性投资和债权性投资形成的资产。企业对外投资期间，投资资产的成本在计算应纳税所得额时不得扣除。企业在转让或处置投资资产时，投资资产的成本，准予扣除。投资资产按照以下方式确定成本：

第一，通过支付现金方式取得的投资资产，以购买价款为成本。

第二，通过支付现金以外的方式取得的投资资产，以该资产的公允价值和支付的相关税费为成本。

六、存货

存货，是指企业持有以备出售的产品或商品、处在生产过程中的在产品、在生产或提供劳务过程中耗用的材料和物料等。存货按照以下方法确定成本：

第一，通过支付现金方式取得的存货，以购买价款和支付的相关税费为成本。

第二，通过支付现金以外的方式取得的存货，以该存货的公允价值和支付的相关税费为成本。

第三，生产性生物资产收获的农产品，以产出或采收过程中发生的材料费、人工费和分摊的间接费用等必要支出为成本。

企业使用或销售存货，按照规定计算的存货成本，准予在计算应纳税所得额时扣除。企业使用或销售的存货的成本计算方法，可以在先进先出法、加权平均法、个别计价法中选用一种。计价方法一经选用，不得随意变更。

七、资产损失

资产损失是指企业在生产经营活动中实际发生的、与取得应税收入有关的资产损失，包括现金损失，存款损失，坏账损失，贷款损失，股权投资损失，固定资产和存货的盘亏、毁损、报废、被盗损失，自然灾害等不可抗力因素造成的损失以及其他损失。企业发生上述资产损失，应在按税法规定实际确认或实际发生的当年申报扣除。

企业以前年度发生的资产损失未能在当年税前扣除的，可以按照规定，向税务机关说明并进行专项申报扣除。其中，属于实际资产损失，准予追补至该项损失发生年度扣除，其追补确认期限一般不得超过5年。企业因以前年度实际资产损失未在税前扣除而多缴的企业所得税税款，可以在追补确认年度企业所得税应纳税款中予以抵扣，不足抵扣的，向以后年度递延抵扣。

第五节　企业所得税应纳税额的计算与税收优惠

一、企业所得税的应纳税额的计算

（一）企业所得税的应纳税额的计算公式

应纳税额=应纳税所得额×适用税率-减免税额-抵免税额

【例5-11】某企业2017年取得产品销售收入3 000万元，产品销售成本1 200万元，发生管理费用100万元，销售费用500万元，财务费用150万元，税金及附加（不含增值税）50万元，以上成本费用等扣除项目可税前扣除。另减免税额为10万元，抵免税额20万元，所得税税率为25%。该企业所得税应纳税额为多少？

【解析】应纳税所得额=3 000-1 200-100-500-150-50=1 000（万元）

企业所得税应纳税额=1 000×25%-10-20=220（万元）

（二）抵免税额的计算

企业所得税的应纳税额的计算公式中的减免税额和抵免税额是指依照《企业所得税法》和国务院的税收优惠规定减征、免征和抵免的应纳税额。

减免税额详见本节税收优惠部分，这里介绍抵免税额的计算。

1. 已在境外缴纳的所得税税额的抵免税额

（1）抵免税额的适用范围。抵免税额的计算适用于已在境外缴纳的所得税税额。

已在境外缴纳的所得税税额是指企业来源于中国境外的所得依照中国境外税收法律以及相关规定应当缴纳并已经实际缴纳的企业所得税性质的税款。其具体包括：

①居民企业来源于中国境外的应税所得。

②非居民企业在中国境内设立机构、场所，取得发生在中国境外但与该机构、场所有实际联系的应税所得。

（2）抵免税额计算的方法。企业取得的已在境外缴纳的所得税税额，可以从其当期应纳税额中抵免，抵免限额为该项所得依照规定计算的应纳税额；超过抵免限额的部分，可以在以后5个年度内，用每年抵免限额抵免当年应抵税额后的余额进行抵补。

抵免限额是指企业来源于中国境外的所得，依照规定计算的应纳税额。除国务院财政、税务主管部门另有规定外，该抵免限额应当分国（地区）不分项计算。其计算公式如下：

抵免限额＝中国境内、境外所得的应纳税总额×来源于某国（地区）的应纳税所得额÷中国境内、境外应纳税所得总额

所谓5个年度，是指从企业取得的来源于中国境外的所得，已经在中国境外缴纳的企业所得税性质的税额超过抵免限额的当年的次年起连续5个纳税年度。

（3）抵免税额的特殊规定。居民企业从其直接或间接控制的外国企业分得的来源于中国境外的股息、红利等权益性投资收益，外国企业在境外实际缴纳的所得税税额中属于该项所得负担的部分，可以作为该居民企业的可抵免境外所得税税额，在规定的抵免限额内抵免。

直接控制是指居民企业直接持有外国企业20%以上股份。间接控制是指居民企业以间接持股方式持有外国企业20%以上股份，具体认定办法由国务院财政、税务主管部门另行制定。企业按规定抵免企业所得税税额时，应当提供中国境外税务机关出具的税款所属年度的有关纳税凭证。

2. 专用设备的投资额的应纳税额抵免

企业购置并实际使用《环境保护专用设备企业所得税优惠目录》《节能节水专用设备企业所得税优惠目录》《安全生产专用设备企业所得税优惠目录》规定的环境保护、节能节水、安全生产等专用设备的，该专用设备的投资额的10%可以从企业当年的应纳税额中抵免；当年不足抵免的，可以在以后5个纳税年度结转抵免。享受上述规定的企业所得税优惠的企业，应当实际购置并自身实际投入使用上述规定的专用设备；企业购置上述专用设备在5年内转让、出租的，应当停止享受企业所得税优惠，并补缴已经抵免的企业所得税税款。

购置并实际使用的环境保护、节能节水和安全生产专用设备，包括承租方企业以融资租赁方式租入的且在融资租赁合同中约定租赁期届满时租赁设备所有权转移给承租方企

业，符合规定条件的上述专用设备。凡融资租赁期届满后租赁设备所有权未转移至承租方企业的，承租方企业应停止享受抵免企业所得税优惠，并补缴已经抵免的企业所得税税款。

二、企业所得税税收优惠

我国企业所得税的税收优惠包括免税收入、可以减免税的所得、优惠税率、民族自治地方的减免税、加计扣除、抵扣应纳税所得额、加速折旧、减计收入等优惠政策。企业同时从事适用不同企业所得税待遇的项目的，其优惠项目应当单独计算所得，并合理分摊企业的期间费用；没有单独计算的，不得享受企业所得税优惠。

（一）减、免税所得

1. 企业从事下列项目的所得，免征企业所得税

（1）蔬菜、谷物、薯类、油料、豆类、棉花、麻类、糖料、水果、坚果的种植。

（2）农作物新品种的选育。

（3）中药材的种植。

（4）林木的培育和种植。

（5）牲畜、家禽的饲养。

（6）林产品的采集。

（7）灌溉、农产品初加工、兽医、农技推广、农机作业和维修等农、林、牧、渔服务业。

（8）远洋捕捞。

2. 企业从事下列项目的所得，减半征收企业所得税

（1）花卉、茶以及其他饮料作物和香料作物的种植。

（2）海水养殖、内陆养殖。

3. 从事国家重点扶持的公共基础设施项目投资经营的所得

国家重点扶持的公共基础设施项目是指《公共基础设施项目企业所得税优惠目录》规定的港口码头、机场、铁路、公路、城市公共交通、电力、水利等项目。

（1）企业从事上述国家重点扶持的公共基础设施项目的投资经营的所得，自项目取得第 1 笔生产经营收入所属纳税年度起，第 1 年至第 3 年免征企业所得税，第 4 年至第 6 年减半征收企业所得税。

（2）企业承包经营、承包建设和内部自建自用上述项目，不得享受上述企业所得税优惠。

4. 从事符合条件的环境保护、节能节水项目的所得

符合条件的环境保护、节能节水项目，包括公共污水处理、公共垃圾处理、沼气综合开发利用、节能减排技术改造、海水淡化等。项目的具体条件和范围由国务院财政、税务主管部门会商国务院有关部门制定，报国务院批准后公布施行。

企业从事上述规定的符合条件的环境保护、节能节水项目的所得，自项目取得第 1 笔生产经营收入所属纳税年度起，第 1 年至第 3 年免征企业所得税，第 4 年至第 6 年减半征收企业所得税。

5. 符合条件的技术转让所得

符合条件的技术转让所得免征、减征企业所得税是指一个纳税年度内，居民企业技术转让所得不超过 500 万元的部分，免征企业所得税；超过 500 万元的部分，减半征收企业所得税。其计公式为：

技术转让所得=技术转让收入-技术转让成本-相关税费

6. 非居民企业可以免征企业所得税的所得

（1）外国政府向中国政府提供贷款取得的利息所得。

（2）国际金融组织向中国政府和居民企业提供优惠贷款取得的利息所得。

（3）经国务院批准的其他所得。

从 2014 年 11 月 17 日起，对合格境外机构投资者（QFII）、人民币合格境外机构投资者（RQFI）取得来源于中国境内的股票等权益性投资资产转让所得，暂免征收企业所得税。

（二）小型微利企业的减免税

自 2017 年 1 月 1 日至 2019 年 12 月 31 日，对年应纳税所得额低于 50 万元（含 50 万元）的小型微利企业，其所得减按 50%计入应纳税所得额。

（三）民族自治地方的减免税

民族自治地方的自治机关对本民族自治地方的企业应缴纳的企业所得税中属于地方分享的部分，可以决定减征或免征。自治州、自治县决定减征或免征的，须报省、自治区、直辖市人民政府批准。

对民族自治地方内国家限制和禁止行业的企业，不得减征或免征企业所得税。

（四）加计扣除

企业的下列支出，可以在计算应纳税所得额时加计扣除。

1. 研究开发费用

研究开发费用的加计扣除是指企业为开发新技术、新产品、新工艺发生的研究开发费用，未形成无形资产计入当期损益的，在按照规定据实扣除的基础上，按照研究开发费用的 50%加计扣除；形成无形资产的，按照无形资产成本的 150%摊销。

科技型中小企业开展研发活动中实际发生的研发费用，未形成无形资产计入当期损益的，在按规定据实扣除的基础上，在 2017 年 1 月 1 日至 2019 年 12 月 31 日期间，再按照实际发生额的 75%在税前加计扣除；形成无形资产的，在上述期间按照无形资产成本的 175%在税前摊销。科技型中小企业条件和管理办法由科技部、财政部和国家税务总局发布。

2. 安置残疾人员及国家鼓励安置的其他就业人员所支付的工资

企业安置残疾人员所支付的工资的加计扣除是指企业安置残疾人员的，在按照支付给残疾职工工资据实扣除的基础上，按照支付给残疾职工工资的100%加计扣除。企业安置国家鼓励安置的其他就业人员所支付的工资的加计扣除办法，由国务院另行规定。

（五）应纳税所得额抵扣

创业投资企业采取股权投资方式投资于未上市的中小高新技术企业两年以上的，可以按照其投资额的70%在股权持有满两年的当年抵扣该创业投资企业的应纳税所得额；当年不足抵扣的，可以在以后纳税年度结转抵扣。

有限合伙制创业投资企业采取股权投资方式投资于未上市的中小高新技术企业满2年（24个月）的，其法人合伙人可以按照对未上市中小高新技术企业投资额的70%抵扣该法人合伙人从该有限合伙制创业投资企业分得的应纳税所得额。当年不足抵扣的，可以在以后纳税年度结转抵扣。

（六）加速折旧

企业的固定资产由于技术进步等原因，确需加速折旧的，可以缩短折旧年限或采取加速折旧的方法。可以采取缩短折旧年限或采取加速折旧的方法的固定资产包括：

（1）由于技术进步，产品更新换代较快的固定资产。

（2）常年处于强震动、高腐蚀状态的固定资产。

采取缩短折旧年限方法的，最低折旧年限不得低于税法规定折旧年限的60%；采取加速折旧方法的，可以采取双倍余额递减法或年数总和法。

对符合相关条件的生物药品制造业，专用设备制造业，铁路、船舶、航空航天和其运输设备制造业，计算机、通信和其他电子设备制造业，仪器仪表制造业，信息传输、软件和信息技术服务业等行业企业，2014年1月1日后购进的固定资产（包括自行建造），对符合相关条件的轻工、纺织、机械、汽车等四个领域重点行业的企业，2015年1月1日后新购进的固定资产，允许按不低于企业所得税法律制度规定折旧年限的60%缩短折旧年限，或者选择采取双倍余额递减法或年数总和法进行加速折旧。上述重点行业企业是指以上述行业业务为主营业务，其固定资产投入使用当年的主营业务收入占企业收入总额50%（不含）以上的企业。

企业在2014年1月1日后购进并专门用于研发活动的仪器、设备，单位价值不超过100万元的，可以一次性在计算应纳税所得额时扣除。单位价值超过100万元的，允许按不低于企业所得税法律制度规定折旧年限的60%缩短折旧年限，或者选择采取双倍余额递减法或年数总和法进行加速折旧。

（七）减计收入

企业以《资源综合利用企业所得税优惠目录》规定的资源作为主要原材料，生产国家非限制和禁止并符合国家和行业相关标准的产品取得的收入，减按90%计入收入总额。原材料占生产产品材料的比例不得低于优惠目录规定的标准。

第六节　企业所得税征收管理

一、纳税地点

（一）居民企业的纳税地点

除税收法律、行政法规另有规定外，居民企业以企业登记注册地为纳税地点，但登记注册地在境外的，以实际管理机构所在地为纳税地点。

（二）非居民企业的纳税地点

非居民企业在中国境内设立机构、场所的，以机构、场所所在地为纳税地点。非居民企业在中国境内设立两个或两个以上机构、场所的，经税务机关审核批准，可以选择由其主要机构、场所汇总缴纳企业所得税。

在中国境内未设立机构、场所的，或者虽设立机构、场所但取得的所得与其所设机构、场所没有实际联系的非居民企业，以扣缴义务人所在地为纳税地点。

非居民企业经批准汇总缴纳企业所得税后，需要增设、合并、迁移、关闭机构、场所或停止机构、场所业务的，应当事先由负责汇总申报缴纳企业所得税的主要机构、场所向其所在地税务机关报告；需要变更汇总缴纳企业所得税的主要机构、场所的，依照前述规定办理。

二、纳税期限

企业所得税按年计征，分月或分季预缴，年终汇算清缴，多退少补。纳税年度自公历1月1日起至12月31日止。

企业在一个纳税年度中间开业，或者终止经营活动，使该纳税年度的实际经营期不足12个月的，应当以其实际经营期为1个纳税年度。企业依法清算时，应当以清算期间作为1个纳税年度。

企业应当自年度终了之日起5个月内，向税务机关报送年度企业所得税纳税申报表，并汇算清缴，结清应缴应退税款。

企业在年度中间终止经营活动的，应当自实际经营终止之日起60日内，向税务机关办理当期企业所得税汇算清缴。

三、纳税申报

按月或按季预缴的，应当自月份或季度终了之日起15日内，向税务机关报送预缴企业所得税纳税申报表，预缴税款。

企业在报送企业所得税纳税申报表时，应当按照规定附送财务会计报告和其他有关资料。

企业应当在办理注销登记前，就其清算所得向税务机关申报并依法缴纳企业所得税。

企业分月或分季预缴企业所得税时，应当按照月度或季度的实际利润额预缴；按照月度或季度的实际利润额预缴有困难的，可以按照上一纳税年度应纳税所得额的月度或季度平均额预缴，或者按照经税务机关认可的其他方法预缴。预缴方法一经确定，该纳税年度内不得随意变更。

企业在纳税年度内无论盈利或亏损，都应当依照规定期限，向税务机关报送预缴企业所得税纳税申报表、年度企业所得税纳税申报表、财务会计报告和税务机关规定应当报送的其他有关资料。

企业所得税以人民币计算；所得以人民币以外的货币计算的，应当折合成人民币计算并缴纳税款。

企业所得以人民币以外的货币计算的，预缴企业所得税时，应当按照月度或季度最后一日的人民币汇率中间价，折合成人民币计算应纳税所得额。

年度终了汇算清缴时，对已经按照月度或季度预缴税款的，不再重新折合计算，只就该纳税年度内未缴纳企业所得税的部分，按照纳税年度最后 1 日的人民币汇率中间价，折合成人民币计算应纳税所得额。

经税务机关检查确认，企业少计或多计前述规定的所得的，应当按照检查确认补税或退税时的上一个月最后一日的人民币汇率中间价，将少计或多计的所得折合成人民币计算应纳税所得额，再计算应补缴或应退的税款。

本章练习题

一、单项选择题

1. 根据企业所得税法律制度的规定，下列是企业所得税纳税人的是（　　）。

A. 个体工商户　　B. 个人独资企业

C. 合伙企业　　D. 非居民企业

2. 下列各项中，关于企业所得税所得来源的确定正确的是（　　）。

A. 权益性投资资产转让所得按照投资企业所在地确定

B. 销售货物所得，按照交易活动发生地确定

C. 提供劳务所得，按照所得支付地确定

D. 转让不动产，按照转让不动产的企业或机构、场所所在地确定

3. 根据企业所得税法律制度的规定，下列各项中，属于不征税收入的有（　　）。

A. 违约金收入　　B. 财政拨款

C. 国债利息收入　　D. 接受捐赠收入

4. 下列项目中，属于不得在计算所得税时扣除的有（　　）。

A. 税收滞纳金　　B. 企业向银行取得经营性借款发生的利息

C. 企业为职工缴纳的基本养老保险　　D. 企业为职工缴纳的补充养老保险

5. 某软件生产企业为居民企业，2017 年实际发生的工资支出 100 万元，职工福利费支出 15 万元，

职工培训费用支出4万元。2017年该企业计算应纳税所得额时，应调增应纳税所得额（　　）万元。

A. 1　　B. 1.5
C. 2　　D. 2.5

6. 某商贸企业2017年销售收入2 000万元。企业发生管理费用110万元（其中业务招待费20万元），发生的销售费用600万元（其中广告费300万元、业务宣传费180万元），发生的财务费用200万元，准予在企业所得税前扣除的期间费用为（　　）万元。

A. 720　　B. 900
C. 902　　D. 910

7. 某企业2017年度境内所得应纳税所得额为400万元，在全年已预缴税款25万元，来源于境外某国税前所得100万元，境外实纳税款20万元。该企业当年汇算清缴应补（退）的税款为（　　）万元。

A. 50　　B. 60
C. 70　　D. 80

8. 某白酒生产企业因扩大生产规模新建厂房，由于自有资金不足，2017年1月1日向银行借入长期借款1笔，金额3 000万元，贷款年利率是4.2%。2017年4月1日，该厂房开始建设，12月31日房屋交付使用。2017年度该企业可以在税前直接扣除的该项借款费用是（　　）万元。

A. 36.6　　B. 35.4
C. 32.7　　D. 31.5

9. 根据企业所得税法律制度的规定，下列各项中，应以同类固定资产的重置完全价值为计税基础的是（　　）。

A. 盘盈的固定资产　　B. 自行建造的固定资产
C. 外购的固定资产　　D. 通过捐赠取得的固定资产

10. 根据企业所得税法律制度的规定，企业在年度中间终止经营活动的，应当自实际经营终止之日起一定期限内，向税务机关办理当期企业所得税汇算清缴。该期限是（　　）。

A. 15日　　B. 30日
C. 60日　　D. 90日

二、多项选择题

1. 下列关于居民企业和非居民企业的说法符合企业所得税法律制度的规定的是（　　）。
A. 企业分为居民企业和非居民企业
B. 居民企业应当就其来源于中国境内、境外所得缴纳企业所得税
C. 非居民企业在中国境内设立机构、场所，其机构、场所取得的来源于中国境内、境外所得都要缴纳企业所得税
D. 非居民企业在中国境内设立机构、场所，只就其机构、场所取得的来源于中国境内所得缴纳企业所得税

2. 根据企业所得税法律制度的规定，下列收入的确认不正确的有（　　）。
A. 权益性投资收益，按照投资方取得投资收益的日期确认收入的实现
B. 利息收入，按照收付利息的日期确认收入的实现
C. 租金收入，按照实际收取租金的日期确认收入的实现
D. 接受捐赠收入，按照实际收到的捐赠资产的日期确认收入的实现

3. 企业缴纳的下列保险金可以在税前直接扣除的有（　　）。
A. 为特殊工种的职工支付的人身安全保险费
B. 为没有工作的董事长夫人缴纳的社会保险费用

C. 为投资者或职工支付的商业保险费
D. 为企业财产支付的保险费

4. 根据企业所得税法律制度的规定，在计算企业所得税应纳税所得额时，下列项目不得在企业所得税税前扣除的有（　　）。
A. 外购货物管理不善发生的损失
B. 违反法律被司法部门处以的罚金
C. 非广告性质的赞助支出
D. 银行按规定加收的罚息

5. 对（　　）企业发生的广告费和业务宣传费支出，不超过当年销售收入 30%的部分，准予扣除；超过部分，准予在以后纳税年度结转扣除。
A. 化妆品制造
B. 医药制造
C. 饮料制造
D. 卷烟制造

6. 根据企业所得税法律制度的规定，下列固定资产可以计提折旧在税前扣除的有（　　）。
A. 以融资租赁方式租出的固定资产
B. 以融资租赁方式租入的固定资产
C. 未投入使用的房屋
D. 单独估价作为固定资产入账的土地

7. 税法规定的企业所得税的税收优惠方式包括免税、减税、（　　）等。
A. 加计扣除
B. 减计收入
C. 税额抵免
D. 加速折旧

8. 根据企业所得税法律制度的规定，下列不属于企业所得税的征收办法的是（　　）。
A. 按月征收
B. 按季计征，分月预缴
C. 按季征收
D. 按年计征，分月或分季预缴

三、不定项选择题

某生产企业为增值税一般纳税人，有员工 30 人，注册资本 50 万元，主营办公用品。2017 年，该企业有关经营情况和纳税情况如下：

（1）销售办公用品收入 200 万元（不含税），出租商铺，取得租金收入 30 万元（不含税）。

（2）销售成本 120 万元，增值税 26.84 万元，税金及附加 2.96 万元。

（3）销售费用 60 元，其中业务宣传费 5 万元。

（4）管理费用 20 万元，其中业务招待费 5.5 万元。

（5）“财务费用”账户列支 20 万元，其中 2017 年 6 月 1 日向非金融企业借入资金 200 万元用于厂房扩建，借款期限 7 个月，当年支付利息 12 万元。该厂房于 9 月底竣工结算并交付使用，同期银行贷款年利率为 6%。

不考虑其他税费，该企业已经按规定取得所得税优惠审批，根据以下问题分别计算：

（1）该企业所得税前可以扣除的销售费用为（　　）万元。
A. 55
B. 56.85
C. 58
D. 60

（2）该企业税前可以扣除的管理费用为（　　）万元。
A. 14.5
B. 15.15
C. 15.85
D. 16.7

（3）该企业税前可以扣除的财务费用为（　　）万元。
A. 11
B. 27
C. 28
D. 31

（4）该企业应纳所得税税额为（　　）万元。
A. 20.48
B. 20.55
C. 20.89
D. 21.16

第六章　个人所得税

(本章思维导图)

学习目标

1. 能够解释个人所得税的概念并描述个人所得税的特点
2. 能够准确做出居民纳税人与非居民纳税人的分类
3. 能够说明纳税义务人应纳税的所得类型
4. 能够列举个人所得税的所得项目与适用税率
5. 能够准确计算个人所得税的应纳税所得额
6. 能够准确计算个人所得税的应纳税额
7. 能够列举个人所得税的减税、免税与暂免征税项目
8. 能够根据个人所得税征收管理的相关规定进行涉税处理

第一节　个人所得税概述

一、个人所得税和个人所得税法的概念

（一）个人所得税的概念

个人所得税是对个人（即自然人）取得的各项应税所得征收的一种所得税。

个人所得税是以自然人取得的各类应税所得为征税对象而征收的一种所得税，是政府利用税收对个人收入进行调节的一种手段。个人所得税不仅包括个人，还包括具有自然人性质的企业。

个人所得税在组织财政收入，提高公民纳税意识，尤其在调节个人收入分配差距方面具有重要作用。

（二）个人所得税法的概念及构成

个人所得税法是指国家制定的用以调整个人所得税征收和缴纳之间权利与义务关系的法律规范。

1980 年 9 月 10 日，第五届全国人民代表大会第三次会议通过了《中华人民共和国个人所得税法》(以下简称《个人所得税法》)。此后，全国人民代表大会常务委员会分别于

1993 年 10 月 31 日、1999 年 8 月 30 日、2005 年 10 月 27 日、2007 年 6 月 29 日、2007 年 12 月 29 日、2011 年 6 月 30 日对《个人所得税法》作出修正。1994 年 1 月 28 日，国务院公布《中华人民共和国个人所得税法实施条例》（以下简称《个人所得税法实施条例》）。此后，国务院分别于 2005 年 12 月 19 日、2008 年 2 月 18 日、2011 年 7 月 19 日作出修订。国家财政、税务主管部门又制定了一系列部门规章和规范性文件。这些法律法规、部门规章以及规范性文件构成了我国的个人所得税法律制度。

2018 年 6 月 19 日，个人所得税法修正案草案提交十三届全国人大常委会第三次会议审议。这是 1980 年《个人所得税法》颁布实施以来的第七次修订，也是 1994 年以来修订力度最大的一次。此次修订是对现行《个人所得税法》的一次根本性改革，标志着个人所得税由传统税制向现代税制转变。按照党中央、国务院的要求，此次修订对现行《个人所得税法》目前存在的不适应改革需要的多处内容进行了修改，包括完善有关纳税人的规定、对部分劳动性所得实行综合征税、优化调整税率结构、提高综合所得基本减除费用标准、设立专项附加扣除、进一步健全征管制度等，都将在全国人民代表大会常务委员会修正后颁布实施。

二、个人所得税的特点

（一）实行分类征收

从世界范围看，个人所得税的税制模式有三种：分类征收制、综合征收制与混合征收制。分类征收制是将纳税人不同来源、性质的所得项目，分别规定不同的税率征收；综合征收制是对纳税人全年的各项所得加以汇总，就其总额进行征税；混合征收制是对纳税人不同来源、性质的所得先分别按照不同的税率征税，然后将全年的各项所得进行汇总征税。三种不同的征收模式各有其优缺点，目前我国个人所得税的征收采用的是第一种模式，即分类征收制，其改革方向是由分类征收制向分类与综合相结合的模式转变。

（二）累进税率与比例税率并用

分类所得税制一般采用比例税率，综合所得税制通常采用超额累进税率。比例税率计算简便，超额累进税率有利于合理调节收入分配，体现公平。我国现行的《个人所得税》根据各类个人所得的不同性质和特点，将这两种形式的税率综合运用于个人所得税制。其中采用超额累进税率的税目包括工资薪金所得、个体工商户生产经营所得和对企事业单位的承包经营、承租经营所得，实现量能负担。对劳务报酬、稿酬等其他所得，采用比例税率，实行等比负担。

（三）费用扣除方式多样

我国本着费用扣除从宽、从简的原则，采用费用定额扣除和定率扣除两种方法。例如，对劳务报酬等所得，每次收入不超过 4 000 元的，减除 800 元；每次收入 4 000 元以上的，减除 20%的费用。按照这样的标准扣除费用，将征税的重点集中在高收入人群身上，低收入人群不用负担或少负担个人所得税。

（四）计算简便

我国个人所得税的费用扣除采取总额扣除法，免去了对个人实际生活费用支出逐项计算的麻烦。各种所得项目实行分类计算，各有明确的费用扣除规定，费用扣除项目及方法易于掌握，计算比较简单，符合税制简便原则。

（五）采取源泉扣缴和个人申报两种征纳方法

我国《个人所得税法》规定对纳税人的应纳税额分别采取由扣缴义务人源泉扣缴和纳税人自行申报两种方法。对凡是可以在应税所得的支付环节扣缴个人所得税的，均由扣缴义务人履行代扣代缴义务；对于没有扣缴义务人的，个人在两处以上取得工资、薪金所得的，以及个人所得超过国务院规定数额（即年所得 12 万元以上）的，由纳税人自行申报纳税。此外，对其他不便于扣缴税款的，规定由纳税人自行申报纳税。

此外，我国目前的个人所得税仍是以个人为纳税单位的，不实行家庭（夫妻联合）申报纳税。

第二节　纳税义务人与征税范围

一、纳税义务人和所得来源的确定

个人所得税的纳税义务人包括在中国境内有住所，或者虽无住所但在中国境内居住满 1 年的个人，以及无住所又不居住或居住不满 1 年但有从中国境内取得所得的个人。其具体包括中国公民，个体工商户，外籍个人以及中国香港同胞、澳门同胞、台湾同胞等。

个人独资企业和合伙企业不缴纳企业所得税，只对投资者个人或自然人合伙人取得的生产经营所得征收个人所得税。

个人独资企业和合伙企业分别是指依照我国相关法律登记成立的个人独资、合伙性质的企业以及其他相关机构或组织。个人独资企业以投资者个人为纳税义务人，合伙企业以每一个合伙人为纳税义务人。个人独资企业投资人以其个人财产对企业债务承担无限责任。普通合伙企业合伙人对合伙企业债务承担无限连带责任。有限合伙企业由普通合伙人和有限合伙人组成，普通合伙人对合伙企业债务承担无限连带责任，有限合伙人以其认缴的出资额为限对合伙企业债务承担责任。

（一）税收管辖权的界定

各国对个人所得税的纳税人的界定通常有两种管辖权，即来源地税收管辖权和居民税收管辖权。在界定两者管辖权的标准上，通常采用住所标准和居住时间标准。

我国的个人所得税制在纳税人的界定上既行使来源地税收管辖权，又行使居民税收管辖权，即把个人所得税的纳税义务人划分为居民和非居民两类。居民纳税义务人承担无限纳税义务（即来源于境内外的全部所得都应纳税），非居民纳税义务人承担有限纳税义务

（即只限来源于境内的所得纳税）。

1. 住所标准

住所通常是指公民长期生活和活动的主要场所。《中华人民共和国民法通则》第十五条规定："公民以他的户籍所在地的居住地为住所。"

住所分为永久性住所和习惯性住所。永久性住所通常指《中华人民共和国民法通则》规定的住所，具有法律意义。习惯性住所则是指经常居住地，它与永久性住所有时是一致的，有时又不一致。我国个人所得税法律制度采用习惯性住所的标准，将在中国境内有住所的个人界定为因户籍、家庭、经济利益关系而在中国境内习惯性居住的个人。这样就将中、外籍人员以及我国港、澳、台同胞与内地公民区别开来。

所谓习惯性居住或住所，是在税收上判断居民和非居民的一个法律意义上的标准，不是指实际居住或在某一特定时期内的居住地。例如，个人因学习、工作、探亲、旅游在中国境外居住的，当其在境外居住的原因消除后，则必须回到中国境内居住。那么即使该人并未居住在中国境内，仍应将其判定为在中国习惯性居住。

2. 居住时间标准

居住时间是指个人在一国境内实际居住的时间天数。在实际生活中，有时个人在一国境内并无住所，又无经常性居住地，但是却在该国内停留的时间较长，从该国取得了收入，应对其行使税收管辖权，甚至视为该国的居民征税。各国在对个人所得征税的实践中，以个人居住时间长短作为衡量居民与非居民的居住时间标准。我国《个人所得税法》也采用了这一标准。

我国《个人所得税法》规定，在一个纳税年度内在中国境内居住满 365 日，即以居住满 1 年为时间标准，达到这个标准的个人即为居民纳税人。在居住期间内临时离境的，即在一个纳税年度中一次离境不超过 30 日或多次离境累计不超过 90 日的，不扣减日数，连续计算。

3. 居民纳税人和非居民纳税人的定义

我国税法规定的住所标准和居住时间标准，是判定居民身份的两个要件，只要符合或达到其中任何一个条件，就可以被认定为居民纳税人。

因此，根据以上两个标准，可以将居民和非居民纳税人定义为：在中国境内有住所，或者无住所而在境内居住满 1 年的个人，属于我国的居民纳税人；在中国境内无住所又不居住，或者无住所而在境内居住不满 1 年的个人，属于我国的非居民纳税人。

【例 6-1】下列在中国境内无住所的人员中，属于中国居民纳税人的是（　　）。

A. 外籍个人甲 2016 年 8 月 11 日入境，2017 年 9 月 12 日离境

B. 外籍个人乙来华学习 180 日

C. 外籍个人丙 2017 年 1 月 1 日入境，2017 年 12 月 31 日离境

D. 外籍个人丁 2017 年 1 月 1 日入境，2017 年 11 月 20 日离境

【解析】答案：C。对于在中国境内无住所的，必须在中国居住满一个纳税年度（指

1月1日到12月31日)，临时离境一次不超过30日或多次离境累计不超过90日的，才能被认定为居民纳税人。因此，选项A、B、D不符合要求。

（二）居民纳税人和非居民纳税人的纳税义务

1. 居民纳税人的纳税义务

居民纳税人（即在中国境内有住所，或者无住所而在境内居住满1年的个人），应就其来源于中国境内和境外的所得，依照个人所得税法律制度的规定向中国政府履行全面纳税义务，缴纳个人所得税。

对于在中国境内无住所，但居住1年以上而未超过5年的个人，其来源于中国境内的所得应全部依法缴纳个人所得税。对于其来源于中国境外的各种所得，经主管税务机关批准，可以只就由中国境内公司、企业以及其他经济组织或个人支付的部分缴纳个人所得税。

如果上述个人在居住期间临时离境，在临时离境工作期间的工资、薪金所得，仅就由中国境内企业或个人雇主支付的部分纳税。对于居住超过5年的个人，从第6年起，以后的各年度中，凡在境内居住满1年的，就其来源于中国境内、境外的全部所得缴纳个人所得税。

个人在中国境内居住满5年是指个人在中国境内连续居住满5年，即在连续5年中的每一个纳税年度内均居住满1年。个人从第6年起以后的各年度中，凡在境内居住满1年的，应当就其来源于境内、境外的所得申报纳税；凡在境内居住不满1年的，仅就其该年内来源于境内的所得申报纳税，如某一个纳税年度内在境内居住不足90日，其来源于中国境内的所得，由境外雇主支付并且不由该雇主在中国境内的机构、场所负担的部分，免予缴纳个人所得税，并从再次居住满1年的年度起计算5年期限。

2. 非居民纳税人的纳税义务

非居民纳税人（即在中国境内无住所又不居住，或者无住所而在境内居住不满1年的个人），仅就其来源于中国境内取得的所得，向我国政府履行有限纳税义务，缴纳个人所得税。

（1）对于在中国境内无住所而一个纳税年度内在中国境内连续或累计工作不超过90日，或者在税收协定规定的期间内，在中国境内连续或累计居住不超过183日的个人，其来源于中国境内的所得，由中国境外雇主支付并且不是由该雇主设在中国境内机构负担的工资、薪金所得，免予缴纳个人所得税，仅就其实际在中国境内工作期间由中国境内企业或个人雇主支付，或者由中国境内机构负担的工资、薪金所得纳税。不过，如果该中国境内企业、机构属于采取核定利润方法计征企业所得税，在该企业机构任职、受雇的个人实际在中国境内工作期间取得的工资、薪金，不论是否在该企业、机构会计账簿中记载，均应视为该中国境内企业、机构支付或负担的工资、薪金，应予以征税。

（2）对于在中国境内无住所，但在一个纳税年度中在中国境内连续或累计工作超过90日，或者在税收协定规定的期间内，在中国境内连续或累计居住超过183日但不满1年的个人，其来源于中国境内的所得，无论是由中国境内企业或个人雇主支付还是由境外企业或个人雇主支付，均应缴纳个人所得税。个人在中国境外取得的工资、薪金所得，除担任中国境内企业董事或高层管理人员，并在境外履行职务而由境内企业支付董事费或工资、薪金所得之外，不缴纳个人所得税。担任中国境内企业董事或高层管理人员取得的由中国境内企业支付的董事费或工资、薪金，不论个人是否在中国境外履行职务均应申报缴纳个人所得税。对于上述涉及的境外雇主支付并且不是由中国境内机构负担工资、薪金所得的个人，如事先可预定在一个纳税年度中连续或累计居住超过 90 日或 183 日的，其每月应纳税额按期申报缴纳。事先不能预定的，可以待达到 90 日或 183 日后的次月 15 日内，就以前月份应纳的税款一并申报纳税。

以上居民纳税人与非居民纳税人的纳税义务可以用表 6-1 总结。

表 6-1　　个人所得税纳税义务人纳税义务一览表

<table>
<tr><th rowspan="2">纳税人</th><th rowspan="2" colspan="2">住所标准及居住时间标准</th><th colspan="2">来源于境内所得</th><th colspan="2">来源于境外所得</th></tr>
<tr><th>境内支付</th><th>境外支付</th><th>境内支付</th><th>境外支付</th></tr>
<tr><td rowspan="5">居民纳税人</td><td colspan="2">有住所</td><td>√</td><td>√</td><td>√</td><td>√</td></tr>
<tr><td rowspan="3">居住满 5 年，且第 6 年起</td><td>满 1 年的</td><td>√</td><td>√</td><td>√</td><td>√</td></tr>
<tr><td>满 90 日不满 1 年的</td><td>√</td><td>√</td><td>×</td><td>×</td></tr>
<tr><td>不满 90 日的</td><td>√</td><td>免税</td><td>×</td><td>×</td></tr>
<tr><td colspan="2">居住满 1 年，不满 5 年的</td><td>√</td><td>√</td><td>√</td><td>×</td></tr>
<tr><td rowspan="2">非居民纳税人</td><td colspan="2">满 183（90）日不满 1 年的</td><td>√</td><td>√</td><td>×（√）</td><td>×</td></tr>
<tr><td colspan="2">不满 183（90）日的</td><td>√</td><td>免税</td><td>×</td><td>×</td></tr>
</table>

注：“√”表示征税；“×”表示不征税；“×（√）”表示除担任中国境内企业董事或高层管理人员，并在境外履行职务而由境内企业支付董事费或工资、薪金所得之外，不缴纳个人所得税。担任中国境内企业董事或高层管理人员取得的由中国境内企业支付的董事费或工资、薪金，不论个人是否在中国境外履行职务均应申报缴纳个人所得税。

能力拓展阅读：

[个人所得税法修正案草案征求意见（一）
——总体思路及完善有关纳税人的规定]

（三）扣缴义务人

我国实行个人所得税代扣代缴和个人申报纳税相结合的征收管理制度。税法规定凡支付应纳税所得的单位或个人，都是个人所得税的扣缴义务人。扣缴义务人在向纳税人支付各项应纳税所得（个体工商户的生产、经营所得和对企事业单位的承包经营、承租经营所得除外）时，必须履行代扣代缴税款的义务。

（四）所得来源的确定

下列所得，不论支付地点是否在中国境内，均为来源于中国境内的所得：

（1）因任职、受雇、履约等而在中国境内提供劳务取得的所得。

（2）将财产出租给承租人在中国境内使用而取得的所得。

（3）转让中国境内的建筑物、土地使用权等财产或在中国境内转让其他财产取得的所得。

（4）许可各种特许权在中国境内使用而取得的所得。

（5）从中国境内的公司、企业以及其他经济组织或个人取得的利息、股息、红利所得。

二、征税范围

按应纳税所得的来源划分，现行个人所得税共分为 11 个应税项目。

（一）工资、薪金所得

工资、薪金所得是指个人因任职或受雇而取得的工资、薪金、奖金、年终加薪、劳动分红、津贴、补贴以及与任职或受雇有关的其他所得。工资薪金所得属于非独立个人劳动所得。

除工资、薪金以外，奖金、年终加薪、劳动分红、津贴、补贴也被列入“工资、薪金所得”项目。其中，年终加薪、劳动分红不分种类和取得情况，一律按“工资、薪金所得”项目课税。

不属于工资、薪金性质的补贴、津贴项目，不予征收个人所得税。这些项目包括：

①独生子女补贴。

②执行公务员工资制度未纳入基本工资总额的补贴、津贴差额和家属成员的副食补贴。

③托儿补助费。

④差旅费津贴、误餐补助。误餐补助是指按照财政部规定，个人因公在城区、郊区工作，不能在工作单位或返回就餐的，根据实际误餐顿数，按规定的标准领取的误餐费。单位以误餐补助名义发给职工的补助、津贴不包括在内。

（二）个体工商户的生产、经营所得

个体工商户的生产、经营所得包括：

（1）依法取得个体工商户营业执照，从事生产经营的个体工商户。

（2）经政府有关部门批准，从事办学、医疗、咨询等有偿服务活动的个人。

（3）其他从事个体生产、经营的个人。

（4）个体工商户和个人取得的与生产、经营有关的各项应税所得。

（5）实行查账征税办法的个人独资企业和合伙企业的个人投资者的生产经营所得比照执行。

个体工商户和从事生产经营的个人，取得与生产、经营活动无关的其他各项应税所得，应分别按照有关规定，计算征收个人所得税。

个人因从事彩票代销业务而取得所得，应按照“个体工商户的生产、经营所得”项目计征个人所得税。

（三）对企事业单位的承包经营、承租经营所得

对企事业单位的承包经营、承租经营所得，是指个人承包经营或承租经营以及转包、转租取得的所得，还包括个人按月或按次取得的工资、薪金性质的所得。承包经营、承租经营形式较多，分配方式各有不同，主要分为以下两类：

（1）个人对企事业单位承包、承租经营后，工商登记改变为个体工商户的。这类承包、承租经营所得，实际上属于个体工商户的生产、经营所得，应按“个体工商户的生产、经营所得”项目征收个人所得税，不再征收企业所得税。

（2）个人对企事业单位承包、承租经营后，工商登记仍为企业的，不论其分配方式如何，均应先按照《企业所得税》的有关规定缴纳企业所得税，然后根据承包、承租经营者按合同（协议）规定取得的所得，依照《个人所得税法》的有关规定缴纳个人所得税。具体包括以下两种情况：

①承包、承租人对企业经营成果不拥有所有权，仅按合同（协议）规定取得一定所得的，应按“工资、薪金所得”项目征收个人所得税。

②承包、承租按合同（协议）规定只向发包方、出租方缴纳一定的费用，缴纳承包、承租费后的企业的经营成果归承包、承租人所有的，其取得的所得按“对企事业单位的承包经营、承租经营所得”项目征收个人所得税。

（四）劳务报酬所得

劳务报酬所得是指个人独立从事非雇佣的各种劳务所取得的所得。其内容包括设计、装潢、安装、制图、化验、测试、医疗、法律、会计、咨询、讲学、新闻、广播、翻译、审稿、书画、雕刻、影视、录音、录像、演出、表演、广告、展览、技术服务、合组服务、经纪服务、代办服务、其他劳务。

区分“劳务报酬所得”和“工资、薪金所得”，主要看是否存在雇佣与被雇佣的关系。“工资、薪金所得”是个人从事非独立劳动，从所在单位（雇主）领取的报酬，存在雇佣与被雇佣的关系，即在机关、团体、学校、部队、企事业单位及其他组织中任职、受雇而得到的报酬。“劳务报酬所得”是个人独立从事某种技艺，独立提供某种劳务而取得的报酬，一般不存在雇佣关系。个人所得税所列各项“劳务报酬所得”一般属于个人独立从事自由职业取得的所得或属于独立个人劳动所得。如果从事某项劳务活动取得的报酬是以工资、薪金形式体现的，如演员从其所属单位领取工资，教师从学校领取工资，就属于“工资、薪金所得”，而不属于“劳务报酬所得”。如果从事某项劳务活动取得的报酬不是

来自聘用、雇佣或工作单位，如演员"走穴"演出取得的报酬，教师自行举办学习班、培训班等取得的收入，就属于"劳务报酬所得"或"个体工商户的生产、经营所得"。

（1）个人兼职取得的收入应按照"劳务报酬所得"项目缴纳个人所得税。

（2）律师以个人名义再聘请其他人员为其工作而支付的报酬，应由该律师按"劳务报酬所得"项目负责代扣代缴个人所得税。为了便于操作，税款可以由其任职的律师事务所代为缴入国库。

（3）证券经纪人从证券公司取得的佣金收入，应按照"劳务报酬所得"项目缴纳个人所得税。证券经纪人佣金收入由展业成本和劳务报酬构成，对展业成本部分不征收个人所得税。根据目前实际情况，证券经纪人展业成本的比例暂定为每次收入额的40%。

（4）个人保险代理人以其取得的佣金、奖励和劳务费等相关收入（不含增值税）减去地方税费附加及展业成本，按照规定计算个人所得税。展业成本为佣金收入减去地方税费附加余额的40%。个人保险代理人是指根据保险企业的委托，在保险企业授权范围内代为办理保险业务的自然人，不包括个体工商户。

（五）稿酬所得

稿酬所得是指个人因其作品以图书、报刊形式出版、发表而取得的所得。作品包括文学作品、书画作品、摄影作品以及其他作品。作者去世后，财产继承人取得的遗作稿酬，也应征收个人所得税。

（六）特许权使用费所得

特许权使用费所得是指个人提供专利权、商标权、著作权、非专利技术以及其他特许权的使用权取得的所得。

（1）我国个人所得税法律制度规定，提供著作权的使用权取得的所得，不包括稿酬所得，对于作者将自己的文字作品手稿原件或复印件公开拍卖（竞价）取得的所得，属于提供著作权的使用所得，因此应按"特许权使用费所得"项目征收个人所得税。

（2）个人取得特许权的经济赔偿收入，应按"特许权使用费所得"项目缴纳个人所得税，税款由支付赔偿的单位或个人代扣代缴。

（3）从2002年5月1日起，编剧从电视剧的制作单位取得的剧本使用费，不再区分剧本的使用方是否为其任职单位，统一按"特许权使用费所得"项目征收个人所得税。

能力拓展阅读：

［个人所得税法修正案草案征求意见（二）
——对部分劳动性所得实行综合征税］

（七）利息、股息、红利所得

利息、股息、红利所得是指个人拥有债权、股权而取得的利息、股息、红利所得。其中，利息一般是指存款、贷款和债券的利息。股息、红利是指个人拥有股权取得的公司、企业分红。按照一定的比率派发的每股息金，称为股息。根据公司、企业应分配的超过股息部分的利润，按股派发的红股，称为红利。

（1）个人投资者收购企业股权后，将企业原有盈余积累转增股本个人所得税问题。一名或多名个人投资者以股权收购方式取得被收购企业100%股权，股权收购前，被收购企业原账面金额中的“资本公积、盈余公积、未分配利润”等盈余积累未转增股本，而在股权交易时将其一并计入股权转让价格并履行了所得税纳税义务。股权收购后企业将原账面金额中的盈余积累向个人投资者（新股东，下同）转增股本，有关个人所得税问题区分以下情形处理：

①新股东以不低于净资产价格收购股权的，企业原盈余积累已全部计入股权交易价格，新股东取得盈余积累转增股本的部分，不征收个人所得税。

②新股东以低于净资产价格收购股权的，企业原盈余积累中，对于股权收购价格减去原股本的差额部分已经计入股权交易价格，新股东取得盈余积累转增股本的部分，不征收个人所得税；对于股权收购价格低于原所有者权益的差额部分未计入股权交易价格，新股东取得盈余积累转增股本的部分，应按照“利息、股息、红利所得”项目征收个人所得税。

③新股东以低于净资产价格收购企业股权后转增股本，应按照下列顺序进行，即先转增应税的盈余积累部分，然后再转增免税的盈余积累部分。

（2）个人从公开发行和转让市场取得的上市公司股票，持股期限在1个月以内（含1个月）的，其股息红利所得全额计入应纳税所得额；持股期限在1个月以上至1年（含1年）的，暂减按50%计入应纳税所得额；上述所得统一适用20%的税率计征个人所得税。

对个人持有的上市公司限售股，解禁后取得的股息红利，按照上市公司股息红利差别化个人所得税政策规定计算纳税，持股时间自解禁日起计算；解禁前取得的股息红利继续暂减按50%计入应纳税所得额，适用20%的税率计征个人所得税。

（八）财产租赁所得

财产租赁所得是指个人出租建筑物、土地使用权、机器设备、车船以及其他财产取得的所得。

个人取得的财产转租收入，属于“财产租赁所得”的征税范围，由财产转租人缴纳个人所得税。

（九）财产转让所得

财产转让所得是指个人转让有价证券、股权、建筑物、土地使用权、机器设备、车船以及其他财产取得的所得。

（1）个人将投资于在中国境内成立的企业或组织（不包括个人独资企业和合伙企业）

的股权或股份，转让给其他个人或法人的行为，按照“财产转让所得”项目，依法计算缴纳个人所得税。其具体包括以下情形：

①出售股权。

②公司回购股权。

③发行人首次公开发行新股时，被投资企业股东将其持有的股份以公开发行方式向投资者发售。

④股权被司法或行政机关强制过户。

⑤以股权对外投资或进行其他非货币性交易。

⑥以股权抵偿债务。

⑦其他股权转移行为。

（2）个人因各种原因终止投资、联营、经营合作等行为，从被投资企业或合作项目、被投资企业的其他投资者以及合作项目的经营合作人取得股权转让收入、违约金、补偿金、赔偿金及以其他名目收回的款项等，均属于个人所得税应税收入，应按照“财产转让所得”项目适用的规定计算缴纳个人所得税。

（3）个人以非货币性资产投资，属于个人转让非货币性资产和投资同时发生。对个人转让非货币性资产的所得，应按照“财产转让所得”项目，依法计算缴纳个人所得税。

（4）纳税人收回转让的股权征收个人所得税的方法如下：

①股权转让合同履行完毕、股权已作变更登记，并且所得已经实现的，转让人取得的股权转让收入应当依法缴纳个人所得税。转让行为结束后，当事人双方签订并执行解除原股权转让合同、退回股权的协议，是另一次股权转让行为，对前次转让行为征收的个人所得税款不予退回。

②股权转让合同未履行完毕，因执行仲裁委员会作出的解除股权转让合同及补充协议的裁决、停止执行原股权转让合同，并原价收回已转让股权的，由于其股权转让行为尚未完成、收入未完全实现，随着股权转让关系的解除，股权收益不复存在，纳税人不应缴纳个人所得税。

（5）自 2010 年 1 月 1 日起，对个人转让限售股取得的所得，按照“财产转让所得”项目征收个人所得税。

（6）个人通过招标、竞拍或其他方式购置债权以后，通过相关司法或行政程序主张债权而取得的所得，应按照“财产转让所得”项目缴纳个人所得税。

（7）个人通过网络收购玩家的虚拟货币，加价后向他人出售取得的收入，应按照“财产转让所得”项目计算缴纳个人所得税。

（十）偶然所得

偶然所得是指个人得奖、中奖、中彩以及其他偶然性质的所得。得奖是指参加各种有奖竞赛活动，取得名次得到的奖金；中奖、中彩是指参加各种有奖活动，如有奖储蓄，或者购买彩票，经过规定程序，抽中、摇中号码而取得的奖金。

（1）企业对累积消费达到一定额度的顾客，给予额外抽奖机会，个人的获奖所得，按照“偶然所得”项目，全额缴纳个人所得税。

（2）个人取得单张有奖发票奖金所得超过 800 元的，应全额按照“偶然所得”项目征收个人所得税。税务机关或其指定的有奖发票兑奖机构，是有奖发票奖金所得个人所得税的扣缴义务人。

（十一）经国务院财政部门确定征税的其他所得

除上述列举的各项个人应税所得外，其他确有必要征税的个人所得，由国务院财政部门确定。例如，个人为单位或他人提供担保获得报酬；房屋产权所有人将房屋产权无偿赠与他人的，受赠人因无偿受赠房屋取得的受赠所得；企业在业务宣传、广告等活动中，随机向本单位以外的个人赠送礼品，对个人取得的礼品所得；企业在年会座谈会、庆典以及其他活动中向本单位以外的个人赠送礼品，对个人取得的礼品所得等按照“经国务院财政部门确定征税的其他所得”项目，全额适用 20%的税率缴纳个人所得税。

个人取得的所得，难以界定应纳税所得项目的，由主管税务机关确定。

第三节　税率与应纳税所得额的确定

一、税率

（一）工资、薪金所得适用税率

工资、薪金所得适用 3%～45%的超额累进税率，计算缴纳个人所得税。具体税率和速算扣除数见表 6-2。

表 6-2　　个人所得税税率表（工资、薪金所得适用）

级数	全月应纳税所得额		税率（%）	速算扣除数
	含税级距	不含税级距		
1	不超过 1 500 元的	不超过 1 455 元的	3	0
2	超过 1 500 元至 4 500 元的部分	超过 1 455 元至 4 155 元的部分	10	105
3	超过 4 500 元至 9 000 元的部分	超过 4 155 元至 7 755 元的部分	20	555
4	超过 9 000 元至 35 000 的部分	超过 7 755 元至 27 255 元的部分	25	1 005
5	超过 35 000 元至 55 000 元的部分	超过 27 255 元至 41 255 元的部分	30	2 755
6	超过 55 000 元至 80 000 元的部分	超过 41 255 元至 57 505 元的部分	35	5 505
7	超过 80 000 元的部分	超过 57 505 元的部分	45	13 505

注：1. 本表所列含税级距与不含税级距，均为按照税法规定减除有关费用后的所得额。

2. 含税级距适用于由纳税人负担税款的工资、薪金所得；不含税级距适用于由他人（单位）代付税款的工资、薪金所得。

（二）个体工商户的生产、经营所得和对企事业单位的承包经营、承租经营所得适用税率

个体工商户的生产、经营所得和对企事业单位的承包经营、承租经营所得适用5%~35%的超额累进税率，计算缴纳个人所得税。具体税率和速算扣除数见表6-3。

表6-3　个人所得税税率表

（个体工商户的生产、经营所得和对企事业单位的承包经营、承租经营所得）

级数	全年应纳税所得额		税率（%）	速算扣除数
	含税级距	不含税级距		
1	不超过15 000元的	不超过14 250元的	5	0
2	超过15 000元至30 000元的部分	超过14 250元至27 750元的部分	10	750
3	超过30 000元至60 000元的部分	超过27 750元至51 750元的部分	20	3 750
4	超过60 000元至100 000的部分	超过51 750元至79 750元的部分	30	9 750
5	超过100 000元的部分	超过79 750元的部分	35	14 750

注：1. 本表所列含税级距与不含税级距，均为按照税法规定以每一纳税年度的收入总额减除成本、费用以及损失后的所得额。

2. 含税级距适用于个体工商户的生产、经营所得和由纳税人负担税款的对企事业单位的承包经营、承租经营所得；不含税级距适用于由他人（单位）代付税款的对企事业单位的承包经营、承租经营所得。

实行查账征税办法的个人独资企业和合伙企业，其税率比照"个体工商户的生产经营所得"项目，适用5%~35%的五级超额累进税率，计算征收个人所得税；实行核定应税所得率征收方式的，先按照应税所得率计算其应纳税所得额，再按其应纳税所得额的大小，适用5%~35%的五级超额累进税率计算征收个人所得税。

投资者兴办两个或两个以上企业，并且企业性质全部是独资的，年度终了后汇算清缴时，应纳税款的计算按以下方法进行：汇总其投资兴办的所有企业的经营所得作为应纳税所得额，以此确定适用税率，计算出全年经营所得的应纳税额，再根据每个企业的经营所得占所有企业经营所得的比例，分别计算出每个企业的应纳税额和应补缴税额。

（三）稿酬所得适用税率

稿酬所得适用比例税率，税率为20%，并按应纳税额减征30%，即只征收70%的税额，其实际税率为14%。

（四）劳务报酬所得适用税率

劳务报酬所得适用比例税率，税率为20%。对劳务报酬所得一次收入畸高的，可以实行加成征收。所谓"劳务报酬所得一次收入畸高的"，是指个人一次取得劳务报酬，其应纳税所得额超过20 000元。劳务报酬所得加成征税采取超额累进办法，即个人取得劳务报酬收入的应纳税所得额一次超过20 000~50 000元的部分，按照税法规定计算应纳税额后，再按照应纳税额加征五成；超过50 000元的部分，加征十成。具体税率及速算扣除数见表6-4。

表 6-4　　个人所得税税率表（劳务报酬所得适用）

级数	每次应纳税所得额	税率（%）	速算扣除数
1	不超过 20 000 元的	20	0
2	超过 20 000 至 50 000 的部分	30	2 000
3	超过 50 000 元的部分	40	7 000

注：本表所称“每次应纳税所得额”是指每次收入额减除费用 800 元（每次收入额不超过 4 000 元时）或减除 20%的费用（每次收入额超过 4 000 元时）后的余额。

（五）特许权使用费所得，利息、股息、红利所得，财产租赁所得，财产转让所得，偶然所得和经国务院财政部门确定征税的其他所得适用税率

特许权使用费所得，利息、股息、红利所得，财产租赁所得，财产转让所得，偶然所得和经国务院财政部门确定征税的其他所得适用比例税率，税率为 20%。

自 2001 年 1 月 1 日起，对个人出租住房取得的所得暂减按 10%的税率征收个人所得税。

能力拓展阅读：

［个人所得税法修正案草案征求意见（三）——优化调整税率结构］

二、个人所得税应纳税所得额的确定

（一）计税依据

个人所得税的计税依据是纳税人取得的应纳税所得额。应纳税所得额为个人取得的各项收入减去税法规定的费用扣除金额和减免税收入后的余额。由于个人所得税的应税项目不同，扣除费用标准也各不相同，需要按不同应税项目分项计算。

1. 收入的形式

个人取得的应纳税所得形式，包括现金、实物、有价证券和其他形式的经济利益。纳税人所得为实物的，应按照取得的凭证上的价格计算应纳税所得额；无凭证的实物或凭证上所注明的价格明显偏低的，由主管税务机关参照当地的市场价格核定应纳税所得额；纳税人所得为有价证券的，根据票面价格和市场价格核定应纳税所得额；纳税人所得为其他形式经济利益的，参照市场价格核定应纳税所得额。

2. 费用扣除的方法

在计算应纳税所得额时，一般允许从个人的应税收入中减去税法规定的费用扣除金额，仅就扣除费用后的余额征税。

我国现行的个人所得税采取分项确定、分类扣除，根据其所得的不同情况分别实行定额、定率和限额内据实扣除三种扣除办法。

（1）对工资、薪金所得涉及的个人生计费用，采取定额扣除的办法。

（2）对个体工商户的生产、经营所得和对企事业单位的承包经营、承租经营所得以及财产转让所得，涉及生产、经营有关成本或费用的支出，采取限额内据实扣除有关成本、费用或规定的必要费用的办法。

（3）对劳务报酬所得、稿酬所得、特许权使用费所得、财产租赁所得，采取定额和定率两种扣除办法。

（4）利息、股息、红利所得，偶然所得和经国务院财政部门确定征税的其他所得，不得扣除任何费用。

（二）个人所得项目的具体扣除标准

1. 工资、薪金所得

工资、薪金所得，以每月收入额减除费用 3 500 元后的余额，为应纳税所得额。在中国境内的外商投资企业和外国企业中工作取得工资、薪金所得的外籍人员，应聘在中国境内的企业、事业单位、社会团体、国家机关中工作取得工资、薪金所得的外籍专家，在中国境内有住所而在中国境外任职或受雇取得工资、薪金所得的个人，每月在减除 3 500 元费用的基础上，再减除 1 300 元的附加减除费用，费用扣除总额为 4 800 元。

能力拓展阅读：

[个人所得税法修正案草案征求意见（四）
——提高综合所得基本减除费用标准与设立专项附加扣除]

2. 个体工商户的生产、经营所得（实行查账征收）

实行查账征收的个体工商户应当按照以下规定计算并申报缴纳个人所得税。个体工商户以业主为个人所得税纳税义务人。

（1）个体工商户的生产、经营所得，以每一纳税年度的收入总额，减除成本、费用、税金、损失、其他支出以及允许弥补的以前年度亏损后的余额，为应纳税所得额。

个体工商户应纳税所得额的计算，以权责发生制为原则，属于当期的收入和费用，不论款项是否收付，均作为当期的收入和费用；不属于当期的收入和费用，即使款项已经在当期收付，均不作为当期收入和费用。财政部、国家税务总局另有规定的除外。

（2）个体工商户从事生产经营取得的货币形式和非货币形式的各项收入，为收入总额。其包括销售货物收入、提供劳务收入、转让财产收入、利息收入、租金收入、接受捐赠收入、其他收入。其中，其他收入包括个体工商户资产溢余收入、逾期一年以上的未退包装物押金收入、确实无法偿付的应付款项、已作坏账损失处理后又收回的应收款项、债务重组收入、补贴收入、违约金收入、汇兑收益等。

成本是指个体工商户在生产经营活动中发生的销售成本、销货成本、业务支出以及其他耗费。

费用是指个体工商户在生产经营活动中发生的销售费用、管理费用和财务费用，已经计入成本的有关费用除外。个体工商户使用或销售存货，按照规定计算的存货成本，准予在计算应纳税所得额时扣除。个体工商户转让资产，该项资产的净值准予在计算应纳税所得额时扣除。

税金是指个体工商户在生产经营活动中发生的除个人所得税和允许抵扣的增值税以外的各项税金及其附加。

损失是指个体工商户在生产经营活动中发生的固定资产和存货的盘亏、毁损、报废损失，转让财产损失，坏账损失，自然灾害等不可抗力因素造成的损失以及其他损失。个体工商户发生的损失，减除责任人赔偿和保险赔款后的余额，参照财政部、国家税务总局有关企业资产损失税前扣除的规定扣除。个体工商户已经作为损失处理的资产，在以后纳税年度又全部收回或部分收回时，应当计入收回当期的收入。

其他支出是指除成本、费用、税金、损失外，个体工商户在生产经营活动中发生的与生产经营活动有关的、合理的支出。

允许弥补的以前年度亏损是指个体工商户依照规定计算的应纳税所得额小于零的数额。

（3）个体工商户发生的支出应当区分收益性支出和资本性支出。收益性支出在发生当期直接扣除；资本性支出应当分期扣除或计入有关资产成本，不得在发生当期直接扣除。

（4）除税收法律法规另有规定外，个体工商户实际发生的成本、费用、税金、损失和其他支出，不得重复扣除。

（5）个体工商户下列支出不得扣除：

①个人所得税税款。

②税收滞纳金。

③罚金、罚款和被没收财物的损失。

④不符合扣除规定的捐赠支出。

⑤赞助支出（指个体工商户发生的与生产经营活动无关的各种非广告性质支出）。

⑥用于个人和家庭的支出。

⑦与取得生产经营收入无关的其他支出。

⑧国家税务总局规定不准扣除的支出。

（6）个体工商户生产经营活动中，应当分别核算生产经营费用和个人、家庭费用。对于生产经营与个人、家庭生活混用难以分清的费用，其40%视为与生产经营有关的费用，准予扣除。

（7）个体工商户纳税年度发生的亏损，准予向以后年度结转，用以后年度的生产经营所得弥补，但结转年限最长不得超过5年。

（8）个体工商户实际支付给从业人员的、合理的工资薪金支出，准予扣除。

个体工商户业主的费用扣除标准统一确定为42 000元/年，即3 500元/月。

个体工商户业主的工资薪金支出不得税前扣除。

（9）个体工商户按照国务院有关主管部门或省级人民政府规定的范围与标准为其业主和从业人员缴纳的基本养老保险费、基本医疗保险费、失业保险费、生育保险费、工伤保险费和住房公积金，准予扣除。

个体工商户为从业人员缴纳的补充养老保险费、补充医疗保险费，分别在不超过从业人员工资总额5%标准内的部分据实扣除；超过部分，不得扣除。

个体工商户业主本人缴纳的补充养老保险费、补充医疗保险费，以当地（地级市）上年度社会平均工资的3倍为计算基数，分别在不超过该计算基数5%标准内的部分据实扣除；超过部分，不得扣除。

除个体工商户依照国家有关规定为特殊工种从业人员支付的人身安全保险费和财政部、国家税务总局规定可以扣除的其他商业保险费外，个体工商户业主本人或为从业人员支付的商业保险费，不得扣除。

（10）个体工商户在生产经营活动中发生的合理的不需要资本化的借款费用，准予扣除。

个体工商户为购置、建造固定资产、无形资产和经过12个月以上的建造才能达到预定可销售状态的存货发生借款的，在有关资产购置、建造期间发生的合理的借款费用，应当作为资本性支出计入有关资产的成本，并依照规定扣除，不得在发生当期直接扣除。

（11）个体工商户在生产经营活动中发生的下列利息支出，准予扣除：

①向金融企业借款的利息支出。

②向非金融企业和个人借款的利息支出，不超过按照金融企业同期同类贷款利率计算的数额的部分。

（12）个体工商户在货币交易中以及纳税年度终了时将人民币以外的货币性资产、负债按照期末即期人民币汇率中间价折算为人民币时产生的汇兑损失，除已经计入有关资产成本部分外，准予扣除。

（13）个体工商户向当地工会组织拨缴的工会经费、实际发生的职工福利费支出、职工教育经费支出分别在工资薪金总额的2%、14%、2.5%的标准内据实扣除。

工资薪金总额是指允许在当期税前扣除的工资薪金支出数额。

职工教育经费的实际发生数额超出规定比例当期不能扣除的数额，准予在以后纳税年度结转扣除。

个体工商户业主本人向当地工会组织缴纳的工会经费、实际发生的职工福利费支出、职工教育经费支出，以当地（地级市）上年度社会平均工资的3倍为计算基数，在规定比例内据实扣除。

（14）个体工商户发生的与生产经营活动有关的业务招待费，按照实际发生额的60%扣除，但最高不得超过当年销售（营业）收入的5‰。

业主自申请营业执照之日起至开始生产经营之日止所发生的业务招待费，按照实际发生额的60%计入个体工商户的开办费。

（15）个体工商户每一纳税年度发生的与其生产经营活动直接相关的广告费和业务宣传费不超过当年销售（营业）收入15%的部分，可以据实扣除；超过部分，准予在以后纳税年度结转扣除。

（16）个体工商户代其从业人员或者他人负担的税款，不得税前扣除。

（17）个体工商户按照规定缴纳的摊位费、行政性收费、协会会费等，按实际发生数额扣除。

（18）个体工商户根据生产经营活动的需要租入固定资产支付的租赁费，按照以下方法扣除：

①以经营租赁方式租入固定资产发生的租赁费支出，按照租赁期限均匀扣除。

②以融资租赁方式租入固定资产发生的租赁费支出，按照规定构成融资租入固定资产价值的部分应当提取折旧费用，分期扣除。

（19）个体工商户参加财产保险，按照规定缴纳的保险费，准予扣除。

（20）个体工商户发生的合理的劳动保护支出，准予扣除。

（21）个体工商户自申请营业执照之日起至开始生产经营之日止所发生符合规定的费用，除为取得固定资产、无形资产的支出以及应计入资产价值的汇兑损益、利息支出外，作为开办费，个体工商户可以选择在开始生产经营的当年一次性扣除，也可自生产经营月份起在不短于3年期限内摊销扣除，但一经选定，不得改变。

开始生产经营之日为个体工商户取得第一笔销售（营业）收入的日期。

（22）个体工商户通过公益性社会团体或县级以上人民政府及其部门，用于《中华人民共和国公益事业捐赠法》规定的公益事业的捐赠，捐赠额不超过其应纳税所得额30%的部分可以据实扣除。

财政部、国家税务总局规定可以全额在税前扣除的捐赠支出项目，按有关规定执行。

个体工商户直接对受益人的捐赠不得扣除。

公益性社会团体的认定，按照财政部、国家税务总局、民政部有关规定执行。

（23）个体工商户研究开发新产品、新技术、新工艺发生的开发费用以及研究开发新产品、新技术而购置单台价值在10万元以下的测试仪器和试验性装置的购置费准予直接扣除；单台价值在10万元以上（含10万元）的测试仪器和试验性装置，按固定资产管理，不得在当期直接扣除。

（24）个人独资企业和合伙企业的生产、经营所得。

①查账征收的个人独资企业和合伙企业的扣除项目比照《个体工商户个人所得税计税办法》的规定确定。

②个人独资企业的投资者以全部生产经营所得为应纳税所得额；合伙企业的投资者按照合伙企业的全部生产经营所得和合伙协议约定的分配比例确定应纳税所得额，合伙协议没有约定分配比例的，以全部生产经营所得和合伙人数量平均计算每个投资者的应纳税所得额。生产经营所得包括企业分配给投资者个人的所得和企业当年留存的所得（利润）。

③投资者兴办两个或两个以上企业的，其投资者个人费用扣除标准由投资者选择在其中一个企业的生产经营所得中扣除。

④计提的各种准备金不得扣除。

⑤企业与其关联企业之间的业务往来，应当按照独立企业之间的业务往来收取或支付价款、费用。不按照独立企业之间的业务往来收取或支付价款、费用，而减少其应纳税所得额的，主管税务机关有权进行合理调整。

⑥国家对下列情形的个人独资企业和合伙企业实行核定征收个人所得税，具体包括：依照国家有关规定应当设置但未设置账簿的；虽设置账簿，但账目混乱或成本资料、收入凭证、费用凭证残缺不全，难以查账的；纳税人发生纳税义务，未按照规定的期限办理纳税申报，经税务机关责令限期申报，逾期仍不申报的。

3. 个体工商户的生产、经营所得（实行定期定额征收）

个体工商户税收定期定额征收是指税务机关依照法律、行政法规及相关规定，对个体工商户在一定经营地点、一定经营时期、一定经营范围内的应纳税经营额（包括经营数量）或所得额（以下简称定额）进行核定，并以此为计税依据，确定其应纳税额的一种征收方式。

经主管税务机关认定和县以上税务机关（含县级，下同）批准的生产、经营规模小，达不到《个体工商户建账管理暂行办法》规定设置账簿标准的个体工商户（以下简称定期定额户）的税收征收管理规定如下：

（1）税务机关应当根据定期定额户的经营规模、经营区域、经营内容、行业特点、管理水平等因素核定定额，可以采用下列一种或两种以上的方法核定：

①按照耗用的原材料、燃料、动力等推算或测算核定。

②按照成本加合理的费用和利润的方法核定。

③按照盘点库存情况推算或测算核定。

④按照发票和相关凭据核定。

⑤按照银行经营账户资金往来情况测算核定。

⑥参照同类行业或类似行业中同规模、同区域纳税人的生产、经营情况核定。

⑦按照其他合理方法核定。

税务机关应当运用现代信息技术手段核定定额，增强核定工作的规范性和合理性。

（2）税务机关核定定额程序如下：

①自行申报。定期定额户要按照税务机关规定的申报期限、申报内容向主管税务机关申报，填写有关申报文书。申报内容应包括经营行业、营业面积、雇佣人数和每月经营额、所得额以及税务机关需要的其他申报项目。其中经营额、所得额为预估数。

②核定定额。主管税务机关根据定期定额户自行申报情况，参考典型调查结果，采取前述核定方法核定定额，并计算应纳税额。

③定额公示。主管税务机关应当将核定定额的初步结果进行公示，公示期限为 5 个工作日。公示地点、范围、形式应当按照便于定期定额户及社会各界了解、监督的原则，由主管税务机关确定。

④上级核准。主管税务机关根据公示意见结果修改定额，并将核定情况报经县以上税务机关审核批准后，填制核定定额通知书。

⑤下达定额。税务机关将核定定额通知书送达定期定额户执行。

⑥公布定额。主管税务机关将最终确定的定额和应纳税额情况在原公示范围内进行公布。

（3）定期定额户应当建立收支凭证粘贴簿、进销货登记簿，完整保存有关纳税资料，并接受税务机关的检查。

4. 对企事业单位的承包经营、承租经营所得

对企事业单位的承包经营、承租经营所得，以每一纳税年度的收入总额，减除必要费用后的余额，为应纳税所得额。每一纳税年度的收入总额是指纳税义务人按照承包经营、承租经营合同规定分得的经营利润和工资、薪金性质的所得；减除必要费用是指按月减除 3 500 元。

5. 劳务报酬所得、稿酬所得、特许权使用费所得、财产租赁所得

劳务报酬所得、稿酬所得、特许权使用费所得、财产租赁所得，每次收入不超过 4 000元的，减除费用 800 元；4 000 元以上的，减除 20% 的费用，其余额为应纳税所得额。

6. 财产转让所得

财产转让所得，以转让财产的收入额减除财产原值和合理费用后的余额，为应纳税所得额。财产原值是指：有价证券，财产原值是为买入价及买入时按照规定缴纳的有关费用；机器设备、车船，财产原值是为购进价格、运输费、安装费以及其他有关费用；建筑物，财产原值是为建造费或购进价格以及其他有关费用；土地使用权，财产原值是为取得土地使用权所支付的金额、开发土地的费用以及其他有关费用；其他财产，财产原值参照以上方法确定。

7. 利息、股息、红利所得，偶然所得和经国务院财政部门确定征税的其他所得

利息、股息、红利所得，偶然所得和经国务院财政部门确定征税的其他所得，以每次收入额为应纳税所得额。

（三）捐赠额的扣除规定

（1）对个人将其所得通过中国境内非营利的社会团体、国家机关向教育、公益事业和遭受严重自然灾害地区、贫困地区的捐赠，捐赠额不超过应纳税所得额的30%的部分，可以从其应纳税所得额中扣除。

（2）个人通过非营利性的社会团体和国家机关向红十字事业的捐赠，在计算缴纳个人所得税时，准予在税前的所得额中全额扣除。

（3）个人通过非营利的社会团体和国家机关向农村义务教育的捐赠，在计算缴纳个人所得税时，准予在税前的所得额中全额扣除。

农村义务教育的范围是指政府和社会力量举办的农村乡镇（不含县和县级市政府所在地的镇）、村的小学和初中以及属于这一阶段的特殊教育学校。纳税人对农村义务教育与高中在一起的学校的捐赠，也享受规定的所得税前扣除政策。

接受捐赠或办理转赠的非营利的社会团体和国家机关，应按照财务隶属关系分别使用由中央或省级财政部门统一印（监）制的捐赠票据，并加盖接受捐赠或转赠单位的财务专用印章。税务机关据此对捐赠个人进行税前扣除。

（4）个人通过非营利性社会团体和国家机关对公益性青少年活动场所（其中包括新建）的捐赠，在计算缴纳个人所得税时，准予在税前的所得额中全额扣除。

公益性青少年活动场所是指专门为青少年学生提供科技、文化、德育、爱国主义教育、体育活动的青少年宫、青少年活动中心等校外活动的公益性场所。

（5）个人的所得（不含偶然所得、经国务院财政部门确定征税的其他所得）用于对非关联的科研机构和高等学校研究开发新产品、新技术、新工艺发生的研究开发经费的资助，可以全额在下月（工资、薪金所得）或下次（按次计征的所得）或当年（按年计征的所得）计征个人所得税时，从应纳税所得额中扣除，不足抵扣的，不得结转抵扣。

（6）根据财政部、国家税务总局的有关规定，个人通过非营利性的社会团体和政府部门向福利性、非营利性老年服务机构捐赠，通过宋庆龄基金会、中国福利会、中国残疾人福利基金会、中国扶贫基金会、中国煤矿尘肺病治疗基金会、中华环境保护基金会6家单位，中国医药卫生事业发展基金会，中国教育发展基金会，中国老龄事业发展基金会、中国华文教育基金会、中国绿化基金会、中国妇女发展基金会、中国关心下一代健康体育基金会、中国生物多样性保护基金会、中国儿童少年基金会和中国光彩事业基金会8家单位，中华健康快车基金会、孙冶方经济科学基金会、中华慈善总会、中国法律援助基金会和中华见义勇为基金会5家单位用于公益救济性的捐赠，符合相关条件的，准予在缴纳个人所得税前全额扣除。

（四）每次收入的确定

《个人所得税法》对纳税义务人取得的劳务报酬所得，稿酬所得，特许权使用费所得，利息、股息、红利所得，财产租赁所得，偶然所得和经国务院财政部门确定征税的其他所得等 7 项所得，都按每次取得的收入计算征税。《个人所得税法实施条例》对“每次”的界定做了明确规定，具体如下：

（1）劳务报酬所得，根据不同劳务项目的特点，分别规定如下：

①只有一次性收入的，以取得该项收入为一次。例如，从事设计、安装、装潢、制图、化验、测试等劳务，往往是接受客户的委托，按照客户的要求，完成一次劳务后取得收入，因此属于只有一次性的收入，应以每次提供劳务取得的收入为一次。

②属于同一事项连续取得收入的，以 1 个月内取得的收入为一次。例如，某歌手与一卡拉 OK 厅签约，在 2017 年 1 年内每天到卡拉 OK 厅演唱一次，每次演出后付酬 300 元。在计算其劳务报酬所得时，应视为同一事项的连续性收入，以其 1 个月内取得的收入为一次计征个人所得税，而不能以每天取得的收入为一次。

（2）稿酬所得，以每次出版、发表取得的收入为一次。具体又可细分为：

①同一作品再版取得的所得，应视作另一次稿酬所得计征个人所得税。

②同一作品先在报刊上连载，然后再出版，或者先出版，再在报刊上连载的，应视为两次稿酬所得征税，即连载作为一次，出版作为另一次。

③同一作品在报刊上连载取得收入的，以连载完成后取得的所有收入合并为一次，计征个人所得税。

④同一作品在出版和发表时，以预付稿酬或分次支付稿酬等形式取得的稿酬收入，应合并计算为一次。

⑤同一作品出版、发表后，因添加印数而追加稿酬的，应与以前出版、发表时取得的稿酬合并计算为一次，计征个人所得税。

（3）特许权使用费所得，以一项特许权的一次许可使用所取得的收入为一次。一个纳税义务人可能不仅拥有一项特许权利，每一项特许权的使用权也可能不止一次地向他人提供。因此，对特许权使用费所得的“次”的界定，明确为每一项使用权的每次转让所取得的收入为一次。如果该次转让取得的收入是分笔支付的，则应将各笔收入相加为一次的收入，计征个人所得税。

（4）财产租赁所得，以一个月内取得的收入为一次。

（5）利息、股息、红利所得，以支付利息、股息、红利时取得的收入为一次。

（6）偶然所得，以每次收入为一次。

（7）经国务院财政部门确定征税的其他所得，以每次收入为一次。

（五）所得项目的特殊规定

（1）自 2017 年 7 月 1 日起，对个人购买符合规定的商业健康保险产品的支出，允许在（月）计算应纳税所得额时予以税前扣除，扣除限额为 2 400 元/年（200 元/月）。单位统一为员工购买符合规定的商业健康保险产品的支出，应分别计入员工个人工资薪金，视同个人购买，按上述限额予以扣除。2 400 元/年（200 元/月）的限额扣除为《个人所得税法》规定减除费用标准之外的扣除。适用商业健康保险税收优惠政策的纳税人是指取得工资薪金所得、连续性劳务报酬所得的个人以及取得个体工商户生产经营所得对企事业单位的承包承租经营所得的个体工商户业主、个人独资企业投资者、合伙企业合伙人和承包承租经营者。

（2）个人取得的房屋转租收入，属于财产租赁所得项目。取得转租收入的个人向房屋出租方支付的租金，凭房屋租赁合同和合法支付凭据允许在计算个人所得税时，从该项转租收入中扣除。

（3）房地产开发企业与商店购买者个人签订协议，以优惠价格出售其商店给购买者个人，购买者个人在一定期限内必须将购买的商店无偿提供给房地产开发企业对外出租使用。该行为实质上是购买者个人以所购商店交由房地产开发企业出租而取得的房屋租赁收入，支付了部分购房价款。对购买者个人少支出的购房价款，应视同个人财产租赁所得，按照财产租赁所得项目征收个人所得税。每次财产租赁所得的收入额，按照少支出的购房价款和协议规定的租赁月份数平均计算确定。

（4）个人转让限售股，以每次限售股转让收入减除股票原值和合理税费后的余额为应纳税所得额。

应纳税所得额=限售股转让收入-（限售股原值+合理税费）

限售股转让收入是指转让限售股股票实际取得的收入。限售股原值是指限售股买入时的买入价及按照规定缴纳的有关费用。合理税费是指转让限售股过程中发生的印花税、佣金、过户费等与交易相关的税费。

（5）出租车驾驶员从事出租车运营取得的收入，适用的个人所得税项目为：

①出租汽车经营单位对出租车驾驶员采取单车承包或承租方式运营，出租车驾驶员从事客货运营取得的收入，按工资、薪金所得项目征税。

②从事个体出租车运营的出租车驾驶员取得的收入，按个体工商户的生产、经营所得项目缴纳个人所得税。

③出租车属个人所有，但挂靠出租汽车经营单位或企事业单位，驾驶员向挂靠单位缴纳管理费的，或者出租汽车经营单位将出租车所有权转移给驾驶员的，出租车驾驶员从事客货运营取得的收入，比照个体工商户的生产、经营所得项目征税。

（6）承包建筑安装业各项工程作业的承包人取得的所得，应区别不同情况计征个人所得税。经营成果归承包人个人所有的所得，或者按照承包合同（协议）规定，将一部分经营成果留归承包人个人的所得，按对企事业单位的承包经营、承租经营所得项目征税；以其他分配方式取得的所得，按工资、薪金所得项目征税。

从事建筑安装业的个体工商户和未领取营业执照承揽建筑安装业工程作业的建筑安装队和个人以及建筑安装企业实行个人承包后工商登记改变为个体经济性质的，其从事建筑安装业取得的收入应依照个体工商户的生产、经营所得项目计征个人所得税。

从事建筑安装业工程作业的其他人员取得的所得，分别按照工资、薪金所得项目和劳务报酬所得项目计征个人所得税。

（7）纳税人在广告设计、制作、发布过程中提供名义、形象而取得的所得，应按劳务报酬所得项目计算纳税。

纳税人在广告设计、制作、发布过程中提供其他劳务取得的所得，视其情况分别按照税法规定的劳务报酬所得、稿酬所得、特许权使用费所得等应税项目计算纳税。

扣缴人的本单位人员在广告设计、制作、发布过程中取得的由本单位支付的所得，按工资、薪金所得项目计算纳税。

对于不能准确提供或划分个人在广告设计、制作、发布过程中提供名义、形象以及劳务而取得的所得的纳税人，主管税务机关可以根据支付总额等实际情况，参照同类广告活动名义、形象及其他劳务提供者的所得标准，核定其应纳税所得额，据以征税。

劳务报酬所得以纳税人每参与一项广告的设计、制作、发布所取得的所得为一次；稿酬所得以在图书、报刊上发布一项广告时使用其作品而取得的所得为一次；特许权使用费所得以提供一项特许权在一项广告的设计、制作、发布过程中使用而取得的所得为一次。上述所得，采取分笔支付的，应合并为一次所得计算纳税。

（8）演职员参加非任职单位组织的演出取得的报酬为劳务报酬所得，按次缴纳个人所得税。演职员参加任职单位组织的演出取得的报酬为工资、薪金所得，按月缴纳个人所得税。

第四节 应纳税额的计算

一、工资、薪金所得应纳税额的计算

（一）关于工资、薪金所得的一般计算

（1）一般工资、薪金所得应纳税额的计算公式如下：

应纳税额=应纳税所得额×适用税率-速算扣除数

=（每月收入额-减除费用标准）×适用税率-速算扣除数

公式中的速算扣除数具体见表6-2。

【例6-2】中国某公司的赵某，2017年11月取得工资、薪金收入6 500元，请根据《个人所得税法》相关规定计算赵某当月应缴纳的个人所得税税额。

【解析】减除费用标准为3 500元/月，适用3%~45%的超额累进税率（见表6-2）。

赵某当月应缴纳个人所得税税额计算如下：

全月应纳税所得额=6 500-3 500=3 000（元）

全月应纳税额=3 000×10%-105=195（元）

【例6-3】假定在某外商投资企业中工作的德国专家（假设为非居民纳税人），2017

年3月取得由该企业发放的含税工资收入15 800元人民币，请根据《个人所得税法》相关规定计算该德国专家当月应缴纳的个人所得税税额。

【解析】减除费用标准为4 800元/月，适用3%~45%的超额累进税率（见表6-2）。

德国专家当月应缴纳个人所得税税额计算如下：

全月应纳税所得额=15 800-4 800=11 000（元）

全月应纳税额=11 000×25%-1 005=1 745（元）

（2）纳税人取得含税全年一次性奖金计算征收个人所得税的方法。

全年一次性奖金是指行政机关、企事业单位等扣缴义务人根据其全年经济效益和对雇员全年工作业绩的综合考核情况，向雇员发放的一次性奖金。一次性奖金也包括年终加薪、实行年薪制和绩效工资办法的单位根据考核情况兑现的年薪和绩效工资。

纳税义务人取得全年一次性奖金，单独作为1个月工资、薪金所得计算纳税，由扣缴义务人发放时代扣代缴。具体计税办法如下：

先将雇员当月内取得的全年一次性奖金，除以12个月，按其商数确定适用税率和速算扣除数。

如果在发放年终一次性奖金的当月，雇员当月工资薪金所得高于（或等于）税法规定的费用扣除数（3 500元或4 800元），计算公式如下：

应纳税额=雇员当月取得全年一次性奖金×适用税率-速算扣除数

如果在发放年终一次性奖金的当月，雇员当月工资薪金所得低于税法规定的费用扣除数（3 500元或4 800元），应将全年一次性奖金减除“雇员当月工资薪金所得与费用扣除额的差额”后的余额，按上述办法确定全年一次性奖金的适用税率和速算扣除数。其计算公式如下：

应纳税额=（雇员当月取得全年一次性奖金-雇员当月工资薪金所得与费用扣除额的差额）×适用税率-速算扣除数

【例6-4】中国某公司的钱某，2018年1月取得工资、薪金收入4 500元，全年一次性奖金21 000元，请根据《个人所得税法》相关规定计算钱某当月应缴纳的个人所得税税额。

【解析】减除费用标准为3 500元/月，适用3%~45%的超额累进税率（见表6-2）。

钱某当月应缴纳个人所得税税额计算如下：

当月工资薪金应纳税所得额=4 500-3 500=1 000（元）

当月工资薪金应纳税额=1 000×3%=30（元）

当月全年一次性奖金应纳税所得额=21 000-（3 500-3 500）=21 000（元）

21 000/12=1 750元，适用税率为10%，速算扣除数为105。

当月全年一次性奖金应纳税额=21 000×10%-105=1 995（元）

当月钱某个人所得税合计=30+1 995=2 025（元）

【例6-5】承上例，若钱某2018年1月取得工资、薪金收入500元，全年一次性奖金

25 000 元，请根据《个人所得税法》相关规定计算钱某当月应缴纳的个人所得税税额。

【解析】减除费用标准为 3 500 元/月，适用 3%~45%的超额累进税率（见表 6-2）。

钱某当月应缴纳个人所得税税额计算如下：

当月工资薪金应纳税所得额=500-500=0（元）

当月工资薪金应纳税额=0（元）

当月全年一次性奖金应纳税所得额=25 000-(3 500-500)=22 000（元）

22 000/12=1 833.33 元，适用税率为 10%，速算扣除数为 105。

当月全年一次性奖金应纳税额=22 000×10%-105=2 095（元）

当月钱某个人所得税合计=0+2 095=2 095（元）

由此可见，【例 6-4】和【例 6-5】中的钱某在 2018 年 1 月同样是获得工资薪金 25 500元，但应纳税额却有差异。经分析，钱某全年一次性奖金最高适用税率为 10%，那么可以进行工资以 10%的税级为限的纳税筹划。工资薪金为 4 500+3 500=8 000 元，全年一次性奖金为 25 500-8 000=17 500 元，则：

当月工资薪金应纳税所得额=8 000-3 500=4 500（元）

当月工资薪金应纳税额=4 500×10%-105=345（元）

当月全年一次性奖金应纳税所得额=17 500-（3 500-3 500）=17 500（元）

17 500/12=1 458.33 元，适用税率为 3%，速算扣除数为 0。

当月全年一次性奖金应纳税额=17 500×3%=525（元）

当月钱某个人所得税合计=345+525=870（元）

（3）纳税人取得除全年一次性奖金以外的其他各种名目的奖金，如半年奖、季度奖、加班奖、先进奖、考勤奖等，一般应将全部奖金与当月工资、薪金收入合并，按税法规定缴纳个人所得税。

【例 6-6】承上例，钱某 2018 年 2 月取得工资、薪金收入 4 500 元，加班奖 2 500 元，请根据《个人所得税法》相关规定计算钱某当月应缴纳的个人所得税税额。

【解析】减除费用标准为 3 500 元/月，适用 3%~45%的超额累进税率（见表 6-2）。

钱某当月应缴纳个人所得税税额计算如下：

当月工资薪金应纳税所得额=(4 500+2 500)-3 500=3 500（元）

当月工资薪金应纳税额=3 500×10%-105=195（元）

（4）纳税人取得不含税全年一次性奖金计算征收个人所得税的方法。

按照不含税的全年一次性奖金收入除以 12 的商数，查找相应适用税率 A 和速算扣除数 A 。

含税的全年一次性奖金收入=(不含税的全年一次性奖金收入-速算扣除数 A)/(1-适用税率 A)

按含税的全年一次性奖金收入除以 12 的商数，重新查找适用税率 B 和速算扣除数 B

应纳税额=含税的全年一次性奖金收入×适用税率 B -速算扣除数 B

如果纳税人取得不含税全年一次性奖金收入的当月工资薪金所得，低于税法规定的费用扣除额，应先将不含税全年一次性奖金减去当月工资薪金所得低于税法规定费用扣除额的差额部分后，再按上述规定处理。

（二）关于工资、薪金所得的特殊计算

1. 内部退养取得一次性收入征税问题

内部退养是未办理退休手续，只是提前离开工作岗位。

企业减员增效和行政、事业单位、社会团体在机构改革过程中实行内部退养的人员在办理内部退养手续后从原任职单位取得的一次性收入，应按办理内部退养手续至法定离退休年龄之间的所属月份进行平均，并与领取当月的工资、薪金所得合并后减除当月费用扣除标准，以余额为基数确定适用税率，再将当月工资、薪金加上取得的一次性收入，减去费用扣除标准，按适用税率计征个人所得税。

个人在办理内部退养手续后至法定退休年龄之间重新就业取得的工资、薪金所得应与其从原任职单位取得的同一月份的工资、薪金所得合并，并依法自行向主管税务机关申报缴纳个人所得税。

2. 提前退休取得一次性补贴收入征税问题

机关、企事业单位对未达到法定退休年龄、正式办理提前退休手续的个人，按照统一标准向提前退休工作人员支付一次性补贴，不属于免税的离退休工资收入，应按照工资、薪金所得项目征收个人所得税。

个人因办理提前退休手续而取得的一次性补贴收入，应按照办理提前退休手续至法定退休年龄之间所属月份平均分摊计算个人所得税。其计税公式为：

数应纳所得税额=｛[（一次性补贴收入/办理提前退休手续至法定退休年龄的实际月份数）-费用扣除标准]×适用税率-速算扣除数｝×提前办理退休手续至法定退休年龄的实际月份数

3. 个人因与用人单位解除劳动关系而取得的一次性补偿收入征税问题

个人因与用人单位解除劳动关系而取得的一次性补偿收入（包括用人单位发放的经济补偿金、生活补助费和其他补助费用），其收入超过当地上年职工平均工资 3 倍数额部分的一次性补偿收入，可视为一次取得数月的工资、薪金收入，允许在一定期限内平均计算。其计算方法为：以超过 3 倍数额部分的一次性补偿收入，除以个人在本企业的工作年限数（超过 12 年的按 12 年计算），以其商数作为个人的月工资、薪金收入，按照税法规定计算缴纳个人所得税。

个人领取一次性补偿收入时，按照国家和地方政府规定的比例实际缴纳的住房公积金、医疗保险费、基本养老保险费、失业保险费可以在计征其一次性补偿收入的个人所得税时予以扣除。

4. 退休人员再任职取得的收入征税问题

退休人员再任职取得的收入，符合相关条件的，在减除按税法规定的费用扣除标准后，按工资、薪金所得项目缴纳个人所得税。

5. 离退休人员从原任职单位取得补贴等征税问题

离退休人员除按规定领取离退休工资或养老金外，另从原任职单位取得的各类补贴、奖金、实物，不属于免税的退休工资、离休工资、离休生活补助费，应按工资、薪金所得项目缴纳个人所得税。

6. 个人取得公务交通、通信补贴收入征税问题

个人因公务用车和通信制度改革而取得的公务用车、通信补贴收入，扣除一定标准的公务费用后，按照工资、薪金所得项目计征个人所得税。按月发放的，并入当月工资、薪金所得计征个人所得税；不按月发放的，分解到所属月份并与该月份工资、薪金所得合并后计征个人所得税。

公务费用的扣除标准，由省级税务局根据纳税人公务交通、通信费用的实际发生情况调查测算，报经省级人民政府批准后确定，并报国家税务总局备案。

7. 公司职工取得的用于购买企业国有股权的劳动分红征税问题

公司职工取得的用于购买企业国有股权的劳动分红按工资、薪金所得项目计征个人所得税。

8. 个人取得股票增值权所得和限制性股票所得征税问题

个人因任职、受雇从上市公司取得的股票增值权所得和限制性股票所得，由上市公司或其境内机构按照工资、薪金所得项目和股票期权所得个人所得税计税方法，依法扣缴其个人所得税。

9. 关于失业保险费征税问题

城镇企业事业单位及其职工个人实际缴付的失业保险费，超过《失业保险条例》规定比例的，应将其超过规定比例缴付的部分计入职工个人当期的工资薪金收入，依法计征个人所得税。

10. 关于保险金征税问题

企业为员工支付各项免税之外的保险金，应在企业向保险公司缴付时（即该保险落到被保险人的保险账户）并入员工当期的工资收入，按工资、薪金所得项目计征个人所得税，税款由企业负责代扣代缴。

11. 企业年金、职业年金征税问题

企业和事业单位超过国家有关政策规定的标准，为在本单位任职或受雇的全体职工缴付的企业年金或职业年金（以下统称年金）单位缴费部分，应并入个人当期的工资、薪金所得，依法计征个人所得税。税款由建立年金的单位代扣代缴，并向主管税务机关申报解缴。

个人根据国家有关政策规定缴付的年金个人缴费部分，超过本人缴费工资计税基数的4%的部分，应并入个人当期的工资、薪金所得，依法计征个人所得税。税款由建立年金的单位代扣代缴，并向主管税务机关申报解缴。

个人达到国家规定的退休年龄之后按月领取的年金，按照工资、薪金所得项目适用的税率，计征个人所得税；按年或按季领取的年金，平均分摊计入各月，每月领取额按照"工资、薪金所得"项目适用的税率，计征个人所得税。

12. 对在中国境内无住所的个人一次取得数月奖金或年终加薪、劳动分红（以下简称奖金，不包括应按月支付的奖金）的计算征税问题

对在中国境内无住所的个人取得的奖金，可单独作为一个月的工资、薪金所得计算纳税。由于对每月的工资、薪金所得计税时已按月扣除了费用，因此对奖金不再减除费用，全额作为应纳税所得额直接按适用税率计算应纳税款，并且不再按居住天数进行划分计算。上述个人应在取得奖金月份的次月 15 日内申报纳税。但有一种特殊情况，即在中国境内无住所的个人在担任境外企业职务的同时，兼任该外国企业在华机构的职务，但并不实际或不经常到华履行该在华机构职务，对其一次取得的数月奖金中属于全月未在华的月份奖金，依照劳务发生地原则，可不作为来源于中国境内的奖金收入计算纳税。

13. 特定行业职工取得的工资、薪金所得的计税问题

为了照顾采掘业、远洋运输业、远洋捕捞业因季节、产量等因素的影响，职工的工资、薪金收入呈现较大幅度波动的实际情况，对这三个特定行业的职工取得的工资、薪金所得，可按月预缴，年度终了后 30 日内，合计其全年工资、薪金所得，再按 12 个月平均，并计算实际应纳的税款，多退少补。其用公式表示为：

应纳所得税额=[（全年工资、薪金收入/12-费用扣除标准）×税率-速算扣除数]×12

14. 兼职律师从律师事务所取得工资、薪金性质的所得征税问题

兼职律师是指取得律师资格和律师执业证书，不脱离本职工作从事律师职业的人员。

兼职律师从律师事务所取得工资、薪金性质的所得，律师事务所在代扣代缴其个人所得税时，不再减除《个人所得税法》规定的费用扣除标准，以收入全额（取得分成收入的为扣除办理案件支出费用后的余额）直接确定适用税率，计算扣缴个人所得税。兼职律师应自行向主管税务机关申报两处或两处以上取得的工资、薪金所得，合并计算缴纳个人所得税。

二、个体工商户的生产、经营所得应纳税额的计算

个体工商户的生产、经营所得应纳税额的计算公式为：

应纳税额=应纳税所得额×适用税率-速算扣除数

=（全年收入总额-成本、费用、税金、损失、其他支出及以前年度亏损）×适用税率-速算扣除数

公式中的速算扣除数具体见表 6-3。

个体工商户因在纳税年度中间开业、合并、注销及其他原因，导致该纳税年度的实际经营期不足 1 年的，对个体工商户业主的生产经营所得计算个人所得税时，以其实际经营期为 1 个纳税年度。投资者本人的费用扣除标准，应按照其实际经营月份数，以每月 3

500 元的减除标准确定。

个体工商户和从事生产、经营的个人，取得与生产、经营活动无关的其他各项应税所得，应分别按照有关规定，计算征收个人所得税。

三、对企事业单位的承包经营、承租经营所得应纳税额的计算

对企事业单位的承包经营、承租经营所得应纳税额的计算公式为：

应纳税额=应纳税所得额×适用税率-速算扣除数

=(纳税年度收入总额-必要费用)×适用税率-速算扣除数

公式中的速算扣除数具体见表 6-3。

四、劳务报酬所得应纳税额的计算

劳务报酬所得应纳税额的计算公式为：

第一，每次收入不超过 400 元的：

应纳税额=应纳税所得额×适用税率=(每次收入额-800)×适用税率

第二，每次收入在 4 000 元以上的：

应纳税额=应纳税所得额×适用税率=每次收入额×(1-20%)×20%

第三，每次收入的应纳税所得额超过 20 000 元的：

应纳税额=应纳税所得额×适用税率-速算扣除数

=每次收入额×(1-20%)×适用税率-速算扣除数

公式中的速算扣除数具体见表 6-4。

五、稿酬所得应纳税额的计算

稿酬所得应纳税额的计算公式为：

第一，每次收入不足 4 000 元的：

应纳税额=应纳税所得额×适用税率×(1-30%)

=(每次收入额-800)×20%×(1-30%)

第二，每次收入在 4 000 元以上的：

应纳税额=应纳税所得额×适用税率×(1-30%)

=每次收入额×(1-20%)×20%×(1-30%)

【例 6-7】作家孙某的一篇小说在一家日报上连载两个月，第一个月月末报社支付稿酬 2 000 元，第二个月月末报社支付稿酬 5 000 元。该作家两个月所获稿酬应缴纳的个人所得税为多少元。

【解析】个人的同一作品在报刊上连载，应合并其连载取得的所得为一次，稿酬按 20%的税率征收，并按规定对应纳税额减征 30%。作家孙某的小说在日报上连载，分别取得稿酬 2 000 元和 5 000 元，应合并计税。

该作家两个月所获稿酬应缴纳个人所得税=7 000×（1−20%）×20%×（1−30%）

=784（元）

【例 6-8】李某 2018 年 3 月取得如下收入：

①一次性稿费收入 5 000 元。

②一次性讲学收入 500 元。

③一次性翻译资料收入 3 000 元。

计算李某当月应缴纳个人所得税税额。

【解析】①稿费收入应纳个人所得税=5 000×(1−20%)×20%×(1−30%)= 560（元）

②一次性讲学收入 500 元，属劳务所得。按照税法规定，每次收入额减除费用 800 元，500−800=−300（元），无须缴纳个人所得税。

③翻译收入应纳个人所得税=(3 000−800)×20%=440（元）

④李某 3 月份应纳个人所得税=560+440=1 000（元）

六、特许权使用费所得应纳税额的计算

特许权使用费所得应纳税额的计算公式为：

第一，每次收入不足 4 000 元的：

应纳税额=应纳税所得额×适用税率=(每次收入额−800)×20%

第二，每次收入在 4 000 元以上的：

应纳税额=应纳税所得额×适用税率=每次收入额×(1−20%)×20%

【例 6-9】2016 年我国某作家出版一部长篇小说，2 月份收到预付稿酬 20 000 元，4 月份小说正式出版又取得稿酬 20 000 元；10 月份该作家将小说手稿在境外某国公开拍卖，取得收入 100 000 元，并按该国有关规定缴纳了个人所得税 10 000 元。计算该作家上述所得在中国境内应缴纳的个人所得税税额。

【解析】手稿拍卖收入按特许权使用费所得征税。

拍卖收入应缴纳个人所得税=100 000×（1−20%）×20%=16 000（元）

应缴纳个人所得税=（20 000+20 000）×（1−20%）×20%×（1−30%）+16 000−10 000

=10 480（元）

七、利息、股息、红利所得应纳税额的计算

利息、股息、红利所得应纳税额的计算公式为：

应纳税额=应纳税所得额×适用税率=每次收入额×适用税率

八、财产租赁所得应纳税额的计算

财产租赁所得应纳税额的计算公式为：

第一，每次（月）收入不足4 000元的：

应纳税额=[每次(月)收入-财产租赁过程中缴纳的税费-由纳税人负担的租赁财产实际开支的修缮费用(800元为限)-800元]×20%

第二，每次（月）收入在4 000元以上的：

应纳税额=[每次(月)收入额-财产租赁过程中缴纳的税费-由纳税人负担的租赁财产实际开支的修缮费用(800元为限)]×(1-20%)×20%

个人出租房屋的个人所得税应税收入不含增值税，计算房屋出租所得可扣除的税费不包括本次出租缴纳的增值税。个人转租房屋的，其向房屋出租方支付的租金及增值税额，在计算转租所得时予以扣除。

九、财产转让所得应纳税额的计算

（一）一般情况下财产转让所得应纳税额的计算

财产转让所得应纳税额的计算公式为：

应纳税额=应纳税所得额×适用税率

=(收入总额-财产原值-合理费用)×20%

个人转让房屋的个人所得税应税收入不含增值税，其取得房屋时所支付价款中包含的增值税计入财产原值，计算转让所得时可以扣除的税费不包括本次转让缴纳的增值税。

（二）个人销售无偿受赠不动产应纳税额的计算

受赠人转让受赠房屋的，以其转让受赠房屋的收入减除原捐赠人取得该房屋的实际购置成本以及赠与和转让过程中受赠人支付的相关税费后的余额，为受赠人的应纳税所得额，依法计征个人所得税。受赠人转让受赠房屋价格明显偏低且无正当理由的，税务机关可以依据该房屋的市场评估价格或其他合理方式确定的价格核定其转让收入。

十、经国务院财政部门确定征税的其他所得应纳税额的计算

经国务院财政部门确定征税的其他所得应纳税额的计算公式为：

应纳税额=应纳税所得额×适用税率=每次收入额×20%

【例6-10】中国公民张某2017年12月取得以下收入：

①为某公司设计产品营销方案，取得一次性设计收入18 000元。

②购买福利彩票支出500元，取得一次性中奖收入15 000元。

计算张某当月应缴纳的个人所得税税额。

【解析】

设计收入应缴纳个人所得税税额=18 000×(1-20%)×20%=2 880（元）

中奖收入应缴纳个人所得税税额=15 000×20%=3 000（元）

张某当月应缴纳的个人所得税税额=2 880+3 000=5 880（元）

十一、应纳税额计算的特殊规定

（1）出租汽车经营单位对出租车驾驶员采取单车承包或承租方式运营，出租车驾驶员从事客货营运取得的收入，按工资、薪金所得项目征税。

出租车属于个人所有，但挂靠出租汽车经营单位或企事业单位，驾驶员向挂靠单位缴纳管理费的，或者出租汽车经营单位将出租车所有权转移给驾驶员的，出租车驾驶员从事客货运营取得的收入，比照个体工商户的生产、经营所得项目征税。

从事个体出租车运营的出租车驾驶员取得的收入，按个体工商户的生产、经营所得项目缴纳个人所得税。

（2）对商品营销活动中，企业和单位对营销成绩突出的雇员以培训班、研讨会、工作考察等名义组织旅游活动，通过免收差旅费、旅游费对个人实行的营销业绩奖励（包括实物、有价证券等），应根据所发生费用的全额并入营销人员当期的工资、薪金所得，按照工资、薪金所得项目征收个人所得税，并由提供上述费用的企业和单位代扣代缴。对营销成绩突出的非雇员实行的上述奖励，应根据所发生费用的全额作为该营销人员当期的劳务收入，按照劳务报酬所得项目征收个人所得税，并由提供上述费用的企业和单位代扣代缴。

（3）关于企业改组改制过程中个人取得的量化资产征税问题。根据国家有关规定，集体所有制企业在改制为股份合作制企业时，可以将有关资产量化给职工个人。为了支持企业改组改制的顺利进行，对于企业在改制过程中个人取得量化资产的征税问题，税法作出了如下规定：

①对职工个人以股份形式取得的仅作为分红依据，不拥有所有权的企业量化资产，不征收个人所得税。

②对职工个人以股份形式取得的拥有所有权的企业量化资产，暂缓征收个人所得税；待个人将股份转让时，就其转让收入额，减除个人取得该股份时实际支付的费用支出和合理转让费用后的余额，按财产转让所得项目计征个人所得税。

③对职工个人以股份形式取得的企业量化资产参与企业分配而获得的股息、红利，应按利息、股息、红利所得项目征收个人所得税。

（4）个人担任公司董事、监事且不在公司任职、受雇的，其担任董事职务所取得的董事费收入，属于劳务报酬性质，按劳务报酬所得项目征税。

个人在公司（包括关联公司）任职、受雇，同时兼任董事、监事的，应将董事费、监事费与个人工资收入合并，统一按工资、薪金所得项目缴纳个人所得税。

（5）任职、受雇于报纸、杂志等单位的记者、编辑等专业人员，因在本单位的报纸、杂志上发表作品取得的所得，属于因任职、受雇而取得的所得，应与其当月工资收入合并，按工资、薪金所得项目征收个人所得税。

除上述专业人员以外，其他人员在本单位的报纸、杂志上发表作品取得的所得，应按稿酬所得项目征收个人所得税。

出版社的专业作者撰写、编写或翻译的作品，由本社以图书形式出版而取得的稿费收入，应按稿酬所得项目征收个人所得税。

（6）符合以下情形的房屋或其他财产，不论所有权人是否将财产无偿或有偿交付企业使用，其实质均为企业对个人进行了实物性质的分配，应依法计征个人所得税。

①企业出资购买房屋及其他财产，将所有权登记为投资者个人、投资者家庭成员或企业其他人员的。

②企业投资者个人、投资者家庭成员或企业其他人员向企业借款用于购买房屋及其他财产，将所有权登记为投资者、投资者家庭成员或企业其他人员，并且借款年度终了后未归还借款的。

③对个人独资企业、合伙企业的个人投资者或其家庭成员取得的上述所得，视为企业对个人投资者的利润分配，按照个体工商户的生产、经营所得项目计征个人所得税；对除个人独资企业、合伙企业以外其他企业的个人投资者或其家庭成员取得的上述所得，视为企业对个人投资者的红利分配，按照利息、股息、红利所得项目计征个人所得税；对企业其他人员取得的上述所得，按照工资、薪金所得项目计征个人所得税。

企业和个人取得的收入和所得为美元、日元、港币的，仍统一使用中国人民银行公布的人民币对上述三种货币的基准汇价，折合成人民币计算缴纳税款；企业和个人取得的收入和所得为上述三种货币以外的其他货币的，应根据美元对人民币的基准汇价和国家外汇管理局提供的外汇市场美元对主要外币的汇价进行套算，按套算后的汇价作为折合汇率计算缴纳税款。

某种货币对人民币的汇价＝美元对人民币的基准汇价÷纽约外汇市场美元对该种货币的汇价

第五节　税收优惠

一、免税项目

第一，省级人民政府、国务院部委和中国人民解放军军以上单位以及外国组织、国际组织颁发的科学、教育、技术、文化、卫生、体育、环境保护等方面的奖金。

第二，国债和国家发行的金融债券利息。其中，国债利息是指个人持有中华人民共和国财政部发行的债券而取得的利息；国家发行的金融债券利息是指个人持有经国务院批准发行的金融债券而取得的利息所得。

第三，按照国家统一规定发给的补贴、津贴。这是指按照国务院规定发给的政府特殊津贴、院士津贴、资深院士津贴以及国务院规定免纳个人所得税的其他补贴、津贴。

第四，福利费、抚恤金、救济金。其中，福利费是指根据国家有关规定，从企业、事业单位、国家机关、社会团体提留的福利费或从工会经费中支付给个人的生活补助费；救济金是指国家民政部门支付给个人的生活困难补助费。

第五，保险赔款。

第六，军人的转业费、复员费。

第七，按照国家统一规定发给干部、职工的安家费、退职费、退休工资、离休工资、离休生活补助费。其中，退职费是指符合《国务院关于工人退休、退职的暂行办法》规定的退职条件，并按该办法规定的退职费标准所领取的退职费。

第八，依照我国有关法律规定应予免税的各国驻华使馆、领事馆的外交代表、领事官员和其他人员的所得。

第九，中国政府参加的国际公约、签订的协议中规定免税的所得。

第十，在中国境内无住所，但是在一个纳税年度中在中国境内连续或累计居住不超过90日的个人，其来源于中国境内的所得，由境外雇主支付并且不由该雇主在中国境内的机构、场所负担的部分，免予缴纳个人所得税。

第十一，对外籍个人取得的探亲费免征个人所得税。可以享受免征个人所得税优惠待遇的探亲费，仅限于外籍个人在我国的受雇地与其家庭所在地（包括配偶或父母居住地）之间搭乘交通工具且每年不超过2次的费用。

第十二，按照国家规定，单位为个人缴付和个人缴付的住房公积金、基本医疗保险费、基本养老保险费、失业保险费，从纳税义务人的应纳税所得额中扣除。

第十三，个人取得的拆迁补偿款按有关规定免征个人所得税。

第十四，经国务院财政部门批准免税的其他所得。

二、减税项目

第一，残疾、孤老人员和烈属的所得。

第二，因严重自然灾害造成重大损失的。

第三，其他经国务院财政部门批准减免的。

上述减税项目的减征幅度和期限，由省、自治区、直辖市人民政府规定。对残疾人个人取得的劳动所得适用减税规定，具体所得项目为：工资、薪金所得，个体工商户的生产、经营所得，对企事业单位的承包经营、承租经营所得，劳务报酬所得，稿酬所得和特许权使用费所得。

三、暂免征税项目

根据《财政部 国家税务总局关于个人所得税若干政策问题的通知》和有关文件的规定，对下列所得暂免征收个人所得税：

第一，外籍个人以非现金形式或实报实销形式取得的住房补贴、伙食补贴、搬迁费、洗衣费。

第二，外籍个人按合理标准取得的境内、境外出差补贴。

第三，外籍个人取得的语言训练费、子女教育费等，经当地税务机关审核批准为合理的部分。

第四，外籍个人从外商投资企业取得的股息、红利所得。

第五，凡符合下列条件之一的外籍专家取得的工资、薪金所得，可免征个人所得税：

（1）根据世界银行专项借款协议，由世界银行直接派往我国工作的外国专家。

（2）联合国组织直接派往我国工作的专家。

（3）为联合国援助项目来华工作的专家。

（4）援助国派往我国专为该国援助项目工作的专家。

（5）根据两国政府签订的文化交流项目来华工作两年以内的文教专家，其工资、薪金所得由该国负担的。

（6）根据我国大专院校国际交流项目来华工作两年以内的文教专家，其工资、薪金所得由该国负担的。

（7）通过民间科研协定来华工作的专家，其工资、薪金所得由该国政府机构负担的。

第六，对股票转让所得暂不征收个人所得税。

第七，个人举报、协查各种违法、犯罪行为而获得的奖金。

第八，个人办理代扣代缴手续，按规定取得的扣缴手续费。

第九，个人转让自用达 5 年以上，并且是唯一的家庭生活用房取得的所得，暂免征收个人所得税。

第十，对个人购买福利彩票、赈灾彩票、体育彩票，一次中奖收入在 1 万元以下的（含 1 万元）暂免征收个人所得税；超过 1 万元的，全额征收个人所得税。

第十一，个人取得单张有奖发票奖金所得不超过 800 元（含 800 元）的，暂免征收个人所得税。

第十二，达到离休、退休年龄，但确因工作需要，适当延长离休、退休年龄的高级专家（指享受国家发放的政府特殊津贴的专家、学者），其在延长离休、退休期间的工资、薪金所得，视同离休、退休工资免征个人所得税。

第十三，对国有企业职工，因企业依照《中华人民共和国企业破产法》宣告破产，从破产企业取得的一次性安置费收入，免予征收个人所得税。

第十四，职工与用人单位解除劳动关系取得的一次性补偿收入（包括用人单位发放的经济补偿金、生活补助费和其他补助费用），在当地上年职工年平均工资 3 倍数额内的部分，可免征个人所得税。

第十五，个人领取原提存的住房公积金、基本医疗保险金、基本养老保险金以及失业保险金，免予征收个人所得税。

第十六，对工伤职工及其近亲属按照《工伤保险条例》规定取得的工伤保险待遇，免征人所得税。

第十七，企业和事业单位根据国家有关政策规定的办法与标准，为在本单位任职或受雇的全体职工缴付的企业年金或职业年金单位缴费部分，在计入个人账户时，个人暂不缴纳个人所得税。

个人根据国家有关政策规定缴付的年金个人缴费部分，在不超过本人缴费工资计税基数的4%标准内的部分，暂从个人当期的应纳税所得额中扣除。

年金基金投资运营收益分配计入个人账户时，个人暂不缴纳个人所得税。

第十八，自2008年10月9日（含）起，对储蓄存款利息所得暂免征收个人所得税。

第十九，自2015年9月8日起，个人从公开发行和转让市场取得的上市公司股票，持股期限超过1年的，股息红利所得暂免征收个人所得税。

第二十，2009年5月25日（含）起，以下情形的房屋产权无偿赠与的，对当事双方不征收个人所得税：

（1）房屋产权所有人将房屋产权无偿赠与配偶、父母、子女、祖父母、外祖父母、孙子女、外孙子女、兄弟姐妹。

（2）房屋产权所有人将房屋产权无偿赠与对其承担直接抚养或赡养义务的抚养人或赡养人。

（3）房屋产权所有人死亡，依法取得房屋产权的法定继承人、遗嘱继承人或受遗赠人。

第二十一，个体工商户、个人独资企业和合伙企业或个人从事种植业、养殖业、饲养业、捕捞业取得的所得，暂不征收个人所得税。

第二十二，企业在销售商品（产品）和提供服务过程中向个人赠送礼品，属于下列情形之一的，不征收个人所得税：

（1）企业通过价格折扣、折让方式向个人销售商品（产品）和提供服务。

（2）企业在向个人销售商品（产品）和提供服务的同时给予赠品，如通信企业对个人购买手机赠话费、入网费，或者购话费赠手机等。

（3）企业对累积消费达到一定额度的个人按消费积分反馈礼品。

税收法律、行政法规、部门规章和规范性文件中未明确规定纳税人享受减免税必须经税务机关审批，并且纳税人取得的所得完全符合减免税条件的，无须经主管税务机关审核，纳税人可自行享受减免税。

税收法律、行政法规、部门规章和规范性文件中明确规定纳税人享受减免税必须经税务机关审批的，或者纳税人无法准确判断其取得的所得是否应享受个人所得税减免的，必须经主管税务机关按照有关规定审核或批准后，方可减免个人所得税。

第六节　个人所得税征收管理

一、纳税申报

个人所得税的征收方式主要有两种：一是代扣代缴；二是自行纳税申报。此外，一些地方为了提高征管效率，方便纳税人，对个别应税所得项目采取了委托代征的方式。

（一）代扣代缴方式

代扣代缴方式以支付所得的单位或个人为扣缴义务人。

税务机关应根据扣缴义务人所扣缴的税款，支付2%的手续费，由扣缴义务人用于代扣代缴费用开支和奖励代扣代缴工作做得较好的办税人员。

（二）自行纳税申报

纳税义务人有下列情形之一的，应当按照规定到主管税务机关办理纳税申报：

（1）年所得12万元以上的。

（2）从中国境内两处或两处以上取得工资、薪金所得的。

（3）从中国境外取得所得的。

（4）取得应纳税所得，没有扣缴义务人的。

（5）国务院规定的其他情形。

二、纳税期限

（一）代扣代缴期限

扣缴义务人每月扣缴的税款，应当在次月15日内缴入国库，并向主管税务机关报送个人所得税报告表、代扣代收税款凭证和包括每一纳税人姓名、单位、职务、收入、税款等内容的支付个人收入明细表以及税务机关要求报送的其他有关资料。

（二）自行申报纳税期限

一般情况下，纳税人应在取得应纳税所得的次月15日内向主管税务机关申报所得并缴纳税款。具体规定如下：

（1）工资、薪金所得的纳税期限。工资、薪金所得的纳税期限，实行按月计征，在次月15日内缴入国库，并向税务机关报送个人所得税纳税申报表。对特定行业（采掘业、远洋运输业、远洋捕捞业）的纳税人，可以实行按年计算，分月预缴的方式计征，自年度终了后30日内，合计全年工资、薪金所得，再按12个月平均计算实际应缴纳的税款，多退少补。

（2）个体工商户的生产、经营所得的纳税期限。对账册健全的个体工商户，其纳税期限实行按年计算、分月预缴，并在次月15日内申报预缴，年终后3个月汇算清缴，多退少补。对账册不健全的个体工商户，其纳税期限由税务机关确定。

（3）对企事业单位的承包经营、承租经营所得的纳税期限。对年终一次性取得承包经营、承租经营所得的，自取得所得之日起 30 日内申报纳税；对在 1 年内分次取得承包经营、承租经营所得的，应在每次取得所得后的 15 日内预缴税款，年终后 3 个月汇算清缴，多退少补。

（4）劳务报酬、稿酬、特许权使用费、利息、股息、红利、财产租赁及转让、偶然所得等的纳税期限，实行按次计征，并在次月 15 日内预缴税款并报送个人所得税纳税申报表。

（5）从境外取得所得的纳税期限。若在境外以纳税年度计算缴纳个人所得税的，应在所得来源国的纳税年度终了、结清税款后的 30 日内，向中国主管税务机关申报纳税；若在取得境外所得时结清税款的，或者在境外按所得来源国税法规定免于缴纳个人所得税的，应当在次年 1 月 1 日起 30 日内，向主管税务机关申报纳税。

（6）年所得额 12 万元以上的纳税义务人，在年度终了后 3 个月内到主管税务机关办理纳税申报。

纳税期限的最后一日是法定休假日的，以休假日的次日为期限的最后一日。对纳税人确有困难，不能按期办理纳税申报的，经主管税务机关核准，可以延期申报。

（三）个人独资企业和合伙企业投资者个人所得税的纳税期限

（1）投资者应纳的个人所得税税款，按年计算，分月或分季预缴，由投资者在每月或每季度终了后 15 日内预缴，年度终了后 3 个月内汇算清缴，多退少补。

（2）企业在年度中间合并、分立、终止时，投资者应当在停止生产经营之日起 60 日内，向主管税务机关办理当期个人所得税汇算清缴。

（3）企业在纳税年度的中间开业，或者由于合并、关闭等原因，使该纳税年度的实际经营期不足 12 个月的，应当以其实际经营期为一个纳税年度。

（4）投资者在预缴个人所得税时，应向主管税务机关报送个人独资企业和合伙企业投资者个人所得税申报表，并附送会计报表。

年度终了后 30 日内，投资者应向主管税务机关报送个人独资企业和合伙企业投资者个人所得税申报表，并附送年度会计决算报表和预缴个人所得税纳税凭证。

三、纳税地点

第一，个人所得税自行申报的，其申报地点一般应为收入来源地的主管税务机关。

第二，纳税人从两处或两处以上取得工资、薪金的，可选择并固定在其中一地税务机关申报纳税。

第三，境外取得所得的，应向其境内户籍所在地或经营居住地税务机关申报纳税。

第四，扣缴义务人应向其主管税务机关进行纳税申报。

第五，纳税人要求变更申报纳税地点的，须经原主管税务机关批准。

第六，个体工商户有两处或两处以上经营机构的，选择并固定向其中一处经营机构所在地主管税务机关申报缴纳个人所得税。

第七，个人独资企业和合伙企业投资者个人所得税纳税地点。投资者应向企业实际经营管理所在地主管税务机关申报缴纳个人所得税。投资者兴办两个或两个以上企业的，应分别向企业实际经营管理所在地主管税务机关预缴税款。

能力拓展阅读：

[个人所得税法修正案草案征求意见（五）
——提高综合所得基本减除费用标准与设立专项附加扣除]

本章练习题

一、单项选择题

1. 某事业单位职工李某，12 月份取得工资 3 750 元，另取得全年一次性奖金 2 800 元。李某应纳个人所得税（　　）。

A. 91.5 元　　B. 175 元
C. 182.5 元　　D. 200 元

2. 根据税法规定，个人转让自用达（　　）以上，并且是家庭唯一居住用房所取得的所得，暂免征收个人所得税。

A. 1 年　　B. 3 年
C. 5 年　　D. 10 年

3. 某外籍专家在我国境内工作，月工资为 10 000 元人民币，则其每月应纳个人所得税为（　　）元。

A. 156　　B. 415
C. 485　　D. 1 040

4. 某大学教授 2017 年 5 月编写一本教材并出版发行，获得稿酬 14 600 元；2018 年因加印又获得稿酬 5 000 元。该教授所得稿酬应缴纳个人所得税为（　　）元。

A. 1 635.2　　B. 2 195.2
C. 2 044　　D. 2 744

5. 下列所得中一次收入畸高，可实行加成征收的是（　　）。

A. 稿酬所得　　B. 利息、股息、红利所得
C. 劳务报酬所得　　D. 偶然所得

6. 税法规定，自行申报缴纳个人所得税的纳税人，当其在中国境内两处或两处以上取得应纳税所得额时，其纳税地点的选择应是（　　）。

A. 收入来源地　　B. 选择其中一地

C. 税务局指定地　　D. 个人户籍所在地

7. 某演员参加营业性演出，一次获得表演收入 50 000 元，其应纳个人所得税的税额为（　　）。

A. 8 000 元　　B. 10 000 元

C. 12 000 元　　D. 13 000 元

8. 个体户进行公益救济性捐赠时，捐赠额不得超过其应纳税所得额的（　　）。

A. 3%　　B. 10%

C. 15%　　D. 30%

9. 在中国境内无住所，但在一个纳税年度中在中国境内累计居住不超过 90 日的个人，应（　　）。

A. 免征个人所得税

B. 就其来源于中国境外的所得征收个人所得税

C. 就其来源于中国境内的所得由境外雇主支付的部分征收个人所得税

D. 就其来源于中国境内的所得由境外雇主支付且不由该雇主在中国境内的机构、场所负担的部分，免于缴纳个人所得税

10. 王某 2017 年 8 月 1 日开始将其在市区自有的一间临街商铺出租，租期 1 年，月租金为 5 000 元，租金每月收取。10 月，该商铺发生修缮费 600 元。不考虑其他税费，王某 2017 年应缴纳的个人所得税为（　　）元。

A. 3 104　　B. 3 872

C. 3 904　　D. 4 000

二、多项选择题

1. 在下列各项所得中，可以免征个人所得税的是（　　）。

A. 个人办理代扣代缴税款手续，按规定取得的扣缴手续费

B. 外籍个人从外商投资企业取得的股息、红利所得

C. 个人转让自用达 5 年以上的住房取得的所得

D. 保险赔款

2. 采用按次征税的所得项目有（　　）。

A. 工资、薪金所得　　B. 劳务报酬所得

C. 财产租赁所得　　D. 其他所得

3. 在确定个人应纳税所得额时，可以采用比例扣除 20% 费用的所得项目有（　　）。

A. 在 4 000 元以上的特许权使用费所得

B. 在 4 000 元以上的财产转让所得

C. 在 4 000 元以上的劳务报酬所得

D. 在 4 000 元以上的稿酬所得

4. 下列各项所得在计算应纳税所得额时不允许扣减任何费用的有（　　）。

A. 偶然所得　　B. 特许权使用费所得

C. 利息、股息所得　　D. 财产租赁所得

5. 以下各项所得适用累进税率形式的有（　　）。

A. 工资薪金所得　　B. 个体工商户生产经营所得

C. 财产转让所得　　D. 承包、承租经营所得

6. 下列个人应就其全部来自我国境内的所得缴纳个人所得税的有（　　）。

A. 在境内无住所但居住满 1 年不到 5 年的

B. 在境内无住所但居住超过 90 天不到 1 年的

C. 在境内无住所但居住满 5 年的

D. 在境内无住所而居住，但居住不超过 90 天的

7. 在中国境内无住所的人员取得的下列所得，须向中国申报缴纳个人所得税的有（　　）。

A. 境内居住不满 90 日，由境外企业支付的境内工资薪金所得

B. 一个纳税年度内累计离境不超过 90 日的个人，由境内取得的劳务报酬所得

C. 已在境内居住 3 年，取得的由境外企业支付的境外所得

D. 已在境内居住 7 年，取得的由境外企业支付的境内所得

8. 在计算缴纳个人所得税时，个人通过非营利性的社会团体和国家机关进行的公益性捐赠，准予在应纳税所得额中全额扣除的有（　　）。

A. 向红十字事业捐赠

B. 向农村义务教育捐赠

C. 向中国绿化基金会捐赠

D. 向公益性青少年活动场所捐赠

9. 下列项目中，免征、减征、不征个人所得税的有（　　）。

A. 职工个人以股份形式取得拥有所有权的企业量化资产

B. 军烈属所得

C. 商业保险到期返还款

D. 商业保险赔款

10. 下列稿酬所得中，应合并为一次所得征税的有（　　）。

A. 同一作品在报刊上连载，分次取得的稿酬

B. 同一作品再版取得的稿酬

C. 同一作品出版社分三次支付的稿酬

D. 同一作品出版后加印而追加的稿酬

三、判断题

1. 个人将其应税所得，全部用于公益救济性捐赠，将不承担缴纳个人所得税义务。（　　）

2. 扣缴义务人应扣未扣纳税人个人所得税税款的，应由扣缴义务人缴纳应扣未扣的税款、滞纳金以及罚款。（　　）

3. 一外籍个人员自 2017 年 2 月 1 日起在中国境内工作，2018 年回国参加一个项目的策划，离境时间为 4 月 15 日至 6 月 15 日，则 2018 年他仍然是我国《个人所得税法》规定的居民纳税人。（　　）

4. 个人独资企业和合伙企业生产经营所得在计算缴纳个人所得税时，投资者个人的工资不得作为企业的成本或费用在税前列支。（　　）

5. 来源于境内的所得是由境内的单位、雇主或个人支付的所得；而由境外的单位、雇主或个人支付的所得则属于来源于境外的所得。（　　）

6. 某演员应邀拍电视片获得酬金 30 000 元，组织者代扣代缴了 4 800 元的个人所得税。（　　）

7. 劳务报酬收入一次性超过 20 000 元的应加成征税。（　　）

8. 个人提取原缴纳的住房公积金免征个人所得税。（　　）

第七章　财产与行为税类

（本章思维导图）

学习目标

1. 能够解释房产税、车船税、契税和印花税的概念
2. 能够分析并描述房产税、车船税、契税和印花税的特点
3. 能够判断房产税、车船税、契税和印花税的征税范围
4. 能够描述房产税、车船税、契税和印花税的纳税人
5. 能够准确计算房产税、车船税、契税和印花税的应纳税额
6. 能够应用房产税、车船税、契税和印花税征收管理的规定进行税务处理

第一节　房产税

一、房产税的概念、特点

（一）房产税与房产税法的概念

房产税是以房产为征税对象，按照房产的计税价值或房产租金收入向房产所有人或经营管理人等征收的一种税。

房产税法是指国家制定的调整房产税征收和缴纳之间权利与义务关系的法律规范。我国现行的房产税法的基本规范，是1986年9月15日国务院出台的《中华人民共和国房产税暂行条例》（以下简称《房产税暂行条例》），同年9月25日财政部、国家税务总局印发《关于房产税若干具体问题的解释和暂行规定》。之后，国务院及财政部、国家税务总局又陆续发布了一些有关房产税的规定、办法。

（二）房产税的特点

1. 个别财产税类

房产税属于财产税中的个别财产税类。按征税对象的范围不同，财产税可以分为一般财产税和个别财产税。一般财产税也称为综合财产税，是对纳税人拥有的各类财产实行综合课程的税收。个别财产税也称单项财产税，是对纳税人拥有的土地、房屋、资本和其他财产分别课征的税收。我国财产税类目前设有房产税和车船税两个税种，是按不同的征税

对象分别征收的个别财产税的组合财产税制结构。

2. 征税对象有限

房产税的征税对象限于征税范围内的经营性房屋。

首先，房产税在城市、县城、建制镇和工矿区范围内征收，不涉及农村。农村的房屋大部分是农民居住用房，为了不增加农民负担，坐落在农村的房屋没有纳入征税范围。

其次，某些拥有房屋但自身没有纳税能力的单位，如国家行政事业经费和国防经费的单位自用的房屋，居民个人居住房屋，税法也通过免税的方式将这类房屋排除在征税范围之外。

3. 计税依据有别

拥有房屋的单位和个人既可以将房屋用于经营自用，也可以把房屋用于出租，房产税根据纳税人经营形式的不同，对前一类房屋按房产计税余值征收，对后一类房屋按租金收入计税。

二、房产税征税范围与纳税人

（一）房产税征税范围

房产税的征税对象是房屋。

所谓房屋，是指有屋面和围护结构（有墙或两边有柱），能够遮风避雨，可以供人们在其中生产、工作、学习、娱乐、居住或储藏物资的场所。

独立于房屋之外的建筑物，如围墙、烟囱、水塔、菜窖、室外游泳池等不属于房产税的征税范围。

房地产开发企业建造的商品房，在出售前不征收房产税，但对出售前房地产开发企业已使用或出租、出借的商品房，应按规定征收房产税。

房产税的征税范围为城市、县城、建制镇和工矿区的房屋。其中，城市是指国务院批准设立的市，其征税范围为市区、郊区和市辖县城；县城是指未设立建制镇的县人民政府所在地的地区；建制镇是指经省、自治区、直辖市人民政府批准设立的建制镇；工矿区是指工商业比较发达，人口比较集中，符合国务院规定的建制镇的标准，但尚未设立建制镇的大中型工矿企业所在地。在工矿区开征房产税必须经省、自治区、直辖市人民政府批准。

房产税的征税范围不包括农村，这主要是为了减轻农民的负担。因为农村的房屋除农副业生产用房外，大部分是农民居住用房。对农村房屋不纳入房产税征收范围，有利于农业发展，繁荣农村经济，促进社会稳定。

【例 7-1】根据房产税法律制度的规定，下列各项中不属于房产税征税对象的有（　　）。

A. 工厂围墙　　B. 宾馆的室外游泳池

C. 水塔　　D. 企业职工宿舍

【解析】答案：ABC。独立于房屋之外的建筑物，如围墙、烟囱、水塔、菜窖、室外游泳池等不属于房产税的征税范围。

（二）房产税纳税人

房产税的纳税人是指在我国城市、县城、建制镇和工矿区内拥有房屋产权的单位和个人，具体包括产权所有人、承典人、房产代管人或使用人。

（1）产权属于国家所有的，其经营管理的单位为纳税人；产权属于集体和个人的，集体单位和个人为纳税人。

所称单位，包括国有企业、集体企业、私营企业、股份制企业、外商投资企业、外国企业以及其他企业和事业单位、社会团体、国家机关、军队以及其他单位；所称个人，包括个体工商户及其他个人。

（2）产权出典的，承典人为纳税人。在房屋的管理和使用中，产权出典是指产权所有人将自己房屋的产权，在一定期限内转让（出典）给他人使用而取得出典价款的一种融资行为。产权所有人（房主）称为房屋出典人；支付现金或实物取得房屋支配权的人称为房屋的承典人。承典人向出典人交付一定的典价后，在质典期内获取抵押物品的支配权，并可转典。产权的典价一般要低于卖价。出典人在规定期间内须归还典价的本金和利息，方可赎回出典房屋的产权。由于在房屋出典期间，产权所有人已无权支配房屋，因此税法规定对房屋具有支配权的承典人为纳税人。

（3）产权所有人、承典人均不在房产所在地的，或者产权未确定及租典纠纷未解决的，房产代管人或使用人为纳税人。

租典纠纷是指产权所有人在房产出典和租赁关系上，与承典人、租赁人发生各种争议，特别是有关权利和义务的争议悬而未决。此外，有一些产权归属不清的问题也属于租典纠纷。

（4）纳税单位和个人无租使用房产管理部门、免税单位以及纳税单位的房产，由使用人代为缴纳房产税。

三、税率与计税依据

（一）税率

我国现行房产税采用比例税率。

从价计征和从租计征实行不同标准的比例税率。

（1）从价计征的，税率为1.2%。

（2）从租计征的，税率为12%。

从2001年1月1日起，对个人居住用房出租仍用于居住的，其应缴纳的房产税暂减按4%的税率征收。从2008年3月1日起，对个人出租住房，不区分实际用途，均按4%的税率征收房产税。

对企事业单位、社会团体以及其他组织按市场价格向个人出租用于居住的住房，减按

4%的税率征收房产税。

（二）计税依据

房产税以房产的计税价值或房产租金收入为计税依据。按房产计税价值征税的，称为从价计征；按房产租金收入征税的，称为从租计征。

1. 从价计征的计税依据

从价计征的房产税以房产余值为计税依据，即房产税依照房产原值一次减除10%～30%后的余值计算缴纳。具体扣减比例由省、自治区、直辖市人民政府确定。

（1）房产原值。房产原值是指纳税人按照会计制度规定，在账簿“固定资产”科目中记载的房屋原价。自2009年1月1日起，对依照房产原值计税的房产，不论是否记载在会计账簿“固定资产”科目中，均应按照房屋原价计算缴纳房产税。房屋原价应根据国家有关会计制度规定进行核算。对纳税人未按国家会计制度核算并记载的，应按规定予以调整或重新评估。

房产原值应包括与房屋不可分割的各种附属设备或一般不单独计算价值的配套设施。其主要包括暖气、卫生、通风、照明、煤气等设备；各种管线，如蒸汽、压缩空气、石油、给水排水等管道；电力、电信、电缆导线；电梯、升降机、过道、晒台等。

凡以房屋为载体，不可随意移动的附属设备和配套设施，如给排水、采暖、消防、中央空调、电气及智能化楼宇设备等，无论在会计核算中是否单独记账与核算，都应计入房产原值，计征房产税。

纳税人对原有房屋进行改建、扩建的，要相应增加房屋的原值。对更换房屋附属设备和配套设施的，在将其价值计入房产原值时，可以扣减原来相应设备和设施的价值；对附属设备和配套设施中易损坏、需要经常更换的零配件，更新后不再计入房产原值。

（2）对于投资联营的房产的计税规定。

①对以房产投资联营，投资者参与投资利润分红、共担风险的，按房产余值作为计税依据计缴房产税。

②对以房产投资收取固定收入，不承担经营风险的，实际上是以联营名义取得房屋租金，应以出租方取得的租金收入为计税依据计缴房产税。

（3）对融资租赁房屋的计税规定。由于融资租赁的租赁费包括购进房屋的价款、手续费、借款利息等，与一般房屋出租的“租金”内涵不同，并且租赁期满后，当承租方偿还最后一笔租赁费时，房屋产权要转移到承租方。这实际上是一种变相的分期付款购买固定资产的形式，因此在计征房产税时应以房产余值计算征收。

合同约定开始日的，由承租人自融资租赁合同约定开始日的次月起依照房产余值缴纳房产税；合同未约定开始日的，由承租人自合同签订的次月起依照房产余值缴纳房产税。

（4）居民住宅区内业主共有的经营性房产的计税规定。从2007年1月1日起，对居民住宅内业主共有的经营性房产，由实际经营（包括自营和出租）的代管人或使用人缴纳房产税。其中，自营的依照房产原值减除10%～30%后的余值计征，没有房产原值或不能将业主共有房产与其他房产的原值准确划分开的，由房产所在地税务机关参照同类房产核定房产原值；出租房产的，按照租金收入计征房产税。

2. 从租计征的计税依据

房产出租的以房屋出租取得的租金收入为计税依据，计缴房产税。计征房产税的租金收入不含增值税。

房产的租金收入是指房屋产权所有人出租房产使用权取得的报酬，包括货币收入和实物收入。对以劳务或其他形式为报酬抵付房租收入的，应根据当地同类房产的租金水平，确定一个标准租金额从租计征。

纳税人对个人出租房屋的租金收入申报不实或申报数与同一地段同类房屋的租金收入相比明显不合理的，税务部门可以按照《中华人民共和国税收征收管理法》的有关规定，采取科学合理的方法核定其应纳税额。

【例 7-2】根据房产税法律制度的规定，下列关于房产税的计税依据表述中，正确的有（　　）。

A. 融资租赁房屋的，以房产原值计税

B. 联营投资房产，共担投资风险的，以房产余值计税

C. 出租房产的，以租金计税

D. 租入房产的，以租金计税

【解析】答案：BC。融资租赁房屋的，由承租人在计征房产税时以房产余值计税。

四、应纳税额的计算

（一）从价计征的应纳税额的计算

从价计征是按房产的原值减除一定比例后的余值计征。其计算公式为：

从价计征的房产税应纳税额=应税房产原值×(1-扣除比例)×1.2%

公式中，扣除比例幅度为10%~30%，具体减除幅度由省、自治区、直辖市人民政府规定。

【例 7-3】某企业一幢房产原值600 000元，已知房产税税率为1.2%，当地规定的房产税扣除比例为30%。该房产年度应缴纳的房产税税额为多少元?

【解析】应纳房产税=600 000×(1-30%)×1.2%=5 040（元）。

（二）从租计征的应纳税额的计算

从租计征是按房产的租金收入计征。其计算公式为：

从租计征的房产税应纳税额=租金收入×12%（或4%）

【例 7-4】某企业2017年年初账面共有房产原值4 000万元，当年房产使用情况如下：

①1月1日，该企业将一栋原值800万元的办公楼用于投资联营（收取固定收入，不承担联营风险），投资期为5年。已知该企业当年取得固定收入50万元（不含增值税）。

②7月1日，该企业将原值200万元、占地面积400平方米的一栋仓库出租给某商场

存放货物，7 月 1 日起计租，租期 1 年，每月租金收入 1.5 万元。

③其余房产为经营自用。

④该企业 2017 年年初委托施工单位修建物资仓库，8 月 22 日办理验收手续，工程结算支出 50 万元，并按此成本计入固定资产。

当地规定房产税计算余值的扣除比例为 20%。

根据上述资料，不考虑其他因素，计算该企业 2017 年应缴纳的房产税共计多少万元？

【解析】

①资料②属于出租业务，应缴纳的房产税＝50×12%＝6（万元）

②资料②属于出租业务，应缴纳的房产税＝1.5×6×12%＝1.08（万元）

③资料③属于自营业务，应缴纳的房产税＝(4 000－800－200)×(1－20%)×1.2%＋200×(1－20%)×1.2%÷12×6＝28.8＋0.96＝29.76（万元）

④资料④中委托施工企业建设的房屋房产税纳税义务发生时间从办理验收手续至次月起，应缴纳的房产税＝500×(1－20%)×1.2%÷12×4＝0.16（万元）

⑤该企业 2017 年应缴纳的房产税＝6＋1.08＋29.76＋0.16＝37（万元）

五、房产税税收优惠

第一，国家机关、人民团体、军队自用的房产免征房产税。但上述免税单位的出租房产及非自身业务使用的生产、营业用房，不属于免税范围

第二，由国家财政部门拨付事业经费（全额或差额）的单位（学校、医疗卫生单位、托儿所、幼儿园、敬老院以及文化、体育、艺术类单位）所有的、本身业务范围内使用的房产免征房产税。

由国家财政部门拨付事业经费的单位，其经费来源实行自收自支后，从事业单位实行自收自支的年度起，免房产税 3 年。

上述单位所属的附属工厂、商店、招待所等不属于单位公务、业务的用房，应照章纳税。

第三，宗教寺庙、公园、名胜古迹自用的房产免征房产税。宗教寺庙自用的房产是指举行宗教仪式等的房屋和宗教人员使用的生活用房屋。公园、名胜古迹自用的房产是指供公共参观游览的房屋及其管理单位的办公用房屋。

宗教寺庙、公园、名胜古迹中附设的营业单位，如影剧院、饮食部、茶社、照相馆等所使用的房产及出租的房产，不属于免税范围，应照章征税。

第四，个人所有非营业用的房产免征房产税。个人所有的非营业用房主要是指居民住房，不分面积多少，一律免征房产税。对个人拥有的营业用房或出租的房产，不属于免税房产，应照章征税。

第五，经财政部批准免税的其他房产。

（1）毁损不堪居住的房屋和危险房屋，经有关部门鉴定，在停止使用后，可免征房

产税。

（2）纳税人因房屋大修导致连续停用半年以上的，在房屋大修期间免征房产税，免征税额由纳税人在申报缴纳房产税时自行计算扣除，并在申报表附表或备注栏中作相应说明。

纳税人房屋大修停用半年以上需要免征房产税的，应在房屋大修前向主管税务机关报送相关的证明材料，包括大修房屋的名称、坐落地点、产权证编号、房产原值、用途、房屋大修的原因、大修合同及大修的起止时间等信息和资料，以备税务机关查验。具体报送材料由各省、自治区、直辖市和计划单列市税务局确定。

（3）在基建工地为基建工地服务的各种工棚、材料棚、休息棚和办公室、食堂、茶炉房、汽车房等临时性房屋，施工期间一律免征房产税。但工程结束后，施工企业将这种临时性房屋交还或估价转让给基建单位的，应从基建单位接收的次月起，照章纳税。

（4）对房管部门经租的居民住房，在房租调整改革之前收取租金偏低的，可暂缓征收房产税。对房管部门经租的其他非营业用房，是否给予照顾，由各省、自治区、直辖市根据当地具体情况按税收管理体制的规定办理。

（5）对高校学生公寓免征房产税。

（6）对非营利性医疗机构、疾病控制机构和妇幼保健机构等卫生机构自用的房产免征房产税。

（7）老年服务机构自用的房产免征房产税。老年服务机构是指专门为老年人提供生活照料、文化、护理、健身等多方面服务的福利性、非营利性的机构，主要包括老年社会福利院、敬老院（养老院）、老年服务中心、老年公寓（含老年护理院、康复中心、托老所）等。

（8）对公共租赁住房免征房产税。公共租赁住房经营单位应单独核算公共租赁住房租金收入，未单独核算的，不得享受免征房产税优惠政策。

对廉租住房经营管理单位按照政府规定价格、向规定保障对象出租廉租住房的租金收入，免征房产税。

（9）国家机关、军队、人民团体、财政补助事业单位、居民委员会、村民委员会拥有的体育场馆，用于体育活动的房产，免征房产税。

经费自理事业单位、体育社会团体、体育基金会、体育类民办非企业单位拥有并运营管理的体育场馆，符合相关条件的，其用于体育活动的房产，免征房产税。

企业拥有并运营管理的大型体育场馆，其用于体育活动的房产，减半征收房产税。

享受上述税收优惠体育场馆的运动场地用于体育活动的天数不得低于全年自然天数的70%。

【例7-5】关于房产税的免税规定，下列各项中，表述不正确的是（　　）。

A. 对高校学生公寓免征房产税

B. 对非营利性医疗机构自用的房产免征房产税

C. 个人所有非营业用房产免征房产税

D. 应税房产因大修停用 3 个月以上的，在大修期间可免征房产税

【解析】答案：D。纳税人因房屋大修导致连续停用半年以上的，在房屋大修期间免征房产税。

六、房产税征收管理

（一）纳税义务发生时间

（1）纳税人将原有房产用于生产经营，从生产经营之月起，缴纳房产税。

（2）纳税人自行新建房屋用于生产经营，从建成之次月起，缴纳房产税。

（3）纳税人委托施工企业建设的房屋，从办理验收手续之次月起，缴纳房产税。

（4）纳税人购置新建商品房，自房屋交付使用之次月起，缴纳房产税。

（5）纳税人购置存量房，自办理房屋权属转移、变更登记手续，房地产权属登记机关签发房屋权属证书之次月起，缴纳房产税。

（6）纳税人出租、出借房产，自交付出租、出借本企业房产之次月起，缴纳房产税。

（7）房地产开发企业自用、出租、出借本企业建造的商品房，自房屋使用或交付之次月起，缴纳房产税。

（8）纳税人因房产的实物或权利状态发生变化而依法终止房产税纳税义务的，其应纳税款的计算截至房产的实物或权利状态发生变化的当月末。

（二）纳税地点

房产税在房产所在地缴纳。房产不在同一地方的纳税人，应按房产的坐落地点分别向房产所在地的税务机关申报纳税。

（三）纳税期限

房产税实行按年计算、分期缴纳的征收方法，具体纳税期限由省、自治区、直辖市人民政府确定。

【例 7-6】下列各项中，符合房产税纳税义务发生时间规定的有（　　）。

A. 纳税人购置新建商品房，自房屋交付使用之次月起缴纳房产税

B. 纳税人委托施工企业建设的房屋，自建成之次月起缴纳房产税

C. 纳税人将原有房产用于生产经营，自生产经营之次月起缴纳房产税

D. 纳税人购置存量房，自房地产权属登记机关签发房屋权属证书之次月起缴纳房产税

【解析】答案：AD。B 选项纳税人委托施工企业建设的房屋，从办理验收手续之次月起，缴纳房产税。C 选项纳税人将原有房产用于生产经营，从生产经营之月起，缴纳房产税。

第二节　车船税

一、车船税的概念、特点

（一）车船税的概念

车船税是以在中国境内车船管理部门登记的车辆、船舶为征税对象，向拥有车船的单位和个人依法征收的一种税。

车船税法是指国家制定的用以调整车船税征收和缴纳权利与义务关系的法律规范。我国现行车船税法的基本规范有 2011 年 2 月 25 日第十一届全国人民代表大会常务委员会第十九次会议通过的《中华人民共和国车船税法》（以下简称《车船税法》）和 2011 年 12 月 5 日国务院发布的《中华人民共和国车船税法实施条例》(简称《车船税法实施条例》)。

（二）车船税的特点

1. 个别财产税类

车船税同房产税一样，属于财产税中的个别财产税类，是与房产税共同组成我国财产税类的第二个个别财产税。

2. 多税目多档次定额幅度税率

根据税目不同划分税额档次。国务院财政、税务主管部门根据实际情况，在“车船税税目税额表”规定的税目范围和税额幅度内，划分子税目，并明确车辆的子税目税额幅度和船舶的具体适用税额。车辆的具体适用税额由省、自治区、直辖市人民政府规定的子税目税额幅度内确定。

二、车船税征税范围与纳税人

（一）车船税征税范围

车船税征税范围是指在中华人民共和国境内属于车船税法规定的应税车辆和船舶。其具体包括：

（1）依法应当在车船登记管理部门登记的机动车辆和船舶。

（2）依法不需要在车船登记管理部门登记的在单位内部场所行驶或作业的机动车辆和船舶。

车船管理部门是指公安、交通运输、农业、渔业、军队、武装警察部队等依法具有车船登记管理职能的部门和船舶检验机构。单位是指依照中国法律、行政法规的规定，在中国境内成立的行政机关、企业、事业单位、社会团体以及其他组织。

（二）车船税纳税人

车船税纳税人是指在中华人民共和国境内属于税法规定的车车辆、船舶（以下简称车船）的所有人或管理人。管理人是指对车船具有管理权或使用权，而不具有所有权的单位和个人。

从事机动车第三者责任强制保险业务的保险机构为机动车车船税的扣缴义务人。

【例 7-7】下列各项中，不属于车船税纳税人的是（　　）。

A. 境内拥有机动车辆的外商投资企业

B. 香港特别行政区的车船使用人

C. 境内拥有机动车辆的事业单位

D. 境内拥有机动车辆的个人

【解析】答案：B。车船税的纳税人是指在中华人民共和国境内属于税法规定的车车辆、船舶（以下简称车船）的所有人或管理人。

三、车船税税目、税率与计税依据

（一）车船税税目

车船税税目分为 5 大类，包括乘用车、商用车、其他车辆、摩托车和船舶。乘用车为核定载客人数 9 人（含）以下的车辆；商用车包括客车和货车，其中客车为核定载客人数 9 人（含）以上的车辆（包括电车），货车包括半挂牵引车、挂车、客货两用汽车，三轮汽车和低速载货汽车等；其他车辆包括专用作业车和轮式专用机械车等（不包括拖拉机）。船舶包括机动船舶、非机动驳船、拖船和游艇。

1. 乘用车

乘用车是指在设计和技术特性上主要用于载运乘客及随身行李，核定载客人数包括驾驶员在内不超过 9 人的汽车。

2. 商用车

商用车是指除乘用车外，在设计和技术特性上用于载运乘客、货物的汽车，划分为客车和货车。

半挂牵引车是指装备有特殊装置用于牵引半挂车的商用车。

三轮汽车是指最高设计车速不超过每小时 50 千米，具有三个车轮的货车。

低速载货汽车是指以柴油机为动力，最高设计车速不超过每小时 70 千米，具有四个车轮的货车。

挂车是指就其设计和技术特性需由汽车或拖拉机牵引，才能正常使用的一种无动力的道路车辆。

3. 其他车辆

专用作业车是指在其设计和技术特性上用于特殊工作的车辆。

轮式专用机械车是指有特殊结构和专门功能，装有橡胶车轮可以自行行驶，最高车速大于每小时 20 千米的轮式工程机械车。

4. 摩托车

摩托车是指无论采用何种驱动方式，最高设计车速大于每小时 50 千米，或者使用内燃机，其排量大于 50 毫升的两轮或三轮车辆。

5. 船舶

船舶是指各类机动、非机动船舶以及其他水移动装置，但是船舶上装备的救生艇筏和长度小于 5 米的艇筏除外。

其中，机动船舶是指用机器推进的船舶；拖船是指专门用于拖（推）动运输船舶的专业作业船舶；非机动驳船是指在船舶登记管理部门登记为驳船的非机动船舶；游艇是指具备内置机械推进动力装置，长度在 90 米以下，主要用于游览观光、休闲娱乐、水上体育运动等活动，并应当具有船舶检验证书和适航证书的船舶。

【例 7-8】根据车船税法律制度的规定，下列车辆中，需要缴纳车船税的是（　　）。

A. 自行车　　　　B. 电动自行车

C. 摩托车　　　　D. 非机动驳船

【解析】答案：CD。

（二）车船税税率

车船税采用定额税率，又称固定税额。根据《车船税法》的规定，对应税车船实行有幅度的定额税率，即对各类车船分别规定一个最低到最高限度的年税额。车船的适用税额依照车船税税目税额表执行。

车辆的具体适用税额由省、自治区、直辖市人民政府依照《车船税法》所附车船税税目税额表规定的税额幅度和国务院的规定确定并报国务院备案。省、自治区、直辖市人民政府确定车辆具体适用税额应当遵循以下两条原则：

第一，乘用车依排气量从小到大递增税额；第二，客车按照核定载客人数 20 人以下和 20 人（含）以上两档划分，递增税额。

船舶的具体适用税额由国务院在《车船税法》所附车船税税目税额表规定的税额幅度内确定（见表 7-1）。

表 7-1　车船税税目税额表

税目		计税单位	年基准税额（元）	备注
乘用车［按发动机汽缸容量（排气量分档）］	1.0 升（含）以下的	每辆	60~360	核定载客人数 9 人（含）以下
	1.0 升以上至 1.6 升（含）的		300~540	
	1.6 升以上至 2.0 升（含）的		360~660	
	2.0 升以上至 2.5 升（含）的		660~1 200	
	2.5 升以上至 3.0 升（含）的		1 200~2 400	
	3.0 升以上至 4.0 升（含）的		2 400~3 600	
	4.0 升以上的		3 600~5 400	

表7-1(续)

税目		计税单位	年基准税额（元）	备注
商用车	客车	每辆	480~1 440	核定载客人数 9 人以上（包括电车）
	货车	整备质量每吨	16~120	包括半挂牵引车、挂车、三轮汽车和低速载货汽车等；挂车按照货车税额的50%计算
其他车辆	专用作业车	整备质量每吨	16~120	不包括拖拉机
	轮式专用机械车		16~120	
摩托车		每辆	36~180	
船舶	机动船舶	净吨位每吨	3~6	拖船、非机动驳船分别按照机动船舶税额的50%计算；游艇的税额另行规定
	游艇	艇身长度每米	600~2 000	

（1）机动船舶具体适用税额如下：

①净吨位不超过 200 吨的，每吨 3 元。

②净吨位超过 200 吨但不超过 2 000 吨的，每吨 4 元。

③净吨位超过 2 000 吨但不超过 10 000 吨的，每吨 5 元。

④净吨位超过 10 000 吨的，每吨 6 元。

拖船按照发动机功率每 1 千瓦折合净吨位 0. 67 吨计算征收车船税。

（2）游艇具体适用税额

①艇身长度不超过 10 米的，每米 600 元。

②艇身长度超过 10 米但不超过 18 米的，每米 900 元。

③艇身长度超过 18 米但不超过 30 米的，每米 1 300 元。

④艇身长度超过 30 米的，每米 2 000 元。

⑤辅助动力帆艇，每米 600 元。

（3）排气量、整备质量、核定载客人数、净吨位、千瓦、艇身长度，以车船登记管理部门核发的车船登记证书或行驶证所载数据为准。

（4）依法不需要办理登记的车船和依法应当登记而未办理登记或不能提供车船登记证书、行驶证的车船，以车船出厂合格证明或进口凭证标注的技术参数、数据为准；不能提供车船出厂合格证明或者进口凭证的，由主管税务机关参照国家相关标准核定，没有国家相关标准的参照同类车船核定。

（三）车船税计税依据

车船税以车船的计税单位数量为计税依据。《车船税法》按车船的种类和性能，分别确定每辆、整备质量、净吨位每吨和艇身长度每米为计税单位。

（1）乘用车、商用客车和摩托车，以辆数为计税依据。

（2）商用货车、专用作业车和轮式专用机械车，以整备质量吨位数为计税依据。

（3）机动船舶、非机动驳船、拖船，以净吨位数为计税依据。游艇以艇身长度为计税依据。

【例 7-9】根据车船税法律制度的规定，下列各项中，属于商用货车计税依据的是（　　）。

A. 辆数　　B. 整备质量吨位数

C. 净吨位数　　D. 购置价格

【解析】答案：B。商用货车、专用作业车、轮式专用机械车，按整备质量吨位数为计税依据。

四、车船税应纳税额的计算

（一）车船税各税目的应纳税额的计算

乘用车、客车和摩托车的应纳税额=辆数×适用年基准税额

货车、专用作业车和轮式专用机械车的应纳税额=整备质量吨位数×适用年基准税额

挂车的应纳税额=整备质量吨位数×适用年基准税额×50%

机动船舶的应纳税额=净吨位数×适用年基准税额

拖船和非机动驳船的应纳税额=净吨位数×适用年基准税额×50%

游艇的应纳税额=艇身长度×适用年基准税额

（二）购置的新车船的应纳税额的计算

购置当年的应纳税额自纳税义务发生的当月起按月计算。计算公式为：

应纳税额=(年应纳税额÷12)×应纳税月份数

应纳税月份数=12-纳税义务发生时间（取月份）+1

【例 7-10】张某于 2016 年 4 月 12 日购买了 1 辆发动机气缸容量为 1.6 升的乘用车，已知适用年基准税额 480 元。

计算张某 2016 年应缴纳车船税税额。

【解析】购置的新车船，购置当年的应纳税额自纳税义务发生的当月起按月计算。

张某 2016 年应缴纳车船税税额=480×9÷12=360（元）

（三）保险机构代收代缴车船税和滞纳金的计算

1. 购买短期交强险的车辆

外国机动车临时入境、机动车临时上道路行驶、机动车距规定的报废期限不足 1 年而购买短期交强险的车辆，保单中当年应缴项目的计算公式为：

当年应缴=计税单位×年单位税额×应纳税月份数÷12

其中，应纳税月份数为交强险有效期起始日期的当月至截止日期当月的月份数。

2. 获批减免税的车辆

对于已向税务机关缴税或税务机关已经批准免税的车辆，保单中当年应缴项目应为零。对于税务机关已批准减税的机动车，保单中当年应缴项目应根据减税前的应纳税额扣除依据减税证明中注明的减税幅度计算的减税额确定。其计算公式为：

减税车辆应纳税额=减税前应纳税额×（1-减税幅度）

3. 需往年补缴的车辆

（1）对于2007年1月1日前购置的车辆或曾经缴纳过车船税的车辆，保单中往年补缴项目的计算公式为：

往年补缴=计税单位×年单位税额×（本次缴税年度-前次缴税年度-1）

其中，对于2007年1月1日前购置的车辆，纳税人从未缴纳车船税的，前次缴税年度设定为2006年。

（2）对于2007年1月1日以后购置的车辆，纳税人从购置时起一直未缴纳车船税的，保单中往年补缴项目的计算公式为：

往年补缴=购置当年欠缴的税款+购置年度以后欠缴税款

其中，购置当年欠缴的税款=计税单位×年单位税额×应纳税月份数÷12

应纳税月份数为车辆登记日期的当月起至该年度终了的月份数。若车辆尚未到车船管理部门登记，则应纳税月份数为购置日期的当月起至该年度终了的月份数。

购置年度以后欠缴税款=计税单位年单位税额×（本次缴税年度-车辆登记年度-1）

4. 滞纳金的计算

对于纳税人在应购买交强险截止日期以后购买交强险的，或者以前年度没有缴纳车船税的，保险机构在代收代缴税款的同时，还应代收代缴欠缴税款的滞纳金。

保单中滞纳金项目为各年度欠税应加收滞纳金之和。

每一年度欠税应加收的滞纳金=欠税金额×滞纳天数×0.5‰

滞纳天数的计算自应购买交强险截止日期的次日起到纳税人购买交强险当日止。纳税人连续两年以上欠缴车船税的，应分别计算每一年度欠税应加收的滞纳金。

五、车船税税收优惠

（一）免征车船税的税收优惠

（1）捕捞、养殖渔船。捕捞、养殖渔船是指在渔业船舶管理部门登记为捕捞船或养殖船的渔业船舶。

（2）军队、武装警察部队专用的车船。军队、武装警察部队专用的车船是指按照规定在军队、武装警察部队车船登记管理部门登记，并领取军队、武警牌照的车船。

（3）警用车船。警用车船是指公安机关、国家安全机关、监狱、劳动教养管理机关和人民法院、人民检察院领取警用牌照的车辆与执行警务的专用船舶。

（4）依照法律规定应当予以免税的外国驻华使领馆、国际组织驻华代表机构及其有关人员的车船。

（5）对使用新能源车船，免征车船税。免征车船税的使用新能源汽车是指纯电动商用车、插电式（含增程式）混合动力汽车、燃料电池商用车。纯电动乘用车和燃料电池乘用车不属于车船税征税范围，对其不征车船税。免征车船税的使用新能源汽车（不含纯电动乘用车和燃料电池乘用车），必须符合国家有关标准。

（6）临时入境的外国车船和香港特别行政区、澳门特别行政区、台湾地区的车船，不征收车船税。

（7）按照规定缴纳船舶吨税的机动船舶，自《车船税法》实施之日起 5 年内免征车船税。

（8）依法不需要在车船登记管理部门登记的机场、港口、铁路站场内部行驶或作业的车船，自《车船税法》实施之日起 5 年内免征车船税。

（二）减免车船税的其他税收优惠

（1）对节约能源车船，减半征收车船税。

①减半征收车船税的节约能源乘用车应同时符合以下标准：第一，获得许可在中国境内销售的排量为 1.6 升以下（含 1.6 升）的燃用汽油、柴油的乘用车（含非插电式混合动力乘用车和双燃料乘用车）；第二，综合工况燃料消耗量应符合标准；第三，污染物排放符合《轻型汽车污染物排放限值及测量方法（中国第五阶段）》（GB18352.5-2013）标准中 I 型试验的限值标准。

②减半征收车船税的节约能源商用车应同时符合下列标准：第一，获得许可在中国境内销售的燃用天然气、汽油、柴油的重型商用车（含非插电式混合动力和双燃料重型商用车）；第二，燃用汽油、柴油的重型商用车综合工况燃料消耗量应符合标准；第三，污染物排放符合《车用压燃式、气体燃料点燃式发动机与汽车排气污染物排放限值及测量方法（中国Ⅲ，Ⅳ，Ⅴ阶段）》（GB17691-2005）标准中第Ⅴ阶段的标准。

（2）对受地震、洪涝等严重自然灾害影响纳税困难以及其他特殊原因确需减免税的车船，可以在一定期限内减征或免征车船税。具体减免期限和数额由省、自治区、直辖市人民政府确定，报国务院备案。

（3）省、自治区、直辖市人民政府根据当地实际情况，可以对公共交通车船，农村居民拥有并主要在农村地区使用的摩托车、三轮汽车和低速载货汽车定期减征或免征车船税。

【例 7-11】根据车船税法律制度的规定，下列车船免征车船税的有（　　）。

A. 军队专用车船　　　　B. 使用新能源车船

C. 非机动驳船　　　　D. 捕捞、养殖渔船

【解析】答案：ABD。

六、车船税征收管理

（一）纳税义务发生时间

车船税纳税义务发生时间为取得车船所有权或管理权的当月。以购买车船的发票或其他证明文件载日期的当月为准。

车船税的纳税义务发生时间为车船管理部门核发的车船登记证书或行驶证书记载日期的当月。纳税人未按照规定到车船管理部门办理应税车船登记手续的，以车船购置发票所载开具时间的当月作为车船税的纳税义务发生时间。对未办理车船登记手续且无法提供车船购置发票的，由主管地方税务机关核定纳税义务发生时间。

【例 7-12】车船税的纳税义务发生时间是车船管理部门核发（　　）。

A. 车船登记证书记载日期的次月

B. 行驶证中记载日期的当月

C. 行驶证中记载日期的次月

D. 车船上路行驶的当月

【解析】答案：B。以购买车船的发票或其他证明文件所载日期的当月为准。

（二）纳税地点

车船税的纳税地点为车船的登记地或车船税扣缴义务人所在地。

扣缴义务人代收代缴车船税的，纳税地点为扣缴义务人所在地。

纳税人自行申报缴纳车船税的，纳税地点为车船登记地的主管税务机关所在地。

依法不需办理登记的车船，其车船税的纳税地点为车船的所有人或管理人所在地。

【例 7-13】纳税人自行申报缴纳车船税的，纳税地点为车船的（　　）。

A. 登记地　　B. 购买地

C. 使用地　　D. 生产地

【解析】答案：A。纳税人自行申报缴纳车船税的，纳税地点为车船登记地的主管税务机关所在地。

（三）纳税申报

车船税按年申报，分月计算，一次性缴纳。纳税年度为公历 1 月 1 日至 12 月 31 日。具体申报纳税期限由省、自治区、直辖市人民政府规定。

（1）从事机动车第三者责任强制保险业务的保险机构为机动车车船税的扣缴义务人，应当在收取保险费时依法代收车船税，并出具代收税款凭证。

机动车车船税扣缴义务人在代收车船税时，应当在机动车交通事故责任强制保险的保险单及保费发票上注明已收税款的信息，作为代收税款凭证。

（2）已完税或依法减免税的车辆，纳税人应当向扣缴义务人提供登记地的主管税务机关出具的完税凭证或减免税证明。

纳税人没有按照规定期限缴纳车船税的，扣缴义务人在代收代缴税款时，可以一并代收代缴欠缴税款的滞纳金。

（3）扣缴义务人已代收代缴车船税的，纳税人不再向车辆登记地的主管税务机关申报缴纳车船税。

（4）没有扣缴义务人的，纳税人应当向主管税务机关自行申报缴纳车船税。

（5）纳税人缴纳车船税时，应当提供反映排气量、整备质量、核定载客人数、净吨位、千瓦、艇身长度等与纳税相关信息的相应凭证以及税务机关根据实际需要要求提供的其他资料。

纳税人以前年度已经提供前款所列资料信息的，可以不再提供。

（6）已缴纳车船税的车船在同一纳税年度内办理转让过户的，不另纳税，也不退税。

（四）其他管理规定

（1）车辆所有人或管理人在申请办理车辆相关登记、定期检验手续时，应当向公安机关交通管理部门提交依法纳税或免税证明。

公安机关交通管理部门核查后办理相关手续，公安、交通运输、农业、渔业等车船登记管理部门、船舶检验机构和车船税扣缴义务人的行业主管部门应当在提供车船有关信息等方面，协助税务机关加强车船税的征收管理。

公安机关交通管理部门在办理车辆相关登记和定期检验手续时，经核查，对没有提供依法纳税或免税证明的，不予办理相关手续。

（2）扣缴义务人应当及时解缴代收代缴的税款和滞纳金，并向主管税务机关申报。扣缴义务人向税务机关解缴税款和滞纳金时，应当同时报送明细的税款和滞纳金扣缴报告。

扣缴义务人解缴税款和滞纳金的具体期限，由省、自治区、直辖市税务机关依照法律、行政法规的规定确定。

（3）在一个纳税年度内，已完税的车船被盗抢、报废、灭失的，纳税人可以凭有关管理机关出具的证明和完税凭证，向纳税所在地的主管税务机关申请退还自被盗抢、报废灭失月份起至该纳税年度终了期间的税款。

已办理退税的被盗抢车船失而复得的，纳税人应当从公安机关出具相关证明的当月起计算缴纳车船税。

【例 7-14】下列关于车船税的表述中，正确的有（　　）。

A. 从事机动车第三者责任强制保险业务的保险机构为机动车车船税的扣缴义务人，应当在收取保险费时依法代收车船税，并出具代收税款凭证

B. 已办理退税的被盗抢车船失而复得的，纳税人应当从公安机关出具相关证明的当月起计算缴纳车船税

C. 没有扣缴义务人的，纳税人应当向主管税务机关自行申报缴纳车船税

D. 已缴纳车船税的车船在同一纳税年度内办理转让过户的，不另纳税，也不退税

【解析】答案：ABCD。

第三节　契税

一、契税的概念、特点

（一）契税的概念

契税是指在土地、房屋权属转移时，以在我国境内转移土地、房屋权属为征税对象，按照当事人双方签订的合同（契约）以及确定价格的一定比例，向权属承受人征收的一种财产税。

契税法是指国家指定的用以调整契税征收和缴纳权利与义务关系的法律规范。现行契税法的基本规范是1997年7月7日国务院出台的《中华人民共和国契税暂行条例》（以下简称《契税暂行条例》），1997年10月28日财政部印发的《契税暂行条例实施细则》以及之后国家财政、税务主管部门陆续发布的一些有关契税的规定、办法。

（二）契税的特点

1. 契税属于财产转移税

契税不同于房产税与车船税，房产税与车船税是在财产的所有期内逐期征税，而契税以发生转移的不动产，即转移的土地、房屋权属为征税对象，具有财产转移课税性质。土地、房屋权属未发生转移的，不征契税。

2. 契税由财产承受方缴纳

财产税一般以财产的所有人为纳税人。由于契税是以转移的不动产为征税对象的，该不动产因转移权属有转移前的所有人和转移后的所有人。以权属的承受人，即转移后的所有人为纳税人更符合财产税惯例。

二、契税纳税人与征税范围

（一）契税纳税人

契税纳税人，是指在我国境内承受土地、房屋权属转移的单位和个人。

契税由权属的承受人缴纳。这里所说的“承受”，是指以受让、购买、受赠、交换等方式取得土地、房屋权属的行为。土地、房屋权属是指土地使用权和房屋所有权；单位，是指企业单位、事业单位、国家机关、军事单位和社会团体以及其他组织；个人是指个体经营者和其他个人。

【例7-15】下列属于契税纳税义务人的是（　　）。

A. 土地、房屋抵债的抵债方　　B. 房屋赠与中的受赠方

C. 房屋赠与中的赠与方　　D. 土地、房屋投资的投资方

【解析】答案：B。契税由权属的承受人缴纳。这里所说的承受，是指以受让、购买、

受赠、交换等方式取得土地、房屋权属的行为。

（二）契税征税范围

契税以在我国境内转移土地、房屋权属的行为作为征税对象。土地、房屋权属未发生转移的，不征收契税。契税的征税范围主要包括：

1. 国有土地使用权出让

国有土地使用权出让是指土地使用者向国家交付土地使用权出让费用，国家将国有土地使用权在一定年限内让与土地使用者的行为。出让费用包括出让金、土地收益等。

2. 土地使用权转让

土地使用权转让是指土地使用者以出售、赠与、交换或其他方式将土地使用权转移给其他单位和个人的行为。土地使用权的转让不包括农村集体土地承包经营权的转移。

3. 房屋买卖

房屋买卖是指房屋所有者将其房屋出售，由承受者交付货币、实物、无形资产或其他经济利益的行为。

4. 房屋赠与

房屋赠与是指房屋所有者将其房屋无偿转让给受赠者的行为。

5. 房屋交换

房屋交换是指房屋所有者之间相互交换房屋的行为。

6. 视同土地使用权转让、房屋买卖或房屋赠与

这种情况包括以土地、房屋权属作价投资、入股，以土地、房屋权属抵债，以获奖方式承受土地、房屋权属，以预购方式或预付集资建房款方式承受土地、房屋权属，等等。对于这些转移土地、房屋权属的形式，可以分别视同土地使用权转让、房屋买卖或房屋赠与征收契税。土地使用权受让人通过完成土地使用权转让方约定的投资额度或投资特定项目，以此获取低价转让或无偿赠与的土地使用权的，属于契税征收范围，其计税价格由征收机关参照纳税义务发生时当地的市场价格核定。公司增资扩股中，对以土地、房屋权属作价入股或作为出资投入企业的，征收契税。企业破产清算期间，对非债权人承受破产企业土地、房屋权属的，征收契税。

土地、房屋典当、继承、分拆（分割）、抵押以及出租等行为，不属于契税的征税范围。

【例 7-16】根据契税法律制度的规定，下列各项中，应征收契税的是（　　）。

A. 法定继承人承受房屋权属

B. 企业以抵押方式取得土地使用权

C. 承包者获得农村集体土地承包经营权

D. 运动员因成绩突出获得国家奖励的住房

【解析】答案：D。土地使用权的转让不包括农村集体土地承包经营权的转移。土地、房屋典当、继承、分拆（分割）、抵押以及出租等行为，不属于契税的征税范围。

三、契税税率与计税依据

（一）契税税率

契税采用比例税率，实行3%~5%的幅度税率。

契税具体税率由各省、自治区、直辖市人民政府在幅度税率规定范围内，按照本地区的实际情况确定，以适应不同地区纳税人的负担水平和调控房地产交易的市场价格。

（二）契税计税依据

按照土地、房屋权属转移的形式、定价方法的不同，契税计税依据确定如下：

（1）国有土地使用权出让、土地使用权出售、房屋买卖，以成交价格作为计税依据。

成交价格是指土地、房屋权属转移合同确定的价格，包括承受者应交付的货币、实物、无形资产或其他经济利益。计征契税的成交价格不含增值税。

（2）土地使用权赠与、房屋赠与，由征收机关参照土地使用权出售、房屋买卖的市场价格核定。

（3）土地使用权交换、房屋交换，以交换土地使用权、房屋的价格差额为计税依据。

计税依据只考虑其价格的差额，交换价格不相等的，由多交付货币、实物、无形资产或其他经济利益的一方缴纳契税；交换价格相等的，免征契税。土地使用权与房屋所有权之间相互交换，也应按照上述办法确定计税依据。

（4）以划拨方式取得土地使用权，经批准转让房地产时应补缴的契税，以补缴的土地使用权出让费用或土地收益作为计税依据。

为了防止纳税人隐瞒、虚报成交价格以偷、逃税款，对成交价格明显低于市场价格而无正当理由的，或者所交换的土地使用权、房屋价格的差额明显不合理并且无正当理由的，征收机关参照市场价格核定计税依据。

四、契税应纳税额的计算

契税应纳税额依照省、自治区、直辖市人民政府确定的适用税率和税法规定的计税依据计算征收。其计算公式为：

应纳税额=计税依据×税率

【例7-17】2017年，胡某获得单位奖励房屋一套。胡某得到该房屋后又将其与李某拥有的一套房屋进行交换。经房地产评估机构评估，胡某获奖房屋价值35万元，李某房屋价值45万元。两人协商后，胡某实际向李某支付房屋交换价格差额款10万元。税务机关核定奖励胡某的房屋价值30万元。已知当地规定的契税税率为4%。计算胡某应缴纳的契税税额。

【解析】以获奖方式取得房屋权属的应视同房屋赠与征收契税，计税依据为税务机构参照市场价格核定的价格，即30万元。房屋交换且交换价格不相等的，应由多支付货币的一方缴纳契税，计税依据为所交换的房屋价格的差额，即10万元。因此，胡某应就其获奖承受该房屋权属行为和房屋交换行为分别缴纳契税。

①胡某获奖承受房屋权属应缴纳的契税税额＝300 000×4%＝12 000（元）

②胡某交换房屋行为应缴纳的契税税额＝100 000×4%＝4 000（元）

③胡某实际应缴纳的契税税额＝12 000+4 000＝16 000（元）

五、契税税收优惠

第一，国家机关、事业单位、社会团体、军事单位承受土地、房屋用于办公、教学、医疗、科研和军事设施的，免征契税。

第二，城镇职工按规定第一次购买公有住房的，免征契税。

第三，因不可抗力灭失住房而重新购买住房的，酌情准予减征或免征契税。

第四，土地、房屋被县级以上人民政府征用、占用后，重新承受土地、房屋权属的，是否减征或免征契税，由省、自治区、直辖市人民政府确定。

第五，纳税人承受荒山、荒沟、荒丘、荒滩土地使用权，用于农、林、牧、渔业生产的，免征契税。

第六，依照我国有关法律规定以及我国缔结或参加的双边和多边条约或协定的规定应当予以免税的外国驻华使馆、领事馆、联合国驻华机构及其外交代表、领事官员和其他外交人员承受土地、房屋权属的，经外交部确认，可以免征契税。

经批准减征、免征契税的纳税人，改变有关土地、房屋的用途的，就不再属于减征免征契税范围，并且应当补缴已经减征、免征的税款。

六、契税征收管理

（一）纳税义务发生时间

契税的纳税义务发生时间是纳税人签订土地、房屋权属转移合同的当天，或者纳税人取得其他具有土地、房屋权属转移合同性质凭证的当天。

（二）纳税地点

契税实行属地征收管理。纳税人发生契税纳税义务时，应向土地、房屋所在地的税务征收机关申报纳税。

（三）纳税期限

纳税人应当自纳税义务发生之日起 10 日内，向土地、房屋所在地的税收征收机关办理纳税申报，并在税收征收机关核定的期限内缴纳税款。

第四节　印花税

一、印花税的概念和特点

（一）印花税的概念

1. 印花税的概念

印花税是对经济活动和经济交往中书立、领受、使用的应税经济凭证征收的一种税。因为纳税人主要是通过在应税凭证上粘贴印花税票来完成纳税义务，所以称为印花税。

2. 印花税法的概念

印花税法是指国家制定的用以调整印花税征收和缴纳权利与义务关系的法律规范。

征收印花税有利于增加财政收入，有利于配合和加强经济合同的监督管理，有利于培养纳税意识，有利于配合对其他应纳税种的监督管理。

3. 印花税法律制度的内容

1988 年 8 月 6 日，国务院出台《中华人民共和国印花税暂行条例》（以下简称《印花税暂行条例》）；同年 9 月 29 日，财政部印发《印花税暂行条例实施细则》；同年 12 月 12 日，国家税务局印发《国家税务局关于印花税若干具体问题的规定》。之后，财政部、国家税务总局又陆续发布了一些有关印花税的规定、办法。这些制度构成了我国印花税法律制度。随着我国股票交易制度的建立，国务院决定自 1992 年 1 月 1 日起将股票交易纳入印花税的征收范围。

（二）印花税的特点

1. 本质上属于行为税

印花税的征税对象从字面上是指在经济活动和经济交往中书立、领受、使用的应税经济凭证，具有凭证税性质，但由于任何一种应税经济凭证反映的都是某种特定的经济行为，对凭证征税，实质上是对经济行为征税。因此，从本质上讲，印花税属于行为税。

2. 征税范围广泛

印花税的 13 个税目列举了在经济活动和经济交往中书立、领受、使用的应税经济凭证的类别，反映了印花税具体的征税范围广泛。随着市场经济的发展和经济法制的逐步健全，依法树立经济凭证的现象将会越来越普遍。因此，印花税的征收面将更加广泛。

3. 税率低、税负轻

印花税与其他税种相比较，税率要低得多，税负较轻，具有广集资金、积少成多的财政效应。

4. 由纳税人自行完成纳税义务

纳税人通过自行计算、购买并粘贴印花税票的方法履行纳税义务，并在印花税票和凭证的骑缝处自行盖戳注销或画销。多贴印花税票者，不得申请退税或抵用。这与其他税种的缴纳方法有较大区别。

二、印花税纳税人

印花税纳税人是指在中国境内书立、领受、使用税法列举凭证的单位和个人。这里所说的单位和个人，是指国内各类企业、事业单位、国家机关、社会团体、部队以及中外合资经营企业、中外合作经营企业、外资企业、外国企业和其他经济组织及其在华机构等单位和个人。如果一份合同或应税凭证由两方或两方以上当事人共同签订，签订合同或应税凭证的各方都是纳税人，应各自就其所持合同或应税凭证的计税金额履行纳税义务。

根据书立、领受、使用应税凭证的不同，纳税人可以分为立合同人、立账簿人、立据人、领受人和使用人等。

（一）立合同人

立合同人是指合同的当事人，即对凭证有直接权利义务关系的单位和个人，但不包括合同的担保人、证人、鉴定人。所谓合同，是指根据《中华人民共和国合同法》的规定订立的各类合同，包括购销、加工承揽、建筑工程、财产租赁、货物运输、仓储保管、借款、财产保险以及具有合同性质的凭证。当事人的代理人有代理纳税义务。

（二）立账簿人

立账簿人是指开立并使用营业账簿的单位和个人。如某企业因生产需要，设立了若干营业账簿，该企业即为印花税的纳税人。

（三）立据人

立据人是指书立产权转移书据的单位和个人。

（四）领受人

领受人是指领取并持有权利、许可证照的单位和个人。领取房屋产权证的单位和个人，即为印花税的纳税人。

（五）使用人

使用人是指在国外书立、领受，但在国内使用应税凭证的单位和个人。

（六）各类电子应税凭证的签订人

这是指即以电子形式签订的各类应税凭证的当事人。

【例 7-18】根据印花税法律制度的规定，下列各项中，属于印花税纳税人的是（　　）。

A. 合同的双方当事人　　B. 合同的担保人

C. 合同的证人　　D. 合同的鉴定人

【解析】答案：A。合同的当事人是印花税的纳税人，不包括合同的担保人、证人、鉴定人。

三、印花税征税范围、计税依据及税率

（一）印花税征税范围

我国经济活动中发生的经济凭证种类繁多，数量巨大，现行印花税采取正列举形式，只对《印花税暂行条例》列举的凭证征收，没有列举的凭证不征税。列举的凭证分为五类，即经济合同，产权转移书据，营业账簿，权利、许可证照和经财政部门确定征税的其他凭证。具体征税范围如下：

1. 经济合同

合同是指当事人之间为实现一定目的，经协商一致，明确当事人各方权利、义务关系的协议。以经济业务活动作为内容的合同，通常称为经济合同。经济合同应按照管理的要求，依照《中华人民共和国合同法》和其他有关合同法规订立。经济合同的依法订立，是在经济交往中为了确定、变更或终止当事人之间的权利和义务关系的合同法律行为，其书面形式即经济合同书。我国印花税只对依法订立的经济合同书征收。印花税税目中的合同比照原《中华人民共和国经济合同法》对经济合同的分类，在税目税率表中列举了十大类合同。

（1）购销合同，包括供应、预购、采购、购销结合及协作、调剂、补偿、易货等合同，还包括各出版单位与发行单位（不包括订阅单位和个人）之间订立的图书、报刊音像征订凭证。

对纳税人以电子形式签订的各类应税凭证按规定征收印花税。

对发电厂与电网之间、电网与电网之间（国家电网公司系统、南方电网公司系统内部各级电网互供电量除外）签订的购售电合同，按购销合同征收印花税。电网与用户之间签订的供用电合同不征印花税。

（2）加工承揽合同，包括加工、定做、修缮、修理、印刷、广告、测绘、测试等合同。

（3）建设工程勘察设计合同，包括勘察、设计合同的总包合同、分包合同和转包合同。

（4）建筑安装工程承包合同，包括建筑、安装工程承包合同的总包合同、分包合同和转包合同。

（5）财产租赁合同，包括租赁房屋、船舶、飞机、机动车辆、机械、器具、设备等合同，还包括企业、个人出租门店、柜台等所签订的合同，但不包括企业与主管部门签订的租赁承包合同。

（6）货物运输合同，包括民用航空运输、铁路运输、海上运输、内河运输、公路运输和联运合同。

（7）仓储保管合同，包括仓储、保管合同或作为合同使用的仓单、栈单（或称入库单）。对某些使用不规范的凭证不便计税的，可以就其结算单据作为计税贴花的凭证。

（8）借款合同，包括银行及其他金融组织和借款人（不包括银行同业拆借）所签订的借款合同。

（9）财产保险合同，包括财产、责任、保证、信用等保险合同。

（10）技术合同，包括技术开发、转让、咨询、服务等合同。

技术转让合同包括专利申请转让、非专利技术转让所书立的合同，但不包括专利权转让、专利实施许可所书立的合同。后者适用于“产权转移书据”合同。

技术咨询合同是合同当事人就有关项目的分析、论证、评价、预测和调查订立的技术合同，而一般的法律、会计、审计等方面的咨询不属于技术咨询，其所立合同不贴印花。

技术服务合同的征税范围包括技术服务合同、技术培训合同和技术中介合同。

此外，在确定应税经济合同的范围时，特别需要注意以下三个问题：

第一，具有合同性质的凭证应视同合同征税。所谓具有合同性质的凭证，是指具有合同效力的协议、契约、合约、单据、确认书以及其他各种名称的凭证。它们从属于以上10个合同税目的分类，而非独立列举的征税类别。这类凭证具有上述十类合同大致相同的内容、形式和作用，虽然未采用规范的合同名称，但对当事人各方仍具有特定的民事法律约束力。因为这些凭证一经凭证当事人书立，双方（或多方）信守，付诸实施（履行）就发挥着规范合同的作用，而不一定具有合同法规要求的完备条款和规范的行为约定。就其书立行为和实施行为而言，显然属于具有民事法律意义、发生法律后果并以涉及权利义务关系为目的的行为。因此，鉴于这类凭证的上述性质和特点，印花税除对依法成立的具有规范内容和名称的十类合同书征税外，还规定具有合同性质的凭证也应纳税。

第二，未按期兑现合同也应贴花。印花税既是凭证税，又具有行为税性质。纳税人签订应税合同，就发生了应税经济行为，必须依法贴花，履行完税手续。因此，不论合同是否兑现或能否按期兑现，都应当缴纳印花税。

第三，同时书立合同和开立单据的贴花方法。办理一项业务（如货物运输、仓储保管、财产保险、银行借款等），如果既书立合同，又开立单据，只就合同贴花；凡不书立合同，只开立单据，以单据作为合同适用的，其使用的单据应按规定贴花。

2. 产权转移书据

产权转移，即财产权利关系的变更行为，表现为产权主体发生变更。产权转移书据是在产权的买卖、交换、继承、赠与、分割等产权主体变更过程中，由产权出让人与受让人之间订立的民事法律文书。

我国印花税税目中的产权转移书据包括财产所有权、版权、商标专用权、专利权、专有技术使用权共五项产权的转移书据。其中，产权转移书据是指经政府管理机关登记注册的不动产、动产的所有权转移所书立的书据，包括股份制企业向社会公开发行的股票，因购买、继承、赠与所书立的产权转移书据。其他四项则属于无形资产的产权转移书据。

另外，土地使用权出让合同、土地使用权转让合同、商品房销售合同按照产权转移书据征收印花税。

3. 营业账簿

印花税税目中的营业账簿归属于财务会计账簿，是按照财务会计制度的要求设置的，反映生产经营活动的账册。按照营业账簿反映的内容不同，在税目中分为记载资金的账簿（简称资金账簿）和其他营业账簿两类，以便于分别采用按金额计税和按件计税两种计税方法

（1）资金账簿。资金账簿是反映生产经营单位实收资本和资本公积金额增减变化的账簿。

（2）其他营业账簿。其他营业账簿是反映除资金资产以外的其他生产经营活动内容的账簿，即除资金账簿以外的，归属于财务会计体系的其他生产经营用账册。

4. 权利、许可证照

权利、许可证照是政府授予单位、个人某种法定权利和准予从事特定经济活动的各种证照的统称。权利、许可证照包括政府部门发给的房屋产权证、工商营业执照、商标注册证、专利证、土地使用证。

5. 经财政部门确定征税的其他凭证

除了税法列举的以上五大类应税经济凭证之外，在确定经济凭证的征免税范围时，需要注意以下三点：

（1）由于目前同一性质的凭证名称各异，不够统一，因此各类凭证不论以何种形式或名称书立，只要其性质属于列举征税范围内的凭证，均应照章纳税。

（2）应税凭证是指在中国境内具有法律效力，受中国法律保护的凭证。

（3）适用于中国境内，并在中国境内具备法律效力的应税凭证，无论在中国境内或境外书立，均应依照印花税的规定贴花。

【例 7-19】根据印花税法律制度的规定，下列各项中，不征收印花税的是（　　）。

A. 工商营业执照　　B. 房屋产权证

C. 土地使用证　　D. 卫生许可证

【解析】答案：D。权利、许可证照包括政府部门发给的房屋产权证、工商营业执照、商标注册证、专利证、土地使用证。

（二）印花税计税依据

（1）合同或具有合同性质的凭证，以凭证所载金额作为计税依据。具体包括购销合同中记载的购销金额、加工承揽合同中的加工或承揽收入、建设工程勘察设计合同中的收取费用、建筑安装工程合同中的承包金额、财产租赁合同中的租赁金额、货物运输合同中的运输费用（运费收入）、仓储保管费用、借款合同中的借款金额、保险合同中的保险费等上述凭证以“金额”“费用”作为计税依据的，应当全额计税，不得作任何扣除。

载有两个或两个以上应适用不同税目税率经济事项的同一凭证，分别记载金额的，应分别计算应纳税额，相加后按合计税额贴花；未分别记载金额的，按税率高的计算贴花。

（2）营业账簿中记载资金的账簿，以“实收资本”与“资本公积”两项的合计金额

为其计税依据。

（3）不记载金额的营业账簿、政府部门发给的房屋产权证、工商营业执照、专利证等权利许可证照以及日记账簿和各种明细分类账簿等辅助性账簿，以凭证或账簿的件数作为计税依据。

（4）纳税人有以下情形的，地方税务机关可以核定纳税人印花税计税依据：

①未按规定建立印花税应税凭证登记簿，或者未如实登记和完整保存应税凭证的。

②拒不提供应税凭证或不如实提供应税凭证致使计税依据明显偏低的。

③采用按期汇总缴纳办法的，未按地方税务机关规定的期限报送汇总缴纳印花税情况报告，经地方税务机关责令限期报告，逾期仍不报告的或地方税务机关在检查中发现纳税人有未按规定汇总缴纳印花税情况的。

地方税务机关核定征收印花税的，应当根据纳税人的实际生产经营收入，参考纳税人各期印花税情况及同行业合同签订情况，确定科学合理的数额或比例作为纳税人印花税计税依据。

（三）印花税税率

印花税税率有比例税率和定额税率两种形式。

1. 比例税率

对载有金额的凭证，如各类合同及具有合同性质的凭证（包括电子形式）、产权转移书据、资金账簿等，采用比例税率。按照凭证标明的确定的金额按比例计算应纳税额，既能保证财政收入，又能体现合理负担的原则。在印花税 13 个税目中，各类合同及具有合同性质的凭证、产权转移书据、营业账簿中记载资金的账簿，适用比例税率。

（1）借款合同，适用税率为 0. 05‰。

（2）购销合同、建筑安装工程承包合同、技术合同等，适用税率为 0. 3‰。

（3）加工承揽合同、建设工程勘察设计合同、货物运输合同、产权转移书据合同和记载资金数额的营业账簿等，适用税率为 0. 5‰。其中，记载资金数额的营业账簿按 0. 5‰的税率减半征收，自 2018 年 5 月 1 日起开始实施。

（5）财产租赁合同、仓储保管合同、财产保险合同等，适用税率为 1‰。

（6）因股票买卖、继承、赠与而书立股权转让书据（包括 A 股和 B 股），适用税率为 1‰。此税率系后增补税率，印花税暂行条例中的《印花税税目税率表》未列此档税率。

2. 定额税率

为了简化征管手续，便于操作，对无法计算金额的凭证，或者虽载有金额，但作为计税依据不合理的凭证，采用定额税率，以件为单位缴纳一定数额的税款。权利、许可证照、营业账簿中的其他账簿，为按件贴花，单位税额为每件 5 元。其中，为减轻企业负担，鼓励投资创业，对按件贴花 5 元的其他账簿免征印花税。

印花税税目税率表见表 7-2。

表 7-2

印花税税目税率表

税目	范围	税率	纳税人	说明
1. 购销合同	包括供应、预购、采购、购销结合及协作、调剂、补偿、易货等合同	按购销金额 0.3‰贴花	立合同人	
2. 加工承揽合同	包括加工、定做、修缮、修理、印刷、广告、测绘、测试等合同	按加工或承揽收入 0.5‰贴花	立合同人	
3. 建设工程勘察设计合同	包括勘察、设计合同	按收取费用 0.5‰贴花	立合同人	
4. 建筑安装工程承包合同	包括建筑、安装工程承包合同	按承包金额 0.3‰贴花	立合同人	
5. 财产租赁合同	包括租赁房屋、船舶、飞机、机动车辆、机械、器具、设备等	按租赁金额 1‰贴花，税额不足 1 元的按 1 元贴花	立合同人	
6. 货物运输合同	包括民用航空、铁路运输、海上运输、内河运输、公路运输和联运合同	按运输收取的费用 0.5‰贴花	立合同人	单据作为合同使用的，按合同贴花
7. 仓储保管合同	包括仓储、保管合同	按仓储收取的保管费用 1‰贴花	立合同人	仓单或栈单作为合同使用的，按合同贴花
8. 借款合同	银行及其他金融组织和借款人（不包括银行同业拆借）所签订的借款合同	按借款金额 0.05‰贴花	立合同人	单据作为合同使用的，按合同贴花
9. 财产保险合同	包括财产、责任、保证、信用等保险合同	按保险费收入 1‰贴花	立合同人	单据作为合同使用的，按合同贴花
10. 技术合同	包括技术开发、转让、咨询、服务等合同	按所载金额 0.3‰贴花	立合同人	
11. 产权转移书据	包括财产所有权和版权、商标专用权、专利权、专有技术使用权等转移书据、土地使用权出让、土地使用权转让合同、商品房销售合同	按所载金额 0.5‰贴花	立据人	
12. 营业账簿	生产经营用账册	记载资金的账簿，按实收资本和资本公积合计金额 0.5‰贴花。其他簿按件贴花 5 元	立账簿人	
13. 权利、许可证照	包括政府部门发给的房屋产权证、工商营业执照、商标注册证、专利证、土地使用证	按件贴花 5 元	领受人	

四、印花税应纳税额的计算

实行比例税率的凭证，印花税应纳税额的计算公式为：

应纳税额=应税凭证计税金额×比例税率

实行定额税率的凭证，印花税应纳税额的计算公式为：

应纳税额=应税凭证件数×定额税率

3. 营业账簿中记载资金的账簿，印花税应纳税额的计算公式为：

应纳税额=(实收资本+资本公积)×0.5‰

其他账簿按件贴花，每件5元。

【例7-20】某电厂与某运输公司订了两份运输保管合同：第一份合同载明的金额合计50万元（运费和保管费并未分别记载）；第二份合同中注明运费30万元、保管费10万元。分别计算该电厂第一份、第二份合同应缴纳的印花税税额。

【解析】(1) 第一份合同应缴纳印花税税额=500 000×1‰=500（元）

(2) 第二份合同应缴纳印花税税额=300 000×0.5‰+100 000×1‰=250（元）

五、印花税税收优惠

（一）法定凭证免税

下列凭证，免征印花税：

(1) 已缴纳印花税的凭证的副本或抄本。

(2) 财产所有人将财产赠给政府、社会福利单位、学校所立的书据。

(3) 经财政部批准免税的其他凭证。

（二）免税额

应纳税额不足1角的，免征印花税。

（三）特定凭证免税

下列凭证，免征印花税：

(1) 国家指定的收购部门与村委会、农民个人书立的农副产品收购合同。

(2) 无息、贴息贷款合同。

(3) 外国政府或国际金融组织向中国政府及国家金融机构提供优惠贷款所书立的合同。

（四）特定情形免税

有下列情形之一的，免征印花税：

(1) 对商店、门市部的零星加工、修理业务开具的修理单，不贴印花。

(2) 对房地产管理部门与个人订立的租房合同，凡用于生活居住的，暂免贴花；用于生产经营的，按规定贴花。

(3) 对铁路、公路、航运、水路承运快件行李、包裹开具的托运单据，暂免贴花。

（4）对企业车间、门市部、仓库设置的不属于会计核算范围，或者虽属会计核算范围，但不记载金额的登记簿、统计簿、台账等，不贴印花。

（5）实行差额预算管理的单位，不记载经营业务的账簿不贴花。

5. 单据免税

对货物运输、仓储保管、财产保险、银行借款等，办理一项业务，既书立合同，又开立单据的，只就合同贴花；所开立的各类单据，不再贴花。

6. 企业兼并并入资金免税

对企业兼并的并入资金，凡已按资金总额贴花的，接收单位对并入的资金，不再补贴印花。

7. 租赁承包经营合同免税

企业与主管部门等签订的租赁承包经营合同，不属于财产租赁合同，不征收印花税。

8. 特殊情形免税

纳税人已履行缴税义务并贴花的合同，发现实际结算金额与合同所载金额不一致的，一般不再补贴印花。

9. 保险合同免税

农林作物、牧业畜类保险合同，免征印花税。

10. 书、报、刊合同免税

书、报、刊发行单位之间，发行单位与订阅单位或个人之间书立的凭证，免征印花税。

11. 外国运输企业免税

由外国运输企业运输进口货物的，外国运输企业持有的一份结算凭证免征印花税。

12. 特殊货运凭证免税

下列特殊货运凭证，免征印花税：

（1）军事物资运输结算凭证。

（2）抢险救灾物资运输结算凭证。

（3）为新建铁路运输施工所属物料，使用工程临管线专用运费结算凭证。

13. 物资调拨单免税

对工业、商业、物资、外贸等部门调拨商品物资，作为内部执行计划使用的调拨单，不作为结算凭证，不属于合同性质的凭证，不征收印花税。

14. 同业拆借合同免税

银行、非银行金融机构之间相互融通短期资金，按照规定的同业拆借期限和利率签订的同业拆借合同，不征收印花税。

15. 借款展期合同免税

对办理借款展期业务使用借款展期合同或其他凭证，按规定仅载明延期还款事项的，可暂不贴花。

16. 合同、书据免税

出版合同，不属于印花税列举征税的凭证，免征印花税。

17. 国库业务账簿免税

人民银行各级机构经理国库业务及委托各专业银行各级机构代理国库业务设置的账簿，免征印花税。

18. 委托代理合同免税

代理单位与委托单位之间签订的委托代理合同，不征收印花税。

19. 日拆性贷款合同免税

对人民银行向各商业银行提供的日拆性贷款（20 日以内的贷款）所签订的合同或借据，暂免征印花税。

20. 电话和联网购货免税

对在供需经济活动中使用电话、计算机联网订货，没有开具书面凭证的，暂不贴花。

21. 股权转让免税

对国务院和省级人民政府批准进行政企脱钩、对企业进行改组和改变管理体制、变更企业隶属关系以及国有企业改制、盘活国有资产，而发生的国有股权无偿转让划转行为，暂不征收证券交易印花税。对上市公司国有股权无偿转让，需要免征证券交易印花税的，须由企业提出申请，报证券交易所所在地国家税务局审批，并报国家税务总局备案。

六、印花税征收管理

（一）纳税义务发生时间

印花税应当在书立或领受时贴花。具体是指在合同签订时、账簿启用时和证照领受时贴花。如果合同是在国外签订，并且不便在国外贴花的，应在将合同带入境时办理贴花纳税手续。

（二）纳税地点

印花税一般实行就地纳税。对于全国性商品物资订货会（包括展销会、交易会等）上所签订合同应纳的印花税，由纳税人回其所在地后及时办理贴花完税手续；对地方主办、不涉及省际关系的订货会、展销会上所签合同的印花税，其纳税地点由各省、自治区、直辖市人民政府自行确定。

（三）纳税期限

印花税的纳税方法与其他税种不同，其特点之一就是由纳税人根据税法规定，自行计算应纳税额，并自行购买印花税票，自行完成纳税义务；同时，对特殊情况采取特定的纳税贴花方法。税法规定，印花税应税凭证应在书立、领受时即行贴花完税，不得延至凭证生效日期贴花。同一种类应纳印花税凭证若需要频繁贴花的，纳税人可向当地税务机关申请按期汇总缴纳印花税，经税务机关核准发给许可证后，按税务机关确定的限期（最长不超过 1 个月）汇总计算纳税。

（四）缴纳方法

根据税额大小，应税项目纳税次数多少以及税源控管的需要，印花税分别采用自行贴花、汇贴汇缴和委托代征三种缴纳方法。

1. 自行贴花

自行贴花，即实行“三自”纳税，纳税人在书立、领受应税凭证时，自行计算应纳印花税额，向当地纳税机关或印花税票代售点购买印花税票，自行在应税凭证上一次贴足印花并自行注销。这是缴纳印花税的基本方法。印花税票一经售出，国家即取得了印花税收入，但不等于纳税人履行了纳税义务，只有在纳税人按规定将印花税票（足额）粘贴在应税凭证的适当位置后，经盖销或划销后才算完成了纳税手续。已完成纳税手续的凭证应按规定的期限妥善保管，以备核查。同时必须明确：已贴用的印花税票不得重用；已贴花的凭证，修改后所载金额有增加的，其增加部分应当补贴印花。

2. 汇贴汇缴

一份凭证应纳税额超过500元的，纳税人应当向当地税务机关申请填写缴款书或完税证，将其中一联粘贴在凭证上或税务机关在凭证上加注完税标记代替贴花。

同一类应纳税凭证，需频繁贴花的，纳税人应向当地税务机关申请按期汇总缴纳印花税。税务机关对核准汇总缴纳的单位，应发给汇缴许可证，汇总缴纳的限期限额由当地税务机关确定，但最长期限不得超过1个月。凡汇总缴纳印花税的凭证，应加注税务机关指定的汇缴戳记，编号并装订成册后，将已贴印花或缴款书的一联粘附册后，盖章注销，保存备查。

3. 委托代征

为加强征收管理，简化手续，印花税可以委托有关部门代征，实行源泉控管。对通过国家有关部门发放、鉴证、公证或仲裁的应税凭证，税务部门可以委托这些部门代征印花税，发给代征单位代征委托书，明确双方的权利和义务。

本章练习题

一、单项选择题

1. 某企业2017年有固定资产原值3 000万元，其中房产原值为2 000万元，已提折旧400万元；机器设备原值为1 000万元，已提折旧240万元。已知当地政府规定的扣除比例为30%，该企业2017年度应纳房产税为（　　）万元。

A. 16.8　　B. 168

C. 24　　D. 240

2. 某企业有一处生产经营用房产，原值5 000万元，2017年7月1日用于投资联营（收取固定收入，不承担联营风险），投资期为3年。已知该企业当年取得固定收入100万元（不含增值税），当地政府规定的扣除比例为20%。该企业2017年应缴纳的房产税为（　　）万元。

A. 24　　B. 30

C. 36　　D. 48

3. 关于房产税的免税规定，下列各项中，表述不正确的是（　　）。

A. 对高校学生公寓免征房产税

B. 对非营利性医疗机构自用的房产免征房产税

C. 个人所有非营业用房产免征房产税

D. 应税房产因大修停用3个月以上的，在大修期间可免征房产税

4. 下列各项中，不属于车船税纳税人的是（　　）。

A. 境内拥有机动车辆的外商投资企业　　B. 香港特别行政区的车船使用人

C. 境内拥有机动车辆的事业单位　　D. 境内拥有机动车辆的个人

5. 根据车船税法律制度的规定，下列车辆中，需要缴纳车船税的是（　　）。

A. 自行车　　B. 电动自行车

C. 捕捞渔船　　D. 非机动驳船

6. 下列车船中，需要缴纳车船税的是（　　）。

A. 临时入境的外国车船　　B. 公安机关的警务用车

C. 养殖渔船　　D. 专项作业车

7. 根据车船税法律制度的规定，下列各项中，属于拖船计税依据的是（　　）。

A. 辆数　　B. 自重吨位

C. 净吨位数　　D. 购置价格

8. 车船税的纳税义务发生时间是车船管理部门核发（　　）。

A. 车船登记证书记载日期的次月　　B. 行驶证中记载日期的当月

C. 行驶证中记载日期的次月　　D. 车船上路行驶的当月

9. 纳税人自行申报缴纳车船税的，纳税地点为（　　）。

A. 车船的登记地　　B. 车船的购买地

C. 车船的使用地　　D. 车船的生产地

10. 下列属于契税纳税义务人的是（　　）。

A. 土地、房屋抵债的抵债方　　B. 房屋赠与中的受赠方

C. 房屋赠与中的赠与方　　D. 土地、房屋投资的投资方

11. 根据契税法律制度的规定，下列各项中，应征收契税的是（　　）。

A. 法定继承人承受房屋权属

B. 企业以行政划拨方式取得土地使用权

C. 承包者获得农村集体土地承包经营权

D. 运动员因成绩突出获得国家奖励的住房

12. 根据契税法律制度的规定，下列行为中，不需要缴纳契税的是（　　）。

A. 房屋抵债　　B. 法定继承人继承直系亲属的房产

C. 房屋赠与　　D. 房屋出售

13. 根据契税法律制度的规定，土地使用权交换、房屋交换，若交换价格相等，则（　　）。

A. 由交换双方各自缴纳契税　　B. 由交换双方共同分担契税

C. 免征契税　　D. 由双方协商一致确定纳税人

14. 某体育器材公司于2017年10月向本省某运动员奖励住宅一套，税务机关核定的市场价格为80万元（不含增值税）。该运动员随后以70万元（不含增值税）的价格将奖励住宅出售，当地契税适用税率为3%，该运动员应缴纳的契税为（　　）万元。

A. 2.4　　B. 2.1

C. 4.5　　D. 0

15. 甲、乙两单位互换经营性用房，甲换入的房屋价格为490万元（不含增值税），乙换入的房屋价格为600万元（不含增值税），乙支付了差价，当地契税税率为3%。下列各项中，关于契税处理正确的是（　　）。

A. 甲缴纳14.7万元　　B. 甲缴纳3.3万元

C. 乙缴纳18万元　　D. 乙缴纳3.3万元

16. 根据《契税暂行条例》的规定，可以享受免征契税优惠待遇的是（　　）。

A. 城镇职工购买公有住房的

B. 国家机关承受房屋用于对外从事饭店经营的

C. 纳税人开采荒地修建工厂

D. 纳税人开采荒山用于农业生产

17. 根据印花税法律制度的规定，下列各项中，不属于印花税纳税人的是（　　）。

A. 立合同人　　B. 立据人

C. 担保人　　D. 领受人

18. 下列关于印花税计税依据的表述中，不正确的是（　　）。

A. 购销合同中记载的购销金额　　B. 财产租赁合同中的租赁金额

C. 货物运输合同中的运输费用　　D. 借款合同中的借款本利合计金额

19. 甲乙双方签订一份仓储保管合同上注明货物金额500万元，保管费用10万元。印花税税率为1‰，甲乙双方共应缴纳印花税为（　　）元。

A. 100 000×1‰=100　　B. 100 000×1‰×2=200

C. 5 000 000×1‰×2=10 000　　D. （5 000 000+100 000）×1‰=5 100

20. 2017年3月，甲企业与乙企业签了一份合同，由甲企业向乙企业提供货物并运输到乙企业指定的地点，合同标的金额为300万元，其中包括货款和货物运输费用。货物买卖合同适用的印花税税率为0.3‰，货物运输合同适用的印花税税率为0.5‰。根据印花税法律制度的规定，甲企业应纳印花税税额是（　　）万元。

A. 0.24　　B. 0.15

C. 0.09　　D. 0.06

二、多项选择题

1. 根据房产税法律制度的规定，下列各项中，不属于房产税征税对象的有（　　）。

A. 工厂围墙　　B. 宾馆的室外游泳池

C. 水塔　　D. 企业职工宿舍

2. 根据房产税法律制度的规定，下列各项中，属于房产税征税范围的有（　　）。

A. 某外商投资企业的厂房　　B. 个人出租的住房

C. 某内资企业的办公用房　　D. 房地产开发企业开发的待售商品房

3. 根据房产税法律制度的规定，下列关于房产税的计税依据表述中，正确的有（　　）。

A. 融资租赁房屋的，以房产原值计税

B. 联营投资房产，共担投资风险的，以房产余值计税

C. 出租房产的，以租金计税

D. 租入房产的，以租金计税

4. 下列关于房产投资的房产税的表述中，正确的有（　　）。

A. 以房产投资成立有限公司，投资方按房产余值为计税依据计征房产税

B. 以房产联营投资，不承担经营风险，只收取固定收入，视投资方取得的固定收入为租金收入，以租金收入为计税依据计征房产税
C. 以房产联营投资，共担经营风险的，被投资方按房产余值为计税依据计征房产税
D. 以房产联营投资，共担经营风险的，投资方不再计征房产税

5. 下列各项中，属于免征房产税的有（　　）。
A. 军队自用的房产
B. 公园办公用的房产
C. 个人自己开商店的房产
D. 学校教学楼

6. 下列各项中，符合房产税纳税义务发生时间规定的有（　　）。
A. 纳税人购置新建商品房，自房屋交付使用之次月起缴纳房产税
B. 纳税人委托施工企业建设的房屋，自建成之次月起缴纳房产税
C. 纳税人将原有房产用于生产经营，自生产经营之次月起缴纳房产税
D. 纳税人购置存量房，自房地产权属登记机关签发房屋权属证书之次月起缴纳房产税

7. 根据车船税法律制度的规定，以下属于车船税征税范围的有（　　）。
A. 用于耕地的拖拉机
B. 用于接送员工的客车
C. 用于休闲娱乐的游艇
D. 供企业经理使用的小汽车

8. 根据车船税法律制度的规定，车船税的税额计算中，可以减按 50%征税的有（　　）。
A. 载货汽车
B. 非机动驳船
C. 挂车
D. 拖船

9. 下列关于车船税计税依据的表述中，正确的有（　　）。
A. 载客汽车，以“每辆”为计税依据
B. 商用货车，以“整备质量每吨”为计税依据
C. 游艇，以“艇身长度每米”为计税依据
D. 船舶，以“净吨位每吨”为计税依据

10. 根据车船税法律制度的规定，下列车船免征车船税的有（　　）。
A. 军队专用车船
B. 使用新能源车船
C. 非机动驳船
D. 捕捞、养殖渔船

11. 下列关于车船税的表述中，正确的有（　　）。
A. 从事机动车第三者责任强制保险业务的保险机构为机动车车船税的扣缴义务人，应当在收取保险费时依法代收车船税，并出具代收税款凭证
B. 已办理退税的被盗抢车船失而复得的，纳税人应当从公安机关出具相关证明的当月起计算缴纳车船税
C. 没有扣缴义务人的，纳税人应当向主管税务机关自行申报缴纳车船税
D. 已缴纳车船税的车船在同一纳税年度内办理转让过户的，不另纳税，也不退税

12. 下列各项中，属于契税的征税对象的有（　　）。
A. 国有土地使用权出让
B. 土地使用权转让
C. 房屋买卖
D. 农村集体土地承包经营权的转移

13. 根据契税的有关规定，下列各项中，征收机关可以参照市场价格核定契税的计税依据的有（　　）。
A. 甲、乙双方交换的房屋价格差额明显不合理且没有正当理由
B. 华侨马某赠与家乡某企业一栋楼房
C. 小王出卖一套房子给小红，因两人私交甚好，所以成交价格明显低于市场价格
D. 某学校以明显低于市场价格的价格购买了一栋教学楼

14. 下列各项中，可以享受契税免税优惠的有（　　）。
A. 城镇职工自己购买商品住房
B. 政府机关承受房屋用于办公
C. 非债权人在企业破产清算期间承受破产企业房屋权属
D. 军事单位承受房屋用于军事设施
15. 关于印花税纳税人的下列表述中，正确的有（　　）。
A. 会计账簿以立账簿人为纳税人
B. 产权转移书据以立据人为纳税人
C. 建筑工程合同以合同当事人为纳税人
D. 房屋产权证以领受人为纳税人
16. 下列各项中，属于印花税征税范围的有（　　）。
A. 法律咨询服务合同　　B. 委托加工合同
C. 技术开发合同　　D. 印刷合同
17. 根据印花税法律制度的相关规定，下列各项中，属于印花税借款合同税目的有（　　）。
A. 银行同业拆借合同　　B. 银行存款日记账
C. 银行与借款人签订的借款合同　　D. 作为合同使用的借款单据
18. 根据印花税法律制度的规定，下列印花税应税凭证中，属于“产权转移书据”的有（　　）。
A. 土地使用权出让合同　　B. 土地使用权转让合同
C. 商品房销售合同　　D. 房屋产权证
19. 根据规定，以下所列的印花税的计税依据正确的有（　　）。
A. 营业账簿中记载资金的账簿以“实收资本”和“资本公积”两项的合计金额作为计税依据
B. 房屋产权证按件贴花
C. 同一凭证上记载有两个不同税目税率的经济事项，未分别记载金额的，按照较低的税率贴花
D. 各种明细分类账簿按照凭证件数作为计税依据
20. 根据印花税法律制度的规定，采用自行贴花方法缴纳印花税的，纳税人应（　　）。
A. 自行申报应税行为　　B. 自行计算应纳税额
C. 自行购买印花税票　　D. 自行一次贴足印花

三、判断题

1. 张某将个人拥有产权的房屋出典给李某，则李某为该房屋房产税的纳税人。（　　）
2. 个人所有的房产，除出租外，一律免征房产税。（　　）
3. 以房屋为载体、不可随意移动的附属设备和配套设施，如果单独记账，价值没有计入房产原值，可以不计算缴纳房产税。（　　）
4. 根据规定，我国现行房产税采用比例税率和定额税率两种形式。（　　）
5. 房产不在同一地方的纳税人，应按房产的坐落地点分别向房产所在地的税务机关申报纳税。（　　）
6. 从事机动车第三者责任强制保险业务的保险机构为机动车车船税的扣缴义务。房产不在同一地方的纳税人，应按房产的坐落地点分别向房产所在地的税务机关申报纳税。（　　）
7. 依法不需要在车船登记管理部门登记的机场、港口、铁路站场内部行使或作业的车船，自《车船税法》实施之日起5年内免征车船税。（　　）
8. 依法不需要办理登记的车船，其车船税的纳税地点为车船的实际使用地。（　　）
9. 土地使用权交换中，契税由收取货币或其他经济利益的土地出让方缴纳。（　　）

10. 境内承受转让土地、房屋权属的单位和个人为契税的纳税人，但不包括外商投资企业和外国企业。（　）

11. 企业破产清算期间，对债权人承受破产企业土地、房屋权属的，应当征收契税。（　）

12. 土地、房屋权属变动中的各种形式，如典当、继承、出租或抵押等，均属于契税的征税范围。（　）

13. 房屋产权证纳税人以电子形式签订的各类应税凭证不征收印花税。（　）

14. 技术转让合同包括专利申请转让、非专利技术转让所书立的合同。（　）

15. 对于虽载有金额，但作为计税依据不合理的凭证，可以采用定额税率。（　）

16. 印花税同一应税凭证，载有两个或两个以上经济事项而适用不同税目税率，如分别记载金额的，应分别计算应纳印花税额，按相加后的合计税额贴花；如未分别记载金额，按税率高的计税贴花。（　）

17. 不记载金额的营业账簿，以账簿的件数为计税依据缴纳印花税。（　）

18. 同一种类应纳印花税凭证若需要频繁贴花的，纳税人可以向当地税务机关申请按期汇总缴纳印花税，经税务机关核准发给许可证后，在最长不超过3个月汇总计算纳税。（　）

四、不定项选择题

1. 某企业2017年年初账面共有房产原值4 000万元，当年房产使用情况如下：

（1）1月1日将一栋原值800万元的办公楼用于投资联营（收取固定收入，不承担联营风险），投资期为5年，已知该企业当年取得固定收入50万元（不含增值税）。

（2）7月1日将原值200万元、占地面积400平方米的一栋仓库出租给某商场存放货物，7月1日起计租，租期1年，每月租金收入1.5万元。

（3）其余房产为经营自用。

（4）年初委托施工单位修建物资仓库，8月22日办理验收手续，工程结算支出50万元，并按此成本计入固定资产。

已知当地规定房产税计算余值的扣除比例为20%。

要求：根据上述资料，不考虑其他因素，分析回答下列小题。

（1）资料（1）应缴纳的房产税是（　）万元。

A. 0　　B. 0.6

C. 6　　D. 7.68

（2）资料（2）出租业务应缴纳的房产税是（　）万元。

A. 1.08　　B. 1.92

C. 2.04　　D. 2.16

（3）该企业2017年应缴纳的房产税共计（　）万元。

A. 30.84　　B. 35.92

C. 36.84　　D. 37

（4）下列关于房产税的说法中，表述正确的是（　）。

A. 房产税的征税范围为城市、县城、建制镇和工矿区的房屋

B. 房产税以房产的计税价值或房产租金收入为计税依据，租金收入不含增值税

C. 对以房产投资联营，不担风险，只收取固定收入，不缴纳房产税

D. 对以房产投资联营、投资者参与投资利润分红和共担风险的，按房产余值计缴房产税

2. 某企业2018年1月发生下列事项：

（1）与其他企业订立销售合同一份，所载金额100万元。

（2）订立借款合同一份，所载金额 200 万元。

（3）订立加工合同一份，列明加工收入 10 万元，受托方提供原材料金额 90 万元。

（4）订立财产保险合同一份，投保金额 200 万元，保险费 5 万元。

（5）签订建筑安装工程总承包合同一份，承包金额 5 000 万元，其中 1 000 万元分包给其他单位，已签订分包合同。

已知购销合同税率 0.3‰，借款合同税率 0.05‰，加工承揽合同税率 0.5‰，财产保险合同税率 1‰，建筑安装工程承包合同税率 0.3‰。

要求：根据上述资料，不考虑其他因素，分析回答下列小题。

（1）该企业加工合同应缴纳的印花税是（　　）元。

A. 270　　B. 500

C. 320　　D. 300

（2）该企业工程承包合同应缴纳的印花税是（　　）元。

A. 15 000　　B. 18 000

C. 3 000　　D. 30 000

（3）该企业当月应缴纳的印花税是（　　）元。

A. 18 770　　B. 18 650

C. 18 670　　D. 18 470

（4）下列证件中，按每件 5 元贴花的是（　　）。

A. 房屋产权证　　B. 工商营业执照

C. 专利证　　D. 土地使用证

(本章思维导图)

第八章　资源税类

学习目标

1. 能够解释资源税、土地增值税和城镇土地使用税的概念
2. 能够分析并描述资源税、土地增值税和城镇土地使用税的特点
3. 能够判断资源税、土地增值税和城镇土地使用税的征税范围
4. 能够描述资源税、土地增值税和城镇土地使用税的纳税人
5. 能够准确计算资源税、土地增值税和城镇土地使用税的应纳税额
6. 能够应用资源税、土地增值税和城镇土地使用税征收管理的规定进行税务处理

第一节　资源税

一、资源税的概念、特点及作用

（一）资源税和资源税法的概念

1. 资源税的概念

资源税是对在我国境内从事应税矿产品开采和生产盐的单位与个人征收的一种税，属于对自然资源占用课税的范畴。

1984 年我国开征资源税时，普遍认为征收资源税主要依据的是受益原则、公平原则和效率原则三方面。从受益角度考虑，资源属于国家所有，开采者因开采国有资源而受益，有责任向所有者支付地租。从公平角度来看，公平竞争的前提是条件公平，资源级差收入的存在影响资源开采者利润的真实性，因此级差收入归政府支配为好。从效率角度分析，稀缺资源应由社会净效率高的企业来开采，对资源开采中出现的掠夺和浪费行为，国家有权采取经济手段促其转变。

2. 资源税法的概念及内容

资源税法是指国家制定的用以调整资源税征收和缴纳之间权利与义务关系的法律规范。

1993 年 12 月 25 日国务院令第 139 号发布，2011 年 9 月 30 日国务院令第 605 号修订

《中华人民共和国资源税暂行条例》（以下简称《资源税暂行条例》）。经国务院批准，自2014年12月1日起，财政部、国家税务总局对原油、天然气资源税进行了从价计征改革。随后，我国又陆续对资源税税率和计税依据进行了调整。自2016年7月1日起，我国全面推进资源税改革，将21种资源品目和未列举名称的其他金属矿实行从价计征，但对经营分散、多为现金交易且难以管控的黏土、砂石，按照便利征管原则，仍实行从量定额计征。同时，我国在河北省开征水资源税试点工作，采取水资源费改税方式，将地表水和地下水纳入征税范围，实行从量定额计征。我国探索逐步将其他自然资源纳入征收范围——各省、自治区、直辖市人民政府可以结合本地实际，根据森林、草场、滩涂等资源开发利用情况提出征收资源税的具体方案建议，报国务院批准后实施。

（二）资源税的特点

1. 征税对象较窄

我国现行资源税的征税对象既不是全部的自然资源，也不是对所有具有商品属性的资源都征税。目前，我国的资源税征税对象较窄，仅把部分级差收入差异较大、资源较为普遍且易于征收管理的矿产品和盐资源列为征税对象。

2. 实行源泉课征

不论纳税人是否独立核算，资源税均规定在采掘或生产地源泉控制征收，这样既照顾了采掘地的利益，又避免了税款流失。

3. 具有受益税性质

从自然资源的所有权关系分析，如果应税资源非国家所有，则国家单纯凭借政治权力对资源征税，属于严格意义上的税；反之，如果应税资源属于国家所有，对这类资源采取征税形式，那么资源税具有资源有偿分配性质。资源税的征收是国家政治权力和所有权的统一。它一方面体现了税收强制性、固定性的特征，另一方面又体现了对国有资源的有偿占用性。单位或个人开发经营国有自然资源，既应当为拥有开发权而付出一定的“代价”，又因享受国有自然资源而有义务支付一定的“费用”。所以说，我国资源税具有受益税的性质。

4. 具有级差收入税的特点

各种自然资源在客观上都存在着好坏、贫富、储存状况、开采条件、选矿条件、地理位置等种种差异。由于这些客观因素的影响，必然导致各资源开发者和使用者在资源丰瘠和收益多少上存在较大差距。一些占用和开发优质资源的企业和经营者，因资源条件的优越而可以获得平均利润以外的级差收入；而开发和占用劣质资源的企业和经营者，则不能获得级差收入。我国资源税通过对同一资源实行高低不同的差别税率，可以直接调节因资源条件不同而产生的级差收入。可见，资源税实际上是一种级差收入税。

（三）资源税的作用

1. 通过合理调节资源级差收入水平，促进企业之间的公平竞争

我国幅员辽阔，各地资源状况参差不齐，资源开发条件方面也存在着较大差异。从事

资源开发、利用的企业、单位和个人越来越多，经济成分也越来越复杂。不同的开发主体因利用自然资源的开发条件不同，必然形成多寡不同的级差收入。这样就使得资源开发主体的利润水平难以真实地反映其生产经营成果，给人造成一种虚假现象，不利于各经营主体之间的平等竞争。只有通过资源税的开征，合理确定差别税率，把因资源状况和开发条件的差异形成的级差收入用税收的形式征收上来，才能缓解企业收益分配上的矛盾，促进资源开发企业之间以及利用资源的企业之间在较为平等的基础上开展竞争。

2. 通过征收资源税，促进资源的合理开采、节约使用、有效配置

开征资源税之前，对资源的税收管理不得力，使得资源的开发和利用处于一种无序状态，降低了资源的开发和使用效益，助长了一些企业采富弃贫、采易弃难、采大弃小、乱采滥挖等破坏和浪费国家资源的现象。开征资源税，可以根据资源和开发条件的优劣，确定不同的税额，把资源的开采和利用同纳税人的切身利益结合起来，一方面有利于国家加强对自然资源的保护和管理，防止经营者乱采滥用资源，减少资源的损失和浪费；另一方面也有利于经营者出于对自身经济利益方面的考虑，提高资源的开发利用率，最大限度地合理、有效、节约地开发和利用国家资源。

3. 有利于配合其他税种，发挥税收杠杆的整体功能，并为国家增加一定的财政收入

第二步“利改税”改革以后，资源税虽然对调节纳税人的级差收入水平发挥了一定的作用，但不够充分，不尽如人意。这除了因为征收范围较窄外，主要是因为从资源的开发到产品的生产、商品的流通，在税制上未能形成一个完整的系列，产品税、增值税、资源税、企业所得税之间的关联度较差。有鉴于此，国家对资源税与产品税、增值税、企业所得税进行了配套改革，建立了资源税、增值税与企业所得税相辅相成的综合调节机制，使税收的调节作用有效地贯通于资源开发、产品生产和商品流通各个环节。这样一方面可以弥补增值税普遍调节不足的缺陷；另一方面也为充分发挥企业所得税的调节功能，正确处理国家、企业、个人之间的利益分配关系创造了必要的条件。近年来，我国对资源税税制进行了改革，扩大了征收范围，适度提高了税率，使国家财政收入得到了一定幅度的增长。

二、资源税纳税人

资源税纳税人是指在中华人民共和国领域及管辖海域开采应税资源的矿产品或生产盐（以下称开采或生产应税产品）的单位和个人。

单位是指国有企业、集体企业、私营企业、股份制企业、其他企业和行政单位、事业单位、军事单位、社会团体及其他单位；个人是指个体经营者和其他个人。

收购未税矿产品的单位为资源税的扣缴义务人。规定资源税的扣缴义务人，主要是针对零星、分散、不定期开采的情况，为了加强管理，避免漏税，由扣缴义务人在收购矿产品时代扣代缴资源税。

收购未税矿产品的单位是指独立矿山、联合企业和其他单位。独立矿山是指只有采矿

或只有采矿和选矿，独立核算，自负盈亏的单位，其生产的原矿和精矿主要用于对外销售。联合企业是指采矿、选矿、冶炼（或加工）连续生产的企业，其采矿单位，一般是该企业的二级或二级以下核算单位。其他单位也包括收购未税矿产品的个体户在内。

三、资源税税目与税率

（一）资源税税目

我国目前资源税税目包括5大类，在5个税目下面又设若干个子税目。现行资源税的税目及子税目主要是根据资源税应税产品和纳税人开采资源的行业特点设置的，具体包括：

（1）原油。开采的天然原油征税，人造石油不征税。

（2）天然气。专门开采的天然气和与原油同时开采的天然气均征税。

（3）煤炭。煤炭包括原煤和以未税原煤（即自采原煤）加工的洗选煤。

（4）金属矿。金属矿包括铁矿、金矿、铜矿、铝土矿、铅锌矿、镍矿、锡矿、钨、钼、未列举名称的其他金属矿产品原矿或精矿。

（5）其他非金属矿。其他非金属矿包括石墨、硅藻土、高岭土、萤石、石灰石、硫铁矿、磷矿、氯化钾、硫酸钾、井矿盐、湖盐、提取地下卤水晒制的盐、煤层（成）气、海盐、稀土、未列举名称的其他非金属矿产品。

纳税人开采或生产应税产品，自用于连续生产应税产品的，不缴纳资源税；自用他方面的，视同销售，缴纳资源税。

各税目的征税对象包括原矿、精矿（或原矿加工品，下同）、金锭、氯化钠初级产品，具体按照资源税税目税率幅度表相关规定执行。

对未列举名称的其他矿产品，省级人民政府可对本地区主要矿产品按矿种设定税目，对其余矿产品按类别设定税目，并按其销售的主要形态（如原矿、精矿）确定征税对象。

（二）资源税税率

资源税采用比例税率和定额税率两种形式。

对资源税税目税率幅度表中列举名称的27种资源品目和未列举名称的其他金属矿实行从价计征。

对经营分散、多为现金交易且难以控管的黏土、砂石，按照便利征管原则，仍实行从量定额计征。

对未列举名称的其他非金属矿产品，按照从价计征为主、从量计征为辅的原则，由省级人民政府确定计征方式。

资源税的税目、征税对象、税率依照资源税税目税率幅度表（见表8-1）及财政部有关规定执行。

表 8-1　　资源税税目税率幅度表

序号	税目		征税对象	税率幅度
1	金属矿	铁矿	精矿	1%~6%
2		金矿	金锭	1%~4%
3		铜矿	精矿	2%~8%
4		铝土矿	原矿	3%~9%
5		铅锌矿	精矿	2%~6%
6		镍矿	精矿	2%~6%
7		锡矿	精矿	2%~6%
8		未列举名称的其他金属矿产品	原矿或精矿	税率不超过 20%
9	非金属矿	石墨	精矿	3%~10%
10		硅藻土	精矿	1%~6%
11		高岭土	原矿	1%~6%
12		萤石	精矿	1%~6%
13		石灰石	原矿	1%~6%
14		硫铁矿	精矿	1%~6%
15		磷矿	原矿	3%~8%
16		氯化钾	精矿	3%~8%
17		硫酸钾	精矿	6%~12%
18		井矿盐	氯化钠初级产品	1%~6%
19		湖盐	氯化钠初级产品	1%~6%
20		提取地下卤水晒制的盐	氯化钠初级产品	3%~15%
21		煤层（成）气	原矿	1%~2%
22		黏土、砂石	原矿	每吨或立方米 0.1~5 元
23		未列举名称的其他非金属矿产品	原矿或精矿	从量税率每吨或立方米不超过 30 元，从价税率不超过 20%
24	海盐		氯化钠初级产品	1%~5%
25	原油			6%~10%
26	天然气			6%~10%
27	煤炭			2%~10%

备注：

1. 铝土矿包括耐火级矾土、研磨级矾土等高铝黏土。

2. 氯化钠初级产品是指井矿盐、湖盐原盐、提取地下卤水晒制的盐和海盐原盐，包括固体和液体形态的初级产品。

3. 海盐是指海水晒制的盐，不包括提取地下卤水晒制的盐。

4. 轻稀土按地区执行不同的适用税率，其中，内蒙古为 11.5%、四川为 9.5%、山东为 7.5%。中重稀土资源税适用税率为 27%。钨资源税适用税率为 6.5%，钼资源税适用税率为 11%。

对资源税税目税率幅度表中列举名称的资源品目，由省级人民政府在规定的税率幅度内提出具体适用税率建议，报财政部、国家税务总局确定核准。对未列举名称的其他金属和非金属矿产品，由省级人民政府根据实际情况确定具体税目和适用税率，报财政部、国家税务总局备案。

纳税人开采或生产不同税目应税产品的，应当分别核算不同税目应税产品的销售额或销售数量；未分别核算或不能准确提供不同税目应税产品的销售额或销售数量的，从高适用税率。

纳税人开采销售共伴生矿，共伴生矿与主矿产品销售额分开核算的，对共伴生矿暂不计征资源税；没有分开核算的，共伴生矿按主矿产品的税目和适用税率计征资源税。财政部、国家税务总局另有规定的，从其规定。

四、资源税计税依据

资源税以纳税人开采或生产应税矿产品的销售额或销售数量为计税依据。各税目的征税对象包括原矿、精矿（或原矿加工品）、金锭、氯化钠初级产品。对资源税税目税率幅度表中未列举名称的其他矿产品，省级人民政府可对本地区主要矿产品按矿种设定税目，对其余矿产品按类别设定税目，并按其销售的主要形态（如原矿、精矿）确定征税对象。

（一）销售额

（1）销售额是指纳税人销售应税矿产品向购买方收取的全部价款和价外费用，但不包括收取的增值税销项税额和运杂费用。价外费用包括价外向购买方收取的手续费、补贴、基金、集资费、返还利润、奖励费、违约金、滞纳金、延期付款利息、赔偿金、代收款项、代垫款项、包装费、包装物租金、储备费、优质费以及其他各种性质的价外收费。运杂费用是指应税产品从坑口或洗选（加工）地到车站、码头或购买方指定地点的运输费用、建设基金以及随运销产生的装卸、仓储、港杂费用。运杂费用应与销售额分别核算，凡未取得相应凭据或不能与销售额分别核算的，应当一并计征资源税。下列项目不包括在内：

第一，同时符合以下条件的代垫运输费用：

①承运部门的运输费用发票开具给购买方的。

②纳税人将该项发票转交给购买方的。

第二，同时符合以下条件代为收取的政府性基金或行政事业性收费：

①由国务院或财政部批准设立的政府性基金，由国务院或省级人民政府及其财政、价格主管部门批准设立的行政事业性收费。

②收取时开具省级以上财政部门印制的财政票据。

③所收款项全额上缴财政。

（2）纳税人以人民币以外的货币结算销售额的，应当折合成人民币计算。其销售额的人民币折合率可以选择销售额发生的当天或当月 1 日的人民币汇率中间价。纳税人应在事先确定采用何种折合率计算方法，确定后 1 年内不得变更。

（3）纳税人将其开采的原煤，自用于连续生产洗选煤的，在原煤移送使用环节不缴纳资源税；将开采的原煤加工为洗选煤销售的，以洗选煤销售额乘以折算率作为应税煤炭销售额，计算缴纳资源税。

洗选煤销售额包括洗选副产品的销售额，不包括洗选煤从洗选煤厂到车站、码头等的运输费用。

折算率可以通过洗选煤销售额和除洗选环节成本、利润计算，也可通过洗选煤市场价格与其所用同类原煤市场价格的差额及综合回收率计算。折算率由省、自治区、直辖市财税部门或其授权地市级财税部门确定。

纳税人同时以自采未税原煤和外购已税原煤加工洗选煤的，应当分别核算；未分别核算的，按上述规定，计算缴纳资源税。

纳税人将其开采的原煤自用于其他方面的，视同销售原煤；将其开采的原煤加工为洗选煤自用的，视同销售洗选煤缴纳资源税。

（4）征税对象为精矿的，纳税人销售原矿时，应将原矿销售额换算为精矿销售额缴纳资源税；征税对象为原矿的，纳税人销售自采原矿加工的精矿，应将精矿销售额折算为原矿销售额缴纳资源税。换算比或折算率原则上应通过原矿售价、精矿售价和选矿比计算，也可通过原矿销售额、加工环节平均成本和利润计算。

金矿以标准金锭为征税对象，纳税人销售金原矿、金精矿的，应比照上述规定将其销售额换算为金锭销售额缴纳资源税。

换算比或折算率应按简便可行、公平合理的原则，由省级财税部门确定，并报财政部、国家税务总局备案。

纳税人销售其自采原矿的，可采用成本法或市场法将原矿销售额换算为精矿销售额计算缴纳资源税。其中，成本法公式为：

精矿销售=原矿销售额+原矿加工为精矿的成本×(1+成本利润率)

市场法公式为：

精矿销售额=原矿销售额×换算比

换算比=同类精矿单位价格÷(原矿单位价格×选矿比)

选矿比=加工精矿耗用的原矿数量÷精矿数量

（5）纳税人申报的应税产品销售额明显偏低并且无正当理由的、有视同销售应税产品行为而无销售额的，除财政部、国家税务总局另有规定外，按下列顺序确定销售额：

①按纳税人最近时期同类产品的平均销售价格确定。

②按其他纳税人最近时期同类产品的平均销售价格确定。

③按组成计税价格确定。组成计税价格公式为：

组成计税价格=成本×(1+成本利润率)÷(1-税率)

公式中的成本是指应税产品的实际生产成本。公式中的成本利润率由省、自治区、直辖市税务机关确定。

（二）销售数量

（1）纳税人开采或生产应税产品销售的，以实际销售数量为销售数量。

（2）纳税人开采或生产应税产品自用的，以移送时的自用数量为销售数量。自产自用包括生产自用和非生产自用。

（3）纳税人不能准确提供应税产品销售数量或移送使用数量的，以应税产品的产量或按主管税务机关确定的折算比换算成的数量为计征资源税的销售数量。

纳税人将其开采的矿产品原矿自用于连续生产精矿产品，无法提供移送使用原矿数量的，可将其精矿按选矿比折算成原矿数量，以此作为销售数量。

（4）纳税人的减税、免税项目，应当单独核算销售额和销售数量；未单独核算或不能准确提供销售额和销售数量的，不予减税或免税。

（三）特殊规定

独立矿山、联合企业收购未税矿产品的单位，按照本单位应税产品税额标准，依据收购的数量代扣代缴资源税。其他收购单位收购的未税矿产品，按税务机关核定的应税产品税额标准，依据收购的数量代扣代缴资源税。

五、资源税应纳税额的计算

资源税的应纳税额，按照从价定率或从量定额的办法，分别以应税产品的销售额乘以纳税人具体适用的比例税率或以应税产品的销售数量乘以纳税人具体适用的定额税率计算。计算公式如下：

实行从价定率计征办法的应税产品，资源税应纳税额按销售额和比例税率计算：

应纳税额＝应税产品的销售额×适用的比例税率

实行从量定额计征办法的应税产品，资源税应纳税额按销售数量和定额税率计算：

应纳税额＝应税产品的销售数量×适用的定额税率

扣缴义务人代扣代缴资源税应纳税额的计算：

代扣代缴应纳税额＝收购未税矿产品的数量×适用的定额税率

2014 年 12 月 1 日前，煤炭资源税仍实行从量定额的办法计征，自 2014 年 12 月 1 日起，实行从价定率的办法计征。

纳税人 2014 年 12 月 1 日前开采或洗选的应税煤炭，在 2014 年 12 月 1 日后销售和自用的，按从价定率的办法缴纳资源税；2014 年 12 月 1 日前签订的销售应税煤炭合同，在 2014 年 12 月 1 日后收讫销售款或取得索取销售款凭据的，按从价定率的办法缴纳资源税。

2015 年 5 月 1 日前，稀土、钨和钼资源税仍实行从量定额的办法计征，自 2015 年 5 月 1 日起，实行从价定率办法计征。纳税人 2015 年 5 月 1 日前开采的原矿或加工的精矿，在 2015 年 5 月 1 日后销售和自用的，按从价定率办法缴纳资源税；2015 年 5 月 1 日前签订的销售原矿或精矿合同，在 2015 年 5 月 1 日后收讫销售款或取得索取销售款凭据的，按从价定率办法缴纳资源税。2015 年 5 月 1 日后销售的精矿，其所用原矿如果此前已按从量定额办法缴纳了资源税，这部分已缴税款可在其应纳税额中抵减。

纳税人开采或生产《关于资源税改革具体政策问题的通知》（财税〔2016〕54 号）中规定的资源品目，在 2016 年 7 月 1 日前开采原矿或以自采原矿加工精矿，在 2016 年 7 月 1 日后销售的，按新调整的计税依据和适用税率缴纳资源税。2016 年 7 月 1 日前签订的销售应税产品的合同，在 2016 年 7 月 1 日后收讫销售款或取得索取销售款凭据的，也应按新调整的计税依据和适用税率缴纳资源税。在 2016 年 7 月 1 日后销售的精矿（或金锭），其所用原矿（或金精矿）如已按从量定额的计征方式缴纳了资源税，并与应税精矿（或金锭）分别核算的，不再缴纳资源税。

【例 8-1】某油田 2018 年 6 月销售原油 20 000 吨，开具增值税专用发票取得销售额 10 000万元，增值税税额为 1 600 万元。已知适用的资源税税率为 8%，计算该油田 6 月应纳资源税税额。

【解析】该油田 6 月应纳资源税税额＝10 000×8%＝800（万元）

【例 8-2】某铜矿 2018 年 8 月销售当月产铜矿石原矿取得销售收入 800 万元，销售精矿取得收入 2 000 万元。已知该矿山铜矿精矿换算比为 20%，适用的资源税税率为 6%。计算该铜矿 8 月应纳资源税税额。

【解析】因为铜矿计税依据为精矿，因此应将原矿销售额换算为精矿销售额。

①该铜矿当月应税产品销售额＝800×20%+2 000＝2 160（万元）

②该铜矿 8 月应纳资源税税额＝2 160×6%＝129.6（万元）

【例 8-3】某砂石开采企业 2018 年 7 月销售砂石 50 000 立方米，取得不含增值税销售额 150 万元，增值税额为 24 万元。已知适用的资源税税率为 3 元/立方米，计算该砂石开采企业 7 月应纳资源税税额。

【解析】该砂石开采企业 7 月应纳资源税税额＝50 000×3＝150 000（元）

六、资源税税收优惠

第一，开采原油过程中用于加热、修井的原油免税。

第二，纳税人开采或生产应税产品过程中，因意外事故或自然灾害等原因遭受重大损失的，由省、自治区、直辖市人民政府酌情决定减税或免税。

第三，对已经缴纳资源税的岩金矿原矿经选矿形成的尾矿进行再利用的，只要纳税人能够在统计、核算上清楚地反映，并在堆放等具体操作上能够同应税原矿明确区隔开，不再计征资源税。尾矿与原矿如不能划分清楚的，应按原矿计征资源税。

第四，我国油气田稠油、高凝油和高含硫天然气资源税减征 40%；三次采油资源税减征 30%；低丰度油气田资源税暂减征 20%；深水油气田减征 30%；油田范围内运输稠油过程中用于加热的原油天然气免征资源税。纳税人开采的原油、天然气同时符合上述两项及两项以上减税规定的，只能选择其中一项执行，不能叠加适用。

第五，对依法在建筑物下、铁路下、水体下通过充填开采方式采出的矿产资源，资源税减征50%。充填开采是指随着回采工作面的推进，向采空区或离层带等空间充填废石尾矿、废渣、建筑废料以及专用充填合格材料等采出矿产品的开采方法。

第六，对实际开采年限在15年以上的衰竭期矿山开采的矿产资源，资源税减征30%。衰竭期矿山是指剩余可采储量下降到原设计可采储量的20%（含）以下或剩余服务年限不超过5年的矿山，以开采企业下属的单个矿山为单位确定。

第七，纳税人开采销售共伴生矿，共伴生矿与主矿产品销售额分开核算的，对共伴生矿暂不计征资源税；没有分开核算的，共伴生矿按主矿产品的税目和适用税率计征资源税。

第八，国务院规定的其他减税、免税项目。

七、资源税征收管理

（一）纳税义务发生时间

资源税在应税产品的销售或自用环节计算缴纳。以自采原矿加工精矿产品的，在原矿移送使用时不缴纳资源税，在精矿销售或自用时缴纳资源税。

纳税人以自采原矿加工金锭的，在金锭销售或自用时缴纳资源税。纳税人销售自采原矿或自采原矿加工的金精矿、粗金，在原矿或金精矿、粗金销售时缴纳资源税，在移送使用时不缴纳资源税。

（1）纳税人销售应税资源品目采取分期收款结算方式的，其纳税义务发生时间为销售合同规定的收款日期的当天。

（2）纳税人销售应税资源品目采取预收货款结算方式的，其纳税义务发生时间为发出应税产品的当天。

（3）纳税人销售应税资源品目采取其他结算方式的，其纳税义务发生时间，为收讫销售款或取得索取销售款凭据的当天。

（4）纳税人自产自用应税资源品目的纳税义务发生时间，为移送使用应税产品的当天。

（5）扣缴义务人代扣代缴税款的纳税义务发生时间，为支付首笔货款或开具应支付货款凭据的当天。

（二）纳税地点

（1）凡是缴纳资源税的纳税人，都应当向应税产品的开采地或盐生产所在地主管税务机关缴纳税款。

（2）纳税人在本省、自治区、直辖市范围内开采或生产应税产品，其纳税地点需要调整的，由所在省、自治区、直辖市税务机关决定。

（3）纳税人跨省开采资源税应税产品，其下属生产单位与核算单位不在同一省、自治区、直辖市的，对其开采的矿产品一律在开采地纳税。实行从量计征的应税产品，其应纳税款由独立核算的单位，按照每个开采地或生产地的实际销售量（或自用量）及适用的单位税额计算划拨；实行从价计征的应税产品，其应纳税款由独立核算的单位按照每个开采地或生产地的销售量（或自用量）单位销售价格及适用税率计算划拨。

（4）扣缴义务人代扣代缴的资源税，应当向收购地主管税务机关缴纳。

（三）纳税期限

资源税的纳税期限为 1 日、3 日、5 日、10 日、15 日或 1 个月。纳税人的纳税期限由主管税务机关根据实际情况具体核定。不能按固定期限计算纳税的，可以按次计算纳税。

纳税人以 1 个月为一期纳税的，自期满之日起 10 日内申报纳税；以 1 日、3 日、5 日、10 日或 15 日为一期纳税的，自期满之日起 5 日内预缴税款，于次月 1 日起 10 日内申报纳税并结清上月税款。

第二节　土地增值税

一、土地增值税的概念和特点

（一）土地增值税和土地增值税法的概念

1. 土地增值税的概念

土地增值税是对转让国有土地使用权、地上建筑物及其附着物并取得收入的单位和个人，就其转让房地产所取得的增值额征收的一种税。

2. 土地增值税法的概念及其构成

土地增值税法是指国家制定的用以调整土地增值税征收和缴纳之间权利与义务关系的法律规范。

1993 年 12 月 13 日国务院出台《中华人民共和国土地增值税暂行条例》（以下简称《土地增值税暂行条例》），1995 年 1 月 27 日财政部印发《中华人民共和国土地增值税暂行条例实施细则》（以下简称《土地增值税暂行条例实施细则》）。之后，财政部、国家税务总局又陆续发布了一些有关土地增值税的规定、办法。这些制度构成了我国土地增值税法律制度。

（二）土地增值税的特点

1. 以转让房地产的增值额为计税依据

土地增值税的增值额是以征税对象的全部销售收入额扣除与其相关的成本、费用、税金及其他项目金额后的余额，与增值税的增值额有所不同。

2. 征税面比较广

凡在我国境内转让房地产并取得收入的单位和个人，除税法规定免税的外，均应依照土地增值税条例规定缴纳土地增值税。换言之，凡发生应税行为的单位和个人，不论其经济性质，也不分内、外资企业或中、外籍人员，无论专营或兼营房地产业务，均有缴纳增值税的义务。

3. 实行超率累进税率

土地增值税的税率是以转让房地产增值率的高低为依据来确认，按照累进原则设计，实行分级计税。增值率高的，税率高，多纳税；增值率低的，税率低，少纳税。

4. 实行按次征收

土地增值税在房地产发生转让的环节，实行按次征收，每发生一次转让行为，就应根据每次取得的增值额征一次税。

二、土地增值税征税范围和纳税人

（一）土地增值税征税范围

1. 征税范围的一般规定

（1）转让国有土地使用权的行为。土地增值税只对转让国有土地使用权的行为征税，对出让国有土地的行为不征税。

国有土地使用权是指土地使用人根据国家法律、合同等规定，对国家所有的土地享有的使用权利。土地增值税只对企业、单位和个人转让国有土地使用权的行为征税。根据《中华人民共和国土地管理法》的规定，国家为了公共利益，可以依照法律规定征用集体土地，依法被征用后的土地属于国家所有。未经国家征用的集体土地不得转让，自行转让集体土地是一种违法行为，应由有关部门依照相关法律来处理，而不应纳入土地增值税的征税范围。

国有土地出让是指国家以土地所有者的身份将土地使用权在一定年限内让与土地使用者，并由土地使用者向国家支付土地出让金的行为。由于土地使用权的出让方是国家，出让收入在性质上属于政府凭借所有权在土地一级市场上收取的租金，因此政府出让土地的行为及取得的收入也不在土地增值税的征税之列。

（2）转让地上建筑物及其他附着物产权的行为。土地增值税既对转让国有土地使用权的行为征税，也对转让地上建筑物及其他附着物产权的行为征税。

地上建筑物是指建于土地上的一切建筑物，包括地上地下的各种附属设施，如厂房、仓库、商店、医院、住宅、地下室、围墙、烟囱、电梯、中央空调、管道等。

附着物是指附着于土地上、不能移动，一经移动即遭损坏的种植物、养植物及其他物品。上述建筑物和附着物的所有者对自己的财产依法享有占有、使用、收益和处置的权利，即拥有排他性的全部产权。

税法规定，纳税人转让地上建筑物和其他附着物的产权，取得的增值性收入，也应计算缴纳土地增值税。换言之，纳入土地增值税征税范围的增值额是纳税人转让房地产所取得的全部增值额，而非仅仅是土地使用权转让的收入。

（3）转让行为的有偿性。土地增值税只对有偿转让的房地产征税，对以继承、赠与等方式无偿转让的房地产，不予征税。

不征土地增值税的房地产赠与行为包括以下两种情况：

①房产所有人、土地使用权所有人将房屋产权、土地使用权赠与直系亲属或承担直接赡养义务人的行为。

②房产所有人、土地使用权所有人通过中国境内非营利的社会团体、国家机关将房屋产权、土地使用权赠与教育、民政和其他社会福利、公益事业的行为。

社会团体是指中国青少年发展基金会、希望工程基金会、宋庆龄基金会、减灾委员会、中国红十字会、中国残疾人联合会、全国老年基金会、老区促进会以及经民政部门批准成立的其他非营利的公益性组织。

2. 征税范围的特殊规定

（1）企业改制重组。

①根据《中华人民共和国公司法》的规定，非公司制企业整体改建为有限责任公司或者股份有限公司，有限责任公司（股份有限公司）整体改建为股份有限公司（有限责任公司）。对改建前的企业将国有土地、房屋权属转移、变更到改建后的企业，暂不征收土地增值税。整体改建是指不改变原企业的投资主体，并承继原企业权利、义务的行为。

②按照法律规定或合同约定，两个或两个以上企业合并为一个企业，并且原企业投资主体存续的，对原企业将国有土地、房屋权属转移、变更到合并后的企业，暂不征收土地增值税。

③按照法律规定或者合同约定，企业分设为两个或两个以上与原企业投资主体相同的企业，对原企业将国有土地、房屋权属转移、变更到分立后的企业，暂不征收土地增值税。

④单位、个人在改制重组时以国有土地、房屋进行投资，对其将国有土地、房屋权属转移、变更到被投资的企业，暂不征收土地增值税。

⑤上述改制重组有关土地增值税政策不适用于房地产开发企业。

（2）房地产开发企业将开发的部分房地产转为自用或出租。房地产开发企业将开发的部分房地产转为企业自用或用于出租等商业用途时，如产权未发生转移，不征收土地增值税。

（3）房地产交换。房地产交换是指一方以房地产与另一方的房地产进行交换的行为。由于这种行为既发生了房产产权、土地使用权的转移，交换双方又取得了实物形态的收入，属于土地增值税的征税范围。但对个人之间互换自有居住用房地产的，经当地税务机关核实，可以免征土地增值税。

（4）合作建房。对于一方出地，另一方出资金，双方合作建房，建成后按比例分房自用的，暂免征收土地增值税；建成后转让的，应征收土地增值税。

（5）房地产出租。房地产出租是指房产所有者或土地使用者，将房产或土地使用权租赁给承租人使用，由承租人向出租人支付租金的行为。房地产出租，出租人虽取得了收入，但没有发生房产产权、土地使用权的转让，因此不属于土地增值税的征税范围。

（6）房地产抵押。房地产抵押是指房产所有者或土地使用者作为债务人或第三人向债权人提供不动产作为清偿债务的担保而不转移权属的法律行为。这种情况下房产的产权、土地使用权在抵押期间并没有发生权属的变更，因此对房地产抵押，在抵押期间不征收土地增值税。待抵押期满后，视该房地产是否转移占有而确定是否征收土地增值税。对于以房地产抵债而发生房地产权属转让的，应列入土地增值税的征税范围。

（7）房地产的代建行为。代建行为是指房地产开发公司代客户进行房地产的开发，开发完成后向客户收取代建收入的行为。对于房地产开发公司而言，虽然取得了收入，但没有发生房地产权属的转移，其收入属于劳务收入性质，因此不属于土地增值税的征税范围。

（8）房地产的重新评估。国有企业在清产核资时对房地产进行重新评估而产生的评估增值，因为其没有发生房地产权属的转移，房产产权、土地使用权人也未取得收入，所以不属于土地增值税的征税范围。

（9）土地使用者处置土地使用权。土地使用者转让、抵押或置换土地，无论其是否取得了该土地的使用权属证书，无论其在转让、抵押或置换土地过程中是否与对方当事人办理了土地使用权属证书变更登记手续，只要土地使用者享有占有、使用、收益或处分该土地的权利，并且有合同等证据表明其实质转让、抵押或置换了土地并取得了相应的经济利益，土地使用者及其对方当事人就应当依照税法规定缴纳增值税、土地增值税和契税等。

（二）土地增值税纳税人

土地增值税纳税人为转让国有土地使用权、地上建筑物及其附着物（以下简称转让房地产）并取得收入的单位和个人。

单位包括各类企业单位、事业单位、国家机关和社会团体及其他组织。个人包括个体经营者和其他个人。

此外，土地增值税纳税人还包括外商投资企业、外国企业、外国驻华机构及海外华侨、港澳台同胞和外国公民。

【例 8-4】下列各项中，不属于土地增值税纳税人的是（　　）。

A. 转让住房的某个人

B. 以房抵债的某工业企业

C. 转让国有土地使用权的某高等学校

D. 出租写字楼的某外资房地产开发公司

【解析】答案：D。土地增值税征税范围规定，出租房地产，未发生房产产权、土地使用权的转让行为，不属于土地增值税征税范围，因此出租写字楼的某外资房地产开发公司不是土地增值税的纳税人。

三、土地增值税税率

土地增值税实行四级超率累进税率：

增值额未超过扣除项目金额50%的部分，税率为30%。

增值额超过扣除项目金额50%、未超过扣除项目金额100%的部分，税率为40%。

增值额超过扣除项目金额100%、未超过扣除项目金额200%的部分，税率为50%。

增值额超过扣除项目金额200%的部分，税率为60%。

上述所列四级超率累进税率，每级“增值额未超过扣除项目金额”的比例，均包括本比例数。四级超率累进税率及速算扣除系数见表8-2。

表8-2　土地增值税四级超率累进税率表

级数	增值额与扣除项目金额的比率	税率（%）	速算扣除系数（%）
1	不超过50%的部分	30	0
2	超过50%至100%的部分	40	5
3	超过100%至200%的部分	50	15
4	超过200%的部分	60	35

四、土地增值税计税依据

土地增值税计税依据是纳税人转让房地产所取得的增值额。转让房地产的增值额是纳税人转让房地产的收入减除税法规定的扣除项目金额后的余额。土地增值额的大小取决于转让房地产的收入额和扣除项目金额两个因素。

（一）应税收入的确定

根据《土地增值税暂行条例》及其实施细则的规定，纳税人转让房地产取得的应税收入，应包括转让房地产的全部价款及有关的经济收益。从收入的形式来看，包括货币收入、实物收入和其他收入。纳税人转让房地产取得的收入为不含增值税收入。

1. 货币收入

货币收入是指纳税人转让房地产而取得的现金、银行存款和国库券、金融债券、企业债券、股票等有价证券。

2. 实物收入

实物收入是指纳税人转让房地产而取得的各种实物形态的收入，如钢材、水泥等建材，房屋、土地等不动产等。对于这些实物收入一般要按照公允价值确认应税收入。

3. 其他收入

其他收入是指纳税人转让房地产而取得的无形资产收入或具有财产价值的权利，如专利权、商标权、著作权、专有技术使用权、土地使用权、商誉权等。对于这些无形资产收入一般要进行专门的评估，按照评估价确认应税收入。

纳税人取得的收入为外国货币的，应当以取得收入当天或当月1日国家公布的市场汇价折合成人民币，据以计算土地增值税税额。当月以分期收款方式取得的外币收入也应按实际收款日或收款当月1日国家公布的市场汇价折合成人民币。

（二）扣除项目及其金额

根据《土地增值税暂行条例》的规定，准予纳税人从房地产转让收入额减除的扣除项目金额具体包括以下内容：

1. 取得土地使用权所支付的金额

取得土地使用权所支付的金额包括以下两方面的内容：

（1）纳税人为取得土地使用权所支付的地价款。地价款的确定有三种方式：如果是以招标、拍卖等出让方式取得土地使用权的，地价款为纳税人支付的土地出让金；如果是以行政划拨方式取得土地使用权的，地价款为按照国家有关规定补交的土地出让金；如果是以转让方式取得土地使用权的，地价款为向原土地使用权人实际支付的地价款。

（2）纳税人在取得土地使用权时按国家统一规定缴纳的有关费用和税金。这是指纳税人在取得土地使用权过程中为办理有关手续，必须按国家统一规定缴纳的有关登记、过户手续费和契税。

2. 房地产开发成本

房地产开发成本是指纳税人开发房地产项目实际发生的成本，包括土地征用及拆迁补偿费、前期工程费、建筑安装工程费、基础设施费、公共配套设施费、开发间接费用等。

（1）土地征用及拆迁补偿费，包括土地征用费、耕地占用税、劳动力安置费及有关地上、地下附着物拆迁补偿的净支出、安置动迁用房支出等。

（2）前期工程费，包括规划、设计、项目可行性研究和水文、地质、勘察、测绘、“三通一平”等支出。

（3）建筑安装工程费是指以出包方式支付给承包单位的建筑安装工程费，以自营方式发生的建筑安装工程费。

（4）基础设施费，包括开发小区内道路、供水、供电、供气、排污、排洪、通信、照明、环卫、绿化等工程发生的支出。

（5）公共配套设施费，包括不能有偿转让的开发小区内公共配套设施发生的支出。

（6）开发间接费用是指直接组织、管理开发项目发生的费用，包括工资、职工福利费、折旧费、修理费、办公费、水电费、劳动保护费、周转房摊销等。

3. 房地产开发费用

房地产开发费用是指与房地产开发项目有关的销售费用、管理费用和财务费用。根据现行财务会计制度的规定，这三项费用作为期间费用，按照实际发生额直接计入当期损益。但在计算土地增值税时，房地产开发费用并不是按照纳税人实际发生额进行扣除，应分别按以下两种情况扣除：

（1）财务费用中的利息支出，凡能够按转让房地产项目计算分摊并提供金融机构证明的，允许据实扣除，但最高不能超过按商业银行同类同期贷款利率计算的金额。其他房地产开发费用，按规定（即取得土地使用权所支付的金额和房地产开发成本，下同）计算的金额之和的5%以内计算扣除。计算公式为：

允许扣除的房地产开发费用=利息+（取得土地使用权所支付的金额+房地产开发成本）×5%

（2）财务费用中的利息支出，凡不能按转让房地产项目计算分摊利息支出或不能提供金融机构证明的，房地产开发费用按规定计算的金额之和的10%以内计算扣除。计算扣除的具体比例，由各省、自治区、直辖市人民政府规定。计算公式为：

允许扣除的房地产开发费用=（取得土地使用权所支付的金额+房地产开发成本）×10%

财政部、国家税务总局对扣除项目金额中利息支出的计算问题做了两点专门规定：一是利息的上浮幅度按国家的有关规定执行，超过上浮幅度的部分不允许扣除；二是对于超过贷款期限的利息部分和加罚的利息不允许扣除。

4. 与转让房地产有关的税金

与转让房地产有关的税金是指在转让房地产时缴纳的城市维护建设税、印花税。因转让房地产缴纳的教育费附加，也可视同税金予以扣除。《土地增值税暂行条例》等规定的土地增值税扣除项目涉及的增值税进项税额，允许在销项税额中计算抵扣的，不计入扣除项目；不允许在销项税额中计算抵扣的，可以计入扣除项目。

房地产开发企业按照《施工、房地产开发企业财务制度》的有关规定，在转让时缴纳的印花税已列入管理费用中，因此不允许单独再扣除。其他纳税人缴纳的印花税允许在此扣除。

5. 财政部确定的其他扣除项目

对从事房地产开发的纳税人，可以按规定计算的金额之和，加计20%的扣除。此条优惠只适用于从事房地产开发的纳税人，除此之外的其他纳税人不适用。

6. 旧房及建筑物的扣除金额

（1）按评估价格扣除。旧房及建筑物的评估价格是指在转让已使用的房屋及建筑物时，由政府批准设立的房地产评估机构评定的重置成本价乘以成新度折扣率后的价格。评估价格须经当地税务机关确认。

重置成本价的含义是：对旧房及建筑物，按转让时的建材价格及人工费用计算建造同样面积、同样层次、同样结构、同样建设标准的新房及建筑物所需花费的成本费用。

成新度折扣率的含义是：按旧房的新旧程度作一定比例的折扣。

转让旧房应按房屋及建筑物的评估价格、取得土地使用权支付的地价款和规定缴纳的有关费用以及在转让环节缴纳的税金作为扣除项目金额计征土地增值税。对取得土地使用权时未支付地价款或不能提供已支付的地价款凭据的，在计征土地增值税时不允许扣除。

（2）按购房发票金额计算扣除。纳税人转让旧房及建筑物，凡不能取得评估价格，但能提供购房发票的，经当地税务部门确认，《土地增值税暂行条例》规定的扣除项目的金额可以按发票所载金额并从购买年度起至转让年度止每年加计5%计算。对于纳税人购房时缴纳的契税，凡能够提供契税完税凭证的，准予作为“与转让房地产有关的税金”予以扣除，但不作为加计 5%的基数。

7. 计税依据的特殊规定

（1）隐瞒、虚报房地产成交价格的。隐瞒、虚报房地产成交价格是指纳税人不报或有意低报转让土地使用权、地上建筑物及其附着物价款的行为。

对于纳税人隐瞒、虚报房地产成交价格的，应由评估机构参照同类房地产的市场交易价格进行评估，税务机关根据评估价格确定转让房地产的收入。

（2）提供扣除项目金额不实的。提供扣除项目金额不实是指纳税人在纳税申报时，不据实提供扣除项目金额，而是虚增被转让房地产扣除项目的内容或金额，使税务机关无法从纳税人方面了解计征土地增值税所需的正确的扣除项目金额，以达到虚增成本而偷税的目的。

对于纳税人申报扣除项目金额不实的，应由评估机构对该房屋按照评估出的房屋重置成本价，乘以房屋的成新度折扣率，确定房产的扣除项目金额，并用该房产所坐落土地取得时的基准地价或标准地价来确定土地的扣除项目金额，房产和土地的扣除项目金额之和便为该房地产的扣除项目金额。

（3）转让房地产的成交价格低于房地产评估价格且无正当理由。转让房地产的成交价格低于房地产评估价格且无正当理由是指纳税人申报的转让房地产的成交价低于房地产评估机构通过市场比较法进行房地产评估时确定的正常市场交易价，纳税人不能提供有效凭据或无正当理由进行解释的行为。对于这种情况，应按评估的市场交易价确定其实际成交价，并以此作为转让房地产的收入计算征收土地增值税。

（4）非直接销售和自用房地产收入的确定。房地产开发企业将开发产品用于职工福利、奖励、对外投资、分配给股东或投资人、抵偿债务、换取其他单位和个人的非货币性资产等，发生所有权转移时应视同销售房地产，其收入按下列方法和顺序确认：一是按本企业在同一地区、同一年度销售的同类房地产的平均价格确定；二是由主管税务机关参照当地当年、同类房地产的市场价格或评估价值确定。

【例 8-5】纳税人转让旧房，在计算土地增值额时，允许扣除的项目有（　　）。

A. 转让环节缴纳给国家的各项税费

B. 经税务机关确认的房屋及建筑物的评估价格

C. 当期发生的管理费用、财务费用和销售费用

D. 取得土地使用权所支付的价款和按国家规定缴纳的有关税费

【解析】答案：ABD。根据土地增值税法律制度的规定，纳税人转让旧房，不允许扣除管理费用等三项费用，只有转让新建商品房项目时，才允许按照房地产开发费用扣除。

五、土地增值税应纳税额的计算

（一）应纳税额的计算公式

土地增值税按照纳税人转让房地产取得的增值额和规定的税率计算征收。土地增值税

的计算公式如下：

应纳税额 = ∑（每级距的增值额×适用税率）

由于分步计算比较繁琐，一般可以采用速算扣除法计算，即计算土地增值税税额可按增值额乘以适用的税率减去扣除项目金额乘以速算扣除系数的简便方法计算。具体公式如下：

（1）增值额未超过扣除项目金额 50%。

土地增值税应纳税额 = 增值额×30%

（2）增值额超过扣除项目金额 50%，未超过 100%。

土地增值税应纳税额 = 增值额×40%-扣除项目金额

（3）增值额超过扣除项目金额 100%，未超过 200%。

土地增值税应纳税额 = 增值额×50%-扣除项目金额×15%

（4）增值额超过扣除项目金额 200%。

土地增值税应纳税额 = 增值额×60%-扣除项目金额×35%

（二）应纳税额的计算步骤

根据上述计算公式，土地增值税应纳税额的计算可分为以下四步：

（1）计算增值额。

增值额 = 房地产转让收入-扣除项目金额

（2）计算增值率。

增值率 = 增值额÷扣除项目金额×100%

（3）确定适用税率。

按照计算出的增值率，从土地增值税税率表中确定适用税率。

（4）计算应纳税额。

土地增值税应纳税额 = 增值额×适用税率-扣除项目金额×速算扣除系数

【例 8-6】2017 年，某国有商业企业利用库房空地进行住宅商品房开发，按照国家有关规定补纳土地出让金 2 840 万元，缴纳相关税费 160 万元；住宅开发成本 2 800 万元，其中含装修费用 500 万元；房地产开发费用中的利息支出为 300 万元（不能提供金融机构证明）；当年住宅全部销售完毕，取得不含增值税销售收入共计 9 000 万元；缴纳城市维护建设税和教育费附加 45 万元，缴纳印花税 4.5 万元。已知该企业所在省人民政府规定的房地产开发费用的计算扣除比例为 10%。计算该企业销售住宅应缴纳的土地增值税税额。

【解析】非房地产开发企业缴纳的印花税允许作为税金扣除；非房地产开发企业不允许按照取得土地使用权所支付金额和房地产开发成本合计数的 20%加计扣除。

（1）住宅销售收入为 9 000 万元。

（2）确定转让房地产的扣除项目金额如下：

①取得土地使用权所支付的金额 = 2 840+160 = 3 000（万元）

②住宅开发成本为 2 800 万元。

③房地产开发费用 = (3 000+2 800)×10% = 580（万元）

④与转让房地产有关的税金 = 45+4.5 = 49.5（万元）

⑤转让房地产的扣除项目金额 = 2 840+160+2 800+(2 840+160+2 800)×10%+49.5
= 6 429.5（万元）

（3）转让房地产的增值额 = 9 000−6 429.5 = 2 570.5（万元）

（4）增值额与扣除项目金额的比率 = 2 570.5÷6 429.5≈39.98%

增值额与扣除项目金额的比率未超过 50%，适用税率为 30%。

（5）应纳土地增值税税额 = 2 570.5×30% = 771.15（万元）

六、土地增值税税收优惠

第一，纳税人建造普通标准住宅出售，增值额未超过扣除项目金额 20%的，予以免税；超过 20%的，应按全部增值额缴纳土地增值税。

普通标准住宅是指按所在地一般民用住宅标准建造的居住用住宅。高级公寓、别墅、度假村等不属于普通标准住宅。普通标准住宅与其他住宅的具体划分界限，2005 年 5 月 31 日以前由各省、自治区、直辖市人民政府规定。2005 年 6 月 1 日起，普通标准住宅应同时满足：住宅小区建筑容积率在 1.0 以上；单套建筑面积在 120 平方米以下；实际成交价格低于同级别土地上住房平均交易价格 1.2 倍以下。各省、自治区、直辖市根据实际情况，制定本地区享受优惠政策普通住房具体标准。允许单套建筑面积和价格标准适当浮动，但向上浮动的比例不得超过上述标准的 20%。纳税人建造普通标准住宅出售，增值额未超过扣除项目金额 20%的，免征土地增值税；增值额超过扣除项目金额 20%的，应就其全部增值额按规定计税。

对于纳税人既建普通标准住宅又进行其他房地产开发的，应分别核算增值额。不分别核算增值额或不能准确核算增值额的，其建造的普通标准住宅不能适用这一免税规定。

第二，因国家建设需要依法征用、收回的房地产，免征土地增值税。

因国家建设需要依法征用、收回的房地产是指因城市实施规划、国家建设的需要而被政府批准征用的房产或收回的土地使用权。

因城市实施规划、国家建设的需要而搬迁，由纳税人自行转让原房地产的，免征土地增值税。

第三，企事业单位、社会团体以及其他组织转让旧房作为公共租赁住房房源且增值额未超过扣除项目金额 20%的，免征土地增值税。

第四，自 2008 年 11 月 1 日起，对居民个人转让住房一律免征土地增值税。

七、土地增值税征收管理

（一）纳税申报

纳税人应在转让房地产合同签订后 7 日内，到房地产所在地主管税务机关办理纳税申报，并向税务机关提交房屋及建筑物产权、土地使用权证书，土地转让、房产买卖合同，房地产评估报告及其他与转让房地产有关的资料，然后在税务机关规定的期限内缴纳土地增值税。

纳税人因经常发生房地产转让而难以在每次转让后申报的，经税务机关审核同意后，可以按月或按季定期进行纳税申报，具体期限由主管税务机关根据情况确定。纳税人采取预售方式销售房地产的，对在项目全部竣工结算前转让房地产取得的收入，税务机关可以预征土地增值税。具体办法由各省、自治区、直辖市地方税务局根据当地情况制定。

对于纳税人预售房地产取得的收入，凡当地税务机关规定预征土地增值税的，纳税人应到主管税务机关办理纳税申报，并按规定比例预缴，待办理完纳税清算后，多退少补。

（二）纳税清算

1. 土地增值税的清算单位

土地增值税以国家有关部门审批的房地产开发项目为单位进行清算，对于分期开发的项目，以分期项目为单位清算。

开发项目中同时包含普通住宅和非普通住宅的，应分别计算增值额。

2. 土地增值税的清算条件

（1）符合下列情形之一的，纳税人应进行土地增值税的清算：

①房地产开发项目全部竣工、完成销售的。

②整体转让未竣工决算房地产开发项目的。

③直接转让土地使用权的。

（2）符合下列情形之一的，主管税务机关可要求纳税人进行土地增值税清算：

①已竣工验收的房地产开发项目，已转让的房地产建筑面积占整个项目可售建筑面积的比例在85%以上，或者该比例虽未超过85%，但剩余的可售建筑面积已经出租或自用的。

②取得销售（预售）许可证满3年仍未销售完毕的。

③纳税人申请注销税务登记但未办理土地增值税清算手续的。

④省级税务机关规定的其他情况。

3. 土地增值税清算应报送的资料

纳税人办理土地增值税清算应报送以下资料：

（1）房地产开发企业清算土地增值税书面申请、土地增值税纳税申报表。

（2）项目竣工决算报表、取得土地使用权所支付的地价款凭证、国有土地使用权出让合同、银行贷款利息结算通知单、项目工程合同结算单、商品房购销合同统计表等与转让房地产的收入、成本和费用有关的证明资料。

（3）主管税务机关要求报送的其他与土地增值税清算有关的证明资料等。

纳税人委托税务中介机构审核鉴证的清算项目，应报送中介机构出具的土地增值税清算税款鉴证报告。

4. 清算后再转让房地产的处理

在土地增值税清算时未转让的房地产，清算后销售或有偿转让的，纳税人应按规定进行土地增值税的纳税申报，扣除项目金额按清算时的单位建筑面积成本费用乘以销售或转让面积计算。

单位建筑面积成本费用=清算时的扣除项目总金额÷清算的总建筑面积

5. 土地增值税的核定征收

房地产开发企业有下列情形之一的，税务机关可以参照与其开发规模和收入水平相近的当地企业的土地增值税税负情况，按不低于预征率的征收率核定征收土地增值税。

（1）依照法律、行政法规的规定应当设置但未设置账簿的。

（2）擅自销毁账簿或拒不提供纳税资料的。

（3）虽设置账簿，但账目混乱或成本资料、收入凭证、费用凭证残缺不全，难以确定转让收入或扣除项目金额的。

（4）符合土地增值税清算条件，未按照规定的期限办理清算手续，经税务机关责令限期清算，逾期仍不清算的。

（5）申报的计税依据明显偏低，又无正当理由的。

（三）纳税地点

土地增值税纳税人发生应税行为应向房地产所在地主管税务机关缴纳税款。

这里所称的房地产所在地，是指房地产的坐落地。纳税人转让的房地产坐落在两个或两个以上地区的，应按房地产所在地分别申报纳税。具体又可分为以下两种情况：

（1）纳税人是法人的，当转让的房地产坐落地与其机构所在地或经营所在地一致时，则在办理税务登记的原管辖税务机关申报纳税即可；如果转让的房地产坐落地与其机构所在地或经营所在地不一致时，则应在房地产坐落地所管辖的税务机关申报纳税。

（2）纳税人是自然人的，当转让的房地产坐落地与其居住所在地一致时，在居住所在地税务机关申报纳税；当转让的房地产坐落地与其居住所在地不一致时，在办理过户手续所在地的税务机关申报纳税。

第三节　城镇土地使用税

一、城镇土地使用税的概念和特点

（一）城镇土地使用税和城镇土地使用税法的概念

1. 城镇土地使用税的概念

城镇土地使用税是国家在城市、县城、建制镇和工矿区范围内，对使用土地的单位和个人，以其实际占用的土地面积为计税依据，按照规定的税额计算征收的一种税。

城镇土地使用税是以国有土地为征税对象，对拥有土地使用权的单位和个人征收的一种税。征收城镇土地使用税有利于促进土地的合理使用，调解土地级差收入，也有利于筹集地方财政资金。

2. 城镇土地使用税法的概念及其构成

城镇土地使用税法是指国家制定的调整城镇土地使用税征收和缴纳权利与义务关系的法律规范。

1988 年 9 月 27 日，国务院出台了《中华人民共和国城镇土地使用税暂行条例》(以下简称《城镇土地使用税暂行条例》)。2006 年 12 月 30 日，国务院对《城镇土地使用税暂行条例》进行了修订。之后，财政部、国家税务总局又陆续发布了一些有关城镇土地使用税的规定、办法。这些制度构成了我国城镇土地使用税法律制度。

(二) 城镇土地使用税的特点

1. 对占用土地的行为征税

广义的土地是一种财产，对土地课税在国外属于财产税，但是根据《中华人民共和国宪法》的规定，城镇土地的所有权归国家，单位和个人对占用的土地只有使用权而无所有权，因此现行的城镇土地使用税实质上是对占用土地资源的行为课税，属于我国的资源税类，而非严格意义上的财产税。

2. 征税对象是土地

我国的土地归国家所有，单位和个人只有占用权或使用权而无所有权。国家既可以凭借财产权力对土地使用人获取的收益进行分配，又可以凭借政治权力对土地使用者进行征税。开征城镇土地使用税，实质上是运用国家政治权力将纳税人取得的本应属于国家的土地收益集中到国家手里，那么其征税对象是土地而非收益。

3. 征税范围有所限定

城镇土地使用税的征税范围是税法规定的城市、县城、建制镇、工矿区范围内的土地，但规定范围外的土地不征收城镇土地使用税。城镇土地使用税在筹集地方财政资金、调节土地使用和收益分配方面都发挥了积极的作用。

4. 实行差别幅度税额

开征城镇土地使用税的主要目的之一，是调节土地的级差收入，而级差收入的产生主要取决于土地的位置。占用位置优越，土地的纳税人可以节约运输和流通费用，扩大销售和经营规模，取得额外经济收益。为了有利于体现国家政策，城镇土地使用税实行差别幅度税额。不同城镇适用不同税额，同一城镇的不同地段，根据市政建设状况和经济繁荣程度也确定不等的负担水平。

二、城镇土地使用税征税范围和纳税人

(一) 城镇土地使用税征税范围

城镇土地使用税的征税范围是税法规定的纳税区域内的土地。凡在城市、县城、建制

镇、工矿区范围内的土地，不论是属于国家所有的土地，还是集体所有的土地，都属于城镇土地使用税的征税范围。

城市是指国务院批准设立的市。城市的征税范围包括市区和郊区。

县城是指县人民政府所在地。县城的征税范围为县人民政府所在地的城镇。

建制镇是经省级人民政府批准设立的建制镇，建制镇的征税范围为镇人民政府所在地的地区，但不包括镇政府所在地所辖行政村。

工矿区是指工商业比较发达，人口比较集中，符合国务院规定的建制镇标准，但尚未设立建制镇的大中型工矿企业所在地。工矿区的设立必须经省人民政府批准。

城市、县城、建制镇和工矿区虽然有行政区域和城建区域之分，但区域中的不同地方，其自然条件和经济繁荣程度各不相同，各省级人民政府可根据税法的规定，具体划定本地城市、县城、建制镇和工矿区的具体征税范围。

建立在城市、县城、建制镇和工矿区以外的工矿企业则不需缴纳城镇土地使用税。

自 2009 年 1 月 1 日起，公园、名胜古迹内的索道公司经营用地，应按规定缴纳城镇土地使用税。

（二）城镇土地使用税纳税人

城镇土地使用税纳税人是指在税法规定的征税范围内使用土地的单位和个人。

单位包括国有企业、集体企业、私营企业、股份制企业、外商投资企业、外国企业以及其他企业和事业单位、社会团体、国家机关、军队以及其他单位。个人包括个体工商户及其他个人。

城镇土地使用税的纳税人，根据用地者的不同情况分别确定为：

（1）城镇土地使用税由拥有土地使用权的单位或个人缴纳。

（2）拥有土地使用权的纳税人不在土地所在地的，由代管人或实际使用人缴纳。

（3）土地使用权未确定或权属纠纷未解决的，由实际使用人纳税。

（4）土地使用权共有的，共有各方均为纳税人，由共有各方分别纳税。土地使用权共有的，以共有各方实际使用土地的面积占总面积的比例分别计算缴纳城镇土地使用税。

三、城镇土地使用税税率与计税依据

（一）城镇土地使用税税率

城镇土地使用税采用定额税率，按大、中、小城市和县城、建制镇、工矿区分别规定每平方米城镇土地使用税年应纳税额。

大、中、小城市以公安部门登记在册的非农业正式户口人数为依据，按照国务院出台的《城市规划条例》中规定的标准划分。人口在 50 万人以上的为大城市；人口在 20 万~50 万人的为中等城市；人口在 20 万人以下的为小城市。

城镇土地使用税每平方米年税额标准具体规定如下：大城市 1.5~30 元；中等城市 1.2~24 元；小城市 0.9~18 元；县城、建制镇、工矿区 0.6~12 元。

城镇土地使用税规定幅度税额，而且每个幅度税额的差距为20倍。这主要考虑我国各地存在着悬殊的土地级差收益，同一地区内不同地段的市政建设情况和经济发展程度也有较大的差别。省、自治区、直辖市人民政府，在上述规定的税额幅度内，根据市政建设情况、经济繁荣程度等条件，确定所辖地区的适用税额幅度。经济落后地区，城镇土地使用税的适用税额标准可适当降低，但降低幅度不得超过上述规定最低税额的30%。经济发达地区，城镇土地使用税的适用税额可以适当提高，但须报经财政部批准。这样各地在确定不同地段的等级和适用税额时，就有选择余地，尽可能做到平衡税负。

（二）城镇土地使用税计税依据

城镇土地使用税的计税依据是纳税人实际占用的土地面积。土地面积以平方米为计量标准。具体按以下办法确定：

（1）凡由省级人民政府确定的单位组织测定土地面积的，以测定的土地面积为准。

（2）尚未组织测定，但纳税人持有政府部门核发的土地使用证书的，以证书确定的土地面积为准。

（3）尚未核发土地使用证书的，应由纳税人据实申报土地面积，并据以纳税，待核发土地使用证书后再作调整。

四、城镇土地使用税应纳税额的计算

城镇土地使用税是以纳税人实际占用的土地面积为计税依据，按照规定的适用税额计算征收。其应纳税额计算公式为：

年应纳税额=实际占用应税土地面积(平方米)×适用税额

【例8-7】某企业实际占地面积为30 000平方米，经税务机关核定，该企业所在地段适用城镇土地使用税税率每平方米税额为2元。计算该企业全年应缴纳的城镇土地使用税税额。

【解析】该企业全年应缴纳的城镇土地使用税税额=实际占用应税土地面积（平方米）×适用税额=30 000×2=60 000（元）

五、城镇土地使用税税收优惠

（一）免征城镇土地使用税用地项目

（1）国家机关、人民团体、军队自用的土地。

（2）由国家财政部门拨付事业经费的单位自用的土地。

（3）宗教寺庙、公园、名胜古迹自用的土地。

（4）市政街道、广场、绿化地带等公共用地。

（5）直接用于农、林、牧、渔业的生产用地。

（6）经批准开山填海整治的土地和改造的废弃土地。

（7）由财政部另行规定免税的能源、交通、水利设施用地和其他用地。

（二）税收优惠的特殊规定

1. 城镇土地使用税与耕地占用税的征税范围衔接

为避免对一块土地同时征收耕地占用税和城镇土地使用税，凡是缴纳了耕地占用税的，从批准征用之日起满 1 年后征收城镇土地使用税；征用非耕地因不需要缴纳耕地占用税，应从批准征用之次月起征收城镇土地使用税。

2. 免税单位与纳税单位之间无偿使用的土地

对免税单位无偿使用纳税单位的土地（如公安、海关等单位使用铁路、民航等单位的土地），免征城镇土地使用税；对纳税单位无偿使用免税单位的土地，纳税单位应照章缴纳城镇土地使用税。

3. 房地产开发公司开发建造商品房的用地

房地产开发公司开发建造商品房的用地，除经批准开发建设经济适用房的用地外对各类房地产开发用地一律不得减免城镇土地使用税。

4. 基建项目在建期间的用地

对基建项目在建期间使用的土地，原则上应征收城镇土地使用税。但对有些基建项目，特别是国家产业政策扶持发展的大型基建项目占地面积大，建设周期长，在建期间又没有经营收入，纳税确有困难的，可由各省、自治区、直辖市税务局根据具体情况予以免征或减征城镇土地使用税。对已经完工或已经使用的建设项目，其用地应照章征收城镇土地使用税。

5. 城镇内的集贸市场（农贸市场）用地

城镇内的集贸市场（农贸市场）用地，按规定应征收城镇土地使用税。为了促进集贸市场的发展及照顾各地的不同情况，各省、自治区、直辖市税务局可根据具体情况，自行确定对集贸市场用地征收或免征城镇土地使用税。

6. 防火、防爆、防毒等安全防范用地

对于各类危险品仓库、厂房所需的防火、防爆、防毒等安全防范用地，可由各省、自治区、直辖市税务局确定，暂免征收城镇土地使用税。对仓库库区、厂房本身用地应依法征收城镇土地使用税。

7. 搬迁企业的用地

（1）企业搬迁后原场地不使用的、企业范围内荒山等尚未利用的土地，免征城镇土地使用税。免征税额由企业在申报缴纳城镇土地使用税时自行计算扣除，并在申报表附表或备注栏中作相应说明。

（2）对搬迁后原场地不使用的和企业范围内荒山等尚未利用的土地，凡企业申报暂免征收城镇土地使用税的，应事先向土地所在地的主管税务机关报送有关部门的批准文件或认定书等相关证明材料，以备税务机关查验。具体报送材料由各省、自治区、直辖市和计划单列市地方税务局确定。

（3）企业按上述规定暂免征收城镇土地使用税的土地开始使用时，应从使用的次月起自行计算和申报缴纳城镇土地使用税。

8. 企业的铁路专用线、公路等用地

对企业的铁路专用线、公路等用地除另有规定者外，在企业厂区（包括生产、办公及生活区）以内的，应照章征收城镇土地使用税；在厂区以外、与社会公用地段未加隔离的，暂免征收城镇土地使用税。

9. 企业范围内的荒山、林地、湖泊等占地

对2014年以前已按规定免征城镇土地使用税的企业范围内荒山、林地、湖泊等占地，自2014年1月1日至2015年12月31日，按应纳税额减半征收城镇土地使用税；自2016年1月1日起，全额征收城镇土地使用税。

10. 石油天然气（含页岩气、煤层气）生产企业用地

（1）下列石油天然气生产建设用地暂免征收城镇土地使用税：

①地质勘探、钻井、井下作业、油气田地面工程等施工临时用地。

②企业厂区以外的铁路专用线、公路及输油（气、水）管道用地。

③油气长输管线用地。

（2）在城市、县城、建制镇以外工矿区内的消防、防洪排涝、防风、防沙设施用地暂免征收城镇土地使用税。

（3）除上述列举免税的土地外，其他油气生产及办公、生活区用地，依照规定征收城镇土地使用税。享受上述税收优惠的用地，用于非税收优惠用途的，不得享受税收优惠。

11. 林业系统用地

（1）对林区的育林地、运材道、防火道、防火设施用地，免征城镇土地使用税。

（2）林业系统的森林公园、自然保护区可比照公园免征城镇土地使用税。

（3）林业系统的林区贮木场、水运码头用地，原则上应按税法规定缴纳城镇土地使用税，考虑到林业系统目前的困难，为扶持其发展，暂予免征城镇土地使用税。

（4）除上述列举免税的土地外，对林业系统的其他生产用地及办公、生活区用地均应征收城镇土地使用税。

12. 盐场、盐矿用地

（1）对盐场、盐矿的生产厂房、办公、生活区用地，应照章征收城镇土地使用税。

（2）盐场的盐滩、盐矿的矿井用地，暂免征收城镇土地使用税。

（3）对盐场、盐矿的其他用地，由各省、自治区、直辖市税务局根据实际情况，确定征收城镇土地使用税或给予定期减征、免征的照顾。

13. 矿山企业用地

（1）矿山的采矿场、排土场、尾矿库、炸药库的安全区以及运矿运岩公路、尾矿输送管道及回水系统用地，免征城镇土地使用税。

（2）对位于城镇土地使用税征税范围内的煤炭企业已取得土地使用权、未利用的塌陷地，征收城镇土地使用税。

除上述规定外，对矿山企业的其他生产用地及办公、生活区用地，均应征收城镇土地使用税。

14. 电力行业用地

（1）火电厂厂区围墙内的用地均应征收城镇土地使用税。对厂区围墙外的灰场、输灰管、输油（气）管道、铁路专用线用地，免征城镇土地使用税；厂区围墙外的其他用地，应照章征税。

（2）水电站的发电厂房用地（包括坝内、坝外式厂房），生产、办公、生活用地，应征收城镇土地使用税；对其他用地给予免税照顾。

（3）对供电部门的输电线路用地、变电站用地，免征城镇土地使用税。

15. 水利设施用地

（1）水利设施及其管护用地（如水库库区、大坝、堤防、灌渠、泵站等用地），免征城镇土地使用税；其他用地，如生产、办公、生活用地，应照章征税。

（2）对兼有发电的水利设施用地城镇土地使用税的征免，具体办法比照电力行业征免城镇土地使用税的有关规定办理。

16. 交通部门港口用地

（1）对港口的码头（即泊位，包括岸边码头、伸入水中的浮码头、堤岸、堤坝、栈桥等）用地，免征城镇土地使用税。

（2）对港口的露天堆货场用地，原则上应征收城镇土地使用税。企业纳税确有困难的，可由各省、自治区、直辖市税务局根据其实际情况，给予定期减征或免征城镇土地使用税的照顾。

除上述规定外，港口的其他用地，应按规定征收城镇土地使用税。

17. 民航机场用地。

（1）机场飞行区（包括跑道、滑行道、停机坪、安全带、夜航灯光区）用地、场内外通信导航设施用地和飞行区四周排水防洪设施用地，免征城镇土地使用税。

（2）在机场道路中，场外道路用地免征城镇土地使用税；场内道路用地依照规定征收城镇土地使用税。

（3）机场工作区（包括办公、生产和维修用地及候机楼、停车场）用地、生活区用地、绿化用地，均须依照规定征收城镇土地使用税。

18. 老年服务机构自用的土地

老年服务机构是指专门为老年人提供生活照料、文化、护理、健身等多方面服务的福利性、非营利性的机构，主要包括老年社会福利院、敬老院（养老院）、老年服务中心、老年公寓（含老年护理院、康复中心、托老所）等。老年服务机构自用土地免征城镇土地使用税。

19. 邮政部门的土地

对邮政部门坐落在城市、县城、建制镇、工矿区范围内的土地，应当依法征收城镇土地使用税；对坐落在城市、县城、建制镇、工矿区范围以外的，尚在县邮政局内核算的土地，在单位财务账中划分清楚的，不征收城镇土地使用税。

20. 其他规定

国家机关、军队、人民团体、财政补助事业单位、居民委员会、村民委员会拥有的体育场馆，用于体育活动的土地，免征城镇土地使用税。

经费自理事业单位、体育社会团体、体育基金会、体育类民办非企业单位拥有并运营管理的体育场馆，符合相关条件的，其用于体育活动的土地，免征城镇土地使用税。

企业拥有并运营管理的大型体育场馆，其用于体育活动的土地，减半征收城镇土地使用税。

享受上述税收优惠体育场馆的运动场地用于体育活动的天数不得低于全年自然天数的70%。

21. “三北”地区供热企业用地

自2016年1月1日至2018年12月31日，对向居民供热而收取采暖费的“三北”地区供热企业，为居民供热所使用的土地免征城镇土地使用税；对供热企业其他土地，应当按规定征收城镇土地使用税。

对兼营供热企业，视其供热所使用的土地与其他生产经营活动所使用的土地是否可以区分，按照不同方法计算免征的城镇土地使用税。难以区分的，对其全部厂房及土地，按向居民供热取得的采暖费收入占其营业收入的比例计算减免税。

对自供热单位，按向居民供热建筑面积占总供热建筑面积的比例计算免征供热所使用的土地的城镇土地使用税。

供热企业是指热力产品生产企业和热力产品经营企业。热力产品生产企业包括专业供热企业、兼营供热企业和自供热单位。

“三北”地区是指北京市、天津市、河北省、山西省、内蒙古自治区、辽宁省、大连市、吉林省、黑龙江省、山东省、青岛市、河南省、陕西省、甘肃省、青海省、宁夏回族自治区和新疆维吾尔自治区。

22. 物流企业大宗商品仓储设施用地

物流企业大宗商品仓储设施用地，减按所属土地等级适用税额标准的50%计征城镇土地使用税。

物流企业是指至少从事仓储或运输一种经营业务，为工农业生产、流通、进出口和居民生活提供仓储、配送等第三方物流服务，实行独立核算、独立承担民事责任，并在工商部门注册登记为物流、仓储或运输的专业物流企业。

大宗商品仓储设施是指同一仓储设施占地面积在6 000平方米及以上，并且主要储存粮食、棉花、油料、糖料、蔬菜、水果、肉类、水产品、化肥、农药、种子、饲料等农产品和农业生产资料，煤炭、焦炭、矿砂、非金属矿产品、原油、成品油、化工原料、木材、橡胶、纸浆及纸制品、钢材、水泥、有色金属、建材、塑料、纺织原料等矿产品和工业原材料的仓储设施。

仓储设施用地包括仓库库区内的各类仓房（含配送中心）、油罐（池）、货场、晒场（堆场）、罩棚等储存设施和铁路专用线、码头、道路、装卸搬运区域等物流作业配套设施的用地。

物流企业的办公、生活区用地及其他非直接从事大宗商品仓储的用地，不属于优惠范围，应按规定征收城镇土地使用税。

非物流企业的内部仓库，不属于优惠范围，应按规定征收城镇土地使用税。

六、城镇土地使用税征收管理

（一）纳税义务发生时间

（1）纳税人购置新建商品房，自房屋交付使用之次月起，缴纳城镇土地使用税。

（2）纳税人购置存量房，自办理房屋权属转移、变更登记手续，房地产权属登记机关签发房屋权属证书之次月起，缴纳城镇土地使用税。

（3）纳税人出租、出借房产，自交付出租、出借房产之次月起，缴纳城镇土地使用税。

（4）以出让或转让方式有偿取得土地使用权的，应由受让方从合同约定交付土地时间的次月起缴纳城镇土地使用税；合同未约定交付土地时间的，由受让方从合同签订的次月起缴纳城镇土地使用税。

（5）纳税人新征用的耕地，自批准征用之日起满 1 年时开始缴纳土地使用税。

（6）纳税人新征用的非耕地，自批准征用次月起缴纳城镇土地使用税。

（二）纳税地点

城镇土地使用税在土地所在地缴纳。

纳税人使用的土地不属于同一省、自治区、直辖市管辖的，由纳税人分别向土地所在地税务机关缴纳城镇土地使用税；在同一省、自治区、直辖市管辖范围内，纳税人跨地区使用的土地，其纳税地点由各省、自治区、直辖市税务局确定。

（三）纳税期限

城镇土地使用税按年计算、分期缴纳，具体纳税期限由省、自治区、直辖市人民政府确定。

本章练习题

一、单项选择题

1. 根据资源税法律制度的规定，下列单位和个人的生产经营行为不缴纳资源税的是（　　）。
   A. 冶炼企业进口铁矿石　　　　B. 个体经营者开采煤矿

C. 军事单位开采石油　　D. 中外合作开采天然气

2. 某矿业公司开采销售应税矿产品，资源税实行从量计征，则该公司计征资源税的课税数量是（　　）。

A. 实际产量　　B. 发货数量

C. 计划产量　　D. 销售数量

3. 某天然气生产企业2017年1月生产销售天然气50万立方米，取得不含增值税销售收入120万元；生产自用天然气5万立方米。已知该企业适用的资源税税率为6%。则该天然气生产企业应缴纳的资源税为（　　）万元。

A. 6.9　　B. 7.2

C. 7.5　　D. 7.92

4. 某油田2017年11月生产销售原油5万吨，取得不含税销售额1 000万元；销售人造石油2万吨，取得不含税销售额3 000万元。已知该油田的石油适用税率为6%，该油田2017年11月应缴纳的资源税税额为（　　）万元。

A. 180　　B. 360

C. 600　　D. 780

5. 某油气田2017年12月生产原油5万吨，销售原油4万吨，取得不含税增值税销售额6 000万元；向购买方收取运输装卸费106万元。已知该油田适用8%的资源税税率，则该油田当月当缴纳的资源税为（　　）万元。

A. 418.26　　B. 480

C. 488　　D. 489.36

6. 下列各项中，应当缴纳土地增值税的是（　　）。

A. 继承房地产　　B. 以房地产作抵押向银行贷款

C. 出售房屋　　D. 出租房屋

7. 下列对土地增值税的理解，不正确的是（　　）。

A. 政府机关转让房地产应当缴纳土地增值税

B. 农村集体土地不属于土地增值税的征税范围

C. 医院因新住院部建成而转让旧住院部，取得转让收入可以免征土地增值税

D. 外商投资企业转让境内房产，应当缴纳土地增值税

8. 根据土地增值税法律制度的规定，下列各项中，需要缴纳土地增值税的是（　　）。

A. 外国驻华机构购买土地使用权

B. 某事业单位转让国有土地使用权

C. 土地使用权的出让

D. 土地使用权所有人将房屋产权赠与直系亲属

9. 某房地产开发公司整体出售了其新建的商品房，与商品房相关的土地使用权支付额和开发成本共计1 000万元。该公司没有按房地产项目计算分摊银行借款利息。该项目所在省政府规定计征土地增值税时房地产开发费用扣除比例按国家规定允许的最高比例执行。该商品房项目缴纳土地增值税时，应扣除的房地产开发费用和“其他扣除项目”的金额为（　　）万元。

A. 1 500　　B. 2 000

C. 2 500　　D. 3 000

10. 某单位转让一幢位于城区的旧办公楼，原造价400万元，经房地产评估机构评定其重置成本为1 200万元，成新度折扣率为七成，另外支付有关税费500万元。土地增值税可以扣除的金额为（　　）万元。

A. 400　　B. 840
C. 1 340　　D. 1 700

11. 某国有企业转让一块已开发的土地，取得收入 8 000 万元，已知取得该块土地支付的土地使用权出让金为 2 000 万元，开发该块工地的成本为 1 000 万元，支付的与转让土地有关的税金合计为 500 万元。该企业应纳土地增值税为（　　）万元。

A. 1 725　　B. 1 750
C. 1 975　　D. 2 250

12. 根据城镇土地使用税法律制度的规定，几个单位共同拥有一块土地使用权，则城镇土地使用税的纳税人为（　　）。

A. 其中实际占用土地面积最大的单位　　B. 税务机关核定的单位
C. 协商确定纳税人　　D. 对这块土地拥有使用权的每一个单位

13. 下列项目中，不属于城镇土地使用税征收范围的是（　　）。

A. 农村的土地　　B. 县城的国家所有、集体所有的土地
C. 工矿区的国家所有、集体所有的土地　　D. 市区的国家所有和集体所有的土地

14. 根据城镇土地使用税法律制度的规定，城镇土地使用税的计税依据是（　　）。

A. 纳税人实际用于经营活动的土地面积　　B. 纳税人实际有效利用的土地面积
C. 纳税人实际占用的土地面积　　D. 税务机关认定的建筑面积

15. 某企业实际占地面积共计 2 000 方米，其中 900 平方米为厂区以外的绿化区。该企业所处地段适用年税额为 2 元/平方米。该企业应缴纳的城镇土地使用税为（　　）元。

A. 20 000×2−900×1＝39 100　　B. （20 000−900）×1＝19 100
C. （20 000−900）×2＝38 200　　D. 20 000×2＝40 000

二、多项选择题

1. 根据资源税法律制度的规定，下列各项中，属于资源税征税范围的有（　　）。

A. 井矿盐　　B. 人造石油
C. 进口原油　　D. 铜矿石

2. 下列各项中，属于征收资源税的煤炭产品有（　　）。

A. 焦炭　　B. 以未税原煤加工的选煤
C. 原煤　　D. 以未税原煤加工的洗煤

3. 根据资源税法律制度的规定，下列关于资源税纳税义务发生时间的表述中，正确的有（　　）。

A. 采用分期收款结算方式销售应税产品的，为发出应税产品的当天
B. 采用预收货款结算方式销售应税产品的为收到预收款的当天
C. 自产自用应税产品的，为移送使用应税产品的当天
D. 扣缴义务人代扣代缴税款的，为支付首笔货款或开具应支付货款凭据的当天

4. 下列各项中，不应征收土地增值税的有（　　）。

A. 赠予社会公益事业的房地产
B. 个人之间互换自有居住用房地产
C. 抵押期满权属转让给债权人的房地产
D. 企业分设为两个与原企业投资主体相同的企业，原企业将国有土地变更到分立后的企业

5. 下列属于土地增值税征税范围的有（　　）。

A. 企业间房地产交换　　B. 房地产的出租
C. 合作建房后转让房产　　D. 房地产的代建行为

6. 某房地产公司出售一幢已办理竣工结算的商用写字楼，获得 2 000 万元。根据税收法律制度的有关规定，下列各项中，该公司售楼业务应缴纳的税种有（　　）。

A. 契税　　B. 增值税

C. 印花税　　D. 土地增值税

7. 纳税人转让旧房，在计算土地增值额时，允许扣除的项目有（　　）。

A. 当期发生的管理费用、财务费用和销售费用

B. 经税务机关确认的房屋及建筑物的评估价格

C. 转让环节缴纳给国家的各项税费

D. 取得土地使用权所支付的价款和按国家规定缴纳的有关税费

8. 下列各项中，符合土地增值税税收优惠有关规定的有（　　）。

A. 纳税人建造普通标准住宅出售，增值额未超过扣除项目金额 20%的，减半征收土地增值税

B. 纳税人建造普通标准住宅出售，增值额未超过扣除项目金额 20%的，免征土地增值税

C. 纳税人建造普通标准住宅出售，增值额超过扣除项目金额 20%的，应对其超过部分的增值额按规定征收土地增值税

D. 纳税人建造普通标准住宅出售，增值额超过扣除项目金额 20%的，应就其全部增值额按规定征收土地增值税

9. 下列情形中，主管税务机关可要求纳税人进行土地增值税清算的有（　　）。

A. 直接转让土地使用权的

B. 整体转让未竣工决算房地产开发项目的

C. 纳税人申请注销税务登记但未办理土地增值税清算手续的

D. 已竣工验收的房地产开发项目，已转让的房地产建筑面积占整个项目可售建筑面积的比例在 85%以上

10. 根据城镇土地使用税法律制度的规定，城镇土地使用税的纳税义务人通常包括（　　）。

A. 拥有土地使用权的单位和个人

B. 拥有土地使用权的单位和个人不在土地所在地时的，土地实际使用人或代管人

C. 土地使用权未确定或权属纠纷未解决时的实际使用人

D. 土地使用权共有时的共有各方

11. 根据城镇土地使用税法律制度的规定，下列各项中，应征收城镇土地使用税的有（　　）。

A. 某公园内的索道公司经营用地　　B. 某市居民居住用地

C. 某市区外资企业生产车间用地　　D. 纳税人无偿使用免税单位的土地

12. 下列各项中，可作为城镇土地使用税计税依据的有（　　）。

A. 省政府确定的单位测定的面积

B. 土地使用证书确定的面积

C. 由纳税人申报的面积为准，核发土地使用证后做调整

D. 税务部门估定的面积

13. 下列各项中，可以免缴城镇土地使用税的有（　　）。

A. 市政街道、广场、绿化地带等公共土地　　B. 直接用于农、林、牧、渔业的生产用地

C. 企业内公路用地　　D. 老年服务机构自用土地

14. 根据城镇土地使用税法律制度的规定，下列各项中，可以减免城镇土地使用税的是（　　）。

A. 对免税单位无偿使用纳税单位的土地　　B. 公园内自用的土地

C. 直接用于林业的生产用地　　D. 盐场的生活区用地

15. 根据城镇土地使用税法律制度的规定，在同一省、自治区、直辖市管辖范围内，纳税人跨地区

使用的土地，其纳税地点说法错误的是（ ）。

A. 由纳税人分别向土地所在地税务机关纳税　B. 由各省、自治区、直辖市地方税务局确定

C. 由纳税人向任一土地所在地税务机关纳税　D. 由纳税人向现居住地税务机关纳税

三、判断题

1. 外商投资企业开采或生产资源税应税产品，其自用的部分，暂不征收资源税。（ ）

2. 资源税纳税人的减税、免税项目，应当单独核算销售额和销售数量；未单独核算或不能准确提供销售额和销售数量的，不予减税或免税。（ ）

3. 房地产出租、抵押等未转让房产产权、土地使用权的行为不属于土地增值税的征税范围。（ ）

4. 根据现行政策规定，个人出售所有房产均可以免征土地增值税。（ ）

5. 在土地增值税清算时未转让的房地产，清算后销售或有偿转让的，纳税人应按规定进行土地增值税的纳税申报，扣除项目金额按清算时的单位建筑面积成本费用乘以销售或转让面积计算。（ ）

6. 土地增值税的纳税人应在转让房地产合同签订后的 7 日内，到房地产所在地主管税务机关办理纳税申报；契税的纳税人应在签订土地、房屋权属转移合同或取得其他具有土地、房屋权属转移合同性质凭证后的 10 日内，向土地、房屋所在地的契税征收机关办理纳税申报。（ ）

7. 纳税人转让房地产需要缴纳土地增值税时，如果房屋坐落地与其经营所在地不一致，纳税地点应选择在办理房地产过户手续所在地。（ ）

8. 城镇土地使用税的税率适用有幅度的差别税额（定额税率），其每个幅度税额的差距为 30 倍。（ ）

9. 纳税单位无偿使用免税单位的土地，免征城镇土地使用税；免税单位无偿使用纳税单位的土地，照章征收城镇土地使用税。（ ）

10. 纳税人新征用的非耕地，自批准征用之日起满 1 年时，开始缴纳城镇土地使用税。（ ）

四、不定项选择题

1. 某房地产公司 2017 年发生如下经济业务：

（1）签订一份写字楼销售合同，当年收到全部款项，共计 18 000 万元（不含增值税）。

（2）该写字楼经税务机关审核可以扣除的项目为：开发成本 5 000 万元，缴纳的土地使用权转让费 3 000万元，利息支出 150 万元（能够按项目分摊并提供金融机构证明），相关税金 990 万元。（本题目针对土地增值税设置，暂不考虑其他税费）

已知当地规定，开发费用计算扣除比例为 5%。

要求：根据上述资料，不考虑其他因素，分析回答下列小题。

（1）计算土地增值税时，应扣除的房地产开发费用是（ ）万元。

A. 400　B. 550

C. 750　D. 800

（2）根据土地增值税法律制度的规定，对从事房地产开发的纳税人可按规定计算的金额之和，以一定比例加计扣除。该加计扣除的比例是（ ）。

A. 5%　B. 10%

C. 15%　D. 20%

（3）该公司计算土地增值税时，可以扣除的项目金额合计是（ ）万元。

A. 11 140　B. 10 150

C. 9 540　D. 8 140

（4）该公司应缴纳的土地增值税是（ ）万元。

A. 2 744　　B. 2 552
C. 2 187　　D. 2 058

2. 某市区一家非房地产开发企业2017年建造并出售了一栋写字楼，取得收入5 000万元（不含增值税），发生的支出如下：

（1）按税法规定缴纳了有关税费277.5万元。

（2）为建此楼支付地价款600万元。

（3）投入的房地产开发成本为1 500万元。

（4）房地产开发费用为400万元，其中利息支出240万元（能够按转让房地产项目计算分摊并提供金融机构证明），但比银行的同期同类贷款利率计算的利息多出30万元；其他开发费用160万元。

已知该单位所在地政府规定的房地产开发费用的计算扣除比例为5%。

要求：根据上述资料，不考虑其他因素，分析回答下列小题。

（1）下列关于房地产开发费用的表述中，正确的是（　　）。

A. 财务费用中的利息支出，凡能够按转让房地产项目计算分摊并提供金融机构证明的，允许据实扣除

B. 房地产开发费用中，利息支出明确的，利息支出可扣除金额最高不能超过按商业银行同类同期贷款利率计算的金额

C. 利息支出凡不能按转让房地产项目计算分摊或不能提供金融机构证明的，按计算金额之和的10%以内计算扣除

D. 利息支出能按转让房地产项目计算分摊并提供金融机构证明的，按计算金额之和的5%以内计算扣除

（2）计算土地增值税时可以扣除的房地产开发费用是（　　）万元。

A. 345　　B. 315
C. 210　　D. 195

（3）计算土地增值税时可以税前扣除的项目金额合计是（　　）万元。

A. 2 692.5　　B. 2 690
C. 2 415　　D. 2 377.5

（4）该企业应缴纳的土地增值税是（　　）万元。

A. 923　　B. 788.375
C. 692.25　　D. 519.13

第九章　特定目的税类

（本章思维导图）

学习目标

1. 能够解释城建税及附加、环境保护税、车辆购置税、耕地占用税、船舶吨税和烟叶税的概念

2. 能够判断城建税及附加、环境保护税、车辆购置税、耕地占用税、船舶吨税和烟叶税的征税范围

3. 能够描述城建税及附加、环境保护税、车辆购置税、耕地占用税、船舶吨税和烟叶税的纳税人

4. 能够准确计算城建税及附加、环境保护税、车辆购置税、耕地占用税、船舶吨税和烟叶税的应纳税额

5. 能够应用城建税及附加、环境保护税、车辆购置税、耕地占用税、船舶吨税和烟叶税征收管理的规定进行税务处理

第一节　城市维护建设税和教育费附加

一、城市维护建设税和教育费附加的概念

（一）城市维护建设税的概念

城市维护建设税是以纳税人实际缴纳的增值税、消费税税额为计税依据所征收的一种税，主要目的是筹集城镇设施建设和维护资金。1985 年 2 月 8 日，国务院发布《中华人民共和国城市维护建设税暂行条例》，对外商投资企业、外国企业和外籍个人暂不征收城市维护建设税。

（二）教育费附加的概念

教育费附加是以各单位和个人实际缴纳的增值税、消费税的税额为计征依据而征收的一种费用，其目的是加快发展地方教育事业，扩大地方教育经费资金来源。1986 年 4 月 28 日，国务院发布了《征收教育费附加的暂行规定》，自 1986 年 7 月 1 日起施行，对外商投资企业、外国企业和外籍个人暂不征收教育费附加。

为统一税制，公平税负，2010 年 10 月 18 日，国务院发布了《关于统一内外资企业和个人城市维护建设税和教育费附加制度的通知》（国发〔2010〕35 号），决定自 2010 年 12 月 1 日起，对外商投资企业、外国企业和外籍个人征收城市维护建设税和教育费附加。

二、城市维护建设税

（一）纳税人

城市维护建设税的纳税人是指实际缴纳增值税、消费税的单位和个人，包括各类企业、行政单位、事业单位、军事单位、社会团体及其他单位以及个体工商户和其他个人。自 2010 年 12 月 1 日起，我国对外商投资企业、外国企业以及外籍个人征收城市维护建设税。

（二）征税范围

城市维护建设税的征税范围从地域上看分布很广，具体包括城市、县城、建制镇以及税法规定征收增值税、消费税的其他地区。

（三）税率

1. 税率的具体规定

城市维护建设税实行差别比例税率，按照纳税人所在地区的不同，设置了三档比例税率：

（1）纳税人所在地区为市区的，税率为 7%。

（2）纳税人所在地区为县城、镇的，税率为 5%。

（3）纳税人所在地区不在市区、县城或镇的，税率为 1%。

2. 适用税率的确定

（1）由受托方代扣代缴、代收代缴增值税、消费税的单位和个人，其代扣代缴、代收代缴的城市维护建设税按受托方所在地适用税率执行。

（2）流动经营等无固定纳税地点的单位和个人，在经营地缴纳增值税、消费税的，其城市维护建设税的缴纳按经营地适用税率执行。

（四）计税依据

城市维护建设税的计税依据是纳税人实际缴纳的增值税、消费税税额。纳税人因违反增值税、消费税有关规定而加收的滞纳金和罚款，不作为城市维护建设税的计税依据，但纳税人在被查补增值税、消费税和被处以罚款时，应同时对其城市维护建设税进行补税、征收滞纳金和罚款。

（五）应纳税额的计算

城市维护建设税应纳税额的计算比较简单，计税方法基本上与增值税、消费税一致。其计算公式为：

应纳税额=实际缴纳的增值税、消费税税额之和×适用税率

【例 9-1】甲公司为国有企业，位于某市东城区，2017 年 11 月应缴增值税 100 000

元，实际缴纳增值税80 000元；应缴消费税90 000元，实际缴纳消费税60 000元。已知适用的城市维护建设税税率为7%，计算该公司当月应纳城市维护建设税税额。

【解析】根据城市维护建设税法律制度的规定，城市维护建设税以纳税人实际缴纳的增值税、消费税为计税依据。

应纳城市维护建设税税额=（80 000+60 000）×7%=9 800（元）

（六）税收优惠

城市维护建设税属于增值税、消费税的一种附加税，原则上不单独规定税收减免条款。如果税法规定减免增值税、消费税，也就相应地减免了城市维护建设税。现行城市维护建设税的减免规定主要如下：

（1）海关对进口产品代征的增值税、消费税，不征收城市维护建设税。

（2）对由于减免增值税、消费税而发生退税的，可同时退还已征收的城市维护建设税，但对出口产品退还增值税、消费税的，不退还已缴纳的城市维护建设税。

（3）对增值税、消费税实行先征后返、先征后退、即征即退办法的，除另有规定外对随增值税、消费税附征的城市维护建设税，一律不予退（返）还。

（七）征收管理

1. 纳税义务发生时间

城市维护建设税以纳税人实际缴纳的增值税、消费税为计税依据，分别与增值税、消费税同时缴纳，说明城市维护建设税纳税义务发生时间基本上与增值税、消费税纳税义务发生时间一致，应该参照“销售货物或者提供应税劳务，为收讫销售款或者取得索取销售款凭据的当天”的原则确定。

2. 纳税地点

纳税人缴纳增值税、消费税的地点，就是该纳税人缴纳城市维护建设税的地点。有特殊情况的，按下列原则和办法确定纳税地点：

（1）代扣代缴、代收代缴增值税、消费税的单位和个人，同时也是城市维护建设税的代扣代缴、代收代缴义务人，其纳税地点为代扣代收地。

（2）对流动经营等无固定纳税地点的单位和个人，应随同增值税、消费税在经营地纳税。

3. 纳税期限

由于城市维护建设税是由纳税人在缴纳增值税、消费税的同时缴纳的，因此其纳税期限分别与增值税、消费税的纳税期限一致。根据增值税和消费税暂行条例的规定，增值税、消费税的纳税期限分别为1日、3日、5日、10日、15日、1个月或1个季度。

城市维护建设税的纳税期限应比照上述增值税、消费税的纳税期限，由主管税务机关根据纳税人应纳税额大小分别核定；不能按照固定期限纳税的，可以按次纳税。

三、教育费附加

（一）征收范围

教育费附加的征收范围为税法规定征收增值税、消费税的单位和个人。自2010年12月1日起，我国对外商投资企业、外国企业以及外籍个人征收教育费附加。

（二）计征依据

教育费附加以纳税人实际缴纳的增值税、消费税税额之和为计征依据。

（三）征收比率

按照1994年2月7日《国务院关于教育费附加征收问题的紧急通知》的规定，现行教育费附加征收比率为3%。

（四）计算与缴纳

1. 计算公式

应纳教育费附加=实际缴纳增值税、消费税税额之和×征收比率

【例9-2】某企业2017年12月应缴纳增值税360 000元，实际缴纳增值税300 000元；实际缴纳消费税200 000元。计算该企业当月应纳教育费附加。

【解析】应纳教育费附加=（300 000+200 000）×3%=15 000（元）

2. 费用缴纳

教育费附加分别与增值税、消费税税款同时缴纳。

（五）减免规定

教育费附加的减免，原则上比照增值税、消费税的减免规定。如果税法规定增值税、消费税减免，则教育费附加也就相应减免。主要的减免规定如下：

（1）对海关进口产品征收的增值税、消费税，不征收教育费附加。

（2）对由于减免增值税、消费税而发生退税的，可同时退还已征收的教育费附加，但对出口产品退还增值税、消费税的，不退还已征收的教育费附加。

第二节　环境保护税

环境保护税是为了保护和改善环境，减少污染物排放，推进生态文明建设而征收的一种税。环境保护税的法律规范是于2016年12月25日第十二届全国人民代表大会常务委员会第二十五次会议通过的《中华人民共和国环境保护税法》（以下简称《环境保护税法》）。

一、纳税人与征税范围

（一）纳税人

环境保护税的纳税人为在中华人民共和国领域和中华人民共和国管辖的其他海域直接

向环境排放应税污染物的企业、事业单位和其他生产经营者。

按照规定征收环境保护税，不再征收排污费。

（二）征税范围

环境保护税的征税范围是《中华人民共和国环境保护税法》所附环境保护税税目税额表、应税污染物和当量值表规定的大气污染物、水污染物、固体废物和噪声等应税污染物。

有下列情形之一的，不属于直接向环境排放污染物，不缴纳相应污染物的环境保护税：

（1）企业、事业单位和其他生产经营者向依法设立的污水集中处理、生活垃圾集中处理场所排放应税污染物的。

（2）企业、事业单位和其他生产经营者在符合国家和地方环境保护标准的设施、场所贮存或处置固体废物的。

依法设立的城乡污水集中处理、生活垃圾集中处理场所超过国家和地方规定的排放标准向环境排放应税污染物的，应当缴纳环境保护税。

企业、事业单位和其他生产经营者贮存或处置固体废物不符合国家和地方环境保护标准的，应当缴纳环境保护税。

二、税率、计税依据与应纳税额的计算

（一）税率

环境保护税实行定额税率。税目、税额依照环境保护税税目税额表执行，见表 9-1。

表 9-1　　环境保护税税目税额表

<table>
<tr><th colspan="2">税目</th><th>计税单位</th><th>税额（元）</th><th>备注</th></tr>
<tr><td colspan="2">大气污染物</td><td>每污染当量</td><td>1.2~12</td><td></td></tr>
<tr><td colspan="2">水污染物</td><td>每污染当量</td><td>1.4~14</td><td></td></tr>
<tr><td rowspan="4">固体废物</td><td>煤矸石</td><td>每吨</td><td>5</td><td rowspan="4"></td></tr>
<tr><td>尾矿</td><td>每吨</td><td>15</td></tr>
<tr><td>危险废物</td><td>每吨</td><td>1 000</td></tr>
<tr><td>冶炼渣、粉煤灰、炉渣、其他固体废物（含半固态、液态废物）</td><td>每吨</td><td>25</td></tr>
</table>

表9-1(续)

税目		计税单位	税额（元）	备注
噪声	工业噪声	超标 1~3 分贝	每月 350	1. 一个单位边界上有多处噪声超标，根据最高一处超标声级计算应纳税额；当沿边界长度超过100米有两处以上噪声超标，按照两个单位计算应纳税额 2. 一个单位有不同地点作业场所的，应当分别计算应纳税额，合并计征 3. 昼、夜均超标的环境噪声，昼、夜分别计算应纳税额，累计征收 4. 声源一个月内超标不足15天的，减半计算应纳税额 5. 夜间频繁突发和夜间偶然突发厂界超标噪声，按等效声级和峰值噪声两种指标中超标分贝值高的一项计算应纳税额
		超标 4~6 分贝	每月 700	
		超标 7~9 分贝	每月 1 400	
		超标 10~12 分贝	每月 2 800	
		超标 13~15 分贝	每月 5 600	
		超标 16 分贝以上	每月 11 200 元	

应税大气污染物和水污染物的具体适用税额的确定和调整，由省、自治区、直辖市人民政府统筹考虑本地区环境承载能力、污染物排放现状和经济社会生态发展目标要求，在环境保护税税目税额表规定的税额幅度内提出，报同级人民代表大会常务委员会决定，并报全国人民代表大会常务委员会和国务院备案。

（二）计税依据

1. 应税污染物的计税依据

（1）应税大气污染物按照污染物排放量折合的污染当量数确定。

（2）应税水污染物按照污染物排放量折合的污染当量数确定。

（3）应税固体废物按照固体废物的排放量确定。

（4）应税噪声按照超过国家规定标准的分贝数确定。

2. 计税依据确定的方法

应税大气污染物、水污染物、固体废物的排放量和噪声的分贝数，按照下列方法和顺序计算：

（1）纳税人安装使用符合国家规定和监测规范的污染物自动监测设备的，按照污染物自动监测数据计算。

（2）纳税人未安装使用污染物自动监测设备的，按照监测机构出具的符合国家有关规定和监测规范的监测数据计算。

（3）因排放污染物种类多等原因不具备监测条件的，按照国务院环境保护主管部门规定的排污系数、物料衡算方法计算。

（4）不能按上述第（1）项至第（3）项规定的方法计算的，按照省、自治区、直辖市人民政府环境保护主管部门规定的抽样测算的方法核定计算。

（三）应纳税额的计算

环境保护税应纳税额的计算公式如下所示：

应税大气污染物的应纳税额=污染当量数×具体适用税额

应税水污染物的应纳税额=污染当量数×具体适用税额

应税固体废物的应纳税额=固体废物排放量×具体适用税额

应税噪声的应纳税额=超过国家规定标准的分贝数对应的具体适用税额

三、税收优惠

下列情形，暂予免征环境保护税：

第一，农业生产（不包括规模化养殖）排放应税污染物的。

第二，机动车、铁路机车、非道路移动机械、船舶和航空器等流动污染源排放应税污染物的。

第三，依法设立的城乡污水集中处理、生活垃圾集中处理场所排放相应应税污染物，不超过国家和地方规定的排放标准的。

第四，纳税人综合利用的固体废物，符合国家和地方环境保护标准的。

第五，国务院批准免税的其他情形。

纳税人排放应税大气污染物或水污染物的浓度值低于国家和地方规定的污染物排放标准30%的，减按75%征收环境保护税。纳税人排放应税大气污染物或水污染物的浓度值低于国家和地方规定的污染物排放标准50%的，减按50%征收环境保护税。

四、征收管理

环境保护税由税务机关依照《中华人民共和国税收征收管理法》和《环境保护税法》的有关规定征收管理。

环境保护主管部门应当将排污单位的排污许可、污染物排放数据、环境违法和受行政处罚情况等环境保护相关信息，定期交送税务机关。税务机关应当将纳税人的纳税申报、税款入库、减免税额、欠缴税款以及风险疑点等环境保护税涉税信息，定期交送环境保护主管部门。

纳税义务发生时间为纳税人排放应税污染物的当日。纳税人应当向应税污染物排放地的税务机关申报缴纳环境保护税。

环境保护税按月计算，按季申报缴纳。不能按固定期限计算缴纳的，可以按次申报缴纳。

纳税人按季申报缴纳的，应当自季度终了之日起15日内，向税务机关办理纳税申报并缴纳税款。纳税人按次申报缴纳的，应当自纳税义务发生之日起15日内，向税务机关办理纳税申报并缴纳税款。

第三节 车辆购置税

车辆购置税是对在中国境内购置规定车辆的单位和个人征收的一种税。车辆购置税的法律规范是2000年10月22日国务院令第294号发布的《中华人民共和国车辆购置税暂行条例》（以下简称《车辆购置税暂行条例》）及2014年12月2日国家税务总局令第33号公布，根据2015年12月28日《国家税务总局关于修改〈车辆购置税征收管理办法〉的决定》和2018年6月15日《国家税务总局关于修改部分税务部门规章的决定》修正的《车辆购置税征收管理办法》。

一、纳税人

在我国境内购置规定的车辆（以下简称应税车辆）的单位和个人，为车辆购置税的纳税人。

购置包括购买、进口、自产、受赠、获奖或以其他方式取得并自用应税车辆的行为。

单位包括国有企业、集体企业、私营企业、股份制企业、外商投资企业、外国企业以及其他企业和事业单位、社会团体、国家机关、部队以及其他单位；个人包括个体工商户以及其他个人。

二、征税范围与税率

（一）征税范围

车辆购置税的征税范围包括汽车、摩托车、电车、挂车、农用运输车。

具体征收范围依照《车辆购置税暂行条例》所附车辆购置税征收范围表（见表9-2）执行。车辆购置税征收范围的调整，由国务院决定并公布。

表9-2 车辆购置税征收范围表

应税车辆	具体范围	注释
汽车	各类汽车	
摩托车	轻便摩托车	最高设计时速不大于50千米/小时，发动机汽缸总排量不大于50立方厘米的两个或三个车轮的机动车
	二轮摩托车	最高设计时速大于50千米/小时，发动机汽缸总排量大于50立方厘米的两个车轮的机动车
	三轮摩托车	最高设计时速大于50千米/小时，或者发动机汽缸总排量大于50立方厘米，空车重量不大于400千克的三个车轮的机动车

表9-2(续)

应税车辆	具体范围	注释
电车	无轨电车	以电能为动力，由专用输电电缆线供电的轮式公共车辆
	有轨电车	以电能为动力，在轨道上行驶的公共车辆
挂车	挂车	无动力设备，独立承载，由牵引车辆牵引行驶的车辆
	半挂车	无动力设备，与牵引车辆共同承载，由牵引车辆牵引行驶的车辆
农用运输车	三轮农用运输车	柴油发动机，功率不大于7.4千瓦，载重量不大于500千克，最高车速不大于40千米/小时的三个车轮的机动车
	四轮农用运输车	柴油发动机，功率不大于28千瓦，载重量不大于1 500千克，最高车速不大于50千米/小时的四个车轮的机动车

（二）税率

车辆购置税采用10%的比例税率。

三、计税依据与应纳税额的计算

（一）计税依据

车辆购置税的计税依据为应税车辆的计税价格。计税价格根据不同情况，按照下列规定确定：

（1）纳税人购买自用的应税车辆的计税价格，为纳税人购买应税车辆而支付给销售者全部价款和价外费用，不包括增值税税款。

价外费用是指销售方价外向购买方收取的基金、集资费、违约金（延期付款利息）和手续费、包装费、储存费、优质费、运输装卸费、保管费以及其他各种性质的价外收费，但不包括销售方代办保险等而向购买方收取的保险费以及向购买方收取的代购买方缴纳的车辆购置税、车辆牌照费。

（2）纳税人进口自用的应税车辆的计税价格的计算公式为：

计税价格=关税完税价格+关税+消费税

（3）纳税人自产、受赠、获奖或以其他方式取得并自用的应税车辆的计税价格，由主管税务机关参照国家税务总局规定的最低计税价格核定。

最低计税价格是指国家税务总局依据机动车生产企业或经销商提供的车辆价格信息，参照市场平均交易价格核定的车辆购置税计税价格。

（4）纳税人购买自用或进口自用应税车辆，申报的计税价格低于同类型应税车辆的最低计税价格，又无正当理由的，计税价格为国家税务总局核定的最低计税价格。

（5）进口旧车、因不可抗力因素导致受损的车辆、库存超过3年的车辆、行驶8万千米以上的试验车辆、国家税务总局规定的其他车辆，计税价格为纳税人提供的有效价格证明注明的价格。纳税人无法提供车辆有效价格证明的，主管税务机关有权核定应税车辆的计税价格。

（6）免税条件消失的车辆，自初次办理纳税申报之日起，使用年限未满 10 年的，计税价格以免税车辆初次办理纳税申报时确定的计税价格为基准，每满 1 年扣减 10%；未满 1 年的，计税价格为免税车辆的原计税价格；使用年限 10 年（含）以上的，计税价格为 0。

（7）国家税务总局未核定最低计税价格的车辆，计税价格为纳税人提供的有效价格证明注明的价格。有效价格证明注明的价格明显偏低的，主管税务机关有权核定应税车辆的计税价格。

（二）应纳税额的计算

车辆购置税实行从价定率的方法计算应纳税额。计算公式如下：

应纳税额=计税依据×税率

进口应税车辆应纳税额=（关税完税价格+关税+消费税）×税率

四、税收优惠

车辆购置税的免税、减税，按照下列规定执行：

第一，外国驻华使馆、领事馆和国际组织驻华机构及其外交人员自用的车辆，免税。

第二，中国人民解放军和中国人民武装警察部队列入军队武器装备订货计划的车辆免税。

第三，设有固定装置的非运输车辆，免税。

第四，自 2016 年 1 月 1 日起至 2020 年 12 月 31 日止，对城市公交企业购置的公共汽电车免征车辆购置税。

第五，自 2017 年 1 月 1 日起至 12 月 31 日止，对购置 1.6 升及以下排量的乘用车减按 7.5%的税率征收车辆购置税。自 2018 年 1 月 1 日起，恢复按 10%的法定税率征收车辆购置税。

第六，自 2014 年 9 月 1 日至 2017 年 12 月 31 日，对购置的符合条件的纯电动汽车、插电式（含增程式）混合动力汽车、燃料电池汽车免征车辆购置税。

第七，有国务院规定予以免税或减税的其他情形的，按照规定免税或者减税。

五、征收管理

（一）纳税申报

车辆购置税实行一车一申报制度。

1. 纳税期限

（1）纳税人购买自用应税车辆的，应自购买之日起 60 日内申报纳税；进口自用应税车辆的，应自进口之日起 60 日内申报纳税；自产、受赠、获奖或以其他方式取得并自用应税车辆的，应自取得之日起 60 日内申报纳税。

（2）免税车辆因转让、改变用途等原因，其免税条件消失的，纳税人应在免税条件消失之日起 60 日内到主管税务机关重新申报纳税。免税车辆发生转让，但仍属于免税范围的，受让方应当自购买或取得车辆之日起 60 日内到主管税务机关重新申报免税。

2. 纳税申报提供资料

（1）纳税人办理纳税申报时应如实填写车辆购置税纳税申报表（以下简称纳税申报表），同时提供以下资料：

①纳税人身份证明。

②车辆价格证明。

③车辆合格证明。

④税务机关要求提供的其他资料。

（2）免税条件消失的车辆，纳税人在办理纳税申报时，应如实填写纳税申报表，同时提供以下资料：

①发生二手车交易行为的，提供纳税人身份证明、二手车销售统一发票和车辆购置税完税证明（以下简称完税证明）正本原件。

②未发生二手车交易行为的，提供纳税人身份证明、完税证明正本原件以及有效证明资料。

3. 退税申请

（1）退税申请条件。已缴纳车辆购置税的车辆，发生下列情形之一的，准予纳税人申请退税：

①车辆退回生产企业或经销商的。

②符合免税条件的设有固定装置的非运输车辆但已征税的。

③其他依据法律法规规定应予退税的情形。

（2）退税申请提供资料。纳税人申请退税时，应如实填写车辆购置税退税申请表（以下简称退税申请表），由本人、单位授权人员到主管税务机关办理退税手续，按下列情况分别提供资料：

①车辆退回生产企业或经销商的，提供生产企业或经销商开具的退车证明和退车发票。未办理车辆登记注册的，提供原完税凭证、完税证明正本和副本；已办理车辆登记注册的，提供原完税凭证、完税证明正本、公安机关车辆管理机构出具的机动车注销证明。

②符合免税条件的设有固定装置的非运输车辆但已征税的，未办理车辆登记注册的，提供原完税凭证、完税证明正本和副本；已办理车辆登记注册的，提供原完税凭证、完税证明正本。

③其他依据法律法规规定应予退税的情形，未办理车辆登记注册的，提供原完税凭证、完税证明正本和副本；已办理车辆登记注册的，提供原完税凭证、完税证明正本、公安机关车辆管理机构出具的机动车注销证明或税务机关要求的其他资料。

（3）退税额的计算。车辆退回生产企业或经销商的，纳税人申请退税时，主管税务机关自纳税人办理纳税申报之日起，按已缴纳税款每满 1 年扣减 10%计算退税额；未满 1 年的，按已缴纳税款全额退税。

其他退税情形，纳税人申请退税时，主管税务机关依据有关规定计算退税额。

4. 免（减）税手续

纳税人在办理车辆购置税免（减）税手续时，应如实填写纳税申报表和车辆购置税免（减）税申报表（以下简称免税申报表），除按规定提供资料外，还应根据不同情况，分别提供下列资料：

①外国驻华使馆、领事馆和国际组织驻华机构及其外交人员自用的车辆，分别提供机构证明和外交部门出具的身份证明。

②中国人民解放军和中国人民武装警察部队列入军队武器装备订货计划的车辆，提供订货计划的证明。

③设有固定装置的非运输车辆，提供车辆内、外观彩色 5 寸照片。

④其他车辆，提供国务院或国务院授权的主管部门的批准文件。

其中，设有固定装置的非运输车辆是指列入国家税务总局下发的设有固定装置非运输车辆免税图册（以下简称免税图册）的车辆。纳税人在办理设有固定装置的非运输车辆免税申报时，主管税务机关应当依据免税图册对车辆固定装置进行核实无误后，办理免税手续。

5. 完税凭证管理

（1）主管税务机关应对纳税申报资料进行审核，确定计税价格，征收税款，核发完税证明。主管税务机关要加强完税证明管理，不得交由税务机关以外的单位核发。主管税务机关在税款足额入库后发放完税证明。完税证明分正本和副本，按车核发，每车一证。正本由车主保管，副本用于办理车辆登记注册。

完税证明不得转借、涂改、买卖或伪造。

主管税务机关对已经办理纳税申报车辆的征管资料及电子信息按规定保存。税务机关积极推行与车辆登记管理部门共享车辆购置税完税情况电子信息。

（2）购买二手车时，购买者应当向原车主索要完税证明。

（3）完税证明发生损毁丢失的，车主在补办完税证明时，填写车辆购置税完税证明补办表（以下简称补办表），分别按照以下情形予以补办：

①车辆登记注册前完税证明发生损毁丢失的，主管税务机关应依据纳税人提供的车辆购置税完税凭证联次或主管税务机关车辆购置税完税凭证留存联次或其电子信息、车辆合格证明补办。

②车辆登记注册后完税证明发生损毁丢失的，主管税务机关应依据车主提供的机动车行驶证或机动车登记证书，核发完税证明正本（副本留存）。

（4）完税证明内容与原申报资料不一致时，纳税人可以到发证税务机关办理完税证明的更正。

主管税务机关应加强税源管理，发现纳税人不按规定进行纳税申报，造成不缴或少缴应纳税款的，按《中华人民共和国税收征收管理法》有关规定处理。

（二）纳税环节

纳税人应当在向公安机关车辆管理机构办理车辆登记注册前，缴纳车辆购置税。

纳税人应当持主管税务机关出具的完税证明或免税证明，向公安机关车辆管理机构办理车辆登记注册手续；没有完税证明或免税证明的，公安机关车辆管理机构不得办理车辆登记注册手续。

税务机关应当及时向公安机关车辆管理机构通报纳税人缴纳车辆购置税的情况。公安机关车辆管理机构应当定期向税务机关通报车辆登记注册的情况。

税务机关发现纳税人未按照规定缴纳车辆购置税的，有权责令其补缴；纳税人拒绝缴纳的，税务机关可以通知公安机关车辆管理机构暂扣纳税人的车辆牌照。

免税、减税车辆因转让、改变用途等原因不再属于免税、减税范围的，应当在办理车辆过户手续前或办理变更车辆登记注册手续前缴纳车辆购置税。

（三）纳税地点

纳税人应到下列地点办理车辆购置税纳税申报：

（1）需要办理车辆登记注册手续的纳税人，向车辆登记注册地的主管税务机关办理纳税申报。

（2）不需要办理车辆登记注册手续的纳税人，向纳税人所在地的主管税务机关办理纳税申报。

第四节　耕地占用税

耕地占用税是为了合理利用土地资源，加强土地管理，保护耕地，对占用耕地建房或从事非农业建设的单位或个人，征收的一种税。

耕地占用税的法律规范是 2007 年 12 月 1 日国务院令第 511 号发布的《中华人民共和国耕地占用税暂行条例》（以下简称《耕地占用税暂行条例》）和 2008 年 2 月 26 日财政部、国家税务总局令第 49 号发布的《中华人民共和国耕地占用税暂行条例实施细则》（以下简称《耕地占用税暂行条例实施细则》）。

一、征税范围与纳税人

（一）征税范围

耕地占用税的征税范围包括纳税人为建房或从事其他非农业建设而占用的国家所有和集体所有的耕地。

耕地是指用于种植农作物的土地，包括菜地、园地。其中，园地包括花圃、苗圃、茶园、果园、桑园和其他种植经济林木的土地。

占用鱼塘及其他农用土地建房或从事其他非农业建设，也视同占用耕地，必须依法征收耕地占用税。占用已开发从事种植、养殖的滩涂、草场、水面和林地等从事非农业建设，由省、自治区、直辖市本着有利于保护土地资源和生态平衡的原则，结合具体情况确定是否征收耕地占用税。

占用林地、牧草地、农田水利用地、养殖水面以及渔业水域滩涂等其他农用地建房或从事非农业建设的，征收耕地占用税。

用于农业生产并已由相关行政主管部门发放使用权证的草地以及用于种植芦苇并定期进行人工养护管理的苇田，属于耕地占用税的征税范围。

（二）纳税人

耕地占用税的纳税人为在我国境内占用耕地建房或从事非农业建设的单位或个人。

单位包括国有企业、集体企业、私营企业、股份制企业、外商投资企业、外国企业以及其他企业和事业单位、社会团体、国家机关、部队以及其他单位；个人包括个体工商户和其他个人。

二、税率、计税依据与应纳税额的计算

（一）税率

耕地占用税实行定额税率。耕地占用税根据不同地区的人均耕地面积和经济发展情况实行有地区差别的幅度税额标准。税率标准如下：

（1）人均耕地不超过 1 亩的地区（以县级行政区域为单位，下同），每平方米为 10~50元。

（2）人均耕地超过 1 亩但不超过 2 亩的地区，每平方米为 8~40 元。

（3）人均耕地超过 2 亩但不超过 3 亩的地区，每平方米为 6~30 元。

（4）人均耕地超过 3 亩的地区，每平方米为 5~25 元。

国务院财政、税务主管部门根据人均耕地面积和经济发展情况确定各省、自治区、直辖市的税率。

各地适用税率，由省、自治区、直辖市人民政府在规定的税额幅度内，根据本地区情况核定。各省、自治区、直辖市人民政府核定的适用税率的平均水平，不得低于国务院财政、税务主管部门确定的平均税率。

经济特区、经济技术开发区和经济发达且人均耕地特别少的地区，适用税率可以适当提高，但是提高的部分最高不得超过国务院财政、税务主管部门确定的当地适用税率的 50%。

占用基本农田的，适用税率应当在国务院财政、税务主管部门规定的当地适用税率的基础上提高 50%。

（二）计税依据

耕地占用税以纳税人实际占用的耕地面积为计税依据，按照适用税额标准计算应纳税额，一次性缴纳。

纳税人实际占用耕地面积的核定以农用地转用审批文件为主要依据，必要时应当实地勘测。

（三）应纳税额的计算

耕地占用税应纳税额的计算公式为：

应纳税额=实际占用耕地面积（平方米）×适用税率

三、税收优惠

（一）免征耕地占用税的项目

（1）军事设施，包括地上、地下的军事指挥、作战工程；军用机场、港口、码头；训练场、试验场；军用洞库、仓库；军用通信、侦察、导航、观测台站和测量、导航、助航标志；军用公路、铁路专用线，军用通信、输电线路，军用输油、输水管道；其他直接用于军事用途的设施。

（2）学校，包括县级以上人民政府教育行政部门批准成立的大学、中学、小学、学历性职业教育学校和特殊教育学校。学校内经营性场所和教职工住房占用耕地的，按照当地适用税率缴纳耕地占用税。

（3）幼儿园，包括在县级以上人民政府教育行政部门登记或备案的幼儿园用于幼儿保育、教育的场所。

（4）养老院，包括经批准设立的养老院为老年人提供生活照顾的场所。

（5）医院，包括县级以上人民政府卫生行政单位部门批准设立的医院用于提供医疗服务的场所及其配套设施。医院内职工住房占用耕地的，按照当地适用税率缴纳耕地占用税。

（二）减征耕地占用税的项目

下列项目占用耕地，可以减按每平方米 2 元的税额标准征收耕地占用税。根据实际需要，国务院财政、税务主管部门商国务院有关部门并报国务院批准后，可以免征或减征耕地占用税。

（1）铁路线路，包括铁路路基、桥梁、涵洞、隧道及其按照规定两侧留地。专用铁路和铁路专用线占用耕地的，按照当地适用税率缴纳耕地占用税。

（2）公路线路，包括经批准建设的国道、省道、县道、乡道和属于农村公路的村道的主体工程以及两侧边沟、截水沟。专用公路和城区内机动车道占用耕地的，按照当地适用税率缴纳耕地占用税。

（3）飞机场跑道、停机坪，包括经批准建设的民用机场专门用于民用航空器起降、滑行和停放的场所。

（4）港口，包括经批准建设的港口供船舶进出、停靠和旅客上下、货物装卸的场所。

（5）航道，包括在江、河、湖泊、港湾等水域供船舶安全航行的通道。

（三）减半征收耕地占用税的项目

农村居民经批准在户口所在地按照规定标准占用耕地，建设自用住宅，可以按照当地的适用税额标准减半征收耕地占用税。

（四）其他优惠

农村烈士家属、残疾军人、鳏寡孤独和革命老根据地、少数民族聚居区、边远贫困山区生活困难的农村居民，在规定用地标准以内新建住宅缴纳耕地占用税确有困难的，经所在地乡（镇）人民政府审核，报经县级人民政府批准以后，可以免征、减征耕地占用税。

按规定免征或减征耕地占用税后，纳税人改变原占地用途，不再属于免征或减地占用税情形的，应补缴耕地占用税。

四、征收管理

（一）纳税义务发生时间

经批准占用耕地的，耕地占用税纳税义务发生时间为纳税人收到土地管理部门办理占用农用地手续通知的当天。

未经批准占用耕地的，耕地占用税纳税义务发生时间为纳税人实际占用耕地的当天。

（二）纳税地点和征收机构

纳税人占用耕地或其他农用地，应当在耕地或其他农用地所在地申报纳税。

耕地占用税由地方税务机关负责征收。土地管理部门在通知单位或个人办理占用耕地手续时，应当同时通知耕地所在地同级地方税务机关。获准占用耕地的单位或个人应当在收到土地管理部门的通知之日起 30 日内缴纳耕地占用税。土地管理部门凭耕地占用税完税凭证或免税凭证和其他有关文件发放建设用地批准书。

纳税人临时占用耕地，应当缴纳耕地占用税。纳税人在批准临时占用耕地的期限内恢复所占用耕地原状的，全额退还已经缴纳的耕地占用税。

第五节　船舶吨税

现行船舶吨税的规范是 2011 年 11 月 23 日国务院第 182 次常务会议通过并公布的《中华人民共和国船舶吨税暂行条例》，自 2012 年 1 月 1 日起施行。

一、征税范围和税率

（一）征税范围

自中华人民共和国境外港口进入境内港口的船舶（以下简称应税船舶），应当缴纳船舶吨税（以下简称吨税）。吨税的税目、税率依照吨税税目税率表执行。

（二）税率

吨税设置优惠税率和普通税率。中华人民共和国国籍的应税船舶，船籍国（地区）与中华人民共和国签订含有相互给予船舶税费最惠国待遇条款的条约或协定的应税船舶，适用优惠税率。其他应税船舶，适用普通税率。吨税税目税率表（见表9-3）的调整，由国务院决定。

表 9-3　　吨税税目税率表

税目 （按船舶净吨位划分）	税率（元/净吨）						备注
	普通税率 （按执照期限划分）			优惠税率 （按执照期限划分）			
	1 年	90 日	30 日	1 年	90 日	30 日	
不超过 2 000 净吨	12.6	4.2	2.1	9.0	3.0	1.5	拖船和非机动驳船分别按相同净吨位船舶税率的 50% 计征税款
超过 2 000 净吨，但不超过 10 000 净吨	24.0	8.0	4.0	17.4	5.8	2.9	
超过 10 000 净吨，但不超过 50 000 净吨	27.6	9.2	4.6	19.8	6.6	3.3	
超过 50 000 净吨	31.8	10.6	5.3	22.8	7.6	3.8	

注：拖船是指专门用于拖（推）动运输船舶的专业作业船舶，拖船按照发动机功率每千瓦折合净吨位 0.67 吨；非机动船舶是指在船舶管理部门登记为驳船的非机动船舶。

二、应纳税额的计算

吨税按照船舶净吨位和吨税执照期限征收，应纳税额按照船舶净吨位乘以适用税率计算。净吨位是指由船籍国（地区）政府授权签发的船舶吨位证明书上标明的净吨位。计算公式为：

应纳税额＝船舶净吨位×定额税率

应税船舶在进入港口办理入境手续时，应当向海关申报纳税领取吨税执照，或者交验吨税执照。应税船舶负责人在每次申报纳税时，可以按照吨税税目税率表选择申领一种期限的吨税执照。应税船舶负责人缴纳吨税或提供担保后，海关按照其申领的执照期限填发吨税执照。

应税船舶负责人申领吨税执照时，应当向海关提供下列文件：

第一，船舶国籍证书或海事部门签发的船舶国籍证书收存证明。

第二，船舶吨位证明。

应税船舶在吨税执照期限内，因税目税率调整或船籍改变而导致适用税率变化的，吨税执照继续有效。应税船舶在离开港口办理出境手续时，应当交验吨税执照。

三、税收优惠

（一）直接优惠

下列船舶免征吨税：

（1）应纳税额在人民币50元以下的船舶。

（2）自境外以购买、受赠、继承等方式取得船舶所有权的初次进口到港的空载船舶。

（3）吨税执照期满后24小时内不上下客货的船舶。

（4）非机动船舶（不包括非机动驳船），即自身没有动力装置，依靠外力驱动的船舶。

（5）捕捞、养殖渔船，即在中华人民共和国渔业船舶管理部门登记为捕捞船或养殖船的船舶。

（6）避难、防疫隔离、修理、终止运营或拆解，并不上下客货的船舶。

（7）军队、武装警察部队专用或征用的船舶。

（8）依照法律规定应当予以免税的外国驻华使领馆、国际组织驻华代表机构及其有关人员的船舶。

（9）国务院规定的其他船舶。

上述（5）~（8）项优惠，应当提供海事部门、渔业船舶管理部门或卫生检疫部门等部门、机构出具的具有法律效力的证明文件或使用关系证明文件，申明免税理由。

（二）延期优惠

在吨税执照期限内，应税船舶发生下列情形之一的，海关按照实际发生的天数批注延长吨税执照期限：

（1）避难、防疫隔离、修理，并不上下客货。

（2）军队、武装警察部队征用。

（3）应税船舶因不可抗力在未设立海关地点停泊的，船舶负责人应当立即向附近海关报告，并在不可抗力原因消除后，向海关申报纳税。

上述船舶，应当提供海事部门、渔业船舶管理部门或卫生检疫部门等部门、机构出具的具有法律效力的证明文件或使用关系证明文件，申明延长吨税执照期限的依据和理由。

四、征收管理

第一，吨税由海关负责征收。海关征收吨税应当制发缴款凭证。

第二，吨税纳税义务发生时间为应税船舶进入港口的当日。

第三，应税船舶在吨税执照期满后尚未离开港口的，应当申领新的吨税执照，自上一次执照期满的次日起续缴吨税。

第四，应税船舶负责人应当自海关填发吨税缴款凭证之日起15日内向指定银行缴清税款。未按期缴清税款的，自滞纳税款之日起，按日加收滞纳税款0.5‰的滞纳金。

第五，应税船舶到达港口前，经海关核准先行申报并办结出入境手续的，应税船的负责人应当向海关提供与其依法履行吨税缴纳义务相适应的担保；应税船舶到达港口后，向海关申报纳税。

下列财产、权利可以用于担保：

（1）人民币、可自由兑换货币。

（2）汇票、本票、支票、债券、存单。

（3）银行、非银行金融机构的保函。

（4）海关依法认可的其他财产、权利。

第六，应税船舶在吨税执照期限内，因修理导致净吨位变化的，吨税执照继续有效。应税船舶办理出入境手续时，应当提供船舶经过修理的证明文件。

因船籍改变而导致适用税率变化的，应税船舶在办理出入境手续时，应当提供船籍改变的证明文件。

第七，吨税执照在期满前毁损或遗失的，应当向原发照海关书面申请核发吨税执照副本，不再补税。

第八，海关发现少征或漏征税款的，应当自应税船舶应当缴纳税款之日起 1 年内，补征税款。但因应税船舶违反规定造成少征或漏征税款的，海关可以自应当缴纳税款之日起 3 年内追征税款，并自应当缴纳税款之日起按日加征少征或漏征税款 0.5‰的滞纳金。

海关发现多征税款的，应当立即通知应税船舶办理退还手续，并加算银行同期活期存款利息。

应税船舶发现多缴税款的，可以自缴纳税款之日起 1 年内以书面形式要求海关退还多缴的税款并加算银行同期活期存款利息；海关应当自受理退税申请之日起 30 日内查实并通知应税船舶办理退还手续。

应税船舶应当自收到退税通知之日起 3 个月内办理有关退还手续。

第九，应税船舶有下列行为之一的，由海关责令限期改正，处 2 000 元以上 3 万元以下罚款；不缴或少缴应纳税款的，处不缴或少缴税款 50%以上 5 倍以下的罚款，但罚款不得低于 2 000 元。

（1）未按照规定申报纳税、领取吨税执照的。

（2）未按照规定交验吨税执照及其他证明文件的。

第十，吨税税款、滞纳金、罚款以人民币计算。

第六节 烟叶税

烟叶税是向收购烟叶的单位征收的一种税。烟叶税的法律规范是 2006 年 4 月 28 日国务院令第 464 号发布的《中华人民共和国烟叶税暂行条例》和财政部、国家税务总局于

2006 年 5 月 18 日印发的《关于烟叶税若干具体问题的规定》。

一、征税范围与纳税人

（一）征税范围

烟叶税的征税范围包括晾晒烟叶、烤烟叶。

晾晒烟叶包括列入名晾晒烟名录的晾晒烟叶和未列入名晾晒烟名录的其他晾晒烟叶。

（二）纳税人

烟叶税的纳税人为在中华人民共和国境内收购烟叶的单位。因为我国实行烟草专卖制度，因此烟叶税的纳税人具有特定性，一般是有权收购烟叶的烟草公司或受其委托收购烟叶的单位。

二、税率、计税依据与应纳税额的计算

（一）税率

烟叶税实行比例税率，税率为 20%。

（二）计税依据

烟叶税的计税依据是纳税人收购烟叶的收购金额，具体包括纳税人支付给烟叶销售者的烟叶收购价款和价外补贴。价外补贴统一暂按烟叶收购价款的 10%计入收购金额。

收购金额的计算公式为：

收购金额=收购价款×(1+10%)

（三）应纳税额的计算

烟叶税应纳税额的计算公式为：

应纳税额=烟叶收购金额×税率=烟叶收购价款×(1+10%)×税率

三、征收管理

烟叶税的纳税义务发生时间为纳税人收购烟叶的当天，具体指纳税人向烟叶销售者付讫收购烟叶款项或开具收购烟叶凭证的当天。烟叶税在烟叶收购环节征收。纳税人收购烟叶即发生纳税义务。

纳税人应当自纳税义务发生之日起 30 日内申报纳税。具体纳税期限由主管税务机关核定。

对依照《中华人民共和国烟草专卖法》查处没收的违法收购的烟叶，由收购罚没烟叶的单位按照购买金额计算缴纳烟叶税。应纳税额以人民币计算。

烟叶税由地方税务机关征收。纳税人收购烟叶，应当向烟叶收购地的主管税务机关（指县级税务局或其所指定的税务分局、所）申报纳税。

本章练习题

一、单项选择题

1. 下列各项中，属于城市维护建设税计税依据的是（　　）。

A. 实际缴纳的增值税　　B. 实际缴纳的所得税

C. 实际缴纳的土地增值税　　D. 实际缴纳的房产税

2. 2018 年 7 月，甲公司向税务机关实际缴纳增值税 70 000 元、消费税 50 000 元；向海关缴纳进口环节增值税 40 000 元、消费税 30 000 元。已知城市维护建设税适用税率为 7%，计算甲公司当月应缴纳城市维护建设税税额的下列算式中，正确的是（　　）。

A.（70 000+50 000+40 000+30 000）×7%＝13 300 元

B.（70 000+40 000）×7%＝7 700 元

C.（50 000+30 000）×7%＝5 600 元

D.（70 000+50 000）×7%＝8 400 元

3. 下列对于城市维护建设税的减免税规定，表述不正确的有（　　）。

A. 城建税属于增值税、消费税的一种附加税，原则上不单独规定税收减免条款

B. 对出口产品退还增值税、消费税的，一并退还已缴纳的城市维护建设税

C. 海关对进口产品代征的增值税、消费税，不征收城市维护建设税

D. 对增值税、消费税实行先征后返、先征后退、即征即退办法的，除另有规定外，对随增值税、消费税附征的城市维护建设税，一律不予退（返）还

4. 下列关于教育费附加的表述中，正确的是（　　）。

A. 教育费附加征收比率按照地区差别设定

B. 海关进口的产品征收增值税、消费税，但不征收教育费附加

C. 出口产品退还增值税、消费税的，同时退还已征收的教育费附加

D. 外商投资企业和外国企业不缴纳教育费附加

5. 某县城一企业 2018 年 5 月被查补的增值税为 70 000 元、所得税为 50 000 元，被加收滞纳金 1 000 元，被处罚款 6 000 元。该企业应补缴的城市维护建设税和教育费附加是（　　）元。（县城的城市维护建设税税率是 5%，教育费附加征收率为 3%）

A. 6 160　　B. 5 600

C. 8 000　　D. 10 000

6. 纳税人排放应税大气污染物或水污染物的浓度值低于国家和地方规定的污染物排放标准 30%的，减按（　　）征收环境保护税。

A. 30%　　B. 50%

C. 70%　　D. 75%

7. 某外贸进出口公司 2017 年 12 月进口 1 辆小汽车自用，关税完税价格 60 万元。已知关税税率为 20%，消费税税率为 25%。该公司应缴纳的车辆购置税为（　　）万元。（车辆购置税的税率为 10%）

A. 7.2　　B. 7.6

C. 8.4　　D. 9.6

8. 下列各项中，属于免征耕地占用税范围的是（　　）。

A. 飞机场跑道占用耕地　　B. 医院占用耕地

C. 铁路线路占用耕地　　D. 军事生产企业占用耕地

9. 下列各项中，减按 2 元/平方米征收耕地占用税的是（　　）。

A. 纳税人临时占用耕地　　B. 学校占用耕地建设校舍

C. 农村居民占用耕地新建住宅　　D. 公路线路占用耕地

10. 某烟草公司收购一批烟叶，支付给烟叶销售者的烟叶收购价款为 10 万元。该烟草公司应缴纳的烟叶税为（　　）万元。（烟叶税税率为 20%）

A. 10×10%＝1　　B. 10×(1+10%)＝1.1

C. 10×20%＝2　　D. 10×(1+10%)×20%＝2.2

二、多项选择题

1. 下列情形中，属于环境保护税征税范围的有（　　）。

A. 企业、事业单位和其他生产经营者向依法设立的污水集中处理、生活垃圾集中处理场所排放应税污染物的

B. 企业、事业单位和其他生产经营者在符合国家规定和地方环境保护标准的设施、场所贮存或处置固体废物的

C. 依法设立的城乡污水集中处理、生活垃圾集中处理场所超过国家和地方规定的排放标准向环境排放应税污染物的

D. 企业事业单位和其他生产经营者贮存或处置固体废物不符合国家和地方环境保护标准的

2. 下列各项中，属于车辆购置税纳税人的有（　　）。

A. 购买农用运输车后自用的个体工商户

B. 进口小汽车并自用的单位

C. 自产自用小汽车的汽车生产企业

D. 获奖取得摩托车后自用的个人

3. 下列关于车辆购置税的表述中，正确的有（　　）。

A. 购置已征车辆购置税的车辆，不再征收车辆购置税

B. 车辆购置税按年征收

C. 纳税人应当在向公安机关车辆管理机构办理车辆登记注册前缴纳车辆购置税

D. 纳税人购置应税车辆，应当向车辆登记注册地的主管税务机关申报纳税

4. 根据耕地占用税有关规定，下列各项中属于耕地的有（　　）。

A. 果园　　B. 花圃

C. 茶园　　D. 菜地

5. 根据烟叶税法律制度的规定，下列选项中属于烟叶税的纳税人的有（　　）。

A. 种植烟叶的农民　　B. 收购烟叶的烟草公司

C. 接受烟草公司委托收购烟叶的单位　　D. 抽烟的“烟民”

三、判断题

1. 进口应税货物征收增值税、消费税，但不征收城市维护建设税；出口货物按规定退还增值税、消费税，但不退还已缴纳的城市维护建设税。（　　）

2. 纳税人按季申报缴纳环境保护税的，应当自季度终了之日起 10 日内，向税务机关办理纳税申报并缴纳税款。（　　）

3. 环境保护税应当按次申报缴纳，也可以按月计算，按季申报缴纳。（　　）

4. 纳税人自产、受赠、获奖或以其他方式取得并自用的应税车辆的计税价格，由主管税务机关参照

市场价格核定。（　　）

5. 车辆购置税实行一次征收制度，税款应当一次缴清。（　　）

6. 经济特区、经济技术开发区和经济发达且人均耕地特别少的地区，耕地占用税的适用税率提高50%。（　　）

7. 纳税人在批准临时占用耕地的期限内恢复所占用耕地原状的，全额退还已经缴纳的耕地占用税。（　　）

8. 烟叶税的计税依据是纳税人收购烟叶的收购价款。（　　）

第十章　税收征收管理法律制度

（本章思维导图）

学习目标

1. 能够说明各种税务登记的条件并列举所需准备的资料
2. 能够描述发票开具与使用的要点
3. 能够灵活应用纳税申报的方式
4. 能够计算税收滞纳金
5. 能够判断各种行为是否要追究法律责任及其种类

第一节　税务管理

一、税务管理的概念

税务管理是指税收征收管理机关为了贯彻执行国家税收法律制度，加强税收工作，协调征税关系而对纳税人和扣缴义务人实施的基础性的管理制度和管理行为。税务管理是税收征收管理的重要内容，是税款征收的前提和基础。税务管理主要包括税务登记管理、账簿和凭证管理、发票管理、纳税申报管理等。

我国现行税收征收管理法律体系的核心是 1992 年 9 月 4 日第七届全国人民代表大会常务委员会第二十七次会议通过，现已历经一次修订、三次修正的《中华人民共和国税收征收管理法》(以下简称《税收征管法》)。《税收征管法》是新中国成立后第一部税收程序法，也是我国税收征管的基本法。制定《税收征管法》是为了加强税收征收管理，规范税收征收和缴纳行为，保障国家税收收入，保护纳税人的合法权益，促经济和社会发展。

此外，我国税收征收管理法律制度还有国务院发布的《中华人民共和国税收征收管理法实施细则》，财政部发布的《中华人民共和国发票管理办法》，国家税务总局发布的《税务登记管理办法》《中华人民共和国发票管理办法实施细则》等。在全国范围内推行营业税改征增值税试点后，国家税务总局又发布了《关于全面推开营业税改征增值税试点有关税收征收管理事项的公告》《关于启用增值税普通发票（卷票）有关事项的公告》和《关于增值税发票开具有关问题的公告》等。这些构成我国税收征收管理法律制度的主要内容。

二、税务登记

税务登记是税务机关对纳税人的基本情况及生产经营项目进行登记并据此对纳税人实施税务管理的一种法定制度。税务登记又称纳税登记，是税务机关对纳税人实施税收管理的首要环节和基础工作，是征纳双方法律关系成立的依据和证明，也是纳税人必须依法履行的义务。税务登记的作用在于掌握纳税人的基本情况和税源分布情况。从税务登记开始，纳税人的身份及征纳双方的法律关系即得到确认。

为提升政府行政服务效率，降低市场主体创设的制度性交易成本，激发市场活力和社会创新力，自 2015 年 10 月 1 日起，登记制度改革在全国推行。随着国务院简政放权、放管结合、优化服务的“放管服”改革不断深化，登记制度改革从“三证合一”推进为“五证合一”，又进一步推进为“多证合一、一照一码”，即在全面实施企业、农民专业合作社工商营业执照、组织机构代码证、税务登记证、社会保险登记证、统计登记证“五证合一、一照一码”登记制度改革和个体工商户工商营业执照、税务登记证“两证整合”的基础上，将涉及企业、个体工商户和农民专业合作社（以下统称企业）登记、备案等有关事项和各类证照进一步整合到营业执照上，实现“多证合一、一照一码”。改革使“一照一码”营业执照成为企业唯一的“身份证”，使统一社会信用代码成为企业唯一身份代码，实现企业“一照一码”走天下。

（一）税务登记申请人

企业，企业在外地设立的分支机构和从事生产、经营的场所，个体工商户和从事生产、经营的事业单位，都应办理税务登记（统称从事生产、经营的纳税人）。

前述规定以外的纳税人，除国家机关、个人和无固定生产经营场所的流动性农村小商贩外，也应办理税务登记（统称非从事生产经营但依照规定负有纳税义务的单位和个人）。

根据税收法律、行政法规的规定，负有扣缴税款义务的扣缴义务人（国家机关除外），应办理扣缴税款登记。

（二）税务登记主管机关

县以上（含本级，下同）税务局（分局）是税务登记的主管税务机关，负责税务登记的设立登记、变更登记、注销登记和税务登记证验证、换证以及非正常户处理、报验登记等有关事项。

县以上税务局（分局）按照国务院规定的税收征收管理范围，实施属地管理。有条件的城市，可以按照“各区分散受理、全市集中处理”的原则办理税务登记。

（三）税务登记证件

税务登记证件包括税务登记证及其副本、临时税务登记证及其副本。

扣缴税款登记证件包括扣缴税款登记证及其副本。

税务登记证件的主要内容包括纳税人名称、税务登记代码、法定代表人或负责人、生产经营地址、登记类型、核算方式、生产经营范围（主营、兼营）、发证日期、证件有效期等。

纳税人办理开立银行账户和领购发票时，必须提供税务登记证件。纳税人办理其他税务事项时，应当出示税务登记证件，经税务机关核准相关信息后办理手续。

税务机关应当加强税务登记证件的管理，采取实地调查、上门验证等方法进行税务登记证件的管理。

税务登记证式样改变，需要统一换发税务登记证的，由国家税务总局确定。

纳税人、扣缴义务人遗失税务登记证件的，应当自遗失税务登记证件之日起 15 日内，书面报告主管税务机关，如实填写税务登记证件遗失报告表，并将纳税人的名称、税务登记证件名称、税务登记证件号码、税务登记证件有效期、发证机关名称在税务机关认可的报刊上做遗失声明，凭报刊上刊登的遗失声明到主管税务机关补办税务登记证件。

（四）纳税人识别号

税务局（分局）执行统一纳税人识别号。纳税人识别号由省、自治区、直辖市和计划单列市税务局按照纳税人识别号代码行业标准联合编制，统一下发各地执行。

已领取组织机构代码的纳税人，其纳税人识别号共 15 位，由纳税人登记所在地 6 位行政区划码+9 位组织机构代码组成。以业主身份证件为有效身份证明的组织，即未取得组织机构代码证书的个体工商户以及持回乡证、通行证、护照办理税务登记的纳税人，其纳税人识别号由身份证件号码+2 位顺序码组成。

纳税人识别号具有唯一性。

（五）设立登记

1. 纳税人分类登记

（1）企业，企业在外地设立的分支机构和从事生产、经营的场所，个体工商户和从事生产、经营的事业单位（以下统称从事生产、经营的纳税人），向生产、经营所在地税务机关申报办理税务登记。

①从事生产、经营的纳税人领取工商营业执照的，应当自领取工商营业执照之日起 30 日内申报办理税务登记，税务机关发放税务登记证及副本。

②从事生产、经营的纳税人未办理工商营业执照但经有关部门批准设立的，应当自有关部门批准设立之日起 30 日内申报办理税务登记，税务机关发放税务登记证及副本。

③从事生产、经营的纳税人未办理工商营业执照也未经有关部门批准设立的，应当自纳税义务发生之日起 30 日内申报办理税务登记，税务机关发放临时税务登记证及副本。

④有独立的生产经营权、在财务上独立核算并定期向发包人或出租人上交承包费或租金的承包承租人，应当自承包承租合同签订之日起 30 日内，向其承包承租业务发生地税务机关申报办理税务登记，税务机关发放临时税务登记证及副本。

⑤境外企业在中国境内承包建筑、安装、装配、勘探工程和提供劳务的，应当自项目合同或协议签订之日起 30 日内，向项目所在地税务机关申报办理税务登记，税务机关发放临时税务登记证及副本。

（2）前述规定以外的其他纳税人，除国家机关、个人和无固定生产、经营场所的流动性农村小商贩外，均应当自纳税义务发生之日起30日内，向纳税义务发生地税务机关申报办理税务登记，税务机关发放税务登记证及副本。

税务机关对纳税人税务登记地点发生争议的，由其共同的上级税务机关指定管辖。

（3）已办理税务登记的扣缴义务人应当自扣缴义务发生之日起30日内，向税务登记地税务机关申报办理扣缴税款登记。税务机关在其税务登记证件上登记扣缴税款事项，税务机关不再发放扣缴税款登记证件。

（4）根据税收法律、行政法规的规定可不办理税务登记的扣缴义务人，应当自扣缴义务发生之日起30日内，向机构所在地税务机关申报办理扣缴税款登记。税务机关发放扣缴税款登记证件。

2. 登记准备资料

（1）纳税人在申报办理税务登记时，应当根据不同情况向税务机关如实提供以下证件和资料：

①工商营业执照或其他核准执业证件。

②有关合同、章程、协议书。

③组织机构统一代码证书。

④法定代表人或负责人或业主的居民身份证、护照或其他合法证件。

其他需要提供的有关证件、资料，由省、自治区、直辖市税务机关确定。

（2）纳税人在申报办理税务登记时，应当如实填写税务登记表。税务登记表的主要内容包括：

①单位名称、法定代表人或业主姓名及其居民身份证、护照或其他合法证件的号码。

②住所、经营地点。

③登记类型。

④核算方式。

⑤生产经营方式。

⑥生产经营范围。

⑦注册资金（资本）、投资总额。

⑧生产经营期限。

⑨财务负责人、联系电话。

⑩国家税务总局确定的其他有关事项。

（3）纳税人提交的证件和资料齐全且税务登记表的填写内容符合规定的，税务机关应当日办理并发放税务登记证件。纳税人提交的证件和资料不齐全或税务登记表的填写内容不符合规定的，税务机关应当场通知其补正或重新填报。

（六）变更登记

1. 变更登记条件

纳税人税务登记内容发生变化的，应当向原税务登记机关申报办理变更税务登记。

2. 登记准备资料

（1）纳税人已在工商行政管理机关办理变更登记的，应当自工商行政管理机关变更登记之日起30日内，向原税务登记机关如实提供下列证件、资料，申报办理变更税务登记。

①工商登记变更表及工商营业执照。

②纳税人变更登记内容的有关证明文件。

③税务机关发放的原税务登记证件（登记证正本、副本和登记表等）。

④其他有关资料。

（2）纳税人按照规定不需要在工商行政管理机关办理变更登记，或者其变更登记的内容与工商登记内容无关的，应当自税务登记内容实际发生变化之日起30日内，或者自有关机关批准或宣布变更之日起30日内，持下列证件到原税务登记机关申报办理变更税务登记。

①纳税人变更登记内容的有关证明文件。

②税务机关发放的原税务登记证件（登记证正本、副本和税务登记表等）。

③其他有关资料。

（3）纳税人提交的有关变更登记的证件、资料齐全的，应如实填写税务登记变更表，符合规定的，税务机关应当日办理；不符合规定的，税务机关应通知其补正。

3. 登记工作要求

登记税务机关应当于受理当日办理变更税务登记。纳税人税务登记表和税务登记证中的内容都发生变更的，税务机关按变更后的内容重新发放税务登记证件；纳税人税务登记表的内容发生变更而税务登记证中的内容未发生变更的，税务机关不重新发放税务登记证件。

（七）停业、复业登记

1. 停业、复业登记条件

实行定期定额征收方式的个体工商户需要停业的，应当在停业前向税务机关申报办理停业登记。纳税人的停业期限不得超过一年。

2. 登记准备资料

纳税人在申报办理停业登记时，应如实填写停业复业报告书，说明停业理由、停业期限、停业前的纳税情况和发票的领、用、存情况，并结清应纳税款、滞纳金、罚款。税务机关应收存其税务登记证件及副本、发票领购簿、未使用完的发票和其他税务证件。

3. 登记注意事项

纳税人在停业期间发生纳税义务的，应当按照税收法律、行政法规的规定申报缴纳税款。

纳税人应当于恢复生产经营之前，向税务机关申报办理复业登记，如实填写停业复业报告书，领回并启用税务登记证件、发票领购簿及其停业前领购的发票。

纳税人停业期满不能及时恢复生产经营的，应当在停业期满前到税务机关办理延长停业登记，并如实填写停业复业报告书。

（八）注销登记

1. 注销登记条件

（1）纳税人发生解散、破产、撤销以及其他情形，依法终止纳税义务的，应当在向工商行政管理机关或其他机关办理注销登记前，持有关证件和资料向原税务登记机关申报办理注销税务登记；按规定不需要在工商行政管理机关或其他机关办理注册登记的，应当自有关机关批准或宣告终止之日起 15 日内，持有关证件和资料向原税务登记机关申报办理注销税务登记。

（2）纳税人被工商行政管理机关吊销营业执照或被其他机关予以撤销登记的，应当自营业执照被吊销或被撤销登记之日起 15 日内，向原税务登记机关申报办理注销税务登记。

（3）纳税人因住所、经营地点变动，涉及改变税务登记机关的，应当在向工商行政管理机关或其他机关申请办理变更、注销登记前，或者住所、经营地点变动前，持有关证件和资料，向原税务登记机关申报办理注销税务登记，并自注销税务登记之日起 30 日内向迁达地税务机关申报办理税务登记。

（4）境外企业在中国境内承包建筑、安装、装配、勘探工程和提供劳务的，应当在项目完工、离开中国前 15 日内，持有关证件和资料，向原税务登记机关申报办理注销税务登记。

2. 登记注意事项

纳税人办理注销税务登记前，应当向税务机关提交相关证明文件和资料，结清应纳税款、多退（免）税款、滞纳金和罚款，缴销发票、税务登记证件和其他税务证件，经税务机关核准后，办理注销税务登记手续。

（九）外出经营报验登记

纳税人到外县（市）临时从事生产经营活动的，应当在外出生产经营以前，持税务登记证到主管税务机关开具外出经营活动税收管理证明（以下简称外管证）。

税务机关按照一地一证的原则，发放外管证，外管证的有效期限一般为 30 日，最长不得超过 180 天。

纳税人应当在外管证注明地进行生产经营前向当地税务机关报验登记，并提交税务登记证件副本和外管证。

纳税人在外管证注明地销售货物的，除提交以上证件、资料外，应如实填写外出经营货物报验单，申报查验货物。

纳税人外出经营活动结束，应当向经营地税务机关填报外出经营活动情况申报表，并结清税款、缴销发票。

纳税人应当在外管证有效期届满后 10 日内，持外管证回原税务登记地税务机关办理外管证缴销手续。

（十）非正常户处理

已办理税务登记的纳税人未按照规定的期限申报纳税，在税务机关责令其限期改正后，逾期不改正的，税务机关应当派员实地检查，查无下落并且无法强制其履行纳税义务的，由检查人员制作非正常户认定书，存入纳税人档案，税务机关暂停其税务登记证件、发票领购簿和发票的使用。

纳税人被列入非正常户超过3个月的，税务机关可以宣布其税务登记证件失效，其应纳税款的追征仍按《税收征管法》及其实施细则的规定执行。

三、账簿和凭证管理

账簿和凭证是纳税人进行生产经营活动与核算财务收支的重要资料，也是税务机关对纳税人进行征税、管理、核查的重要依据。纳税人使用的凭证、登记的账簿、编制的报表及其反映的内容是否真实可靠，直接关系到计征税款依据的真实性，从而影响应纳税款及时足额入库。账簿、凭证管理是税收管理的基础性工作。

（一）账簿的设置

纳税人、扣缴义务人应按照有关法律、行政法规和国务院财政、税务主管部门的规定设置账簿，根据合法、有效凭证记账，进行核算。所谓账簿，是指纳税人连续地登记各种经济业务的账册或簿籍，包括总账、明细账、日记账以及其他辅助性账簿。总账、日记账应当采用订本式。所谓凭证，是指记录经济业务、明确经济责任的书面证明。

（1）从事生产、经营的纳税人应当自领取营业执照或发生纳税义务之日起15日内，按照国家有关规定设置账簿。

（2）生产、经营规模小又确无建账能力的纳税人，可以聘请经批准从事会计代理记账业务的专业机构或经税务机关认可的财会人员代为建账和办理账务。聘请上述机构或人员有实际困难的，经县以上税务机关批准，可以按照税务机关的规定，建立收支凭证粘贴簿、进货销货登记簿或使用税控装置。

（3）扣缴义务人应当自税收法律、行政法规规定的扣缴义务发生之日起10日内，按照代扣、代收的税种，分别设置代扣代缴、代收代缴税款账簿。

纳税人、扣缴义务人会计制度健全，能够通过计算机正确、完整计算其收入和所得或代扣代缴、代收代缴税款情况的，其计算机输出的完整的书面会计记录，可视同会计账簿。

纳税人、扣缴义务人会计制度不健全，不能通过计算机正确、完整计算其收入和所得或代扣代缴、代收代缴税款情况的，应当建立总账及与纳税或代扣代缴、代收代缴税款有关的其他账簿。

（二）纳税人财务会计制度及其处理办法

纳税人的财务会计制度及其处理办法，是其进行会计核算的依据，直接关系到计税依据是否真实合理。

（1）纳税人使用计算机记账的，纳税人建立的会计电算化系统应当符合国家有关规定，并能正确、完整核算其收入或所得。

（2）纳税人、扣缴义务人的财务、会计制度或财务、会计处理办法与国务院或国务院财政、税务主管部门有关税收的规定相抵触的，依照国务院或国务院财政、税务主管部门有关税收的规定计算应纳税款、代扣代缴和代收代缴税款。

（3）账簿、会计凭证和报表，应当使用中文。民族自治地方可以同时使用当地通用的一种民族文字。外商投资企业和外国企业可以同时使用一种外国文字。

（三）账簿、凭证等涉税资料的保存

从事生产、经营的纳税人、扣缴义务人必须按照国务院财政、税务主管部门规定的保管期限保管账簿、记账凭证、完税凭证及其他有关资料（详见表10-1）。

表10-1 企业和其他组织会计档案保管期限表

档案名称	保管期限
会计凭证（原始凭证、记账凭证）	30年
会计账簿	
总账、明细账、日记账、其他辅助性账簿	30年
固定资产卡片	固定资产报废清理后5年
财务会计报告	
月度、季度、半年度财务会计报告	10年
年度财务会计报告	永久
其他会计资料	
银行存款余额调节表、银行对账单、纳税申报表	10年
会计档案移交清册	30年
会计档案保管清册、会计档案销毁清册、会计档案鉴定意见书	永久

账簿、记账凭证、报表、完税凭证、发票、出口凭证以及其他有关涉税资料应当保存10年，但法律、行政法规另有规定的除外。账簿、记账凭证、完税凭证及其他有关资料不得伪造、变造或擅自损毁。

四、发票管理

发票是指在购销商品、提供或接受服务以及从事其他经营活动中，开具、收取的收付款凭证。发票是确定经济收支行为发生的法定凭证，是会计核算的原始依据。

（一）发票的类型和适用范围

1. 发票的类型

全国范围内全面推行“营改增”试点后，发票的类型主要是增值税专用发票和增值税普通发票，还有特定范围继续使用的其他发票。

（1）增值税专用发票，包括增值税专用发票和机动车销售统一发票。

（2）增值税普通发票，包括增值税普通发票、增值税电子普通发票和增值税普通发票（卷票）。

（3）其他发票，包括农产品收购发票、农产品销售发票、门票、过路（过桥）费发票、定额发票、客运发票和二手车销售统一发票等。

2. 发票的适用范围

（1）增值税一般纳税人销售货物，提供加工、修理修配劳务和发生应税行为，使用增值税发票管理新系统（以下简称新系统）开具增值税专用发票、增值税普通发票、机动车销售统一发票、增值税电子普通发票。

（2）增值税小规模纳税人销售货物，提供加工、修理修配劳务，月销售额超过 3 万元（按季纳税 9 万元），或者销售服务、无形资产月销售额超过 3 万元（按季纳税 9 万元），使用新系统开具增值税普通发票、机动车销售统一发票、增值税电子普通发票。

（3）2017 年 1 月 1 日起启用增值税普通发票（卷票），分为两种规格，如图 10-1 所示。增值税普通发票（卷票）由纳税人自愿选择使用，重点在生活性服务业纳税人中推广。纳税人可依法书面向税务机关要求使用印有本单位名称的增值税普通发票（卷票），税务机关按规定确认印有该单位名称发票的种类和数量。纳税人通过新系统开具印有本单位名称的增值税普通发票（卷票）。

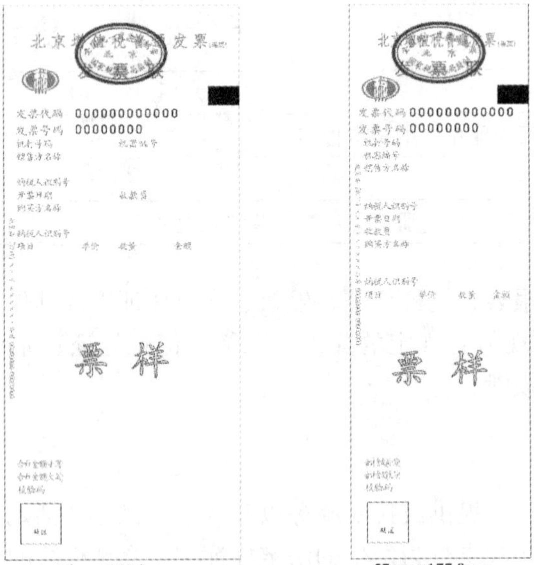

76mm×177.8mm　　57mm×177.8mm

图 10-1　增值税普通发票（卷票）票样

增值税普通发票（卷票）税徽使用光变油墨印制，直视颜色为金属金色，斜视颜色为金属绿色，显示效果明显、清晰。增值税普通发票（卷票）税徽在目视观察下光学入射角分别为 90 度和 30 度时，呈不同颜色（如图 10-2 所示）。

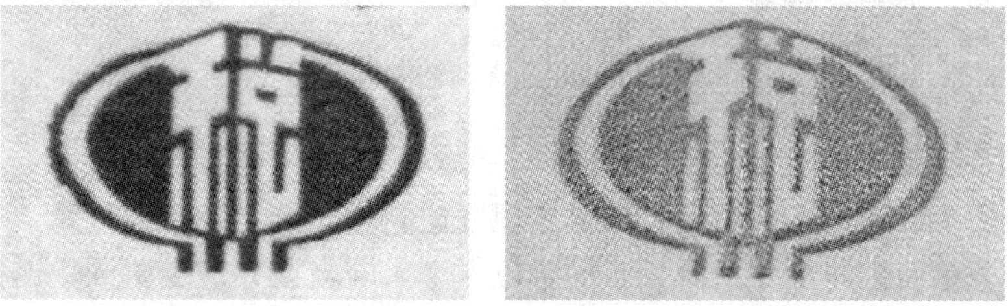

图 10-2　增值税普通发票（卷票）防伪税徽图

（4）门票、过路（过桥）费发票、定额发票、客运发票和二手车销售统一发票继续使用。

（5）餐饮行业增值税一般纳税人购进农业生产者自产农产品，可以使用国税机关监制的农产品收购发票，按照现行规定计算抵扣进项税额。

（6）采取汇总纳税的金融机构，省、自治区所辖地市以下分支机构可以使用地市级机构统一领取的增值税专用发票、增值税普通发票、增值税电子普通发票；直辖市、计划单列市所辖区县及以下分支机构可以使用直辖市、计划单列市机构统一领取的增值税专用发票、增值税普通发票、增值税电子普通发票。

（7）税务机关使用新系统代开增值税专用发票和增值税普通发票。

（二）发票的开具、使用和保管

1. 发票的开具

销售商品、提供服务以及从事其他经营活动的单位和个人，对外发生经营业务收取款项，收款方应当向付款方开具发票。特殊情况下，由付款方向收款方开具发票。特殊情况是指收购单位和扣缴义务人支付个人款项时，国家税务总局认为其他需要由付款方向收款方开具发票的。

所有单位和从事生产、经营活动的个人在购买商品、接受服务以及从事其他经营活动支付款项，应当向收款方取得发票。取得发票时，不得要求变更品名和金额。

开具发票应当按照规定的时限、顺序、栏目，全部联次一次性如实开具，并加盖发票专用章。不符合规定的发票，不得作为财务报销凭证，任何单位和个人有权拒收。

任何单位和个人不得有下列虚开发票行为：

（1）为他人、为自己开具与实际经营业务情况不符的发票。

（2）让他人为自己开具与实际经营业务情况不符的发票。

（3）介绍他人开具与实际经营业务情况不符的发票。

2. 发票的使用和保管

任何单位和个人应当按照发票管理规定使用发票，不得有下列行为：

（1）转借、转让、介绍他人转让发票、发票监制章和发票防伪专用品。

（2）知道或应当知道是私自印制、伪造、变造、非法取得或者废止的发票而受让、开具、存放、携带、邮寄、运输。

（3）拆本使用发票。

（4）扩大发票使用范围。

（5）以其他凭证代替发票使用。

开具发票的单位和个人应当建立发票使用登记制度，设置发票登记簿，并定期向主管税务机关报告发票使用情况。开具发票的单位和个人应当在办理变更或注销税务登记的同时，办理发票和发票领购簿的变更、缴销手续。开具发票的单位和个人应当按照税务机关的规定存放和保管发票，不得擅自损毁。已经开具的发票存根联和发票登记簿，应当保存5年。保存期满，报经税务机关查验后销毁。

（三）增值税发票开具和使用的特别规定

（1）国家税务总局编写了《商品和服务税收分类与编码（试行）》，并在新系统中增加了编码相关功能。增值税纳税人应使用新系统选择相应的编码开具增值税发票。

（2）自2017年7月1日起，购买方为企业（包括公司、非公司制企业法人、企业分支机构、个人独资企业、合伙企业和其他企业）的，索取增值税普通发票时，应向销售方提供纳税人识别号或统一社会信用代码；销售方为其开具增值税普通发票时，应在“购买方纳税人识别号”栏填写购买方的纳税人识别号或统一社会信用代码。不符合规定的发票，不得作为税收凭证。

（3）销售方开具增值税发票时，发票内容应按照实际销售情况如实开具，不得根据购买方要求填开与实际交易不符的内容。销售方开具发票时，通过销售平台系统与增值税发票税控系统后台对接，导入相关信息开票的，系统导入的开票数据内容应与实际交易相符，如不相符应及时修改完善销售平台系统。

（四）发票的检查

税务机关在发票管理中有权进行下列检查：

（1）检查印制、领购、开具、取得、保管和缴销发票的情况。

（2）调出发票查验。

（3）查阅、复制与发票有关的凭证、资料。

（4）向当事各方询问与发票有关的问题和情况。

（5）在查处发票案件时，对与案件有关的情况和资料，可以记录、录音、录像、照相和复制。

印制、使用发票的单位和个人，必须接受税务机关依法检查，如实反映情况，提供有关资料，不得拒绝、隐瞒。税务人员进行检查时，应当出示税务检查证。

税务机关需要将已开具的发票调出查验时，应当向被查验的单位和个人开具发票换票证。发票换票证与调出查验的发票有同等效力。被调出查验发票的单位和个人不得拒绝接受。税务机关需要将空白发票调出查验时，应当开具收据；经查无问题的，应当及时返还。

五、纳税申报

纳税申报是指纳税人按照税法的规定，定期就计算缴纳税款的有关事项向税务机关提交书面报告的法定手续。纳税申报是确定纳税人是否履行纳税义务，界定法律责任的主要依据。

（一）纳税申报的内容

纳税人、扣缴义务人的纳税申报或代扣代缴、代收代缴税款报告表的主要内容包括税种、税目，应纳税项目或应代扣代缴、代收代缴税款项目，计税依据，扣除项目及标准，适用税率或单位税额，应退税项目及税额、应减免税项目及税额，应纳税额或应代扣代缴、代收代缴税额，税款所属期限、延期缴纳税款、欠税、滞纳金等。

（二）纳税申报的方式

纳税申报方式是指纳税人和扣缴义务人在纳税申报期限内，依照规定到指定税务机关进行申报纳税的形式。纳税申报的方式主要有以下几种：

1. 自行申报

自行申报也称直接申报，是指纳税人、扣缴义务人在规定的申报期限内，自行直接到主管税务机关指定的办税服务场所办理纳税申报手续。这是一种传统的申报方式。

2. 邮寄申报

邮寄申报是指经税务机关批准，纳税人、扣缴义务人使用统一的纳税申报专用信封，通过邮政部门办理交寄手续，并以邮政部门收据作为申报凭据的纳税申报方式。邮寄申报以寄出的邮戳日期为实际申报日期。

3. 数据电文申报

数据电文申报是指经税务机关批准，纳税人、扣缴义务人以税务机关确定的电话语音、电子数据交换和网络传输等电子方式进行纳税申报。这种方式运用了新的电子信息技术，代表着纳税申报方式的发展方向，使用范围逐渐扩大。纳税人、扣缴义务人采取数据电文方式办理纳税申报的，其申报日期以税务机关计算机网络系统收到该数据电文的时间为准，与数据电文相对应的纸质申报资料的报送期限由税务机关确定。

4. 其他方式

实行定期定额缴纳税款的纳税人，可以实行简易申报、简并征期等方式申报纳税。

（三）纳税申报的其他要求

（1）纳税人在纳税期内没有应纳税款的，也应当按照规定办理纳税申报。

（2）纳税人享受减税、免税待遇的，在减税、免税期间应当按照规定办理纳税申报。

（3）纳税人、扣缴义务人按照规定的期限办理纳税申报或报送代扣代缴、代收代缴税款报表确有困难，需要延期的，应当在规定的期限内向税务机关提出书面延期申请，经税务机关核准，在核准的期限内办理。

纳税人、扣缴义务人因不可抗力，不能按期办理纳税申报或报送代扣代缴、代收代缴税款报告表的，可以延期办理。但是，其应当在不可抗力情形消除后立即向税务机关报告。税务机关应当查明事实，予以核准。

经核准延期办理纳税申报、报送事项的，应当在纳税期内按照上期实际缴纳的税额或税务机关核定的税额预缴税款，并在核准的延期内办理税款结算。

第二节　税款征收与税务检查

一、税款征收

税款征收是税务机关依照税收法律、法规的规定，将纳税人依法应当缴纳的税款组织入库的一系列活动的总称。税款征收是税收征收管理工作的中心环节，是全部税收征收管理工作的目的和归宿。

（一）税款征收的方式

税款征收的方式是指税务机关根据各税种的不同特点和纳税人的具体情况而确定的计算、征收税款的形式和方法，包括确定征收方式和缴纳方式。

由于纳税人的情况千差万别，税款征收方式也不可能统一固定，必须根据不同情况采取相应的征收方式。我国现行《税收征管法》及其实施细则未对税款征收方式做具体规定，只是明确税务机关要根据保证国家税款及时足额入库、方便纳税人、降低税收成本的原则，确定税款征收方式。

1. 查账征收

查账征收是指针对财务会计制度健全的纳税人，税务机关依据其报送的纳税申报表、财务会计报表和其他有关纳税资料，依照适用税率，计算其应缴纳税款的税款征收方式。这种征收方式较为规范，符合税收法定的基本原则，适用于财务会计制度健全，能够如实核算和提供生产经营情况，并能正确计算应纳税款和如实履行纳税义务的纳税人。扩大查账征收纳税人的范围，一直是税务管理的努力方向。

2. 查定征收

查定征收是指针对账务不健全，但能控制其材料、产量或进销货物的纳税单位或个人，税务机关依据正常条件下的生产能力对其生产的应税产品查定产量、销售额并据以确定其应缴纳税款的税款征收方式。这种征收方式适用于生产经营规模较小、产品零星、税源分散、会计账册不健全，但能控制原材料或进销货的小型厂矿和作坊。

3. 查验征收

查验征收是指税务机关对纳税人的应税商品、产品，通过查验数量，按市场一般销售单价计算其销售收入，并据以计算其应缴纳税款的税款征收方式。这种征收方式适用于纳税人财务制度不健全、生产经营不固定、零星分散、流动性大的税源。

4. 定期定额征收

定期定额征收是指税务机关对小型个体工商户在一定经营地点、一定经营时期、一定经营范围内的应纳税经营额（包括经营数量）或所得额进行核定，并以此为计税依据，确定其应缴纳税额的一种税款征收方式。这种征收方式适用于经主管税务机关认定和县以上税务机关（含县级）批准的生产、经营规模小，达不到《个体工商户建账管理暂行办法》规定设置账簿标准，难以查账征收，不能准确计算计税依据的个体工商户（包括个人独资企业，简称定期定额户）。

（二）应纳税额的核定与调整

1. 核定应纳税额的情形

纳税人有下列情形之一的，税务机关有权核定其应纳税额：

（1）依照法律、行政法规的规定可以不设置账簿的。

（2）依照法律、行政法规的规定应当设置但未设置账簿的。

（3）擅自销毁账簿或拒不提供纳税资料的。

（4）虽然设置账簿，但账目混乱或成本资料，收入凭证、费用凭证残缺不全，难以查账的。

（5）发生纳税义务，未按照规定的期限办理纳税申报，经税务机关责令限期申报，逾期仍不申报的。

（6）纳税人申报的计税依据明显偏低，又无正当理由的。

2. 核定应纳税额的方法

为了减少核定应纳税额的随意性，使核定的税额更接近纳税人实际情况和法定负担水平，税务机关有权采用下列任何一种方法核定应纳税额：

（1）参照当地同类或类似行业中经营规模和收入水平相近的纳税人的税负水平核定。

（2）按照营业收入或成本加合理的费用和利润的方法核定。

（3）按照耗用的原材料、燃料、动力等推算或测算核定。

（4）按照其他合理方法核定。

当其中一种方法不足以正确核定应纳税额时，税务机关可以同时采用两种以上的方法核定。纳税人对税务机关采取上述方法核定的应纳税额有异议的，应当提供相关证据，经税务机关认定后，调整应纳税额。

（三）税款征收措施

为了保证税款征收的顺利进行，《税收征管法》及其实施细则赋予了税务机关在税款征收过程中针对不同情况可以采取相应征收措施的职权。

1. 责令缴纳

（1）纳税人未按照规定期限缴纳税款的，扣缴义务人未按照规定期限解缴税款的，税务机关可责令限期缴纳，并从滞纳税款之日起，按日加收滞纳税款万分之五的滞纳金。逾期仍未缴纳的，税务机关可以采取税收强制执行措施。

加收滞纳金的起止时间，为法律、行政法规规定或税务机关依照法律、行政法规的规定确定的税款缴纳期限届满次日起至纳税人、扣缴义务人实际缴纳或解缴税款之日止。

（2）对未按照规定办理税务登记的从事生产、经营的纳税人以及临时从事经营的纳税人，税务机关核定其应纳税额，责令其缴纳应纳税款。

纳税人不缴纳应纳税款的，税务机关可以扣押其价值相当于应纳税款的商品、货物。扣押后缴纳应纳税款的，税务机关必须立即解除扣押，并归还所扣押的商品、货物；扣押后仍不缴纳应纳税款的，经县以上税务局（分局）局长批准，依法拍卖或变卖所扣押的商品、货物，以拍卖或变卖所得抵缴税款。

（3）税务机关有根据认为从事生产、经营的纳税人有逃避纳税义务行为，可在规定的纳税期之前责令其限期缴纳应纳税款。逾期仍未缴纳的，税务机关有权采取其他税款征收措施。

（4）纳税担保人未按照规定的期限缴纳所担保的税款，税务机关可责令其限期缴纳应纳税款。逾期仍未缴纳的，税务机关有权采取其他税款征收措施。

2. 责令提供纳税担保

纳税担保是指经税务机关同意或确认，纳税人或其他自然人、法人、经济组织以保证、抵押、质押的方式，为纳税人应当缴纳的税款及滞纳金提供担保的行为。纳税担保包括经税务机关认可的有纳税担保能力的保证人为纳税人提供的纳税保证以及纳税人或第三人以其未设置或未全部设置担保物权的财产提供的担保。

（1）适用纳税担保的情形。

①税务机关有根据认为从事生产、经营的纳税人有逃避纳税义务行为，在规定的纳税期之前经责令其限期缴纳应纳税款，在限期内发现纳税人有明显的转移、隐匿其应纳税的商品、货物以及其他财产或应纳税收入的迹象，责成纳税人提供纳税担保的。

②欠缴税款、滞纳金的纳税人或其法定代表人需要出境的。

③纳税人同税务机关在纳税上发生争议而未缴清税款，需要申请行政复议的。

④税收法律、行政法规规定可以提供纳税担保的其他情形。

（2）纳税担保的范围。纳税担保的范围包括税款、滞纳金和实现税款、滞纳金的费用。费用包括抵押、质押登记费用，质押保管费用以及保管、拍卖、变卖担保财产等相关费用支出。

用于纳税担保的财产、权利的价值不得低于应当缴纳的税款、滞纳金，并考虑相关的费用。纳税担保的财产价值不足以抵缴税款、滞纳金的，税务机关应当向提供担保的纳税人或纳税担保人继续追缴。用于纳税担保的财产、权利的价格估算，除法律、行政法规另有规定外，参照同类商品的市场价、出厂价或评估价估算。

3. 采取税收保全措施

（1）适用税收保全的情形及措施。税务机关责令具有税法规定情形的纳税人提供纳税担保而纳税人拒绝提供纳税担保或无力提供纳税担保的，经县以上税务局（分局）局长批准，税务机关可以采取下列税收保全措施：

①书面通知纳税人开户银行或其他金融机构冻结纳税人金额相当于应纳税款的存款。

②扣押、查封纳税人的价值相当于应纳税款的商品、货物或其他财产。其他财产包括纳税人的房地产、现金、有价证券等不动产和动产。

（2）不适用税收保全的财产。个人及其所扶养家属维持生活必需的住房和用品，不在税收保全措施的范围之内。需要注意的是，个人及其所扶养家属维持生活必需的住房和用品不包括机动车辆、金银饰品、古玩字画、豪华住宅或一处以外的住房。个人所扶养家属是指与纳税人共同居住生活的配偶、直系亲属以及无生活来源并由纳税人扶养的其他亲属。

税务机关对单价 5 000 元以下的其他生活用品，不采取税收保全措施。

4. 采取强制执行措施

（1）适用强制执行的情形及措施。从事生产、经营的纳税人、扣缴义务人未按照规定的期限缴纳或解缴税款，纳税担保人未按照规定的期限缴纳所担保的税款，由税务机关责令限期缴纳，逾期仍未缴纳的，经县以上税务局（分局）局长批准，税务机关可以采取下列强制执行措施：

①强制扣款，即书面通知其开户银行或其他金融机构从其存款中扣缴税款。

②拍卖变卖，即扣押、查封、依法拍卖或变卖其价值相当于应纳税款的商品、货物或其他财产，以拍卖或变卖所得抵缴税款。

税务机关采取强制执行措施时，对上述纳税人、扣缴义务人、纳税担保人未缴纳的滞纳金同时强制执行。个人及其所扶养家属维持生活必需的住房和用品，不在强制执行措施的范围之内。税务机关对单价 5 000 元以下的其他生活用品，不采取强制执行措施。

（2）抵税财物的拍卖与变卖。抵税财物是指被税务机关依法实施税收强制执行而扣押、查封或按照规定应强制执行的已设置纳税担保物权的商品、货物、其他财产或财产权利。拍卖是指税务机关将抵税财物依法委托拍卖机构，以公开竞价的形式，将特定财物转让给最高应价者的买卖方式。变卖是指税务机关将抵税财物委托商业企业代为销售、责令纳税人限期处理或由税务机关变价处理的买卖方式。国家税务总局发布的《抵税财物拍卖、变卖试行办法》对抵税财物的拍卖与变卖行为进行规范，以保障国家税收收入并保护纳税人的合法权益。

①适用拍卖、变卖的情形包括：

第一，采取税收保全措施后，限期期满仍未缴纳税款的。

第二，设置纳税担保后，限期期满仍未缴纳所担保的税款的。

第三，逾期不按规定履行税务处理决定的。

第四，逾期不按规定履行复议决定的。

第五，逾期不按规定履行税务行政处罚决定的。

第六，其他经责令限期缴纳，逾期仍未缴纳税款的。

对上述第三项至第六项情形进行强制执行时，在拍卖、变卖之前（或同时）进行扣押、查封，办理扣押、查封手续。

②拍卖、变卖执行原则与顺序。税务机关按照拍卖优先的原则确定抵税财物拍卖变卖的顺序包括：

第一，委托依法成立的拍卖机构拍卖。

第二，无法委托拍卖或不适合拍卖的，可以委托当地商业企业代为销售，或者责令被执行人限期处理。

第三，无法委托商业企业销售，被执行人也无法处理的，由税务机关变价处理。

国家禁止自由买卖的商品、货物、其他财产，应当交由有关单位按照国家规定的价格收购。

5. 阻止出境

欠缴税款的纳税人或其法定代表人在出境前未按规定结清应纳税款、滞纳金或提供纳税担保的，税务机关可以通知出境管理机关阻止其出境。

二、税务检查

税务检查又称纳税检查，是指税务机关根据税收法律、行政法规的规定，对纳税人、扣缴义务人履行纳税义务、扣缴义务及其他有关税务事项进行审查、核实、监督活动的总称。税务检查是税收征收管理工作的一项重要内容，是确保国家财政收入和税收法律法规贯彻落实的重要手段。

（一）税务机关在税务检查中的职权和职责

（1）税务机关有权进行下列税务检查：

①检查纳税人的账簿、记账凭证、报表和有关资料，检查扣缴义务人代扣代缴、代收代缴税款账簿、记账凭证和有关资料。

②到纳税人的生产、经营场所和货物存放地检查纳税人应纳税的商品、货物或其他财产，检查扣缴义务人与代扣代缴、代收代缴税款有关的经营情况。

③责成纳税人、扣缴义务人提供与纳税或代扣代缴、代收代缴税款有关的文件、证明材料和有关资料。

④询问纳税人、扣缴义务人与纳税或代扣代缴、代收代缴税款有关的问题和情况。

⑤到车站、码头、机场、邮政企业及其分支机构检查纳税人托运、邮寄应纳税商品、货物或其他财产的有关单据、凭证和有关资料。

⑥经县以上税务局（分局）局长批准，指定专人负责，凭全国统一格式的检查存款账户许可证明，查询从事生产、经营的纳税人、扣缴义务人在银行或其他金融机构的存款账户，并有责任为被检查人保守秘密。税务机关在调查税收违法案件时，经设区的市、自治州以上税务局（分局）局长批准，可以查询案件涉嫌人员的储蓄存款。税务机关查询所获得的资料，不得用于税收以外的用途。

（2）税务机关对从事生产、经营的纳税人以前纳税期的纳税情况依法进行税务检查时，发现纳税人有逃避纳税义务行为，并有明显的转移、隐匿其应纳税的商品、货物以及其他财产或应纳税的收入的迹象的，可以按照《税收征管法》规定的批准权限采取税收保全措施或强制执行措施。

税务机关采取税收保全措施的期限一般不得超过6个月；重大案件需要延长的，应当报国家税务总局批准。

（3）税务机关调查税务违法案件时，对与案件有关的情况和资料，可以记录、录音、录像、照相和复制。

（4）税务机关依法进行税务检查时，有权向有关单位和个人调查纳税人、扣缴义务人和其他当事人与纳税或代扣代缴、代收代缴税款有关的情况。

（5）税务机关派出的人员进行税务检查时，应当出示税务检查证和税务检查通知书，并有责任为被检查人保守秘密；未出示税务检查证和税务检查通知书的，被检查人有权拒绝检查。

（二）被检查人的义务

（1）纳税人、扣缴义务人必须接受税务机关依法进行的税务检查，如实反映情况，提供有关资料，不得拒绝、隐瞒。

（2）税务机关依法进行税务检查，向有关单位和个人调查纳税人、扣缴义务人和其他当事人与纳税或代扣代缴、代收代缴税款有关的情况时，有关单位和个人有义务向税务机关如实提供有关资料及证明材料。

第三节　税收法律责任

一、税务管理相对人实施税收违法行为的法律责任

（一）违反税务管理规定的法律责任

（1）纳税人有下列行为之一的，由税务机关责令限期改正，可以处2 000元以下的罚款；情节严重的，处2 000元以上1万元以下的罚款：

①未按照规定设置、保管账簿或保管记账凭证和有关资料的。

②未按照规定将财务、会计制度或财务、会计处理办法和会计核算软件报送税务机关备查的。

③未按照规定将其全部银行账号向税务机关报告的。

④未按照规定安装、使用税控装置，或损毁或者擅自改动税控装置的。

（2）扣缴义务人未按照规定设置、保管代扣代缴、代收代缴税款账簿或保管代扣代缴、代收代缴税款记账凭证及有关资料的，由税务机关责令限期改正，可以处2 000元以

下的罚款；情节严重的，处2 000元以上5 000元以下的罚款。

（3）纳税人未按照规定的期限办理纳税申报和报送纳税资料的，或者扣缴义务人未按照规定的期限向税务机关报送代扣代缴、代收代缴税款报告表和有关资料的，由税务机关责令限期改正，可以处2 000元以下的罚款；情节严重的，处2 000元以上1万元以下的罚款。

（4）非法印制、转借、倒卖、变造或伪造完税凭证的，由税务机关责令改正，处2 000元以上1万元以下的罚款；情节严重的，处1万元以上5万元以下的罚款；构成犯罪的，依法追究刑事责任。

（5）银行和其他金融机构未依照《税收征管法》的规定在从事生产、经营的纳税人的账户中登录税务登记证件号码，或者未按规定在税务登记证件中登录从事生产、经营的纳税人的账户账号的，由税务机关责令其限期改正，处2 000元以上2万元以下的罚款；情节严重的，处2万元以上5万元以下的罚款。

（6）税务代理人违反税收法律、行政法规，造成纳税人未缴或少缴税款的，除由纳税人缴纳或补缴应纳税款、滞纳金外，对税务代理人处纳税人未缴或少缴税款50%以上3倍以下的罚款。

（二）逃避税务机关追缴欠税行为的法律责任

纳税人欠缴应纳税款，采取转移或隐匿财产的手段，妨碍税务机关追缴欠缴的税款的，由税务机关追缴欠缴的税款、滞纳金，并处罚款；构成犯罪的，依法追究刑事责任。

扣缴义务人应扣未扣、应收而不收税款的，由税务机关向纳税人追缴税款，对扣缴义务人处以应扣未扣、应收而未收税款50%以上3倍以下的罚款。

（三）偷税行为的法律责任

偷税是指纳税人采取伪造、变造、隐匿、擅自销毁账簿或记账凭证，或者在账簿上多列支出或不列、少列收入，或者经税务机关通知申报而拒不申报或进行虚假的纳税申报的手段，不缴或少缴应纳税款的行为。

纳税人偷税的，由税务机关追缴其不缴或少缴的税款、滞纳金，并处罚款；构成犯罪的，依法追究刑事责任。

扣缴义务人采取上述偷税手段，不缴或少缴已扣、已收税款，由税务机关追缴其不缴或少缴的税款、滞纳金，并处罚款；构成犯罪的，依法追究刑事责任。

纳税人、扣缴义务人编造虚假计税依据的，由税务机关责令限期改正，并处罚款。

为纳税人、扣缴义务人非法提供银行账户、发票、证明或其他方便，导致未缴、少缴税款的，税务机关除没收其违法所得外，可处以罚款。

（四）抗税行为的法律责任

抗税是指纳税人、扣缴义务人以暴力、威胁方法拒不缴纳税款的行为。

对抗税行为，除由税务机关追缴其拒缴的税款、滞纳金外，依法追究刑事责任。情节轻微，未构成犯罪的，由税务机关追缴其拒缴的税款、滞纳金，并处罚款。

（五）骗税行为的法律责任

骗税行为是指纳税人以假报出口或其他欺骗手段，骗取国家出口退税款的行为。

纳税人有骗税行为，由税务机关追缴其骗取的退税款，并处骗取税款 1 倍以上 5 倍以下的罚款；构成犯罪的，依法追究刑事责任。

对骗取国家出口退税款的，税务机关可以在规定期间内停止为其办理出口退税。

为纳税人、扣缴义务人非法提供银行账户、发票、证明或其他方便，骗取国家出口退税款的，税务机关除没收其违法所得外，可以处未缴、少缴或骗取的税款 1 倍以下的罚款。

（六）纳税人、扣缴义务人不配合税务检查的法律责任

税务检查期间，纳税人、扣缴义务人发生不配合税务机关进行税务检查的下列行为，由税务机关责令改正，可以处 1 万元以下的罚款；情节严重的，处 1 万元以上 5 万元以下的罚款。

（1）逃避、拒绝或以其他方式阻挠税务机关检查的。

（2）提供虚假资料，不如实反映情况，或者拒绝提供有关资料的。

（3）拒绝或阻止税务机关记录、录音、录像、照相和复制与案件有关的情况和资料的。

（4）转移、隐匿、销毁有关资料的。

（5）有不依法接受税务检查的其他情形的。

二、税务行政主体实施税收违法行为的法律责任

（一）渎职行为的法律责任

（1）税务人员徇私舞弊，对依法应当移交司法机关追究刑事责任的不移交，情节严重的，依法追究刑事责任。

（2）税务人员利用职务上的便利，收受或索取纳税人、扣缴义务人财物或牟取其他不正当利益，构成犯罪的，依法追究刑事责任；未构成犯罪的，依法给予行政处分。

（3）税务人员徇私舞弊或玩忽职守，不征或少征应征税款，致使国家税收遭受重大损失，构成犯罪的，依法追究刑事责任；未构成犯罪的，依法给予行政处分。

（4）税务人员滥用职权，故意刁难纳税人、扣缴义务人的，调离税收工作岗位，并依法给予行政处分。

（5）税务人员对控告、检举税收违法行为的纳税人、扣缴义务人以及其他检举人进行打击报复的，依法给予行政处分；构成犯罪的，依法追究刑事责任。

（二）其他违法行为的法律责任

（1）税务机关违反规定擅自改变税收征收管理范围和税款入库预算级次的，责令限期改正，对直接负责的主管人员和其他直接责任人员依法给予降级或撤职的行政处分。

（2）税务人员在征收税款或查处税收违法案件时，未按照《税收征管法》的规定进行回避的，对直接负责的主管人员和其他直接责任人员，依法给予行政处分。未按照《税

收征管法》的规定为纳税人、扣缴义务人、检举人保密的，对直接负责的主管人员和其他直接责任人员，由所在单位或有关单位依法给予行政处分。

（3）税务人员与纳税人、扣缴义务人勾结，唆使或者协助纳税人、扣缴义务人实施税收违法行为，构成犯罪的，依法追究刑事责任；未构成犯罪的，依法给予行政处分。

（4）税务人员私分扣押、查封的商品、货物或其他财产，情节严重，构成犯罪的，依法追究刑事责任；未构成犯罪的，依法给予行政处分。

（5）违反法律、行政法规的规定提前征收、延缓征收或摊派税款的，由其上级机关或行政监察机关责令改正，对直接负责的主管人员和其他直接责任人员依法给予行政处分。

（6）违反法律、行政法规的规定，擅自作出税收的开征、停征或减税、免税、退税、补税以及其他同税收法律、行政法规相抵触的决定的，除按《税收征管法》的规定撤销其擅自作出的决定外，补征应征未征税款，退还不应征收而征收的税款，并由上级机关追究直接负责的主管人员和其他直接责任人员的行政责任；构成犯罪的，依法追究刑事责任。

本章练习题

一、单项选择题

1. 根据税收征收管理法律制度的规定，从事生产、经营的纳税人在一定期限内，需按照国家有关规定设置账簿。该期限是（　　）。

A. 自领取营业执照之日起 15 日　　B. 自领取营业执照之日起 30 日

C. 自领取税务登记证之日起 15 日　　D. 自发生纳税义务之日起 30 日

2. 代扣代缴义务人在履行代扣代缴义务时，设立账簿的期限是（　　）。

A. 10 天　　B. 15 天

C. 20 天　　D. 30 天

3. 实行定期定额缴纳税款的纳税人，可以采取的申报方式是（　　）。

A. 自行申报　　B. 邮寄申报

C. 数据电文申报　　D. 简易申报和简并征期

4. 税务机关针对纳税人的不同情况可以采取不同的税款征收方式。对生产、经营规模小，不能建账设账的单位，适用的税款征收方式是（　　）。

A. 查账征收　　B. 查定征收

C. 查验征收　　D. 定期定额征收

5. 税务机关针对纳税人的不同情况可以采取不同的税款征收方式。对于财务制度不健全、生产经营不固定、零星分散、流动性大的税源，适用的税款征收方式是（　　）。

A. 查账征收　　B. 查定征收

C. 查验征收　　D. 定期定额征收

6. 根据税收征收管理法律制度的规定，纳税人的下列行为中，属于偷税的是（　　）。

A. 采取转移或隐匿财产的手段，妨碍税务机关追缴税款

B. 伪造账簿、不缴应纳税款

C. 以暴力拒不缴纳税款
D. 按照规定应设置账簿而未设置的

7. 根据税收征收管理法律制度的规定，下列个人财产中，不属于税收保全措施范围的是（　　）。
A. 纳税人的越野跑车
B. 纳税人价值 1 000 元的项链
C. 纳税人的股票
D. 维持生活必需的住房

8. 下列各项中，不属于税务机关按照拍卖优先的原则确定抵税财物拍卖、变卖的顺序的是（　　）。
A. 委托依法成立的拍卖机构拍卖
B. 无法委托拍卖或不适合拍卖的，可以委托当地商业企业代为销售，或者责令被执行人限期处理
C. 无法委托商业企业销售，被执行人也无法处理的，由税务机关变价处理
D. 逾期不按规定履行税务行政处罚决定的

9. 根据税收征收管理法律制度的规定，下列各项中，不属于纳税担保方式的是（　　）。
A. 质押
B. 扣押
C. 保证
D. 抵押

10. 根据税收征收管理法律制度的规定，下列各项中，不属于税务担保范围的是（　　）。
A. 罚款
B. 滞纳金
C. 抵押登记费
D. 质押保管费

二、多项选择题

1. 根据税收征收管理法律制度的规定，下列各项财务资料中，除另有规定外，至少应保存 10 年的有（　　）。
A. 账簿
B. 出口凭证
C. 完税凭证
D. 报表

2. 根据税收征收管理法律制度的规定，关于发票开具和保管的下列表述中，正确的有（　　）。
A. 销售货物开具发票时，可按付款方要求变更品名和金额
B. 发票实行不定期换版制度
C. 开具发票的单位和个人应当建立发票使用登记制度，设置发票登记簿
D. 收购单位向个人支付收购款项时，由付款方向收款方开具发票

3. 根据税收征收管理法律制度的规定，税务机关对纳税人进行发票检查时，有权采取的措施有（　　）。
A. 对与案件有关的情况和资料，可以记录、录音、录像、照相和复制
B. 查阅、复制与发票有关的凭证、资料
C. 向当事人各方询问与发票有关的问题和资料
D. 检查领购、开具和保管发票的情况

4. 按照发票管理规定使用发票，不得有（　　）行为。
A. 扩大发票使用范围
B. 拆本使用发票
C. 转借、转让发票
D. 以其他凭证代替发票使用

5. 根据《税收征管法》的规定，下列情形中，税务机关有权核定纳税人应纳税额的有（　　）。
A. 有偷税、骗税前科的
B. 依照法律、行政法规的规定可以不设置账簿的
C. 按规定应设置账簿而未设置的
D. 虽设置账簿，但账目混乱，难以查账的

6. 下列各项中，属于偷税行为的有（　　）。
A. 隐匿账簿、凭证，少缴应纳税款
B. 进行虚假纳税申报，少缴应纳税款
C. 在账簿上多列支出，少缴应纳税款
D. 隐匿财产，妨碍税务机关追缴欠缴税款
7. 根据税收征收管理法律制度的规定，下列各项中，适用纳税担保的情形有（　　）。
A. 纳税人同税务机关在纳税上发生争议而未缴清税款，需要申请行政复议的
B. 纳税人在税务机关责令缴纳应纳税款限期内，有明显转移、隐匿其应纳税的商品、货物以及应纳税收入的迹象的
C. 欠缴税款、滞纳金的纳税人或其法定代表人需要出境的
D. 从事生产、经营的纳税人未按规定期限缴纳税款，税务机关责令限期缴纳，逾期仍未缴纳的
8. 下列各项中，属于税款征收措施的有（　　）。
A. 税收保全措施　　B. 税收强制执行措施
C. 责令提供纳税担保　　D. 罚款
9. 根据税收征收管理法律制度的规定，税务机关在实施税务检查时，可以采取的措施有（　　）。
A. 检查纳税人会计资料
B. 检查纳税人货物存放地的应纳税商品
C. 检查纳税人托运、邮寄应纳税商品的单据、凭证
D. 经法定程序批准，查询纳税人在银行的存款账户
10. 根据税收征收管理法律制度的规定，下列各项中属于税务机关税务检查职责范围的有（　　）。
A. 责成纳税人提供与纳税有关的资料
B. 可按规定的批准期限采取税收保全措施
C. 询问纳税人与纳税有关的问题和情况
D. 检查纳税人的账簿

三、判断题

1. 税务机关有权检查纳税人账簿、记账凭证、报表和有关资料，但只能到纳税人单位检查；调出检查时，纳税人有权拒绝。（　　）
2. 税务机关调查税务违法案件时，对与案件有关的情况和材料，可以记录，但是不可以录像、复印。（　　）
3. 纳税人对税务检查人员未出示税务检查证和税务检查通知书的，有权拒绝检查。（　　）
4. 邮寄申报的实际申报日期为寄出的邮戳日期。（　　）
5. 纳税人在减免税期间不需要办理纳税申报。（　　）
6. 纳税人有骗税行为，由税务机关追缴其骗取的退税款并按照规定处以罚款，构成犯罪的依法追究刑事责任。（　　）
7. 对纳税人采取税收保全措施，必须经税务机关向人民法院提出申请后，由人民法院确定。（　　）
8. 对纳税人实施税收保全措施时，家庭唯一的机动车不在税收保全范围之内。（　　）
9. 对纳税人实施税收保全措施时，纳税人的一台价值 4 000 元的电冰箱属于税收保全措施的范围。（　　）
10. 欠缴税款、滞纳金的纳税人或其法定代表人需要出境的，税务机关可以责令其提供纳税担保。（　　）

四、不定项选择题

1. 2017 年，某市税务机关在对该市一汽车销售公司进行检查时，发现该公司存在如下问题：

（1）未按规定建立发票保管制度。

（2）将 2015 年度开具的发票存根联销毁。

税务机关在对相关发票进行拍照和复印时，该公司以商业机密为由拒绝。经税务机关核实，该公司通过各种非法手段，共计少缴税款 10 万元。根据以上情况，该市税务机关除责令其限期补缴少缴的税款 10 万元外，还依法对其进行了相应的处罚。

要求：根据上述资料，不考虑其他因素，分析回答下列小题。

（1）下列关于税务机关进行发票检查的说法中，不正确的是（　　）。

A. 税务机关在对该公司的发票管理中有权对相关发票进行拍照和复印

B. 税务人员进行税务检查时，应当出示税务检查证

C. 该公司可以凭商业机密为由拒绝税务机关的发票检查

D. 税务机关需要将已开具的发票调出查验时，需向该公司开具发票换票证

（2）下列各项中，可能成为该公司少缴税款手段的是（　　）。

A. 擅自销毁账簿

B. 在账簿上多列支出，少列收入

C. 伪造虚假的记账凭证

D. 隐匿会计账簿

2. A 市某餐饮公司于 2018 年 1 月 8 日领取了工商营业执照，由于装修还未完工，1~3 月未能营业。该公司于 2018 年 4 月 7 日办理了税务登记，4 月 15 日领购了增值税专用发票，并于 4 月 18 日开始营业。

5 月该公司自行核算的营业收入为 80 万元，增值税为 4. 8 万元，并于 6 月 20 日办理纳税申报。经税务机关核查发现，该公司有 20 万元的酒水饮料营业额财务人员隐匿了记账凭证没有入账。

已知增值税税率为 6%，城建税税率为 7%。税务机关核定该公司增值税和城建税均以 1 个月为一个纳税期。

要求：根据上述资料，不考虑其他因素，分析回答下列小题。

（1）下列关于该公司税款责令缴纳的表述中，不正确的是（　　）。

A. 税务机关可责令限期缴纳，并从滞纳税款之日起，按日加收滞纳金

B. 逾期仍未缴纳的，税务机关可以采取税收强制执行措施

C. 税务机关可责令限期缴纳，不需加收滞纳金

D. 逾期仍未缴纳的，税务机关可吊销其营业执照

（2）下列说法中，符合税法规定的是（　　）。

A. 该公司的行为属于骗税行为

B. 该公司的行为属于抗税行为

C. 该公司的行为属于偷税行为

D. 该公司的行为属于财务人员业务不熟悉，不构成违法行为

图书在版编目(CIP)数据

税法实务/李瑞祯,闫金秋,吴亚丽主编.—成都:西南财经大学出版社,2018.8

ISBN 978-7-5504-3514-8

Ⅰ.①税…　Ⅱ.①李…②闫…③吴…　Ⅲ.①税法—中国—高等学校—教材　Ⅳ.①D922.22

中国版本图书馆CIP数据核字(2018)第117910号

税法实务

主　编:李瑞祯　闫金秋　吴亚丽

责任编辑:李晓嵩
责任校对:田园
封面设计:何东琳设计工作室
责任印制:朱曼丽

出版发行	西南财经大学出版社(四川省成都市光华村街55号)
网　　址	http://www.bookcj.com
电子邮件	bookcj@foxmail.com
邮政编码	610074
电　　话	028-87353785　87352368
照　　排	四川胜翔数码印务设计有限公司
印　　刷	郫县犀浦印刷厂
成品尺寸	185mm×260mm
印　　张	19.75
字　　数	577千字
版　　次	2018年8月第1版
印　　次	2018年8月第1次印刷
印　　数	1—2000册
书　　号	ISBN 978-7-5504-3514-8
定　　价	38.00元